RUTH BADER GINSBURG

A LIFE

大法官金斯伯格

[美]简·谢伦·德哈特——著　JANE SHERRON DE HART　　　董孟渝——译

中信出版集团｜北京

图书在版编目（CIP）数据

大法官金斯伯格 /（美）简·谢伦·德哈特著；董孟渝译. -- 北京：中信出版社，2023.6（2025.4重印）
书名原文：Ruth Bader Ginsburg: A Life
ISBN 978-7-5217-5481-0

Ⅰ.①大… Ⅱ.①简…②董… Ⅲ.①露丝·巴德·金斯伯格－传记 Ⅳ.① K871.251.9

中国国家版本馆 CIP 数据核字（2023）第 069709 号

Ruth Bader Ginsburg: A Life by Jane Sherron De Hart
Copyright © 2018 by Jane Sherron De Hart
Simplified Chinese translation
copyright © 2023 by CITIC Press Corporation
Published by arrangement with the author through Sandra Dijkstra Literary Agency, Inc. in association with Bardon-Chinese Media Agency
ALL RIGHTS RESERVED
本书仅限于中国大陆地区发行销售

大法官金斯伯格

著者：[美]简·谢伦·德哈特
译者：董孟渝
出版发行：中信出版集团股份有限公司
（北京市朝阳区东三环北路 27 号嘉铭中心　邮编 100020）
承印者：嘉业印刷（天津）有限公司

开本：787mm×1092mm 1/16　印张：39.5　字数：410 千字
版次：2023 年 6 月第 1 版　印次：2025 年 4 月第 5 次印刷
京权图字：01-2023-0571　书号：ISBN 978-7-5217-5481-0
定价：88.00 元

版权所有·侵权必究
如有印刷、装订问题，本公司负责调换。
服务热线：400-600-8099
投稿邮箱：author@citicpub.com

献给杰里

感谢他坚定不移的爱与支持

\ 目录 \

| 中文版序 |　　　　　　　　　　III
| 前言 | 美国偶像　　　　　　IX

第一部分　露丝的成长

| 第1章 | 西莉亚的女儿　　　　　003
| 第2章 | 大学与爱情　　　　　　032
| 第3章 | 在男生的地盘上有所作为　059
| 第4章 | 在未知中前进　　　　　084
| 第5章 | 女权抗争者　　　　　　112
| 第6章 | 把握机遇　　　　　　　132

第二部分　斗　争

| 第7章 | 突　破　　　　　　　　159
| 第8章 | 建立团队，制定策略　　173

第三部分　兵来将挡

| 第9章 | 痛失良机　　　　　　　193
| 第10章 | "小跃进"　　　　　　213

| 第 11 章 | 挫 折 　　　　　　　　　236

第四部分　继续前进
| 第 12 章 | 重回正轨　　　　　　　253
| 第 13 章 | 在政局变幻中前行　　　274

第五部分　金斯伯格法官
| 第 14 章 | 悬 念　　　　　　　　301
| 第 15 章 | 第 107 位大法官　　　 329
| 第 16 章 | 军校之母　　　　　　　357
| 第 17 章 | "我不同意"　　　　　 381

第六部分　坚 守
| 第 18 章 | 咬定青山　　　　　　　　　411
| 第 19 章 | 和爱人告别，带领少数派前进　442
| 第 20 章 | 种 族　　　　　　　　　　 468
| 第 21 章 | 该做的事　　　　　　　　　492
| 第 22 章 | 8 个人的联邦最高法院　　　 521
| 第 23 章 | 史无前例　　　　　　　　　545

| 尾声 | 遗 产　　　　　　579
| 致谢 |　　　　　　　　 593
| 译后记 |　　　　　　　599
| 注释、参考文献 |　　　603

| 中文版序 |

露丝·巴德·金斯伯格大法官于2020年9月18日病逝，至此她已经在美国联邦法院系统担任法官超过40年，其中担任联邦最高法院大法官的时间长达27年。当她在1993年由克林顿总统任命进入美国联邦最高法院的时候，保守派已经占据了优势，她和史蒂文斯、苏特、布雷耶组成了坚强的自由派联盟，凭借自己严谨的法律论证和人格魅力，时而能够把奥康纳或肯尼迪拉入自己的阵营，在特定的案件中形成自由派多数。这种微妙的平衡一直持续到金斯伯格去世，尽管此时的保守派阵营已经越发巩固，托马斯、阿利托、戈萨奇和卡瓦诺都属于不可动摇的保守派，但深谙司法技艺的金斯伯格和她的盟友们有时还是能让首席大法官罗伯茨选择站在法律而不是意识形态的立场上。金斯伯格十分明白原则与妥协之间的微妙关系，在司法生涯中贯彻的工作准则是："为那些你真正关心的事情而斗争，但斗争的方法要使别人愿意加入你。"她的去世使这种平衡彻底丧失，接替她职位的巴雷特大法官是一位坚定的保守派，6∶3的格局使美国联邦最高法院在有争议案件中的判决变得高度可预测，这在否定女性有权选择人工流产的多布斯案（2022年）中体现得淋漓尽致。金斯伯格大法官将因为自己坚如磐石的精神力

量、一丝不苟的法律专业能力、追求性别平等的执着信念为后人缅怀，同时也会因为自己的去世导致美国联邦司法大厦陷入长期倾斜状态而让人追忆。

本书英文原版首版于2018年，未能覆盖金斯伯格大法官生命的最后两三年，但仍是迄今最详尽、最权威的金斯伯格传记。作者简·谢伦·德哈特是一位女性主义历史学家，叙事生动而流畅，既能聚焦于传主的人生轨迹和个性特质，又铺陈了她的社会关系和时代背景，详略有度，取舍合宜，使读者得以身临其境般地与传主一起成长，感悟她的感悟，热爱她的热爱。作为有幸先读过这本书的一名读者，我愿意和大家分享此书中最令我感动和最启发我思考的几个片段，而这只是阅读此书的无数收获中的一些小例子。

法学院女生的职业标杆

金斯伯格大法官是美国联邦最高法院的第二位女性大法官。1981年9月25日，由里根总统任命的奥康纳大法官宣誓就任，成为美国历史上第一位女性大法官，获得了FWOTSC（联邦最高法院里的第一个女人）这个专有称号。

实际上，美国女性进入法律职业经历了一个漫长而痛苦的过程。1855年，一位芝加哥女士迈拉·布拉德维尔（Myra Bradwell）成为一位执业律师（她的丈夫）的学徒，尽管她取得了诸多的成就，比如共同起草了《伊利诺伊州已婚女性财产法》并创办了《芝加哥法律新闻》，但美国法律职业群体拒绝接纳她。1873年，伊利诺伊州律师协会拒绝接纳她为会员，尽管她以高分通过了该州的律师资格考试。她提起了诉讼，官司一直打到美国联邦最高法院，从州法院到联邦法院都支持了律师协会的决定。在布拉德维尔诉伊利诺伊州一案的判决中，布拉德利大法官写道："女性天生而又恰当的胆怯和柔弱使她们显然不适合从事各种与公共生活相关的职业。"直到金斯伯格入读哈佛大学法学院的1956年，她所在年级的500名学生中仅有9名女生，而且女生需要为自己读法学院做辩解，比如当时的院长欧文·格里斯沃尔德在开学后的欢迎晚宴上专门问每一位女生："你为什么来哈佛大学法学院？为什么占掉一个男生的位子？"这本书中提到，金斯伯格的回答是"为了理解丈夫的工作"。

如果说作为一名女性进入哈佛大学法学院本身就已殊为不易，那么作为一个新生儿的母亲在法学院就读就更加不易了，更何况这位母亲在法学院二年级的时候还要照顾罹患癌症的三年级丈夫。琼·露丝·巴德（金斯伯格婚前的名字）在康奈尔大学读本科的时候找到了自己的毕生至爱马蒂·金斯伯格，并且在大学毕业后马上结婚。婚后一年，他们的长女简出生了。到金斯伯格入读法学院的时候，她和马蒂的女儿刚刚一岁两个月。夫妻两人一边照顾女儿一边读书，露丝往往在哄女儿入睡后才能熬夜读完第二天的课程材料。在这种情况下，她不仅在第一学年就名列前茅，还在第二学年进入了《哈佛法律评论》编辑部，这是美国法学院最优秀学生的身份标志。

在养育幼儿的同时取得学业上的优异成绩已非常人所能为，更何况在1957年12月马蒂被诊断出患有睾丸癌。露丝不仅要照顾手术后和化疗中的丈夫，照顾年幼的女儿，还要在完成自己的课程学习和编辑部事务的同时协助丈夫完成他的学业。幸运的是，这种异于常人的坚韧获得了令人称羡的结果，马蒂不仅康复了，还顺利毕业并获得了纽约知名律师事务所的工作。为了一家人在一起，露丝向哈佛大学法学院申请，在哥伦比亚大学法学院完成最后一年的学业然后取得哈佛大学的学位证书。对这个申请的拒绝使哈佛大学错失了一位伟大的校友。当露丝日后成为联邦最高法院大法官的时候，哥伦比亚大学法学院以她为傲。

这段婚姻、生育和求学经历便已展现出传主卓越的人格品质。家庭与事业难以兼顾的难题，她以自身艰苦卓绝的努力克服了。在此后的一生中，她常常以旁人未能察觉的默默付出取得世人惊叹的客观成就。"在需要照顾时强调性别差异，在争取利益时强调性别平等"，这种女性主义者经常面对的指责完全不适用于她。作为她的终身伴侣，马蒂了解并感恩她所做的一切，在照顾家庭与拼搏事业之间从不主张"男主外，女主内"，而是与她一起共担经营家庭与事业的重负。比如，露丝不擅厨艺，孩子们都求她不要再做饭了，马蒂便练就了惊人的厨艺，在他 2010 年去世之后，联邦最高法院大法官家属们合作出版了一本向他致敬的纪念文集，其中收录了他自创的若干菜谱，书名叫《最高大厨：马蒂·金斯伯格》（Chef Supreme: Martin Ginsburg）。而露丝在自己的法律职业生涯中一直追求的，也是真正的性别平等，包括对男性在照顾家庭方面的付出给予法律上的认可。

性别平等，意味着性别的社会角色定位上的平等

平等是一项需要国家和社会付出巨大努力去推进的公共事业，而不是一种消极自由。在我国，通过土地改革、妇女解放运动和婚姻家庭制度改造来营造平等的社会条件，然后再以《宪法》《婚姻法》《妇女权益保障法》来确认社会改革的成就，这一历史发展进程便遵循了从平等到平等权保护的现实逻辑。在美国，建国之初以宪法条文的形式确认的奴隶制通过内战的方式才得以废除，而内战后通过的旨在确立种族平等的宪法修正案（其中第十四修正案最为

重要）要经过十分漫长的历史过程，以及数十代人的努力才部分转化为社会现实。将种族平等的宪法原理扩展适用到性别平等的领域，则是金斯伯格的主要贡献，因此，金斯伯格被称为"性别平等领域的瑟古德·马歇尔"（瑟古德·马歇尔是废除公共教育中种族隔离政策的布朗案中的原告律师，后来成为美国联邦最高法院的第一位黑人大法官）。与马歇尔大法官一样，金斯伯格也是首先参与促进性别平等的社会运动，作为美国公民自由联盟的律师代理一系列的宪法诉讼，而后又作为联邦法官通过司法判决确立性别平等的法律原则。

有趣的是，金斯伯格代理的性别平权案中有一起非常重要的案件是她的丈夫极力"怂恿"她去代理的，而且夫妻二人在诉讼过程中通力合作，作为顶尖税法律师的马蒂负责其中的税法部分，露丝则专注于宪法论证。这就是莫里茨诉税务专员案。查尔斯·E.莫里茨是一家图书公司的推销员，他是个单身汉，与89岁高龄且瘫痪在床的老母亲一起生活在科罗拉多州的丹佛市。由于工作时无法照顾母亲，他雇用了一位护工。到了要报税的时候，他想把付给护理人员的工资从税款中扣除。根据美国税法，在同样的情况下，未婚且有工作的女儿是可以申请税收减免的，但儿子不行，国税局拒绝了他的请求。莫里茨随后以遭遇性别歧视为由提起了诉讼。这起案子最后一直打到美国联邦第十巡回上诉法院。在金斯伯格夫妇看来，这是一个典型的性别歧视案例，这种基于成见赋予男女不同的社会角色，并在税法上加以区别对待的做法对男性和女性都不公平，违反了美国宪法第十四修正案所确立的平等对待原则。法院最终采纳了这一论辩，宣布税法中的这种区别对待违宪。

这种思考方式贯穿了金斯伯格的法律职业生涯。她清醒认识到基于性别的区别对待根深蒂固地体现在社会生活和法律制度的各个方面，是一种建制化歧视，不仅对女性不公平，而且对试图更多照顾家庭的男性也很不公平。因此，性别平等事业是一项艰难而曲折的事业，需要移除社会成见以及体现社会成见的法律给男女平等参与公共生活和家庭生活设置的种种障碍。此种障碍存在于从税法到劳动法、医疗卫生法的各个法律领域。

作为社会史和法律史的个人传记

马克思说："人的本质不是单个人所固有的抽象物，在其现实性上，它是一切社会关系的总和。"这一经典论述在这本传记中得到了极为精彩的呈现。家庭和职业是两种最基础的社会关系构型，人在其中活出自己生命的社会意义。金斯伯格是一位知行合一的女性知识人和法律人，她以自己的人生履历践行了自己在学术作品和司法论证中所主张的原则，使我们看到一位女儿、妻子、母亲、女教授、女律师和女法官如何在自己的生活和职业生涯中实现自己的价值，也让我们看到她的个人成就如何改变了美国法律和美国社会。这本书的中译本语言流畅，可读性很强，对每一位想要过有尊严、有价值人生的女性和试图理解她们、尊重她们的男性读者而言都是一本难得的好书。

郑戈

上海交通大学凯原法学院教授、博士生导师

| 前言 |

美国偶像

　　1993年，时任美国总统克林顿大步走向白宫玫瑰园的演讲台，紧随其身旁的是一位身材矮小的女士。60岁的她穿着钴蓝色西装，戴着深色墨镜。面对参议院司法委员会的数名两党成员、亲朋好友和全国媒体，克林顿介绍了露丝·巴德·金斯伯格，提名她接替即将退休的拜伦·怀特担任美国联邦最高法院大法官。

　　克林顿说，在接下来几个月乃至几年的时间里，全国上下将会更加了解他身边的这位女士。他保证道："人们会和我一样发现这位被提名人的非凡品格。简言之，她的履历充分证明了她是一个什么样的人。"克林顿说，金斯伯格一直站在"无权无势的人、不那么富裕的人和社会边缘群体的立场上，告诉这些人，他们在美国法律体系中占有一席之地，以此给他们带来希望"。他接着说，"在许多崇拜者看来，她对女权运动起到的作用就像联邦最高法院前大法官瑟古德·马歇尔对非裔美国人运动起到的作用一样重要"。[1]

　　总统说完后，金斯伯格上前发表了亲切的讲话。她对克林顿总统表示感谢，并特别感谢了最先向总统举荐她的纽约州参议员丹尼尔·帕特里克·莫伊尼汉。金斯伯格在介绍了自己的家人后，接着做了一番既彰显个性又具有政治意义的发言，她说："我坚信总统的公告意义重大，因为它有助于让历史翻篇，在其之前，占社会中坚力量至少得有一半的女性，在获得高位时不过是男性的陪衬。"金斯伯格指出，桑德拉·戴·奥康纳正在联邦最高法院任职，联邦上诉法院也有近25位女法官，其中2位是首席法官。她预计会有更多女性加入她们这个行列。

金斯伯格接着提到其女儿在1973年高中毕业时写的高中年鉴。她女儿名叫简，是她的第一个孩子。在年鉴上的"宏图壮志"一栏中，简写下希望母亲成为联邦最高法院大法官。下一行写着："如果有必要，简会任命她。"金斯伯格打趣说："总统先生，您替她做了这件事，简和她弟弟詹姆斯都十分欣慰。"

接着金斯伯格对许多为她助力的人和事表达了感谢：女权运动的复兴以及20世纪60年代的民权运动，这些都启发了美国的女权主义者；她的同事和朋友。她还俏皮地说，她今天见了希拉里，但她有一位家人已经先她一步见过第一夫人了，"有一个我很爱的人已经是第一夫人的老朋友了"。说着，她拿出一张照片，是克林顿夫人到访一所幼儿园，孩子们围着她唱《牙刷之歌》。金斯伯格指着其中一位小朋友说："这是我可爱的外孙女克拉拉。"她还感谢了丈夫马蒂，说他是自己"最好的朋友和最大的支持者"，还有婆婆伊夫琳，称赞她是"一位给予孩子最大支持的母亲"。金斯伯格还说自己的孩子们"能品尝出爸爸的厨艺比妈妈强多了，于是早早就把我从厨房赶了出去"。最后，她致敬了自己的母亲西莉亚·阿姆斯特·巴德，说她是"我认识的最勇敢、最坚强的人……我希望我能够代替她在（今天这个）女性得以追求梦想的时代、一个女儿和儿子同样受到珍视的时代完成她本可以完成的事情"。听到这里，总统热泪盈眶。

＊ ＊ ＊

当我在晚间新闻上观看这一典礼时，并未想到5年后我能面见这位大法官，更不用说还会写她的故事了。作为历史学家，研究女权主义者的"双重宪法战略"[2]让我的学术工作有了新方向，这一战略是20世纪60年代末的女权律师为了保障法律中的性别平等而制定的。一方面是寻求立法批准《平等权利修正案》，禁止性别歧视；另一方面是希望通过诉讼促使联邦最高法院推翻那些涉及性别歧视的法律。金斯伯格当时是罗格斯大学法学院的教授，后来到哥伦比亚大学法学院任教，20世纪70年代在美国公民自由联盟女性权利项目的支持下领导了支持女权的诉讼。

我那时刚完成了一项深入的研究，研究对象是一个关键的南方州，这里有两次都因为两票之差没能批准《平等权利修正案》。研究结束后，我着手另一项研究。进行到一半时，我希望在该书的一章中把金斯伯格做的女性权利诉讼作为司法政策制定的一个例子。我去往普林斯顿大学的西利·马德图书馆，那里存放着美国公民自由联盟的资料。我希望能了解这位专长是民事诉讼法和比较法的教授、1973年以前从未在联邦最高法院参与过辩论的律师，如何能在不到10年的时间里成为美国性别平等诉讼的领军人物。金斯伯格自己总是谦虚地说，她只是在正确的时间做了正确的事，但这并非故事的全貌，并不能解释她对平等问题的视野为何那样广博，又是如何把这种视野带到自己的诉讼、战略敏感性和对正义的追求之中的。

我只找到一份档案，其中有美国公民自由联盟的法务主任梅尔文·伍尔夫和小名"Kiki"的金斯伯格的通信，她当时提出愿为后来的里德诉里德案撰写诉状。因为她的诉状，案子最终胜诉，这是美国历史上第一次有人成功说服联邦最高法院，性别歧视违反了宪法第十四修正案规定的平等保护原则。我很想查看她在里德案之后代理的案子,就请求查阅女性权利项目的档案,但我得知那些档案并不存放在这间图书馆,那么它们一定放在了纽约的美国公民自由联盟全国总部。遗憾的是,那里也不见这些档案的踪影,没有人知道它们被放在哪儿了。最终我只能求助金斯伯格大法官本人,希望她能帮我找到,后来她才发现这些档案在美国公民自由联盟总部搬家的时候弄丢了。她表示愿意把她自己留存的资料提供给我,并把文件交给国会图书馆的手稿部,那是 1998 年 10 月。第二天,我抵达华盛顿。

我花了很长时间,着了迷一样地阅读那些信件、备忘录、文书草稿和口头辩论的大纲。金斯伯格所做的工作在个人层面和学术层面都引发了我的共鸣。她在文书中体现出的战略意识、法律技艺和一丝不苟的精神都让人钦佩不已。而且,在和一位当事人以及他的小儿子的交往过程中,金斯伯格表现出深深的关怀之情。到了第三天,我趁着午休给研究联邦最高法院的历史学家梅娃·马库斯打了电话,感谢她把我询问这些材料下落的信息转给了金斯伯格大法官。马库斯立即邀请我参加当晚举行的联邦最高法院历史学会会议。杰出的历史学家约翰·霍普·富兰克林将发表讲话。如果金斯伯格夫妇也到场的话,我就能当面致谢了。讲座结束时,我看到金斯伯格夫妇就坐在礼堂前排,于是迅速上前道谢,然后退到一边,让她能够继续和苏特大法官交谈。

在后来的招待会上,我们又有过两次短暂的接触,每次都是金斯伯格开的头。我们聊到一起具体的案子,她马上主动说自己和前当事人斯蒂芬·维森菲尔德还保持着密切联系,后来还主持过他儿子贾森的婚礼。我当天上午仔细阅读了克雷格诉博伦案的文件,于是提到我很喜欢她和律师弗雷德·吉尔伯特之间的通信,他们互称

"律政佳人"和"兵哥弗雷德"（金斯伯格为本案撰写了"法庭之友"意见书①，为吉尔伯特提供了许多法律意见，并对他那些反女权的玩笑给出了机智的回应）。金斯伯格说，上次吉尔伯特到华盛顿，她还和这位"兵哥弗雷德"一起喝过啤酒。后来在我准备离开时，她对我说："如果你对那些案子有任何问题，请尽管问。"

当时我和芝加哥大学出版社签约的一本书已经写完了一半，我的编辑约翰·特里内斯基建议我先写一本关于金斯伯格的诉讼的书，再继续写那本书。当时我们都没想到，我关于金斯伯格的研究会取得如此巨大的进展，也完全想不到加州频繁发生的野火会在2008年吞噬掉我的家，让我所有的研究和两本书的手稿化为灰烬。（幸运的是，一位前研究助理保留了一些有关金斯伯格一书早先的草稿。）

* * *

2000—2006年，我对金斯伯格进行了6次访谈，并保持着通信。她为没有法律背景的我解释了诉讼的方方面面。随着访谈的进行，我很希望了解她的成长经历和人际交往情况，想知道这些事件之间的联系如何塑造了她的自我认同、出色的头脑以及不同凡响的自律、严谨和坚韧。在那个女性法律人被边缘化的年代，那个所谓"女性的奥秘"占主导的年代，一名康奈尔大学二年级的女生为什么会想进入法律界呢？她又是为什么在20年后把性别平等带进了诉讼工作中？这背后的原因一定比20世纪80—90年代的学者所认

---

① "法庭之友"制度发端于古罗马法，后被引进普通法系尤其是美国法中，成为美国的一项重要司法制度。其核心内容是指在审理案件的过程中，允许当事人以外的个人或组织利用自己的专业知识，就与案件有关的事实或法律问题进行论证，即做出书面论证意见书，即"法庭之友"意见书。——编者注

识到的更为深远。

在一次预约采访时,我建议重点谈谈她早年在布鲁克林弗拉特布什社区的生活。金斯伯格明确表示她并不想要重温在布鲁克林的成长中伴随她的种种逆境,但她还是以她特有的深思熟虑回答了我那些没有预先提交的问题,她会长时间停顿来考虑措辞。至于采访和最后发表的作品可以包括哪些内容,我们事先并未达成书面协议。也许确实没有签协议的必要,因为我们说好了让她阅读书里关于她在美国公民自由联盟工作(第7~13章)之前的介绍性章节(第1~6章),确保事实层面的准确。尽管我们之间存在着某种戒心,但随着时间的推移,研究的重点转移到了她在大学和法学院里的经历,以及兼顾事业和家庭带来的挑战,我们的工作也进展得更加顺利。我还采访了她的家人。有一次说到她女儿的约会经历,母女俩的记忆不大一样,她们交换了意见,最后决定以女儿的说法为准。

我当时就明白,作为传记作者,由于我并没有拿到金斯伯格早年的信件或日记,所以必须依赖她自己的讲述,这给了她不同寻常的权力。我也懂得,我们都会建构我们自己的过去,会随着时间的推移过滤、解释自己的记忆。在前几章里,我试图弥补这种不足:如果她的回答模糊不清,或者在我第一次提问的时候没有给出回答,我就会再问一次。我也会揣摩她的沉默,试图从字里行间理解她的意思,我注意到她在接受别人的采访时所讲述的记忆有着不同凡响的一致性。我还试着去采访早年就认识她的人,从他们的回忆中填补空白。不过,正如法律分析家杰弗里·罗森所说,金斯伯格"总是无处不在,但又遥不可及"。[3]

* * *

写完了前13章的草稿后,我才意识到自己还有一个故事没有讲完。到20世纪70年代末，金斯伯格对宪法变革、生殖权利、性别正义和平权行动①的思考已经发生了变化。然而，保守派对平等的反击让联邦最高法院难以继续推进平权行动。尽管她在女权主义者中和自由派法律界广受支持，但从活动家转型为法官的过程并不轻松。1978年《综合法官议案》出台，卡特总统希望增加女性和少数族裔法官人数，但当时联邦法院只有一名女法官。金斯伯格1980年进入颇具威望的华盛顿巡回上诉法院担任法官，1993年又收获联邦最高法院提名，其中每一步都充满了戏剧性。

我在故事里加入了金斯伯格担任大法官期间裁决的那些重要的维护平等的案件，虽然这并非她对司法的全部贡献，但我的叙述确实能让读者看到她给法律原则留下的清晰而深远的影响。本书的时间跨度较长，能让人纵览金斯伯格个人生活和职业生涯的全貌，在探索她独特的法律视角的起源和发展方面有新的突破。她一直处于美国划时代的、正在进行的斗争之中，那就是让公民身份变得更具包容性，这场斗争激发了一系列权利运动，包括民权、女权、同性恋权利和移民权利运动。金斯伯格的故事根植于犹太人从东欧和俄罗斯流亡到美国的这个大背景之下，也是美国社会和政治历史从萧条的20世纪30年代到纷纷扰扰的当代的重要组成部分。

* * *

在讲述金斯伯格一生的过程中，有几个主题得到了阐明。第一个主题是，争取法律赋予的平等是一场艰难的斗争。那些进入联邦最高法院的诉讼可能取得胜利，但在过程中也可能失去很多东西，那些曾经被认为无可争议的法律仍然会受到反对者的蚕食。一位律

---

① 平权行动（affirmative action）也译为"肯定性行动"或"矫正性行动"，指的是通过一些政策促进历史上受到排挤的弱势群体（如少数族裔、女性、穷人）取得进步。——译者注

师也许能为当事人写出一份出色的诉状，就像金斯伯格在 1972 年的一起案子里所做的一样。诉状能帮助大法官们理解这个道理：当成见认为母亲是女性"天生"的角色，而这种成见又被整合进了法律时，就会伤害到女性的权利。但联邦最高法院认为这起案子违反了"过熟原则"[①]而没有给出裁决。联邦最高法院对一个群体的行动也可能对另一个群体的司法策略产生负面影响，在 1978 年的加州大学董事会诉巴基案里，鲍威尔大法官对平权行动的裁决中使用的语言注定了金斯伯格提出的战略会得到实施，她提议"用更宏大的视角看待歧视的含义、影响和补救措施"[4]，把性别和种族都包括在内。

第二个主题则是社会运动与其引发的保守派反击之间的互动。多年来，大法官们彼此做出的种种妥协都充分体现了这种互动。社会运动可以动员和改变公众舆论，影响大法官的想法，进而影响他们对宪法的解读，金斯伯格的女权倡导就证明了这一点。但进步运动往往也会引发与之争锋相对的运动，反对者以自己的方式塑造公共舆论。比如，20 世纪 90 年代公众对平权行动的看法有所改变，保守派的公益律师事务所开始寻求潜在的当事人发起诉讼，密歇根大学的招生政策就因此被批判为对白人申请者构成歧视。金斯伯格在 2003 年的格拉茨诉博林杰案中提出了有力的反对意见，说明了为什么司法保守派从 20 世纪 80 年代开始倡导的"不区分种族的正义"对很多非裔和西班牙语裔美国人而言仍然是不公正的。

第三个主题围绕联邦最高法院的自身动态。联邦最高法院的人员不断发生变化，每个人对法律的看法都不尽相同。传统上，现代大法官倾向关注宪法的文本、原始含义、制宪者的历史意图，同时

[①] 过熟原则是指当事人之间虽然存在适合司法审判的纠纷，但由于诉讼提起后情况的变化失去了实质性意义，从而不再成为审判的对象。——编者注

也要考虑以往的判例、习惯、立法目的和常识。许多大法官认为宪法是"活着的"法律文本，其中包含固定的原则，比如言论和新闻自由，获得迅速、有效的审判的权利，投票权，享受法律平等保护和正当程序的权利，等等。这些原则能适用于那些随着时间推移而产生的新情况，但同时大法官也通过尊重先例来确保法律的稳定性。尽管包括许多支持共和党的大法官在内，都有不同的观点，但以往的联邦最高法院并没有那么两极分化。如今，5位共和党任命的法官总是站在4位民主党任命的法官的对立面。至于原旨主义，也就是认为解释美国宪法唯一的方法就是遵循1787年制宪者"对各种宪法条款的文本和原始含义"的理解，这种观点以往也并不占优势。

原旨主义在最近获得了一些人的积极认可，特别是大法官安东宁·斯卡利亚、克拉伦斯·托马斯和尼尔·M.戈萨奇。里根总统任内的司法部认为联邦法院有自由派倾向，特别是布伦南大法官带领的联邦最高法院，而里根的司法部就是以原旨主义作为核心指导对此发起攻击的。更重要的是，理论上的原旨主义意在对宪法进行中立的解释，[5]而在实际操作中，一些大法官倾向无视宪法中那些与当代保守派价值观冲突的部分，特别是在美国内战后的重建时期出台的几项修正案。在金斯伯格还是法学院学生时，令她受到启发的是沃伦法院，后来她进行诉讼时面对的是伯格法院，她刚成为大法官时进入的是伦奎斯特法院，现如今则是罗伯茨法院，这几个最高法院都大有不同。

第四个主题是，过去50年来，联邦最高法院日趋保守，熟悉的政治标签所代表的含义也不断发生变化。1980—1993年，金斯伯格是华盛顿巡回上诉法院的一名中间派法官，今天她却和索尼娅·索托马约尔一起被列为联邦最高法院最趋向自由派的成员，这就很能说明问题。从根本上而言，金斯伯格独特的法学思想并没有什么改变，但联邦最高法院发生了变化，这也是为什么她近年来最引人瞩目的一些意见是以反对意见的形式提出的。

* * *

从我个人层面而言，为美国现代法律界最重要的人物之一写一部全面的传记，能让人有机会去探索她的个人经历和人际交往情况，是这些经历和交往激发了她追求正义的热情、她对性别平等的大力倡导和她独特的法学思想。更重要的是，传记能够展示她强大的头脑、钢铁般的意志和情绪自控力，这些品质令她的同事苏特大法官称她为"老虎大法官"。[6]

在追求人民团结和国家进步时，她的犹太背景扮演了至关重要的角色。希伯来语中有一句短语叫"Tikkun olam"，意思是"让世界变得更好"，这句话对一个在纳粹大屠杀和二战期间成长起来的、有思想的犹太姑娘来说具有深刻的意义。同样有意义的还有她进入联邦最高法院后在第一间办公室门上悬挂的那句话"Tzedek tzedek tirdof"，意思是"正义，你必须追求正义"。她的母亲西莉亚给她讲述犹太女英雄的故事，西莉亚自己也很敬重埃莉诺·罗斯福，这些都是金斯伯格的女权思想启蒙。母亲坚持要女儿做到独立，在她自己与癌症搏斗的过程中，给女儿提供了明智的建议和坚强的榜样。每当金斯伯格觉得自己做的事情会让母亲感到骄傲时，她就会把母亲的胸针别在西装上。

在康奈尔大学读本科时的老师也对金斯伯格产生了深远影响。弗拉基米尔·纳博科夫让她认识到文字的重要性，教她如何遣词造句来表达自己的想法，描绘一幅画面。罗伯特·库什曼教她认识了宪法和公民自由的重要性，特别是在人们担心国家安全而国会又没能担起责任的时候。库什曼也磨炼了她的写作风格，教会她准确、简练地表达实质性的内容。米尔顿·康维茨教授则是法律学者作为活动家的化身，在他讲授的"美国理念"课程上，他强调公民自由和公民权利的重要性。康维茨强化了年轻的金斯伯格的想法，即"律师既可以做令自己感到满足的事，也可以维护那些让这个国家变得伟大的价值观"，他让金斯伯格相信自己也可以做到这一点。

不过她最大的支持者还是她大学的男朋友和后来的爱人马蒂·金斯伯格，尽管癌症给两人的生活投下了阴影。这种可怕的疾病在金斯伯格高中毕业前两天带走了她的母亲，又在她和马蒂在哈佛大学法学院读书期间差一点带走了她的爱人。1991年，金斯伯格本人也被诊断出患有直肠癌和结肠癌，要进行长期的治疗和康复。2008年，马蒂的癌症复发。2009年，金斯伯格接受手术，切除了一小块癌变的胰腺。2010年6月，两人刚过完结婚56周年纪念日，马蒂就死于癌症扩散。金斯伯格强忍悲痛回到联邦最高法院完成休庭前最后一天的工作，表现出强大的自律。在1991—2010年的艰难岁月里，她从未错过任何一次口头辩论，也写下了她职业生涯中最有力的反对意见。

2006年后，我们的年度访谈暂停了一段时间，直到2015年恢复。我非常珍惜这9次会谈以及我们之间的通信。这些谈话和通信给了我启发，也丰富了我要在本书里讲的故事，故事的主人公是"不屈不挠"一词的化身。多年来，那种她所特有的明确的道德观和激情一直存在于她的表达之中，甚至比以往更强了，这在法律和美国社会中都留下了印记。她的征途还在继续，而我们美国人民也因此获益。

第一部分
露丝的成长

第一部分

蛋白质的成长

第 1 章

西莉亚的女儿

1950年6月27日，一个志向远大的女孩即将高中毕业。这个刚满17岁的姑娘在纽约布鲁克林的詹姆斯·麦迪逊高中度过了4年时光，取得了骄人的成绩，她叫露丝·巴德。露丝被选为4名学生代表之一，为800位同学致辞。这本该是充满胜利喜悦的一天，她却难过不已。

就在毕业典礼前两天，露丝的母亲西莉亚在与癌症搏斗了4年后撒手而去。露丝早有心理准备。看着给她带来关怀和安全感的母亲身体一天不如一天，而父亲又默默沉浸在悲伤之中，这个敏感的少女感到痛苦极了。在母亲的鼓励下，露丝拿到了颇具声望的大学奖学金，她参加学校乐团，也是仪乐队的成员，舞动着指挥棒为橄榄球比赛加油——她从没对同学们提起过在她弗拉特布什社区的家中有个身患重病的母亲。露丝的家住在东九街1584号一栋不起眼的灰泥房里。母亲走后，父亲精神崩溃，经济上也难以为继。到1950年夏末，她家一楼已经寂静无人，仿佛在诉说着失意与落寞。[1]

* * *

1933年3月15日，露丝出生于纽约布鲁克林区的贝丝·摩西医院，她是西莉亚·巴德的第二个女儿。她出生时取的名字是琼·露丝。（因为幼儿园里太多小朋友都叫琼，她就不再用这个名字了。）巴德一家人把刚出生的露丝带回了位于皇后区贝尔港海边的公寓，就像她姐姐玛丽莲出生后一样。小露丝活泼好动，总是抬腿踢脚，姐姐玛丽莲很快就开始叫她"Kiki"，这个外号就这样传开了。[2]

1933年的美国面临史无前例的经济大萧条，巴德一家人所在的社区也不能幸免。工厂闲置，建设停顿，银行体系崩溃，数百万人的存款一夜蒸发，每四名工人中就有一人失业。根据美国儿童局的统计，有1/5的儿童得不到充足的食物。随着政府的税收逐渐见底，学校开始发不出工资，一些学校只能关门。在布鲁克林的红钩区，找不到工作的男人们用废旧的福特汽车和从垃圾堆里捡来的桶搭起临时棚屋，起名叫"胡佛村"，用来嘲讽时任总统赫伯特·胡佛的经济政策。[3]

露丝的父亲内森·巴德早已饱尝生活的艰辛。他是俄罗斯裔犹太人，在13岁时，这位羞涩的少年从敖德萨（今属乌克兰）来到纽约讨生活。由于"旧世界"反犹主义盛行，内森只读过几年希伯来学校就没能继续学业。他的母语是意第绪语，来美国前曾在夜校学过英语。内森的父亲萨穆埃尔·巴德经营着一家小店，买卖廉价皮革，内森在父亲的店里工作。到20世纪20年代，内森攒下了一些钱，和西莉亚·阿姆斯特结了婚。

西莉亚的家人是从今波兰的克拉科夫市附近的一个小镇来到纽约的，当时她还在妈妈肚子里。西莉亚在以犹太移民为主的曼哈顿下东区长大，家里说意第绪语。她酷爱阅读，经常在繁忙的街道上一边走路一边埋头读书，甚至曾因此跌倒并摔断了鼻梁。她的父亲知道西莉亚是三个女儿中最聪明的，于是让她帮忙算账。她会同时用英语和意第绪语记账，比如"一个柜子，已修复"（one cabinet, gefixed）。

西莉亚就读于朱莉娅·里奇曼中学，学校位于东六十七街，是一座由砖砌成的大楼。虽然渴望继续读书，但西莉亚不得不主要学习商业课程。她的姐姐萨迪结婚前一直在一家条件恶劣的工厂里做工，而学习商业知识至少能够让她不必重复走姐姐的老路。中学毕业后，15岁的西莉亚在一家皮货店里做会计和秘书。她上班的地方在曼哈顿繁忙而拥挤的服装工业区，东西跨越西四十二街至西三十五街，南北覆盖第七大道到第九大道，这里的工人大部分来自东欧国家。西莉亚运用她天生的商业头脑和识人能力，通过这份工作摸清了这个行业。

和蔼可亲又聪慧过人的西莉亚正是羞涩敏感的内森最理想的伴侣。露丝后来回忆，家里总是由西莉亚主事，为内森提供商业和其他方面的建议。婚后他们加入了贝尔港的犹太教堂。1927年，也就是股市崩盘的两年前，西莉亚生下了第一个孩子，取名玛丽莲·埃尔莎。

* * *

在1929年10月的"黑色星期四"[①]之后，低迷的经济状况让很多像西莉亚和内森这样的年轻夫妻决定暂时不再要孩子。直到三年后，在1932年的秋天，西莉亚又怀上了一个宝宝，但当时经济复苏仍然遥遥无期。罗斯福政府[②]推出了许多政策，但全国上下仍然在贫困和绝望中煎熬。巴德一家本来尚能勉强度日，但在1934年，他们再遭横祸：6岁的大女儿玛丽莲被脊髓脑膜炎夺去了生命。当

---

① 黑色星期四是指1929年10月24日（星期四），华尔街股灾爆发，引发大萧条。——译者注

② 原文administration，又译作"行政当局"为符合中文读者阅读习惯，本书统一为"政府"。——译者注

时 Kiki 还小，并不记得和姐姐相处的时光，但她记得父母是怎样深切地思念姐姐的。无论寒暑，他们每个月都会为她扫墓。在玛丽莲的周年祭，巴德夫妇到犹太教堂吟诵卡迪什，这是犹太教传统中常用于丧葬的祷文。巴德夫妇的床头挂着玛丽莲的照片，Kiki 的童年一直能够感受到姐姐的存在。人们无法估计父母的丧女之痛对活着的小女儿产生了怎样的影响，也不知道露丝格外严肃的性格是否与此相关。多年后露丝表示，她的成长一直伴随着"近在咫尺的死亡"，这指的就是姐姐的离世给家庭带来的伤痛。

内森和西莉亚希望换一个新环境来缓解悲伤，于是把家搬到了布鲁克林弗拉特布什社区，尽管这里的环境不如贝尔港理想。他们很快发现，就算是在生活成本较低的弗拉特布什社区，他们也供不起一套属于自己的公寓。因内森的弟弟本杰明娶了西莉亚的妹妹伯尼斯（小名巴迪），两家人决定同住弗拉特布什社区的一栋双户住宅，直到他们两家都攒够钱搬去东九街再分开住。

搬去弗拉特布什社区本来是为了平复悲伤，却带来了意外收获。弗拉特布什社区原本是布鲁克林的六大殖民镇之一，随着时间的流逝逐渐城市化。到 1930 年，这里的犹太人口已接近 100 万，是全世界犹太人口最集中的城镇。但犹太人群体也是十分多元的，人们的文化、财富水平、宗教信仰和原籍国各不相同。有人来自西欧，有人来自东欧，也有人来自中东。生活在布鲁克林的叙利亚塞法迪犹太人是少数中的少数，他们保持着传统的习俗和饮食，说阿拉伯语。阿什肯纳兹犹太人则竭力融入美国社会。在有了少许经济积累之后，他们就从下东区和人山人海的布鲁克林（比如威廉斯堡和布朗斯维尔这样的社区）搬走了，以此逃离拥挤而破败的环境以及"旧世界"的约束。就算没能搬到城郊去，他们的新家也往往有更大的草坪和生活空间。[4]

内森和西莉亚这一代的犹太人，大多不再笃信规矩繁多的正统派犹太教，这也象征着他们新收获的自由。很多人都不再过安息日，星期六上午的布鲁克林犹太教堂门庭冷落。他们摒弃了传统文化和民族习惯，为自己身上的"美国性"感到自豪——他们会说英语，能穿美国人的衣服，能学习宗教典籍《塔木德》以外的知识。旧时代的枷锁曾经让最有志气的犹太男孩都只能在贫民窟里困顿一生，而现在新一代的犹太人打破了这样的历史局限。

同时，即便是最世俗化的犹太家庭也仍然保留着一部分传统，比如星期五晚餐时会点起蜡烛，在孩子小时候保持家中饮食符合犹太教洁食标准或是只吃洁食肉禽，也会庆祝比较重要的宗教节日，特别是从犹太新年到赎罪日之间的至圣日。如果想在犹太教堂庆祝节日，也有诸多场所可以选择：纽约有一半的犹太教堂都在布鲁克林区。意第绪语广播会播放人们喜爱的《家庭餐桌》这样的广播剧，或《荡漾的意第绪旋律》这样的音乐节目。有的人很享受意第绪语广播带来的归属感，但西莉亚并不感冒，她认为意第绪语是"旧世界"的语言。巴德家常听的是《戈德堡一家》，这是一部周播喜剧，由才华出众的女编剧和演员格特鲁德·伯格创作。伯格在其中扮演一位热心肠的老大姐莫莉·戈德堡，住在纽约的布朗克斯区。在剧中，她带领家人和邻居应对融入美国社会的挑战，在维护犹太人传统的同时，也与大萧条和二战带来的艰苦生活做斗争。Kiki 后来回忆，戈德堡夫人就是"所有犹太姑妈、（母亲）和奶奶的化身"。[5]不过她也补充道，她自己的妈妈和戈德堡太太有所不同，虽然巴德一家人也住在工薪阶层社区，但妈妈并不会"对着窗外大喊大叫"。

20 世纪三四十年代的弗拉特布什社区不只是犹太人的家，这片绿树成荫的街区还住着意大利人、爱尔兰人和少数波兰人，街区毗邻繁忙的科尼艾兰大道和国王高速公路。各民族都有自己的身份认同，彼此之间也有矛盾。在附近的东九街，反犹主义虽不是什么大问题，但业已浮现。和巴德一家同住一街区的有两位年纪比较大的信仰天主教的女士，坚信如果犹太人进入她们的家，特别是来吃午饭的话，就会带来厄运。她们把这种迷信教给了寄养在家里的男孩子们。附近其他孩子也传说犹太传统食物玛索面包是用基督教男童的鲜血做的，他们管 Kiki 和她的犹太朋友们叫"kikes"。[6]尽管有这些现象存在，宽容仍然是这个工薪阶层社区的主流。

家里和街上都是孩子们的游乐场，他们一起玩"红灯绿灯"、跨大步、跳绳、扔羊拐骨、弹玻璃球的游戏。在游戏之外，小孩子和他们青春期的哥哥姐姐们会聚在附近的糖果店和饮料店，用每星期 25 美分的零花钱去买可乐、蛋蜜乳、漫画书和电影杂志，偶尔也会买报纸。

街坊邻居的团结友爱和成为殷实中产阶级的渴望，把弗拉特布什社区的居民凝聚在一起。就算大萧条令他们无法实现年少时的梦想，他们还是可以把希望寄托在他们的孩子身上。在与美国历史上最严重的经济危机做斗争的过程中，弗拉特布什社区培养了一大批 20 世纪最杰出的公民，其中许多人是犹太人，他们成了家喻户晓的人物，比如作曲家乔治·格什温、阿龙·科普兰，作家艾尔弗雷德·卡津、诺曼·梅勒，电影人梅尔·布鲁克斯、伍迪·艾伦，女高音歌唱家贝弗利·西尔斯，歌星芭芭拉·史翠珊，经济学家米尔顿·弗里德曼，棒球运动员桑迪·科法克斯。[7]内森和西莉亚的女儿也将和他们一样。

* * *

内森的性格安静温和，是一位细心而慈爱的父亲，对待孩子并不严格；西莉亚对孩子的影响则大得多。这可能是源自她坚强的性格和敏锐的头脑，对孩子成才有极高的期望，也可能是因为妈妈身上的这些品质正是 Kiki 想要纪念的。在 Kiki 的记忆里，西莉亚是一位"严厉而慈祥"的母亲。西莉亚没能接受多少正规教育，这里面既有经济原因，也有人们对女性角色的传统预期。在那个年代，犹太家庭一般会牺牲女儿的前途来保障儿子能够入读一所好学校，找到一份受人尊敬的工作，享受身为一个男人在"新世界"与生俱来的权利，同时男人也要提携其他家庭成员。因此西莉亚去工作既是为了养活自己，也是为了支持她的哥哥索尔就读康奈尔大学。

露丝坚信，她妈妈接受了自己的命运，也满足于呼朋引伴的生活。但西莉亚拼命也要让女儿接受和索尔一样的教育，从中也不难看出她的矛盾心理。西莉亚认为，大学教育能帮助 Kiki 实现独立自主，让女儿在找到"可靠伴侣"前能做到经济独立，或者万一伴侣"出了什么事"，她也能够照顾自己。面对自己唯一的女儿，一个有着金色秀发、眼睛里闪烁着智慧的光芒的活泼姑娘，西莉亚决定要让她"爱上学习、关心他人，并且勤恳努力地"追求她想追求的任何事。[8] 作为一名出色的"家庭经纪人"，西莉亚在做清洁时总会把所有家具都挪到屋子中间，保证清洁工可以打扫到每个角落。现在，她要把这样的热情和完美主义用来培养女儿 Kiki。

西莉亚要做的第一件事是保证她唯一的女儿能健康长大。天一旦要下雨，她就给女儿穿上胶鞋；冬天一到，她就给 Kiki 套上厚厚的长袜；女儿略有头疼脑热，她就要女儿待在家里不去上学。尽管父母的过度小心给 Kiki 带来了不少烦恼，但她没有反抗。小姨巴迪和她说过，她姐姐玛丽莲的死令她父母很自责。特别是西莉亚，她责怪自己没能给大女儿更好的照顾。Kiki 说，父母从未让她感觉到她需要弥补父母的缺憾，但她很可能将这种感受内化了。她很体谅父母的心情，于是耐心地包容母亲的焦虑，只在母亲过于严厉时

照片摄于1936年，露丝当时3岁，是在她姨妈萨迪（小名萨拉）·贝森位于纽约市尼蓬西特社区的家中拍的。尼蓬西特社区在雅各布·里斯公园附近，从贝森一家的房子走出去一条街就是沙滩和大西洋。

才会抱怨一句。西莉亚还经常要求Kiki对父亲表达更多的爱，以驱散他挥之不去的悲伤。

西莉亚很希望女儿和她一样热爱文学与表演艺术。Kiki童年最快乐的记忆就是爬到母亲腿上，听她唱歌，朗读苏格兰作家罗伯特·路易斯·史蒂文森的作品《一个孩子的诗园》，或者是英国作家A. A. 米尔恩关于小熊维尼和它的森林伙伴的诗歌。一边听着书中的人物在祥和的天堂里共存，一边沐浴在母爱带来的安慰和安全感里，这样的体验有着神奇的魔力。小熊维尼的故事总有美好的结局，让人十分安心。此外，米尔恩对韵律的巧妙运用也让Kiki崇拜不已。当念到"詹姆斯·詹姆斯·莫里森·莫里森·韦瑟比·乔治·杜普里"的时候，欢快的韵律与声音和感觉的搭配是如此完美。故事中的詹姆斯·莫里森用绳子牵着妈妈回家，这里父母和孩子的角色发生了喜剧性的反转。Kiki喜欢的另一首诗是刘易斯·卡罗尔的

《伽卜沃奇》。尽管意思不太读得明白，但这首诗的发音令 Kiki 着迷。[9]

Kiki 再大一些后，她和妈妈每个星期五都会一起去社区的图书馆，她们称之为"星期五下午大冒险"。等西莉亚放心让女儿自由走动，她就会去做头发，而 Kiki 这个小书虫就会挑出三本她这一星期想读的书。Kiki 还自己编故事，讲给亲戚家更小的孩子们听。酷爱读书的 Kiki 很快就在书中找到了激励她的榜样。法国名著《孤女努力记》和《苦儿流浪记》让她着迷，《秘密花园》的神秘世界和《玛丽·波平斯》的历险让她陶醉。读路易莎·梅·奥尔科特的《小妇人》时，她立刻与书中活泼勇敢的假小子乔产生了共鸣。乔在家庭之外的大世界里对自主和成功的追求令其成为一代又一代的女孩子寻求独立和抱负的榜样。[10]

相比之下，尽管《神探南希》里的主人公勇敢、足智多谋，并且"比她的男朋友更聪明"[11]，但 Kiki 还是觉得这个故事没有那么吸引人。她很欣赏南希能够在世界上"有所作为"，但自从她 8 岁开始读神话故事之后，侦探书就显得没那么有趣了，古代诸神的故事令她完全入了迷。

她这样如饥似渴地读书，原因也并不难理解。对周遭生活中少有女性榜样的女孩子来说，童年时代的阅读能打开一扇想象的大门，提供榜样人物供她们积极模仿——令她们得以"构思自己的人生"。[12] 毫无疑问，Kiki 在她喜爱的希腊诸神中瞥见了未来的自己，特别是女神雅典娜，这位代表理性和正义的女神打破了因阿伽门农献祭女儿而引起的暴力魔咒。雅典娜还建立法院审判了俄瑞斯忒斯，给世界带来了法治。

Kiki 最好的朋友是住在与之相隔两户人家的意大利姑娘玛丽莲·德卢蒂奥。玛丽莲也信神，Kiki 心中最为珍贵的万神殿也包括

照片摄于1946年,这是露丝的母亲西莉亚·阿姆斯特·巴德,她当时44岁。

玛丽莲敬拜的神祇,她觉得这些神都是希腊诸神创造出来的。玛丽莲经常会在晚饭时邀请Kiki去她家吃肉丸和意大利面,还邀请她一起去附近的圣布伦丹大教堂做弥撒。Kiki常和玛丽莲一起去教堂,但玛丽莲还是担心Kiki不能上天堂,因为Kiki不信上帝。Kiki并未将此放在心上,但还是很羡慕信天主教的邻居们有那么多的神可以敬拜,而她自己只有一个看不见的神。

Kiki的万神殿里还有安妮·弗兰克。《安妮日记》中有一段给Kiki留下了深刻印象。

许多问题我都想不通,其中一个就是:为什么女人一直都低男人一等?说一句"不公平"很容易,但我认为这是不够的,我真的很想知道是什么造成了这种严重的不公!

大概是因为男人身体更强壮，从人类社会之初就统治着女人。男人在外谋生，处处留情，随心所欲……直到最近，女人都默默忍受，这样实在很傻。这种情况持续得越久，就越难被改变。幸好，教育、工作和社会进步开阔了女性的视野。在很多国家，女人都拥有了平等的权利。许多人——主要是女人，但也有男人，如今都意识到，长久以来容忍男女不平等的现象是错误的。[13]

埃莉诺·罗斯福在《布鲁克林鹰报》上撰写专栏，名叫《我的一天》，西莉亚几乎每期必读，还会把她对美国第一夫人的敬佩之情讲给女儿听。西莉亚认为这位第一夫人在用自己的地位为穷人和被剥夺权利的人发声。Kiki心中还有一位女英雄，那就是阿梅莉亚·埃尔哈特，她是一位飞行员、冒险家、女权主义先驱。勇敢的埃尔哈特独自驾驶飞机横跨大西洋，让Kiki崇拜不已。

西莉亚还为女儿介绍了一些女性榜样，教她如何同时做好一个犹太人、美国人和女人。西莉亚说，这些人都富有勇气和人性，是巾帼英雄。比如埃玛·拉扎勒斯，她的诗句被刻在自由女神像的脚下，她不仅赞扬美国是自由的灯塔，还阐明了犹太复国主义的斗争，主张受到压迫的犹太人返回他们古老的家园。

还有亨丽埃塔·索尔德，她创立了美国最大的犹太女性组织哈达萨。后来Kiki了解到索尔德认为女性也应当可以念诵卡迪什，她对索尔德更加钦佩了。

西莉亚还特别赞扬了莉莲·沃尔德，这位著名的护士在曼哈顿下东区创办了亨利街社会服务所，在肮脏拥挤的贫民窟里给人看病。这些女人的行动都体现出犹太的传统美德"让世界变得更好"、追求正义、有同理心、帮助他人。[14]

* * *

西莉亚也用生活中的例子教给 Kiki 一些道理。她以布鲁克林区的一家犹太孤儿院为例告诉 Kiki，虽然她们的家境仅略好于孤儿，但还是有责任把自己拥有的分享给那些更加不幸的孩子。每年的3月15日，西莉亚和妹妹伯尼斯都成箱成箱购买冰激凌——有香草味、巧克力味和草莓味的，带到孤儿院去，并在那里给 Kiki 办生日聚会，让其他孩子也能参与。虽然 Kiki 也渴望像同学们一样过一个普通的生日，但她从未抱怨，因为她知道这给孤儿院的孩子们带去多少欢乐。就这样，母亲把 Kiki 培养成为一个有同理心、有志向的女孩子。

犹太父母认为参加夏令营可以帮孩子们远离脊髓灰质炎，也将夏令营视为一个强化民族身份、社会关系和中产地位的场所。离纽约市不远的阿第伦达克山脉就有许多夏令营，周围也有给父母歇脚的住处，而当时美国东北部其他地方有一些酒店和度假村是不对犹太人开放的。（Kiki 一直记得，她在宾夕法尼亚州一个旅馆门前看到这样一个牌子：犹太人与狗不得入内。[15]）

西莉亚的嫂子科妮莉亚是公立学校的老师，她和丈夫索尔在纽约密涅瓦附近的巴尔弗湖管理着两个夏令营：给女孩子的"车娜娃"和给男孩子的"巴科"。[16] Kiki 知道车娜娃是一位北美原住民公主，但她不知道，夏令营叫这个名字是有意识地希望孩子们能和周围的田园风光建立一种联系，提倡不同种族的人都能和"原始"的文化产生共鸣。她也不知道车娜娃这个夏令营在布鲁克林区的女生里面赫赫有名。她只知道，有新朋友、体育活动和篝火在等待着她。[17]

从4岁起，Kiki 就热衷于参加夏令营，直到她18岁作为辅导员从夏令营"退休"，1937—1951年，到阿第伦达克山脉参加活动是她每年夏天必做的事。乡间小楼、田野的气息、波光粼粼的湖面、静谧的高山和森林，都让 Kiki 回味无穷。在车娜娃，她发掘出自己对骑马和水上运动的热爱。一直到她成年，骑马和滑水都是她最喜欢的运动。车娜娃这样的夏令营不仅教孩子做运动、学习艺术和手工，还通过各种活动帮营员之间建立联系，更重要的是，促进她们和犹太传统之间的联系。围坐在篝火旁，女孩们会学习国内和国际新闻，以及慈善募捐的重要性。每年的夏令营都会举行义卖为各种慈善机构筹款，以此告诉孩子们要对其他不幸的犹太小同胞施以援手。[18]

随着二战前欧洲局势的不断恶化，筹款的重点也从帮助贫困的美国犹太人转变为帮助美国以外受到压迫的犹太人群体。他们在欧洲的亲人们饱受苦难，渴望逃出希特勒的魔掌，找到一个欢迎他们的避难所——比如美国、英国控制下的巴勒斯坦，或者任何愿意为他们提供庇护、帮他们逃离纳粹深渊的国家。在 20 世纪 30 年代，Kiki 还是个年幼的营员，夏令营里有些小伙伴就是难民。尽管车娜娃的管理者希望人们对这些新移民及其家庭抱有同理心，但并不总能如愿以偿。Kiki 和她在美国出生的朋友们认为，那些新来的德国犹太人好像认为自己比别人优越。毫无疑问，父母辈的人认为这是德国犹太人长久以来看不起东欧同胞的一种延续。

包括 Kiki 在内的很多营员都对纷繁复杂的欧洲新闻不甚感冒，因为欧洲各国边界变动是常有的事。不过到 1947 年，孩子们不约而同地突然对欧洲产生了浓厚兴趣——伊丽莎白公主和菲利普王子的婚礼吸引了大家的注意。在车娜娃夏令营里，十几岁的小姑娘们热烈讨论着王室新娘攒够了服装配给票才能买到白色绸缎来做婚纱。虽然 Kiki 和她的朋友们更关心英国王室婚礼而不是柏林的"水晶之夜"事件，但夏令营并没有失去它的意义。夏令营的管理者和父母们一样，不想让孩子们知道纳粹的"最终解决方案"是什么意思。孩子们不能带收音机去夏令营，工作人员在读完报纸之后就将其烧掉。辅导员们被告知，不要在餐桌上或孩子们的宿舍里谈论战事。[19]夏令营甚至要求家长们来看孩子时也不要提起战争。那时，很多成年人以为那些关押他们亲人的地方只是强制劳动营，而非死亡集中营。其实早在1942年就有记者了解到相关消息，但希特勒计划消灭所有欧洲犹太人的事听上去太不可思议了，就连记者们也不敢相信。

尽管战事让人忧心忡忡，保证食物供给和交通运输也不容易，但车娜娃和巴科夏令营的管理者和工作人员依然坚守使命：在相对世俗化的环境里，教孩子们把慈善捐赠和犹太人的身份联系起来。西莉亚和哥哥索尔以及许多犹太家长都认为，这样能够让年轻人更好地在美国生活，同时做一个合格的犹太人和一个爱国的美国人。

* * *

当夏天结束的时候，晒黑了的Kiki回到家里，还有其他活动等着她。有时一家人会远足去尼蓬西特社区和萨迪姨妈一家聚会，姨妈一家就住在海岸边，可以在海边游泳。星期六，一家人常去布鲁克林音乐学院看日间儿童剧，偶尔也会有Kiki非常喜欢的儿童歌剧。西莉亚还安排一家人去曼哈顿中心剧院观看芭蕾舞演出。当然，Kiki还要上学。

Kiki在布鲁克林第238号公立学校就读，教学楼是一栋方方正正的砖房，离家只有一条街的距离。对酷爱读书的Kiki而言，小学一年级的功课十分轻松。但到二年级开始上习字课后，她就遇到了挑战。老师们坚持要让Kiki用右手写字，这让她感到非常为难，因为她和妈妈一样是左撇子。在习字课上拿了一个 D 的成绩之后，她发誓再也不用右手写字了。Kiki 也不喜欢读那种充满性别成见的儿童读物。"男孩在外面爬树、骑车，女孩就穿着粉色的裙子坐在屋里。"她回忆道，"我当时就想，我宁愿去爬树也不愿意穿着粉裙子坐在那里啊。"[20] 不过每逢星期五，学校里是没有人穿粉裙子的。那一天的全校大会上，包括 Kiki 在内的女孩子都穿着白衬衣、蓝裙子，打着红领带；男孩子则穿着白衬衣、蓝裤子，红领带同样少不了。[21]

放学后，练习弹钢琴和写作业是 Kiki 的头等大事。跟着当地一位老师入门之后，Kiki 的妈妈为她请来了夏令营的音乐总监，他曾经是作曲家乔治·格什温的伙伴，在曼哈顿西九十五街有一个工作室，在塔利亚剧院附近，他就在那儿教钢琴课。Kiki 的天赋也许没有老师和她自己期望的那么出类拔萃，但小小的她为了掌握技巧能够每天专注练琴三个小时已实属不易了。而且，早年的音乐训练培养了她对歌剧和艺术一生的兴趣，让她能够用音乐表达自己的情绪。[22]

内森和西莉亚虽然并不笃信宗教，但也有意给女儿灌输犹太文化传统。每到星期五的晚上，西莉亚都会点起安息日蜡烛，吟诵一段祷文；每年春天庆祝逾越节前，西莉亚都会换上新的杯盘碗碟。逾越节晚餐会在内森的父母家进行，一大家子人聚在一起，一顿漫长的晚餐吃得热闹非凡，大家伴随着欢快的歌曲和笑声诵读《哈加达》。作为家里最小的孩子，Kiki 会按照传统提问："为什么今晚和其他日子不同呢？"其他人就会耐心回答她。到了光明节，巴德家的孙辈都会来到爷爷家，每人领取 1 美元的光明节硬币。这些以家庭为中心的传统，既是维系信仰的纽带，也是民族身份的传承。但 Kiki 的姨妈萨迪是个例外，西莉亚解释称，萨迪出生在讲究"犹太身份"的"旧世界",一心一意遵守犹太饮食规定和正统犹太教的传统和实践,包括其父权制的基础。

无论 Kiki 父母家人的世俗化程度有多高,他们都认为在欧洲和美国反犹主义抬头的背景下,美国犹太人必须强化犹太身份和群体的联结。内森和西莉亚在希伯来学校为 Kiki 报了名,在那里她可以系统学习宗教经典,吸取宗教原则里根深蒂固的正义和平等观念,还会学习希伯来语和犹太历史文化。接下来的几年里,Kiki 上过很多希伯来学校,从改革派到正统派的学校都去过,最终选择了位于海洋大道上的东米德伍德犹太中心,这是一座宏伟的文艺复兴风格的保守派犹太教堂,也是社区中心。

Kiki 知道,在这样一个历史的关键时刻,同时做好一个犹太人和一个美国人是至关重要的。Kiki 全家人都在帮奶奶准备公民考试,教她写自己的名字,并记住考试题目。Kiki 的奶奶在东欧一个犹太村庄里长大,从没上过学。让孙女印象深刻的是,奶奶学习非常刻苦,在终于操着蹩脚的英语通过了公民考试后,奶奶自豪极了。

* * *

在上希伯来学校和钢琴课之余,Kiki 仍然有充沛的时间和精力去玩耍。她和堂兄理查德一起长大,两家人在 1939 年搬到了同一街区,当时两个孩子上一年级。他们经常在一起玩,觉得彼此更像是双胞胎而不是堂兄妹。他们一起滑旱冰、骑车,和邻居家的孩子们做游戏,只有当妈妈喊他们回家练习弹钢琴、写作业、吃饭或者睡觉时才会分开。

再长大一些,两人就加入了东九街的"小团伙","玩闹"也变得更危险了,这群小孩甚至开始和他们在东八街的对手互扔石头。西莉亚发现这种矛盾之后,立刻严肃警告女儿不许再这样,Kiki 马

照片摄于 1943 年，露丝当时 10 岁，左边是她的堂兄和玩伴理查德·巴德。

上就收了手，因为她清楚地记得自己还是个小娃娃的时候，有一次和理查德一起把一个西红柿扔来扔去，大人说了也不听，结果西红柿掉在厨房地上摔烂了。理查德的妈妈没有责备儿子，但西莉亚对 Kiki 可就没有那么放任了。

Kiki 还记得她第一次也是唯一一次考试成绩单上出现了 B。那时她刚刚跳级，数学考试考了长除法，Kiki 还没学过，但是西莉亚不听任何借口。另一个布鲁克林区的孩子回忆道，如果考试得了 B，"全家都会愁云惨雾"。[23] Kiki 告诉自己，以后她再也不会把 A 以下的成绩带回家。英语、历史和社会研究课程对她来说都很轻松，但数学向来不是她的强项。不过，学习只用掉了她的一部分精力，她还是有闲心爬上车库屋顶调皮捣蛋。

眼看着 Kiki 飞速成长，西莉亚为女儿定下了明确的目标：教育和独立。对 Kiki 而言，仅仅拿到好成绩是不够的。在书中那些女性故事的启发下，Kiki 知道自己想要"有所成就"。虽然还不知道具体要做什么，但随着她的成长，她已经意识到自己很有志向，未来计划之一就是去上大学。西莉亚坚信自己的女儿不应该每天乘地铁去上一个二、三流的公立大学，她要攒钱供女儿上私立精英大学。

随着20世纪40年代初经济复苏，西莉亚在当地5家储蓄银行开了小额户头，为Kiki积攒教育经费。在经济危机中，银行关门，储户们的钱一夜消失，经历过这种光景的西莉亚不想把所有的积蓄都放在同一家银行里。同时，她也不指望她丈夫能赚够学费。

* * *

与此同时，希特勒治下的第三帝国的残酷统治令海外局势迅速恶化。1941年12月7日，日本偷袭珍珠港的消息传来，美国也卷入了战争，那年Kiki才8岁。[24]

作为一个孩子，Kiki还不知道战时需求怎样导致了布鲁克林造船厂的复兴，有7万工人在那里昼夜工作；她也不知道国防工业如何给当地低迷的经济注入活力，让布鲁克林成了全国第四大工业城。不过随着战争的继续，她开始十分牵挂她堂兄西摩的安危。在珍珠港事件之后，西摩应征入伍，驻扎在太平洋，成了全家人的牵挂。她明白收音机里那些令人忧虑的消息，也记得恐怖的战争画面。和那个年代的许多孩子一样，她记得晚上的空袭警报演习、战争债券，也记得汽油和肉都要凭票供给。

Kiki在学校和同学们一起照管着一个"胜利花园"，孩子们用毛线织成的小方巾最终会被拼成毛毯供军队使用。他们还回收口香糖的包装，里面的铝可以用来生产武器。在"邮票日"，学生们会用零花钱购买25美分的邮票贴在储蓄债券本上，用来购买战争债券。男孩们一夜之间成了各种战斗机的专家，他们会花几个小时去画 B-17 轰炸机和其他飞机。Kiki 则更钦佩海报上的"铆钉女工",这些坚强而充满活力的女性进入工厂工作,把美国变成"民主军工厂"。和其他孩子一样,Kiki 从当地邮局买来"胜利邮件"写信给堂兄西摩,当然,她不知道的是,信投递出去就会被拍成微缩相片寄到海外,然后会被复制并进行敏感信息审核,通过后才会交到军人的手里。[25]

1945 年战争结束时 Kiki 12 岁,一些重要的时刻深深印在她的脑海里。从 Kiki 出生就担任美国总统的罗斯福于当年 4 月在佐治亚州度假时意外逝世,这一消息让整个布鲁克林区都陷入悲痛。对许多布鲁克林人来说,这种悲痛好比他们自己失去了家人。巴德家是个例外,西莉亚仰慕第一夫人,内森对罗斯福却没有那么崇敬。作为一个小生意人,内森不喜欢罗斯福新政带来的大量政府监管。虽然西莉亚偏向民主党,内森偏向共和党,但是他们二人都没有非常强烈的党派倾向。他们认为两届任期对一位总统来说已经足够,所以在 1940 年总统大选中把票投给了温德尔·威尔基,他也是一位国际主义者。

1945 年 5 月,纳粹德国投降,全国上下欢欣鼓舞地庆祝欧战胜利日。《生活》杂志刊登了奥斯威辛和其他死亡集中营里幸存者形容枯槁的照片,巴德夫妇和许多其他父母一样,没有把这些拿给女儿看。可是到 8 月,新闻里滚动播放的广岛和长崎的蘑菇云画面就让人无从逃避了。原子弹给日本人带去的苦难让 Kiki 惊骇不已,也给即将到来的对胜利日的庆祝蒙上了一层阴影。不过,好在堂兄西摩要回家了。

在经历了 6 年的战争、死亡行军和大屠杀之后,Kiki 和父母都支持前总统罗斯福的愿景,希望建立一个新的国际组织来保护和平与人权,这也是他政治遗产的一部分。人们认为,有一个新的国际组织来促进和平与安全，全球治理也许就能实现。超过80%的美国人和巴德一家一样有着普世主义的观念，他们支持美国加入联合国。西莉亚和女儿密切关注着埃莉诺·罗斯福推动签署《世界人权宣言》的努力，前第一夫人称之为"惠及每个人的国际大宪章"。在罗斯福夫人成为联合国人权委员会主席两个月之后，13岁的八年级学生Kiki作为校报编辑写了一篇社论。

  历史上有四份尽人皆知的伟大文件。它们之所以伟大，是由于其美好的理念和原则令整个人类社会都受益。

  第一份是《十诫》，摩西在带领以色列人穿越迦南荒野的时候得到了这份诫命。今天，几乎拥有任何宗教信仰的人都会尊重并接受《十诫》作为一种道德和行为准则。

  13世纪前，欧洲王权统治下的生活令普通人无法忍受。苛捐杂税遍地，生活条件恶劣，公义无处可寻。在这样的背景下，英格兰的贵族们在1215年一同起草了《大宪章》。在国王约翰一世被迫签字之后，这份宪章就成了法律，英格兰的农民也第一次拥有了权利。

  当贵族们要荷兰的奥兰治亲王威廉做英国国王时，他最大的愿望就是用大不列颠的军队帮助他心心念念的荷兰与西班牙作战。为了得到王位，他不得不对英国人民做出一些妥协。于是，他在1689年签署了限制王权的《权利法案》，将大部分的统治权转给议会，这是世界史上又一项重大进步。

  我们美国的《独立宣言》也被认为是影响世界最重要的文件之一。它标志着一个新国家的诞生，这个国家发展出如此强大的实力，在世界强国中占据显著地位。

  现在我们有了第五份伟大文件，即《联合国宪章》。它的目标和原则是维护世界和平与安全，促进宽容，打击侵略以及其他破坏和平的行为。

　　做到这些至关重要，因为我们现在有了一种可以毁灭世界的武器。为了倡导和平，我们这些在学校的孩子也有很多事可以做。我们必须教会自己和周围的人像友善的邻里一样相处，这种想法也体现在伟大的《联合国宪章》之中。这是让世界今后避免战争、维持长久和平的唯一途径。[26]

　　Kiki从《十诫》和《大宪章》开始，梳理了人权的发展过程，并把联合国的诞生以及《世界人权宣言》的签署看作人权事业的最新发展，这体现出这个早慧的孩子对历史的持续关注和对人权的支持。[27]

　　她在希伯来学校也有类似的经历。她的老师列维·索舒克是一位犹太教育者和复国主义者，他在东米德伍德犹太中心和亚伯拉罕·林肯高中为年轻人传道解惑。他的愿景是建立一个进步的以色列国度，让犹太人和阿拉伯人能够和平共处，他会给孩子们讲第一代移居巴勒斯坦的犹太移民的故事，并且很善于用这样的愿景抓住年轻人理想主义的心。对一个十几岁的少女来说，这无疑是思想上的强心剂。当时"美国人突然发现自己看到了新天地"，Kiki也正在思索战后社会能如何发展。1946年，Kiki穿着白色长袍毕业了，也摘得了希伯来学校"最佳毕业生"的桂冠。[28]

* * *

　　Kiki升入了课业严格的詹姆斯·麦迪逊中学，学校位于贝德福德大道。全校800名学生每天按照两个排班表上课。学生里面约有60%是犹太裔，因为信仰天主教的学生大多被教会学校吸收了。

照片摄于1946年，露丝当时13岁，在东米德伍德犹太中心参加希伯来学校的毕业典礼。露丝坐在哈里·哈尔彭拉比的左边，她的朋友以及后来的大学室友琼·布鲁德则坐在哈尔彭的右边。

在教师队伍中，有博士学位的比例异常高。因为大萧条时期大学缩招，当然其中也有当时反犹主义的原因，这些博士毕业生在大学里找不到教职，所以选择来詹姆斯·麦迪逊中学教书，希望能干到退休。一代又一代高中生都因此受益。

很快，Kiki就因自己的聪明才智而入选优等生学会，又因音乐才华突出而入选学校乐团任大提琴手。她人缘也不错，因此进入了仪乐队和学生筹款组织。橄榄球比赛前，能看到积极能干的Kiki身穿绣着金色字母的黑缎夹克售票。Kiki聪明漂亮又受欢迎，她经常约会，看起来就是一个典型的美国少女。直到多年后她才承认，她完全是为了进入仪乐队才学大提琴的，而加入仪乐队和学生筹款组织只是每个希望在学校"入流"的学生都必须经历的过程而已。说实话，她对高中橄榄球并没有兴趣，但作为尽职尽责的仪乐队成员,她还是参加了每场比赛,甚至有一次被仪乐队用的指挥棒打伤了门牙也在所不惜。每年春天的"道奇日",全校都会去看布鲁克林道奇队的比赛,她完全提不起兴趣。在人生尚未定型的青少年时代,年轻人总会尝试又放弃各种各样的角色,Kiki能感受到这些事并不真正适合自己。

她个性中更为坚韧的一面体现在其他地方。在夏令营,她自愿担任星期五晚间仪式的拉比。她乐于在公众面前讲话,觉得用东欧的旋律吟唱希伯来赞美诗能带来"鼓舞人心"的体验。更重要的是,她很乐意承担主持夏令营活动的责任。在女孩成人礼成为惯例之前,这些机会对犹太女孩来说是不常有的。

照片摄于1948—1950年。露丝在纽约阿第伦达克山脉的车娜娃夏令营主持宗教活动。1937—1951年,露丝每年夏天都会到这里参加夏令营。夏令营是她舅舅索尔·阿姆斯特和舅妈科妮莉亚·阿姆斯特创办的。

| 第 1 章 | 西莉亚的女儿　025

在詹姆斯·麦迪逊中学，许多学生都聪明上进，把考大学作为人生目标，求知若渴的 Kiki 在这样的环境里仍然算得上出类拔萃。她的升学顾问说，她的成绩可能帮她敲开斯沃斯莫尔学院、韦尔斯利学院和巴纳德学院的大门。当然，她也打算申请舅舅索尔的母校康奈尔大学。了解她的同学发现，这位姑娘对自己的学习成绩很谦虚，不过也有些学生认为她"争强好胜，有点太拼命"，甚至有人说她"野心勃勃"。但是欣赏她的老朋友，后来成为华盛顿特区高等法院法官的理查德·萨尔兹曼并不同意这样的评价，他认为这位童年的邻居和同学"人缘好、落落大方、严肃认真"。他回忆道，她在"各种受人欢迎的团体里都有一席之地"，成绩优秀"但并不让人感到她在啃书本"[29]——在前女权运动时代，一个十几岁的女孩想要受欢迎必须先做到这一点。

* * *

萨尔兹曼和其他同学都不知道的是，当时 Kiki 的母亲正饱受宫颈癌的折磨。Kiki 对此事闭口不提，把家庭和学校生活严格区分开。她这样的做法并不令人意外。在二战刚结束的年代，家中有患病的母亲往往会招来其他孩子异样的眼光，"癌症"是一个不能说的词，死亡也是禁忌。1946 年 Kiki 刚上高中时，西莉亚就确诊患上癌症，她手术后有好几个星期要住在医院里。Kiki 精心管理着自己的时间，因为每一分钟都很重要：去医院探望妈妈单程就要一个小时。

很快，这样的日子变成了沉闷的循环：上学，放学，坐地铁去医院和父亲碰头，看望母亲，在医院附近的小餐馆吃晚饭，回家，第二天早起去上学。母亲的病完全占据了一家人的生活，Kiki 和爸爸都没有心思讨论其他任何问题，对两人共同的痛苦更是避而不谈。

这种闷闷不乐的生活和母亲生病带来的压抑，促使这位内敛的少女寻求暂时的逃避。布鲁克林音乐学院提供了一个场所，让她可以释放眼泪又"不会在离开时感到悲伤"。听音乐会或者看劳伦斯·奥利弗主演的电影《亨利五世》，能给 Kiki 的痛楚按下暂停键。步行穿过中央公园去上钢琴课也能舒缓心情，如果还能顺路去趟博物馆的话就更好了。音乐也是一种解压方式，她沉醉于肖邦的前奏曲，这个系列有 24 首曲子，表达了多种情绪，开篇向巴赫的平均律钢琴曲致敬，接着有欢快的波兰玛祖卡舞曲，还有发人深省的 D 小调。弹钢琴让她可以几个小时醉心于音乐之中，或沉浸于忧伤，或体会痛苦，或感受平静。毫无疑问，悲伤也加重了 Kiki 的烟瘾。她第一次抽烟是 13 岁的时候，当时一个同窗好友和她打赌，看她能不能把烟吸到肺里而不咳嗽。她尝试过就上了瘾，这让她妈妈很失望，但她妈妈又不敢对父女俩的不良嗜好过于计较。

西莉亚也知道自己时日无多，但是她从未要求女儿一直陪着自己，反而鼓励 Kiki 多和朋友们在一起，参加高中活动，希望这样可以帮助女儿冲淡即将到来的丧母之痛。尽管如此，坚强的 Kiki 仍然一有空就陪在妈妈身边，她清楚地意识到癌症无情。她知道努力学习会让妈妈高兴，而且妈妈也有很多事想和她分享。

西莉亚总是敦促女儿"要做一个淑女"。Kiki 知道对她的母亲来说，"淑女"是"最受人尊敬的"，绝不仅仅包括惯常的那种上流中产的行为举止，或是在年轻男士面前表现得优雅得体，或是避免婚前性行为。西莉亚所说的淑女意味着坚守自己的"信念和自尊"。[30] 它代表着自制力——不仅要学会控制欲望，还要学会控制愤怒。受到歧视的群体往往会这样教育自己的孩子，而对 Kiki 这种已经很有自律意识的孩子而言，母亲的劝诫更是有着重大影响。

西莉亚活着看到了她十分期盼的康奈尔大学的录取通知

书——她请求哥哥索尔帮助 Kiki 写了申请，但在 1950 年的春天，癌症病情已经注定了她的死亡。她在医生的建议下又做了一轮放疗，但这并没有减轻她的痛苦，反而令她的身体状况恶化了。在这一年的 6 月 25 日（星期日），也就是她女儿要作为少数几位"荣誉学会成员"进行毕业演讲的前两天，47 岁的西莉亚离开了这个世界，葬礼在星期一举行，星期二就是 Kiki 的毕业典礼，但 Kiki 选择和父亲一起待在家里。老师后来把奖章送到了她家。[31]

在女儿成长的关键阶段，西莉亚尽力延长着自己的生命，为女儿提供了至关重要的指导和榜样。和当时那些为了"保护"孩子而不让他们知道父母重病的人不同，西莉亚坦诚地谈论她的离世将会带来的影响，还特别提醒 Kiki 要照顾父亲。西莉亚的坚强和坦率让女儿摆脱了丧母可能带来的最坏的影响，那就是成年后的抑郁和焦虑症，心理学家认为这样的心理疾病很容易发生在那些不到 17 岁就失去母亲的孩子特别是女孩身上。但再多的准备也无法冲淡父女俩面对的巨大痛苦和无从告慰的悲伤。[32]

* * *

按照犹太传统，在 7 天的服丧期里亲友们要聚集在一起吟诵祷文，本意是强化哀悼者的信念，帮助缓解孤单，但这反而让 Kiki 更加悲伤。按照规定，要由 10 名男子组成的敬拜团为逝者吟诵祷文，女性在这种场合是不受正统犹太教认可的，女权主义思想正在萌芽的 Kiki 对此感到愤怒极了。Kiki 的妈妈从来不会轻视女性，但 Kiki 震惊地发现她的姨妈们竟然认可这样的传统教规。她觉得这种传统对她妈妈而言无异于一种羞辱，但她不得不保持沉默。她知道，萨迪姨妈严守正统犹太教的教规，而三姐妹中最年轻漂亮的伯尼斯也不会站出来反抗。

哀悼者沉浸在悲伤肃穆的卡迪什中，丧母之痛萦绕着 Kiki 的心。这件事引发的情绪经久不散，最终让 Kiki 决定不再信仰犹太教。很多年后，她还引述了亨丽埃塔·索尔德在1916年说的一段话，当时犹太人群体里的一名男子出于关心提出可以为索尔德的母亲吟诵卡迪什，她回答：

> 您愿意为我亲爱的母亲吟诵卡迪什，我的感动无法用语言形容……我理解您所说的犹太习俗（只有男孩可以吟诵卡迪什，如果没有男性亲属，一名陌生男子也可以代行其事）。犹太习俗对我来说非常神圣而珍贵，但我还是不能让您为我母亲吟诵卡迪什。对我来说，卡迪什意味着遗属在众人面前坦陈自己的意愿，去继承父母与犹太人群体的联系，（这样）传统才能一代一代不间断地传承下去……您可以为您的家人做这件事，而我家的事必须由我来做。[33]

回忆起母亲，Kiki 说道："她是我认识的最坚强、最勇敢的人。"[34]

* * *

还有一件事让 Kiki 深感焦虑：父亲该怎么办呢？西莉亚曾经建议 Kiki 考虑去巴纳德学院读书，离家只有一站路，并且她已经拿到录取通知书。记挂着内森的亲戚们也劝她选择这所著名的女子大学，希望她每个周末都能回家。但西莉亚心心念念的是康奈尔大学。毕业于康奈尔大学的舅舅索尔还雇用过母校的学生做夏令营的招待员，他们在 Kiki 面前对这所学校大加赞美。Kiki 最终说服自己，康奈尔大学才是她母亲最希望她去的学校。她和父亲已经一起经历了这么多痛苦,她不想再生活在这种绵延不绝的心碎之中,但把自己的需求摆在第一位的想法还是让她感到内疚。

好在 Kiki 可以在经济上帮助父亲。西莉亚辛辛苦苦在 5 个账户里攒下了 8 000 美元的学费,这在当时是很大一笔钱,换算到今天有非常强的购买力。Kiki 算了一笔账,觉得纽约州和康奈尔大学提供的奖学金差不多可以支付她的学费,而她靠打零工可以支付食宿和其他必要开销。Kiki 从西莉亚的存款里拿了一小部分补足差额后,把剩下的储蓄都给了父亲。Kiki 意识到,尽管消费型经济正在快速增长,但父亲和叔叔在爷爷死后接手的零售生意很难存活,因为规模更大、更时尚的百货商店正在兴起,而且许多家庭都搬到了郊区生活。失去了精明能干的妻子,内森完全被悲痛和抑郁压垮了。不到几个月的工夫,内森·巴德公司就关了门,无法再赚钱养家的内森觉得自己成了一个彻底的废物。

但他女儿的前途一片光明。在去暑期夏令营打工之前,Kiki 在车站月台碰到了一位弗拉特布什社区的老朋友琼·布鲁德,她也要去康奈尔大学。多年后琼还记得,当时两个姑娘兴奋地谈论着对大学的期待。"Kiki 邀请我跟她合住,"琼回忆道,"我们在希伯来学校就认识,高中去了不同的学校。她的邀请让我倍感荣幸和兴奋,那是个开心的时刻。"[35]

Kiki 在夏令营的时候接到小姨巴迪的一封信,信中说她给内森找了一个住处,这间小公寓位于离市中心远一些的林布鲁克地区的长岛上,除了价格便宜,离她自己在罗克维尔森特的家也比较近。内森没多少行李,他们帮他搬完家,就把东九街的房子租给了另一家人。内森和贝尔港犹太教会的关系甚至都没能维持下去。因为交不起会费,他在至圣日常坐的位子也不再属于他了。

教会对父亲自尊心的伤害也狠狠打击了 Kiki,这不仅让她更加疏远宗教，而且让她硬下心肠。她认为，教会的做法违反了犹太教应有的核心原则，即正义和同理心。她会牢记犹太传统和从童年就接受的道德教育，仅此而已。

* * *

母亲的死是她人生的一个转折点，Kiki 童年最后的一丝痕迹也和过去随风飘逝了，但西莉亚依然是女儿一生的导师。当她站到职业顶峰的时候，每天下班前，她都会看着办公室里母亲的照片，然后对自己说："妈妈会为我骄傲的。"[36]

| 第 2 章 |

大学与爱情

1950 年 8 月，Kiki 和父亲把行李塞进自家那辆老雪佛兰轿车，启程前往康奈尔大学。她的大行李箱和滑雪板已提前寄过去了。当汽车一路向北开往大学所在城市伊萨卡时，周围渐渐满目皆是绿色——比起布鲁克林，这里更像是她作为营员度过了许多个夏天的乔治湖乡间。二战后，在名校大量扩招的背景下，康奈尔大学有9 000 多名学生，[1] 成为其中一员或许会让人不由得有些紧张，但这位 17 岁的姑娘一点没觉得害怕，只感到新的机遇在向她招手。[2]

* * *

车沿着州街行驶，父女俩意识到这儿就是伊萨卡的商业区，街边有各色商店。其中有罗斯柴尔德百货商场、街角书屋、电影院、银行、服装专卖店、珠宝店，还有大学生们最喜欢去的伊萨卡酒店的"荷兰厨房"餐厅。和很多美国城镇一样，伊萨卡也有自己的廉价杂货铺：克雷斯吉、纽伯里和伍尔沃思。车继续向前行驶，路过卡斯卡迪拉峡谷，沿着东山向上开往校园，Kiki 看到康奈尔大学就坐落在左手边的山坡上。转到学院大道，汽车驶过大学城里形形色色的住房、瀑布溪北边的特里普哈默桥，还有许多学生宿舍，最后来到了克拉拉·迪克森大楼前面。这是一栋殖民风格的砖砌大楼，大一的女生就住在这里。旁边的鲍尔奇大楼是大二及以上年级女生住的地方，Kiki 四年大学生涯里有三年都会住在那栋楼。[3]

迪克森大楼是康奈尔大学这个常春藤盟校成员校内最大的宿舍楼，单人间、双人间和三人间被安排成一个套间，共享一个浴室。已经说好要住在一起的露丝和琼·布鲁德发现，同一个套间的室友也都是犹太人。新朋友艾尔玛·鲁宾伯格说，也许学校这样做是为了让少数族裔学生感到宾至如归吧。露丝回忆道，姑娘们开玩笑说把犹太人都安排在一起"就不会污染别人了"，而其他同学则被分配在走廊的两头。[4]讽刺之余，姑娘们的玩笑话也并非完全没有道理。从 20 世纪 20 年代中期开始，美国东部精英大学就在招生人数上对犹太学生设下限制，并用"地区分配"、"社会平衡"与"和谐"这样的字眼加以掩饰。到 1950 年，犹太学生已经能够影响康奈尔大学的校园组织和文化，但他们在校园生活层面仍没有被完全接受。

这样明目张胆的反犹主义在二战后已日渐式微。更多的犹太人搬进新社区，进入大学，从事受人尊敬的工作，过上了中产阶级的生活，但许多现实的障碍仍然存在。度假村、私人俱乐部、学校、姐妹会和兄弟会还保有隔离制度。等到大学兄弟会和姐妹会的海选一开始，相对隐秘的歧视就会显现出来。

开学前的夏天，露丝结交了两个康奈尔大学 Tri-Delt 姐妹会的朋友，她们都是车娜娃夏令营的辅导员，但让露丝失望的是，她们都没有邀请她去 Tri-Delt 联谊。一直到 20 世纪 60 年代，犹太人和非犹太人的兄弟会、姐妹会都是分开的。露丝解嘲说，犹太人和非犹太人之间保持着严格的社交距离。[5]另一位康奈尔大学的毕业生乔恩·格林利夫说，甚至在学生会的"常春藤屋"（那是 20 世纪 50 年代校园生活的中心），两个群体都不会坐在一起：犹太学生坐在左边，其他人坐右边。[6]

至于这种疏离的程度有多严重，个人的记忆和体验有很大差异。不过，迪克森大楼里这几个年轻姑娘还是很快就混熟了。由于相似的背景，姑娘们一拍即合，做什么事都黏在一起，甚至用名字的首字母给每个人起了新外号：露丝的小名叫 Kiki，她们就叫她 K。室友们都认为，露丝虽然很注重个人空间，但也"很好相处，她把母亲去世带来的悲伤都埋在了心里"。[7] 至于露丝的父亲，琼·布鲁德形容他是一个"友善、安静又温柔的男人"。朋友们认为露丝的父亲带给她一种强烈的责任感。几个姑娘成了一辈子的朋友，不过一开始大家把更多心思用在适应大学生活上，而非深入了解彼此的成长背景。大学还带来一些全新的体验：学生们在课堂上被称为"巴德小姐"或者"奇赫特小姐"；在星期六晚上的聚会上，在两支缓慢的舞曲之间，舞伴们会跳起摇摆舞；有时候周末还有橄榄球赛；当然，还要认真谈一场恋爱。

她们首先体会到的就是 20 世纪 50 年代的女大学生要面对诸多规矩。《康奈尔学生守则》规定，女生上课时要穿裙子配毛衣或者衬衫（通常是女式小圆翻领）。牛仔裤和短裤应留到"野餐、聚会和上地质课"的时候穿。舒适的平底鞋和袜子是必需的，比如皮制便鞋或者黑白牛津鞋就行。约会则要看情况，"便装、套装、鸡尾酒会着装或者全套西装革履都有可能"。如果要去教堂或午餐会，则必须戴白色手套和帽子。校报《太阳日报》也会提供恰当穿着打扮的建议。总之，康奈尔大学的女大学生被要求时刻保持"大方得体"。[8]

北校区的女生在宿舍楼就餐，用晚餐时须着正装。她们必须保持举止得体：须等所有人都用餐完毕才能离席。露丝吃得很慢，这让那些想赶快去和男朋友通电话的同伴十分着急。晚上要出去约会的人就在宿舍大厅和约会对象碰头。男士不能去女朋友的房间,在工作日,晚上10点半之前必须离开北校区宿舍。

宵禁是学校替远在家中的父母给谈恋爱的学生们订立的规矩之一。在冷战早期,美国全国对于各种非婚性行为都格外介意,且特别针对女性。如果女大学生和男朋友发生性关系,人们会认为是女生缺乏道德底线和自制力,没能保护好自己的名声,面对饥渴难耐的男朋友提出的性要求没能"划清界限"。[9] 未婚先孕则是最大的禁忌,被非犹太白人中产阶级家庭看不起,在犹太人群体里更是极大的耻辱。

* * *

刚开学的几个星期,时间过得飞快。除了有奖学金,露丝为了赚够生活费还要去做兼职,这考验她安排时间的能力。露丝立志要在学识素养方面迎头赶上那些读过预备学校的同学,他们精通艺术,能够分辨画作的创作时期和风格,还经常能说出创作者的名字。相比之下,露丝在这方面受的教育不足,这也令她无法充分欣赏曼哈顿博物馆的艺术作品。[10]

然而在20世纪50年代,女孩子要是有头脑、喜欢艺术、追求成功,同时还想受男孩子欢迎是很不容易的。如果一个女生显得比约会对象更聪明,就会给她的社交生活带来麻烦。由于喧闹的宿舍让人无法集中精力,露丝常在偏僻的教室、专业图书馆甚至是没什么人的校园大楼的卫生间里学习,这样就不会被人看见。她最常去的是戈尔德温·史密斯大楼的一个卫生间。她后来回忆道:"我知道康奈尔大学的校园里有一些很不起眼的图书馆。"她说:"那时候女孩上大学最重要的目标就是嫁为人妻,用功读书对这毫无帮助。"[11] 就算在女生中间,努力学习也可能引人蹙眉,特别是别人打桥牌刚好三缺一的时候。

　　室友们很快就发现，虽然露丝不愿意别人看到她的努力，但是她不会改变自己，仍然把学业放在第一位，并始终坚持如一。当她在宿舍学习的时候，她可以盘腿而坐，认认真真读一整晚的书，不管别人在旁边玩牌聊天。只有先把笔记誊写到索引卡上，再把卡片整理好、背下来之后，她才会让自己放松一下，出去看个电影。她最亲密的一个朋友说："她是一个专注的学生吗？是的。她是一个书呆子吗？绝对不是。"[12]

　　学习也自有其乐趣。有些课程让露丝印象深刻，教授们更是让她记忆犹新。她非常喜欢上欧洲文学课，这门课的教授是20世纪伟大的作家弗拉基米尔·纳博科夫，他出生于俄国。露丝认为纳博科夫有着"不同凡响的幽默感"，是非常好的老师。令她印象特别深刻的是，纳博科夫对词句有着非凡的热爱，特别是对词句的发音。他指出，英语的优点之一就是词组中的形容词放在名词之前，可以让读者首先注意到对人或事物的描述。他举例说，法语与英语相反，通常名词放在形容词前面，比如"白马"这个词，法语说"cheval blanc"（马白），当你先听到"马"这个词的时候，第一个想到的颜色可能是棕色，但是在英语中，当你听到"马"这个词的时候已经先知道它是白色的了。[13]

　　她还记得一次关于狄更斯小说《荒凉山庄》的课堂测验："当你第一次读到皮皮这个人物的时候，你看到了什么？"最显而易见的答案是皮皮的头卡在一个铁圈里，头无法挣脱。纳博科夫希望听到的答案是，这个小男孩"异乎寻常的大头"被卡住了。他解释道，狄更斯运用这些形容词，不仅是强调杰利比家这个无人照料的孩子所面临的困境，而且是要突显出19世纪英格兰儿童的悲惨境遇。

　　纳博科夫说，词语及其在文中的位置能够给读者传递一种印象，描绘出生动的词语图画。狄更斯在《荒凉山庄》开头描绘了这样一幅景象：林肯旅舍和整个伦敦市都被笼罩在浓雾里。纳博科夫认为，一部伟大文学作品的词汇需要细细品味——随着在这门课上继续学习简·奥斯汀、福楼拜、果戈理特别是托尔斯泰的作品，露丝也把教授的这一教导铭记于心。

不过到了选专业的时候，她并没有选择文学。政治学专业（在康奈尔大学被称为政府学）能提供更多的就业可选项，相对较轻的课业负担也让露丝有时间选修音乐和艺术史课程。政府学系优秀的师资进一步吸引着她。克林顿·罗西特和马里奥·艾瑙迪是享誉世界的学者，而美国宪法和公民自由专家罗伯特·库什曼也是一流的老师。除了库什曼教授的课，她还计划选修一门备受推崇的课程，

弗拉基米尔·纳博科夫于1948—1959年在康奈尔大学教书。他让露丝对如何选择和排列词句更为敏锐，并引导她爱上了俄国小说。

罗伯特·库什曼于1923—1957年在康奈尔大学担任政府学教授，他是美国宪法专家。在他的教导下，露丝对公民自由产生了深刻的领悟，也对那些捍卫公民自由的律师心生敬意。

探讨宪法的哲学和智识基础，教授米尔顿·康维茨是一位顶级学者、老师和活动家，在工业与劳动关系学院和法学院任教。

* * *

进入库什曼的宪法课堂，露丝与教授和课程内容"完美结合"。一位同学说她"聪明得可怕"，另一位同学说"她似乎有与生俱来的逻辑和理智，不会让情绪干扰她的思考"。她的一位密友和同学在多年后回忆道："逻辑和理智一直是露丝思考问题的基础。她带着这种天赋进入大学，还有高度的求知欲和自律。"[14] 这些品质无疑让露丝得以和库什曼建立紧密的师生关系。库什曼也答应进一步指导露丝的学习和写作。

如果说纳博科夫让露丝对词汇的重要性更加敏锐，那么库什曼就教她懂得了如何在写作中准确、简洁地传达核心内容。他建议她去掉繁复的句子，做到简明扼要。他认为，要做到让读者只需要读一遍就能领会句子的意思。求知若渴的露丝采纳了老师的建议，就像她向纳博科夫学习用语言绘制"词语图画"一样，不过她还没有意识到，她学到的这些写作技巧今后会为她的法律文书增光添彩。就像1924年民主党总统参选人、那个时代最负盛名的商业律师之一约翰·W. 戴维斯所说的："如果你想打赢一个官司，就给法官描绘一幅'图景'，越简约越好。"[15]

库什曼还让露丝做他的研究助理，这激发了她对于宪法的长期兴趣和对公民自由的深刻认同，这些也都是库什曼最关注的议题。他们深入探讨麦卡锡主义，库什曼请她关注众议院非美活动调查委员会和参议院内部安全小组委员会的最新进展。当时《华盛顿邮报》对麦卡锡主义进行了最为深入的报道，很快露丝就开始每天阅读记者艾伦·巴思的专栏和观点。[16]与巴思逻辑缜密、冷静克制的文风相反，右翼宣传册《红色频道》揭露出广电领域的所谓的共产主义者，内容往往都比较耸人听闻。不过露丝还是会仔细读完这些资料，就好像那些隶属于被司法部点名的左翼政治团体的娱乐明星一样认真对待。库什曼还让她策划一个书展，不仅要包括那些被麦卡锡主义者视为眼中钉的书，还要有各个历史时期的禁书。库什曼这样做，显然是想告诉她，政府要求大学提供一份包含共产主义材料的书单，而要得到所谓的书单，就必须选修这门课程。[17]

库什曼谈道，在保护国家安全的狂热劲头之下，那些受到宪法保护的美国核心价值和基本自由正在被摧毁，他对那些做出反击的公民自由主义者表达了钦佩之情。他最尊敬的是为那些受到叛国指控的人提供辩护的一小群律师。他们明白，对人们的政治信仰和结社施加司法干预，影响的不只是像共产主义者那样的政府目标群体，而且是全体美国人。

公民自由和公民权利也是米尔顿·康维茨"美国理念"课程的核心内容。这位教授既有法律学位，也有哲学博士学位，他精力充沛、旁征博引，用犹太教典籍和柏拉图的著作来阐明宪法的智识基础。康维茨不仅是法学家，而且是活动家。20世纪40年代，他作为全美有色人种协进会法律辩护基金会的瑟古德·马歇尔的主要助手，协助后者处理了许多与警察暴力、私刑和种族隔离有关的案件。他的行动还扩展到海外，帮助非洲国家利比里亚起草宪法，也写过大量关于公民权利和公民自由的书籍。[18]

露丝觉得这位博学的拉比之子治学严谨、为人严肃，课后不易接近。但他还是帮助露丝做到了一件很重要的事，这也是他作为老师名声在外的才能：敦促学生考虑清楚在自己所处时代的重

米尔顿·康维茨，康奈尔大学宪政劳动法教授，他是一位身体力行的法学家、活动家。他教授的"美国理念"课程滋养出露丝的理想，即培养露丝成为一名律师，为保护国家最重要的价值观而奋斗。

要议题上的立场，并且帮助他们发掘自己的行动能力。[19]露丝回忆道，康维茨强化了她刚刚萌芽的意识，那就是"一个律师不仅可以实现自我满足，而且可以努力保护那些令这个国家变得伟大的价值观……这个前景令我激动不已"。[20]更重要的是，他激发了她想要为同样的事业奋斗的愿望。在大二学年末，这位18岁的女孩报名参加法学院入学考试，这是进入法学院的一项基本要求。

露丝的亲人们不太赞同她的决定，担心她做律师无法谋生。她的父母曾经只想让她像舅妈科妮莉亚一样做个老师，但她在伊萨卡高中讲了一次课以后就发觉在公立学校当老师满足不了她智识上的追求。比如，在讲到美西战争的起因时，她怎么可能照本宣科把那样偏颇的知识讲给学生听呢？在露丝看来，母亲西莉亚要求她有所成就、独立自主，这本身就超越了从事什么职业的具体要求。

* * *

同时，露丝还要参加其他校园活动。她积极参与女性自治协会，并担任文理学院师生学术行为准则委员会委员，该委员会处理抄袭案件。她也为委员会里的一位教师做兼职工作，他在写给哈佛大学法学院的推荐信中，表示非常欣赏她"有品格、有责任心、聪明得体"。"我认为，公平地说，（巴德小姐）被选为大学行政办公室的三名本科生之一……这说明她得到了普遍的认可。"他写道，"巴德小姐并没有主动寻求当领导或者为自己争取有影响力的位子，而是因为人们迅速认识到她的品格和智慧，所以赋予了她这些责任。"他继续写道："从个人层面而言，她富有魅力，待人友善，端庄持重，谦逊到可以用沉默寡言形容，但是当需要做决定或有所行动的时候，她绝不会举棋不定。在巴德小姐的同龄女性中，我认为很少有人能做到处变不惊而富有智慧，我认为这样的形容与她完全匹配。"[21]

露丝带领着一个关注女性职业发展社团这件事也让人得以一瞥她的为人。她认为康奈尔大学的一些同学体会到了与社会期望的不匹配，就像韦尔斯利学院一名绝望的女生在图书馆小隔间里刻下的如下文字一样：

努力学习
获得高分
拿到学历
嫁为人妻
诞下三孩
入土为安

但她发现除了她的几位好友对自身事业有着远大抱负，大多数康奈尔女大学生只想把学位当作婚姻的敲门砖而已。[22]

这是为什么呢？她觉得奇怪，为什么康奈尔大学这所学校本该致力于促进所有学生的智识发展和独立，却完全不去反击这种对自己的女学生如此有害的社会思潮呢？康奈尔大学招生的男女比例是4∶1，女生必须比男同学成绩更好才能被录取。可到头来她们的唯一期望是婚姻，而且这样的期待可不仅限于大学范围里。她最要好的朋友们一订婚就从康奈尔大学退学了，琼·布鲁德是第一个，她父母认为女儿能嫁给一个哈佛大学的男生，未来就有了保障，因此没必要再支付她在康奈尔大学的学费，让她在一所离家近、学费低的学校完成学业就行了。露丝的其他几位好朋友也很快做出同样的选择。[23]安妮塔·奇赫特和艾尔玛·鲁宾伯格是例外，她们在康奈尔大学读完了本科。鲁宾伯格后来跟她的一位助教爱德华·海斯·麦卡利斯特结了婚,还拿到了博士学位。[24]

那时,二战后实施的一系列公共政策(如社会保障制度、《退伍军人权利法案》和联邦住房管理局的相关政策)加深了职场和社会福利政策的性别割裂。但在当时,露丝和其他女大学生都不知道,年轻女性的抱负和选择是如何被这些意识形态和结构性的限制阻碍的。[25] 20 世纪 50 年代初是所谓"女性奥秘"的流行期,这个概念是后来由女权作家贝蒂·弗里丹总结出来的,用于描述冷战时期促使中产阶层女性早早进入婚姻和家庭生活的巨大压力,这种压力既存在于犹太人群体,也存在于非犹太人群体。实际上,就在犹太男性回归供养者的角色之际,女性成为家庭主妇也变成了纽约下东区和美国其他地方的一种身份象征。在战后的美国梦中,女人的追求就是嫁给一个能赚钱的男人。[26]

那些追求事业的年轻女性要面对常人难以理解的挑战。首先,学校录取就对女性设限。那些培养法律、医学和其他男性主导职业的大学,只给女性最多 10% 的录取名额。等挤过了这座独木桥,这些被贴上标签的女生又要在奖学金上受到更多限制。其次,她们想从事的行业也常常对她们关上大门。就算找得到工作,最大的挑战还在等着她们:在一个女性获得很少支持的社会里,他们必须学会平衡事业和家庭。[27]

* * *

专注学习和面临种种职业挑战并没有妨碍露丝参与校园生活轻松的一面。休息的时候,露丝弹钢琴(她最喜欢英国人吉尔伯特和沙利文创作的轻歌剧)、骑马、看电影,还参加了 Alpha Epsilon Phi 姐妹会的入会活动,这是康奈尔大学的两个犹太姐妹会之一,常举办各种活动。露丝还参演了一年一度的学生音乐秀《大红歌舞剧》。她常和闺密们一起出去玩，也是校园聚会的常客。[28]

露丝从来不缺约会对象。大一的时候，她和一位哥伦比亚大学法学院的学生走得比较近，他来自新泽西州的佩特森，两人是在夏令营认识的。放假回到纽约后，她住在小姨巴迪和姨父本的家，很少待在父亲的小公寓，在那里只会加剧她的痛苦和内疚。她会和男朋友一起去曼哈顿，在那里他们可以待在一起一整天。

她还遇到了另一位男生，他叫马蒂·金斯伯格[①]，也是康奈尔大学的学生，比她高一届。有一天马蒂在校园里看到露丝，就拜托自己兄弟会的朋友兼室友安排他们约会，当时那位朋友正在和露丝的闺密谈恋爱。露丝有几个朋友经常参加 Tau Delta Phi 兄弟会的聚会，马蒂是那里的活跃分子，也是调酒师，因此这场约会很容易安排。他们的朋友答应帮忙，因为马蒂的女朋友在史密斯学院，而露丝的男朋友在哥伦比亚大学法学院，他们非周末时间在一起应该很"安全"。每个星期日晚间，两个人都会在学校附近的餐厅共进晚餐，人们可以看到高大的马蒂低下头，仔细倾听旁边这位小个子金发姑娘说话。虽然已经成了亲密的朋友和如影随形的伙伴，但两人这时并不是情侣。

大学时代的马蒂·金斯伯格聪明且超级自信，他父亲是美国联合百货公司的副总裁，收入颇丰。他在纽约长岛的罗克维尔森特长大，和母亲一样爱打高尔夫球，后来他加入了康奈尔大学高尔夫球校队。很快，他对新"朋友"露丝的热爱有如对高尔夫球一般，两人开始无话不说，对话变得漫长而投入。他问她都上些什么课，然后就去报了名。"露丝成绩出众，长得也漂亮，"他们的同学马克·富兰克林回忆道："大多数男人会对她有所敬畏，但马蒂不

---

① 马蒂·金斯伯格（Marty Ginsburg），原名马丁·金斯伯格（Martin Ginsburg），马蒂是昵称，本书统一译为马蒂·金斯伯格。——译者注

这是马蒂·金斯伯格和露丝的订婚照，当时马蒂刚刚赢得了未来人生伴侣的心。照片是1953年在纽约罗克维尔森特由一名不具名的专业摄影师拍摄的。

露丝在康奈尔大学读大四的时候订婚。照片摄于1953年。

会。他天不怕地不怕。"[29]

* * *

乍一看，他们两个没有什么相似之处。他身材高大，一头金色卷发；她看上去则是娇小柔弱。他们的经济状况也不同：她家境很一般，他则优渥得多。他们个性迥异：马蒂热情、幽默、喜欢社交，而露丝严肃、内敛、沉默寡言。他看起来无忧无虑，而她一直记挂着父亲。他们都喜欢运动，她更喜欢骑马这种考验个人技术的运动，他则是酷爱高尔夫球这样有竞争性和社交性的运动。两个人都很聪明。马蒂平时成绩一般，但天资聪颖，考试分数突出，而露丝在毕业时获得了最高荣誉，是荣誉学会 Phi Beta Kappa 的成员，也是她们这届女生里的第一名（有一名男生成绩超过了她）。

| 第2章 | 大学与爱情

这些看起来相反的品质实际上令他们互相吸引。马蒂很不喜欢露丝约会时穿的那件蓝色格子外套[30]，但完全被她"闪光的头脑"迷住了，还有她那众人眼中魅力非凡的笑容也很吸引他。露丝也欣赏马蒂的聪明才智、外向的性格、无比自信和不可抵挡的幽默感。虽然他在宪法学习小组里表现一般，但在文学课上，纳博科夫教授关于杰利比家孩子"异乎寻常的大头"的提问，只有马蒂一个人答了出来。[31]

在马蒂心里，露丝很快就取代了其在史密斯大学的女朋友的位置，但露丝还在犹豫是否要进一步发展这段关系。如果感情进展不顺利，她反而会失去她最珍惜的朋友。也许，她是担心马蒂太了解她了。她有时会缺乏安全感和自我怀疑，这些她高中时期的好友都看在眼里。当然她也可能是觉得马蒂太热衷于社交，爱逃课，因为实验课和高尔夫球练习的时间冲突就放弃了化学专业，担心他对前途不够上心。不管她在担心些什么，马蒂坚持不懈的追求终于在露丝大三时打消了她所有的顾虑。

他们总是形影不离。两个人会在鲍尔奇大楼附近的湖边散步，这里早已被其他情侣踩出了路。秋天，湖面被五彩缤纷的枫叶装点得绚丽动人，而到了冬天，湖面一结冰，又仿佛是魔法世界一般。天晴的时候，阳光洒在瀑布的冰凌上，这里就成了冬日天堂。马蒂还开着他的灰色雪佛兰车载着热恋中的两个人去更远的地方。他们绕着卡尤加湖一圈开了40英里①的路，露丝说，两人感到彼此"在智识与情感上的联系非常紧密"。[32] 除了都爱古典音乐，两人也发掘出其他共同点。

政治上，他们都对发生在身边的麦卡锡主义极为反感。1950

---

① 1 英里 ≈1.6 千米。——编者注

年9月，康奈尔大学杰出的理论物理学家菲利普·莫里森教授被右翼媒体《反击》点名，称他是"各种亲共活动的参与者和支持者"。一个月后，参议员约瑟夫·麦卡锡指控莫里森隶属颠覆组织。1951年，众议院非美活动调查委员会的一份报告把莫里森列为"当前共产主义和平演变"相关人员。[33] 莫里森还为"美国和平十字军"鼓与呼，尽管当时该组织尚未被司法部列入颠覆组织名单。莫里森师从加州大学伯克利分校物理学家罗伯特·奥本海默，不仅参加过曼哈顿计划，还曾负责开车把钚基原子弹从洛斯阿尔托斯的实验室运送到位于新墨西哥州阿拉莫戈多沙漠西边的偏远基地，并在那里装配原子弹进行爆炸试验。后来美军在广岛投下的原子弹也是莫里森帮助装配到轰炸机上的。作为第一批到广岛和长崎考察原子弹恐怖破坏力的科学家，莫里森回国后就坚定致力于推动和平与核裁军。[34]

和20世纪30年代许多关心政治的学生一样，莫里森在卡内基理工学院读本科期间参加了青年共产主义联盟，后来又加入共产党，但在珍珠港事件之后就慢慢与之脱离了。和伯克利分校的许多研究生同学一样，莫里森认为自己帮助推动了罗斯福新政的左倾。但他的许多活动都导致媒体对康奈尔大学的负面报道，比如他和著名的美国黑人活动家、共产党员保罗·罗伯逊和W. E. B. 杜波依斯的交往，反对朝鲜战争的立场，参加华盛顿世界和平集会的行动，以及被众议院非美活动调查委员会点名。1953年，莫里森被参议院内部安全小组委员会传唤，他阐述了自己的行动，但是拒绝指证他人。愤怒的校董们要求康奈尔大学立即开除他，其中就有百路驰轮胎的总裁约翰·克利尔，还有其他那些将共产主义视为国家安全大敌的校友。[35] 而康奈尔大学作为一所有着强大学术自由传统的大学，其学生们在政治上很活跃，校园报纸不可能避免争议，也密切关注朝鲜战争和麦卡锡主义，特别是当时另一位受欢迎的教授马库斯·辛格也受到众议院非美活动调查委员会的传唤。[36]

辛格是一位声誉显赫的神经生物学家，也是第一位成功在青蛙身上实现肢体再生的美国科学家。他大方承认自己20世纪40年代曾在哈佛参加过一个马克思主义研究小组，还说他在1945年就与共产党决裂了。"我永远忠于我的祖国，"他对议员们解释道，"我们不是颠覆者。我们遵守的也不是斯拉夫主义政策，我们是知识分子，是学者，我们是在追求一种权利。"[37] 但当国会敦促他指出马克思主义研究小组其他成员的时候，辛格拒绝了，说自己的尊严和良心不允许他这样做。

辛格在1954年被指控藐视国会，他和莫里森都被禁止上课，但还可以继续做研究，没有丢工作，这相比其他学校的教授已经很幸运了。但是两人都因为这段作为被告的经历感到苦闷，特别是辛格。和莫里森不同，辛格所在的学系并没有为他提供支持。教授们的遭遇在那些为辛格筹款的学生心里留下了深刻的印记。马蒂和露丝感慨道，受宪法保护的言论和集会自由似乎已不复存在。[38]

* * *

但麦卡锡主义的深重阴影也并未影响两人彼此相爱。在课堂上，争强好胜的马蒂想要在成绩上超过露丝，这种竞争氛围让两人都很受用。"他是我约会对象中唯一一个欣赏我有头脑的男人，"露丝说，"他真的是聪明绝顶。"[39] 他们打算进入同一个行业，虽然还没决定具体是哪一行，这样"在一起就有的可聊了"，可以"有商有量"，也能了解彼此在做什么。马蒂坚持道，不管做什么，两人都要一起做。

露丝鼓励马蒂也选择法律。可他虽然放弃了化学专业，但还没有完全放弃上医学院的打算，商学院也是一个选择，但哈佛商学院不招收女生，拉德克利夫学院的管理培训项目招收女生，但露丝不愿意去。她认为，哈佛大学拉德克利夫学院和商学院的项目在质量和声誉上都无法相比——这种平等意识也将贯穿她今后的职业生涯。露丝对医学不感兴趣，那么剩下的选择就只有哈佛大学法学院了。马蒂同意了她的决定。[40]

圣诞假期时，他们订了婚。露丝的亲戚们看到她的喜悦和两人的般配都很为她高兴。现在她要结婚了，他们也都终于对她要读法律的决定松了口气，转而把心思用在订婚派对上。小姨巴迪选择在久负盛名的广场酒店举行一场热闹的聚会。仪式在新古典主义的波斯房间举行，不过露丝在康奈尔大学的室友们注意力全都集中在她这位"容光焕发"的准新娘身上，都没注意酒店长什么样。在蓝色

照片摄于1953年12月27日，当时露丝和马蒂刚刚在纽约广场酒店的波斯房间举办了订婚仪式。

| 第 2 章 |　大学与爱情　049

套装的衬托下,她那双蓝绿色的眼睛显得美丽动人。马蒂的朋友们都记得这位"不苟言笑的金发姑娘",记得她不喜欢闲聊,"总能很清楚地"指出什么事情对她真正重要。[41] 喜欢跳舞的露丝还发现最佳舞伴并不是她的未婚夫,而是她未来的公公。"他是我有过的最佳舞伴。"她说。

马蒂热切希望两人从事同样的职业,这说明他是个出色的追求者,一个领先于时代的男人。那么他为什么会有这样的女权主义意识呢?露丝说,他俩都没考虑过社会惯习对男性和女性角色的设定。他们更关心的是要不要过犹太人的生活。露丝也不认为是她未来的婆婆培养了儿子的进步思想。也许是他强烈的自信让他能看到生活有各种可能性,不必为某些性别规范所局限。更有可能的是,这位准新郎足够令人有安全感、足够聪明、足够有热情,明白如何才能赢得爱人的心。他已经做好长期打算,要尽一切努力让两人走下去。[42]

露丝的首要目的是让两人尽快开始一起生活。她在大三学年末就读完了毕业要求的全部课程,已经做好准备从姐妹会搬出来,开始学习法律。她想着,也许大四这一年她可以进行两次学籍注册,也就是在康奈尔大学法学院同时注册学籍,和法学的一年级新生一起上课。然后等到来年秋天,她从康奈尔大学本科毕业,就可以去哈佛大学法学院和马蒂一起读二年级了。但是哈佛大学不允许露丝在康奈尔大学法学院完成第一年的学业,这个计划破灭了。好在有失必有得,她大一的室友艾尔玛和安妮塔回忆道,露丝从姐妹会搬到了高年级宿舍后,交到了更多其他宗教和民族背景的朋友。[43] 在康奈尔大学多待一年,让她有更多时间去探索艺术史、音乐和文学,同时还有其他让人欣喜的发现,包括在相处中与马蒂的父母加深了解。

* * *

老金斯伯格夫妇莫里斯和伊夫琳住在纽约长岛罗克维尔森特的多格伍德巷 37 号，位于一个高档社区，他们宽敞的房子就在罗克维尔森特高尔夫球场和乡村俱乐部附近，但作为犹太人，他们不得入内。金斯伯格家显得生机勃勃，而露丝自己的家在妈妈西莉亚生病之后就再也没有过这样的活力。金斯伯格家里回荡着马蒂的妹妹们的欢声笑语，马蒂和父母也经常就高尔夫球的话题聊个不停。

露丝很快了解到，马蒂的爸爸莫里斯只读过八年级，从仓库小伙计一路做到美国联合百货公司的副总裁。莫里斯不仅是商界领袖，而且是犹太人群体内部的杰出人物，既敢于开拓也善于守成。他是新的犹太教堂和纽约市附近科尔德斯普林乡村俱乐部的奠基人。露丝很快发现马蒂的父亲"非常优秀，很聪明，很英俊，很上进，性格非常外向"，他还是一个"极好的倾听者"。[44]她不久就改口称他为"父亲"。他常说："我有自知之明，如果我不管到哪去都只谈论我自己，那我就什么都学不到。如果我去倾听其他人，很可能就会发现一些自己不知道的事。"露丝认为，倾听不仅是一种艺术，而且是一种智慧的象征。

马蒂的父母和她的父母很不同，他们马上对这位不苟言笑的年轻姑娘敞开心扉，知道她给他们的儿子提供了新的动力，并表示马蒂能遇到她是最大的幸运。这可不是一般的客套话，特别是对伊夫琳来说。她只有马蒂一个儿子，马蒂和高尔夫球就是她生命中最重要的事。莫里斯和伊夫琳很快就把露丝当成了家庭的一分子，在情感上给予她支持和鼓励，这都是她那被悲伤击倒的父亲所无法给予的。莫里斯动用他的关系帮未来儿媳在长岛的一家商店找到了暑期短工，还帮露丝的爸爸内森在弗拉特布什社区的一家店找了份男性服装销售的工作，尽量在不伤害他自尊心的情况下给他一些帮助。

当马蒂发电报给父母，请他们订两张1954年6月24日到欧洲的船票时，莫里斯和伊夫琳就知道儿子的婚期将至。人人都觉得，金斯伯格一家在长岛的房子是举办婚礼的好地方。只有双方家人获邀出席——共18人，这样新人们既可以节约婚礼开支（通常这是由新娘家负责的），又可以延长海外的蜜月之旅（通常由新郎家出钱）。[45]

婚礼定在1954年6月23日，当时新娘刚从大学毕业。露丝的确找到了她的"终身伴侣"，这个男人非常爱她，天资聪颖，很有自信，永远不会把自己妻子的成就视为对他个人的威胁。[46]露丝婚礼当天的意外之喜是收获了一个伴娘——在婚礼快要开始的时候，马蒂的妹妹克莱尔跟着露丝走下楼梯，站到了华盖下面。虽然西莉亚没能在现场拥抱自己的女儿，但露丝拥有了格外爱她的公公婆婆。作为父母，他们会用自己的钱帮助小夫妻达成那些他们还负担不了的心愿。

马蒂的父母也收获了一个大女儿。在那张典型的20世纪50年代的订婚照里，穿着毛衣的露丝眉目低垂、温柔娴静，但这掩盖不了她的远大志向和决心。在婚礼上，伊夫琳把儿媳拉到一边，在她手里放了一副耳塞。她说，幸福婚姻的秘诀就是"有时要装聋作哑"。露丝记下了婆婆的教诲。伊夫琳和莫里森还送了儿媳一套高尔夫球杆，欢迎她成为金斯伯格家的一员。[47]

婚后不久，新婚夫妇去西欧开启长途自驾之旅。他们带着露丝在艺术史课上所做的笔记，途经英国、法国、瑞士和意大利，哪里有她想去的地方，就在哪里停下来。

*　*　*

等他们从巴黎回到纽约后，生活中却发生了一个意想不到的变化，他们因此搬去了俄克拉何马州的劳顿市。当时朝鲜战场激战正酣，马蒂觉得如果不得不去朝鲜的话，他宁愿作为军官参战，所以勉为其难地在两年的预备役军官训练营报了名。在战事降温之际，他忽然接到命令到俄克拉何马州的希尔堡报道，那里是美国最主要的炮兵基地。他们不得不推迟两年再去法学院——后来事实证明，塞翁失马，焉知非福。"我们有差不多两年的时间，"马蒂回忆道，"远离学校，远离职业压力，远离亲戚，可以专心了解彼此，开启我们自己的生活。"[48]

在炮兵学校里，金斯伯格少尉突显出他在射击上的天分。他数学很好，三角学对他来说很容易掌握，而且作为一个12岁就开始练高尔夫球的球手，他也知道如何测量标距。正如他妻子所说："等最后一枚炮弹爆炸后，他会看着靶子说，'还差五号铁的距离'。他判断距离和调整火力能做到惊人的准确。"她回忆道："他以第一名的成绩从炮兵学校毕业。"[49] 的确，他非常擅长操作火炮，以至上级没有送他到海外作战，而是留他在剩下的服役期里教授射击。

接下来的两年，炮兵村就是他们的家。两人住着专门提供给已婚军官的房子，里面有各种配套设施，刚成为金斯伯格太太的露丝觉得这就有点像生活在一个社会主义国家。他们的住处由军队补贴，能在基地的小卖部买食物（比市面上的价格便宜），还可以在一个禁酒州里买酒，找军医看病也很便宜，军官俱乐部里有标准游泳池，高尔夫球场也是免费的。他们还和基地里的其他常春藤盟校毕业生交朋友。美中不足就是给军官太太们的正式工作很少。

在军需办公室做了一阵打字员之后，露丝在俄克拉何马州劳顿市的社会保障局找到了一份类似的工作。她做这份工作屈才了，但这不要紧，因为他们需要这份收入。这也给了她一个机会去改善附近美国原住民的待遇，尽管她还不知道具体应该怎么做。因为小时候妈妈常带她探访孤儿院，露丝对弱势群体所遭遇的偏见和困境非常敏感，她认为非裔美国人和印第安人受到的待遇骇人听闻。贫困的印第安人想要申请福利，却往往被社会保障局的工作人员拒绝，说他们无法充分证明自己的年龄。很多原住民都没有出生证明，因为他们的出生往往没有记录。这令印第安人进退两难，让官僚主义的规定得以掩盖歧视的本质，让原住民的合理需求得不到满足。[50]

这深深刺痛了金斯伯格内心的正义感，一个本应帮助公民的政府机构，却如此不公平甚至冷酷无情地对待那些寻求帮助的人。她总结道："这实在太龌龊了。"事情超出了她能掌控的范围，露丝不由自主地在晚餐时念叨起来。她决定接受捕鱼证或者驾照上的出生日期作为佐证，并开始悄悄给那些符合条件的申请人发放福利。[51]

在家里，两人轮流做饭，工作日的饭菜由露丝负责，而周末或者招待客人的时候则是马蒂下厨。暮春之时，露丝的堂兄理查德给马蒂寄了一本法国传奇大厨奥古斯特·埃斯科菲耶写的烹饪指南的英文版，他非常了解金斯伯格太太在哪方面亟待提高。马蒂觉得，如果自己能做好化学实验，应该也能按菜谱做好饭。说到底，虽然他妈妈教儿媳做过几道家常菜，但她自己也很少下厨。马蒂遵照埃斯科菲耶的菜谱开始练习，从最简单的开始，从来没有想到有一天他的烹饪技艺能够与他在税务和并购法上的专业水平齐名。他只知道，这下可以不用再吃他太太做的那些烤过火的猪排和灰金枪鱼砂锅了。[52]

晚餐之后，这对新婚夫妇常常会读书给彼此听，书籍包括佩皮斯、托尔斯泰、狄更斯的作品，甚至还有斯宾诺莎晦涩的哲学著作。托尔斯泰是他们的文学教授纳博科夫最喜欢的作者，也是露丝的最爱。他们还参加了会计函授课程，马蒂这个未来的税务专家想要掌握这项技能。两人也会招待客人。马蒂的一位军官战友还记得，他们三个经常会在晚上讨论马蒂在哈佛大学法学院读一年级时接触到的那些案例。同样令人难忘的是露丝对这些讨论的全情投入。她在康奈尔大学读大四的时候，有时会在星期六去哈佛大学所在地剑桥市旁听马蒂的课程，觉得教授和学生之间苏格拉底式的问答令人精神振奋。[53]

他俩经常从基地的图书馆借歌剧唱片听，露丝一直都很喜欢托斯卡尼尼的《茶花女》。一次纽约大都会歌剧院巡演，他们周末就开车去达拉斯看演出。两个人会提前一个月学习剧本，在家反复播放相关段落。这些延续了露丝对歌剧的热爱。马蒂的爷爷以前在当时俄国治下的敖德萨一家歌剧院里工作，他的父母也会买纽约大都会歌剧院的季票。露丝对歌剧的热情非凡，后来她甚至还在华盛顿国家歌剧院跑过一次"龙套"：那是德国音乐家理查德·施特劳斯创作的《阿里阿德涅在纳克索斯岛》，讲述的是一位维也纳大富豪举办聚会的故事。身着19世纪优雅的礼服，头戴发饰，露丝扮成客人和其他宾客一起观看喜剧表演，演出讲的是心碎的阿里阿德涅被爱人抛弃在希腊小岛纳克索斯岛的故事。这段难忘的经历暂且按下不表。眼下有一件事她还没准备好，那就是生孩子。

* * *

十月怀胎给两人带来了不少焦虑。在一次检查中，劳顿市的一名医生发现了露丝的并发症，因而建议终止妊娠，但马蒂的父母在和他们通了电话后，坚决不同意。在小两口圣诞节回家的时候，伊夫琳给儿媳联系了一位医术高超的妇产科医师做诊断。在回到俄克拉何马州之前，马蒂和露丝已经拟好计划，在预产期前一个月露丝会先飞回罗克维尔森特休养。1955年7月21日，他们的女儿简出生了，马蒂也休了短假飞回去陪伴母女。

不管露丝怎么哄自己的女儿，小家伙一直哭个不停，露丝因此严重睡眠不足。在跟伊夫琳和莫里斯住了5个星期之后，她决定要回到丈夫身边。露丝试了各种各样的奶粉，直到一位当地的儿科医生建议她把每瓶奶的奶粉量减半，孩子马上就不哭了。露丝没有弟弟妹妹，没有照顾小婴儿的经验，她甚至不知道该在哪里给宝宝洗澡。更有经验的马蒂三下五除二就解决了这个问题——他建议用厨房水槽。很快，简就开始接触父母的文化熏陶。当马蒂半夜两点爬起来给宝宝喂奶时，他会播放古典音乐，让正在喝奶的简沐浴在莫扎特和贝多芬的音乐之中。[54]

露丝一边照顾女儿，一边也认真思考着自己的未来。随着他们在军事基地的生活行将结束，她必须做出决定。她和马蒂在结婚前

照片摄于1955年秋天，当时新婚夫妻生活在俄克拉何马州的希尔堡，露丝怀着身孕。

约定要做同样的事业，她很希望能做到这一点。但是在那个年代，母职往往意味着对孩子毫无保留的奉献，母亲西莉亚就是一个榜样。对于自己还能否从事律师这种费时费力的职业，露丝心里拿不准。

她真的有学习法律的天分吗？这是毫无疑问的。她用词精准，分析问题一针见血，也擅长辩论。但这些就足够了吗？还有其他选择吗？她喜爱音乐，但钢琴弹得并不算出众。歌剧也是她的至爱，但她常做这样一个噩梦：站在舞台上，张开嘴要唱咏叹调，但发出的声音并不如她期望的那般圆润流畅，而是她自己并不优美的原声。显然，她并不能选择音乐作为职业。此外，她也很希望能用法律改变社会，但还能在当了妈妈以后做好这些吗？[55]

和家人的探讨帮助她理清了这一困境。内森还是担心女儿当律师无法谋生。莫里斯则完全相信儿子养家的能力。如果他的儿媳选择在家带孩子，他保证没人会挑她的不是。此外，莫里斯说，如果她真的想成为一名律师，有孩子也不会构成什么障碍。她大可以去努力争取，不必感到愧疚。

伊夫琳也支持露丝成为律师。伊夫琳表示，等小夫妻回到纽约之后，她愿意少打几场高尔夫球，帮忙照顾孙女。露丝很快就意识到自己有个多好的婆婆。她回忆道，伊夫琳"在我需要帮助的时候会随时出现"，而且从不干涉小两口的生活或提出情感要求。[56]

老金斯伯格夫妇还在其他方面提供了帮助。当哈佛大学法学院发现奖学金得主巴德小姐现在已经成了金斯伯格太太时，就要求她提供公公的财产证明。露丝很生气。"如果是一个男生结了婚，法学院也会要求他提供妻子的财产证明吗？"[57]她绝不相信法学院会因为一个男生结了婚就撤销他的奖学金，并要求他岳父供他上学。虽然可能不是故意的，但这种要求说明学校在此事上把她作为一个妻子的身份放在她作为学生的学业水平之前。可她无法改变规则，

| 第2章 | 大学与爱情

只能满怀感激地接受了莫里斯提供的学费。最终她也理解哈佛大学优先考虑学生实际需求的做法，尽管她一直坚称"区别对待已婚男女"从根本上就是错的——这也再一次预示出她对性别平等的终身追求。

在莫里斯看来，给儿媳付学费就是对她律师前途投出了有力的信任票。他提供的支持也绝不仅限于学费。当露丝开始在哈佛大学法学院附近找房子的时候，莫里斯和伊夫琳认为儿子儿媳没有必要住那些昏暗的小公寓，给年轻夫妇一些经济上的帮助，就可以让孩子们住得好一些。儿媳在加登街找到一间合适的公寓，莫里斯立刻给他们一笔钱作为租金，还给了张加油卡和一张波士顿顶级餐厅的记账卡。"他是一个了不起的人，从来没让我们觉得有所亏欠，"露丝赞叹道，"爸妈觉得我们很需要帮助，这就是家人之间的感同身受。他们一直非常慷慨大方，从不在意要在自己死后攒一大笔遗产。"[58]

马蒂很热衷于两个人共同的职业规划，很高兴在 1956 年夏天把家搬回东海岸。他现在可以重新开始自己法学院的学习，而他的妻子也会成为 552 名新生中的 9 名女生之一。他对朋友们说，她一定能进入《哈佛法律评论》。露丝就安静地听着，对丈夫的信任心存感谢，但她也理解马蒂的同学为什么对他的预测不屑一顾。一般只有学术超人才能当这份声望卓著的刊物的编辑，而她的性别、矮小的身材以及为人母的身份都和学术超人的传统形象不符。

她拿不准自己是不是真的有学术天赋能在全国顶尖的法学院占有一席之地。院长已经在欢迎新生的时候给出了惯常的忠告："哈佛大学法学院没有玩的时间，你们接下来的三年都要听我的。"[59]

| 第 3 章 |

在男生的地盘上有所作为

当金斯伯格夫妇回到剑桥市时，欧文·N.格里斯沃尔德担任哈佛大学法学院院长已快满 21 年了。他来自美国中西部，个头不高，身材敦实，举止威严，粗声大气。他被称为"法律史巨擘"、税法大师，颇具行政管理和筹款的天赋，在法学院内外都享有盛名。他经常出没的地方有兰德尔大楼和奥斯汀大楼（声名远扬的埃姆斯模拟法庭就在这里进行），还有著名建筑师瓦尔特·格罗皮乌斯设计的哈克尼斯宿舍楼。如果说哈佛大学法学院是"法律界的珠穆朗玛峰"[1]，耶鲁大学的师生可能会不服，但院长格里斯沃尔德和全体教师都对学校充满信心，认为哈佛大学法学院在培养学生"像律师一样思考"方面比任何学校都厉害。[2]

* * *

直到 1950 年，哈佛大学法学院还不招收女生。1956 年，露丝穿着裙子、带着 14 个月大的宝宝入学，她想要适应这里的学习生活并不容易。学校以严格的专业标准培养全国最优秀的学生。的确，一年级的 9 名女生可能都想知道，在院长格里斯沃尔德眼里，哈佛大学法学院是否仍然是给男生准备的。这里是全国最晚招收女生的

欧文·格里斯沃尔德，于1946—1967年担任哈佛大学法学院院长。

法学院之一，而且院里一位女教师都没有。索亚·门奇科夫成为史上第一位在这里教书的女性，但她作为客座教授，只待了一年就离开了。[3] 就像是海报上的铆钉工露西一样，二战后的世界已不再需要她的贡献。

学院招收女性来做"表面文章"的那些年，给女生创造了很不舒适的环境。院长格里斯沃尔德有一个习惯很能说明问题，他常常会盯着一年级的女生，问她们："你为什么来哈佛大学法学院？为什么占掉一个男生的位子？"[4] 每年他都会让他的妻子哈丽雅特准备例行晚宴，用炖鸡肉和豆子在他们贝尔蒙特的家里招待学生，席间他就会提出这个问题。一年级的女生们和一些教职工以及其他宾客围坐在客厅里，等待着这个让她们紧张不已的时刻。她们必须给出一个合乎时宜而意义深远的答案。后来回忆起这段经历的时候，金斯伯格很有风度地说，院长问这个没有正确答案的问题只是"想开个玩笑"，她没有深究其中暗含的性别歧视。但在当时，这段经历令金斯伯格窘迫极了。

在场的其他嘉宾也让金斯伯格有些紧张。与她共进晚餐的赫伯特·韦克斯勒教授是从哥伦比亚大学法学院来哈佛大学访问的，是赫赫有名的学者。他曾在纽伦堡纳粹战犯审判中担任美国法官的首席法律顾问，对最终判决的出台做出了重大贡献。作为在宪法和刑法领域都成就斐然的学者，韦克斯勒 1964 年在联邦最高法院为《纽约时报》赢下了历史性的诉讼，极大地扩展了新闻自由。他在学术领域非常杰出，在现实社会中也有一席之地。当时他正忙着为美国法律学会编撰一部模范刑法典，这一范本将指导各州立法机构修订刑法。金斯伯格不知道她作为一名"卑微的一年级新生"要怎么和这样成就斐然的晚餐同伴搭话。韦克斯勒作为她的刑法学老师，看起来就好像"结合了宙斯和阿波罗的力量与风范"。她要怎么样才能和他进行富有智慧的交谈呢？[5]

更尴尬的是，当金斯伯格起身回答院长的提问时，她忘记了自己腿上放着一个满满的烟灰缸。"我惊恐地看着烟蒂和烟灰撒在格里斯沃尔德家的地毯上，"她回忆道，"但是院长似乎没有注意到。然后，我尽力说了点什么，提及我丈夫正在读二年级，作为妻子能够理解丈夫的工作很重要之类的。"[6]

当时，金斯伯格只想说几句"听起来没什么对抗性的话"[7]——她把烟灰扣在地毯上已引来不少注意，只祈求自己的发言不会再吸引更多的注意，而她的回答也确实没引起什么争议。这个答案完美契合了当时的社会氛围，即成功男人的妻子要把丈夫的事业当成自己的事业来做。但如果像金斯伯格后来所说也是院长本人在回忆录中所写的那样，院长的本意是希望能用女生们的答案去劝说那些仍然抗拒招收女生的教职工改变主意的话，那么金斯伯格的答案显然没达到这个目的。

无论院长的意图是什么，金斯伯格对这个难堪的问题给出的答案都是有所保留的。另一名更为大胆的女生也没有完全说实话，她说："格里斯沃尔德院长，我们有9个女生。好吧，实际上只有8个，因为这个问题上露丝·金斯伯格并不算在内，而男生有500多个，哪里还有比这里更适合找对象的地方呢？"[8] 显然，就算如院长所言，他的本意并非性别歧视，这位粗声大气而又内敛的院长也并没能创造一个环境，让那些被招进来装点门面的女性得以自由地表达自己的抱负。金斯伯格想要接受法律教育，是因为她希望自己能够有所作为。能促进丈夫马蒂的事业当然是件好事，但这并非首要目标。

* * *

还有很多细节都显示出哈佛大学法学院和校内其他学院一样都还是男性的地盘。康奈尔大学的图书馆为男女提供不同的入口，而哈佛大学存放典籍的拉蒙特图书馆只允许男人使用，这本来对金斯伯格没什么影响，但在她二年级的时候，一天深夜她需要去旧书里查阅一篇论文的脚注，她求图书馆的保安把她需要的书拿出来，让她看一眼就够了，可保安拒绝了，最后她只能求一名男同学帮这个忙。[9]

烦恼也不止于此。男生还给女生起了贬损的绰号，他们叫金斯伯格"冷酷的鲁西"，甚至叫她"婊子"，对此她的回应是："婊子总比耗子强。"[10] 一些教授平常从不叫班上的女生回答问题，但会定期举办"淑女节"活动。金斯伯格记得，参与这种活动的教授们往往带着这样的态度："今天调剂调剂，让女人来回答问题。"男生们对此很买账，会跟着大笑、跺脚。类似这样暗含歧视的活动还包括在虚构案例的时候，如果想暗示主人公是个无能的人，就将其设定为女性。如果讲到强奸案，那就无所谓过不过淑女节了，女生们会被要求在最为私密的细节上作答——不过金斯伯格没有经历过这样的窘境。那个年代，性骚扰一词还不为人所熟知，教授的权威也容不得挑战，女生们无论觉得多么窘迫，都只能接受说这是在锻炼自己时刻保持机智、克制情绪。[11]

尽管给金斯伯格上课的教授们都没有参与过这样的事，但她仍始终明确地感受到女生在班里有多显眼。男生可以驼着背、坐在高个子的同学后面，或者躲去教室最后一排，但女生就不行。这种显眼让金斯伯格觉得自己必须时刻做好准备。她并不介意回答老师的提问，她觉得以苏格拉底问答法教授法律"非常引人入胜"，和教授对话比被动地坐在那里听讲有趣多了。[12]即使是在其他同学回答问题的时候，不断的对答也令她的头脑非常专注。随着教授们一点点阐述复杂的合同法、侵权法和民事诉讼法，露丝很快意识到有些教授非同凡响，他们很机智，会把握时机，给问答增色。

露丝很希望兰德尔大楼里能有一个洗手间留给女性。需要方便的时候，她必须"一路小跑"去对面的奥斯汀大楼解决。奥斯汀大楼建于1883年，其中一个杂物室被改造成了女洗手间。房间很热，石棉从房顶上渗了出来。如果说跑这段路在平时已带来不便，在分秒必争的考试期间，就让人格外苦恼了。跑一个来回后，露丝只能祈祷考试结束前不用再去一趟。[13]

尽管校园氛围以男性为主导，给女性的洗手间都捉襟见肘，但哈佛大学法学院仍然让学生在思想上获益良多。当时的美国在法律、立法特别是司法审查领域正掀起一场变革，哈佛大学处在这种变革的中心。这种方法后来被称为"过程理论"或"过程法理学"，对金斯伯格的思想产生了深远的影响。

*　*　*

过程理论支配着当时的法律思维。作为法律现实主义的一个分支，过程理论兴起于20世纪二三十年代，主要是由耶鲁大学法学院推动的。现实主义法学家认为，法律并非只有能够自动应用的显性规则。他们坚信，社会、政治和经济因素都会影响法律体系，反过来，私法和公法也塑造着社会。与法学院长期以来教授的内容相反，他们认为法律不是固定的规则，法官也不是完全中立的，特别是在法律本身不够明确的情况下。这样的思想影响了许多法律人，特别是罗斯福新政的推动者，他们认为当时的法律与社会和现代世界是脱节的。将法律现实主义推衍到极致就会得出这种结论：法律"仅仅"是政治、经济的反映，或者是法官一时兴起的结果。很少有人愿意得出这样的结论。

二战前后的极权政权对法律的歪曲以及冷战带来的挑战，也强化了这种"不情愿"的态度。人们认为，法律当然不仅仅是希特勒或斯大林的个人意志。能否制定一套必要的标准，保证法官能够客观断案呢？这些问题本质上是有关体制和法理的问题，但在一战期间，霍姆斯和布兰代斯大法官在一些保护言论自由免遭政府和狂热民众破坏的案件中也回应了这些问题。对那些二战后希望为法律现实主义制定标准的法学家而言，回答这些问题至关重要。

新兴的民权运动也很快将这一问题推向学术界之外，促成激烈的公共讨论。1954年，在推动布朗诉教育局案这一里程碑式的裁决时，民权倡导者直击要害：当民选的政府和国会迟迟未能进行改革时，联邦最高法院多数大法官是否应调动司法能动主义？他们的裁决能够和民主相适应吗？如果可以的话，法院应该如何阐明政策变动，才能令这样的变动根植于法律的基础之上，从而不至于从司法上被推翻？

保守派大法官们曾在美国联邦最高法院采取司法能动主义，直到1937年才告一段落。受此影响，整整一代法律学者对不受约束的司法系统有着天然的疑虑。但是，这些学者同时也支持新政和政府监管，他们是致力于保护和提升基本权利的自由派人士。他们所面对的最为棘手的问题是：法官应该如何推动进步主义的社会改革，同时又不至于成为议会和行政之外的第三个立法机构，避免引起其他政治机构和公众的负面反应？法院能做到既扩大宪法保障的权利，又维护法律程序的完整性吗？

毕业于哈佛大学法学院并从1934年起在此任教的小亨利·M.哈特给出了他的答案。哈特在法律形式主义和法律现实主义这"两座高峰"之间另辟蹊径，强调法官断案时，不能简单阐述个人的政策偏好。他认为，法官必须从权威性的法条、立法目的和司法先例出发，合理阐述中立原则，经过这一"过程"才能得出结论。如果没有经过这样的程序，法院就会丧失其合法性。哈特提出，法院所下达的判决如果没有充分的法律依据，就会被敏锐的律师捕捉到，法院的公信力就会被不够精湛的法律技艺损害。[14]

1947—1953年，哈特因提出了"那个时期的教材中最精心打磨的法律理论"而声名远扬。[15]他和同事、曾经的学生艾伯特·萨克斯合作，持续修改和扩充他关于立法的课程。到1956—1957学年，哈特和萨克斯写出了里程碑式的著作《法律过程：法律制定和应用中的基础问题》。两人没有多谈裁决本身，而是更多地着眼于"立法、谈判、调解、仲裁和管理"。

这门课不仅在教学创新上广受好评，其内容本身也让哈特、萨克斯与其他法律人［包括哥伦比亚大学的赫伯特·韦克斯勒、耶鲁大学的亚历山大·比克尔（另一位哈佛大学法学院的校友）、芝加哥大学的菲利普·库兰，以及传奇法官勒尼德·汉德］一道在

20世纪五六十年代为宪法的重要讨论做出了他们的贡献,而金斯伯格来到哈佛大学时,过程法理学正如日中天。她入学的第一年(1956—1957学年)恰逢哈特和萨克斯的巨著完成,虽然书还没有出版,但草稿已广为流传。

* * *

金斯伯格知道,无论是从学术和政治角度来看,她都来对了地方。哈佛大学法学院大多数教员希望有一个充满活力、能够解决问题且尊重法律的政府。和许多其他法学院的教授一样,他们多数人都是中间或中间偏左的立场:大部分是支持新政的民主党人。他们中的过程法理学家普遍支持沃伦法院以权利为导向的平等思想——但有两个条件。首先,首席大法官厄尔·沃伦和其他自由派大法官必须与其他政府部门保持恰当的关系。其次,他们必须基于清晰合理的宪法分析和精湛的法律技艺做出裁决。

学者们也愿意体谅沃伦法院在布朗案等某些重要裁决上的不足。在诉讼过程中,格里斯沃尔德出任民权律师瑟古德·马歇尔的专家证人。哈佛大学有许多教员都致力于种族平等——大部分人是在道义上支持,但少数人亦身体力行。哈特把唯一的孩子送去种族融合的公立学校读书,萨克斯一生中的大多数时光与民权运动息息相关。尽管两人都赞成布朗案的裁决,但他们仍未能充分消化这个10年内最重要的法律发展(及其引发的骚动)是如何损害了法律过程的基本前提的。在反对种族隔离的州法时,非裔美国人也挑战了"立法是通过理性、公正的过程实现的"这一前提。他们问道:如果一项法律不符合每一位公民的利益,又怎么能说这样的法律是合法而具有约束力的呢?[16]

如果说过程法理学家希望追求稳定和共识,并有意无意地忽视了不平等的现实的话，那么他们也绝非独一份。随着左派的声誉被麦卡锡主义损害，自由派在20世纪50年代也几乎没有回旋余地。呼吁人们关注体制的失灵容易引来右派的攻击，这削弱了自由派追求根本变革的决心。那些一度引发广泛讨论的议题从公众视野中消失了，其中就有女性平等议题。

金斯伯格估计，哈佛大学法学院的老师中很少有人仔细思考过性别议题，但她并没有因此垂头丧气。在这一议题上金斯伯格信任的一位老师艾布拉姆·蔡斯[①]对她保证道，哈佛大学法学院女生少并不是因为歧视，而是因为女性的自我选择。蔡斯说，符合条件的申请人数很少，因为众所周知，女生学法律很难找工作。有那么一段时间，金斯伯格被这个解释说服了，并把那些针对女生的冒犯看作"小小的麻烦"。在母亲西莉亚的教导下，她的词典里从来没有"难题"和"愤怒"这样的词汇，这让她和她这一代的许多年轻女性一样，在最初遭遇性别歧视的时候选择了沉默。[17]

此外，面对学院里这么多成就卓越的人，金斯伯格对自己的能力产生了怀疑。相比之下，淡化性别歧视倒是比减轻自我怀疑来得容易。有一位男同学让她印象格外深刻，他作为新闻界尼曼奖学金得主来哈佛大学法学院学习了一年。在民事诉讼法的第一堂课上，这位同学回答问题出口成章。露丝被吓到了，晚饭时她对马蒂倾诉："如果同学们都是这样的话，我在这儿可就永远都拿不到好成绩了。"[18] 马蒂劝她放轻松一些。她也暗下决心，要做到和这位同学一样好。这位同学是安东尼·刘易斯，后来成为《纽约时报》的

[①] 原书此处括注蔡斯的妻子安东妮雅·蔡斯是耶鲁大学法学院的毕业生，而实际上她从耶鲁大学法学院转学到了乔治·华盛顿大学法学院，并在那里取得学位。金斯伯格在哈佛大学读书期间，安东妮雅·蔡斯曾任院长助理。她后来担任过美国空军次卿，并在多个政府部门任职。——译者注

司法记者和专栏作家。

有时候，激烈的竞争也渗透到哈克尼斯宿舍楼和兰德尔大楼里，让一些学生感到难以忍受（传说中，如果宿舍楼里半夜亮起一盏灯，其他灯也会很快跟着亮起来）。但金斯伯格并不在其中。她知道自己可以随时回到加登街的公寓，就在拉德克利夫学院的后面。公寓离法学院的距离对她来说刚刚好，步行回家令人感到心情舒畅。

幸运的是，抚养女儿也比她预想中的容易一些。因早早开始着手找保姆，她得知一对年轻夫妇正要离婚，他们两岁孩子的保姆需要找新的雇主时，露丝马上联系了她。这位像"新英格兰奶奶"一样的保姆会在家照顾孩子，直到下午4点孩子妈妈下课回来。[19] 露丝成了时间管理大师，她会陪精力充沛的孩子玩到睡觉时间，给她读睡前故事，哄她入睡，夜里再开始漫长的学习。跟着本杰明·卡普兰学习民事诉讼法让露丝乐在其中。

卡普兰为金斯伯格树立了作为一名出色的法学教授的榜样。他是一位杰出的法律思想家，在纽伦堡审判期间，卡普兰以年轻的中校军官身份为美国大法官罗伯特·杰克逊在诉讼中运用的法学理论奠定了基础。后来他担任美国司法会议民事规则咨询委员会的书记员。金斯伯格回忆道，卡普兰是一位"聪明机智"的语言巨匠，精通苏格拉底式教学法，令学生能够集中精神但又不至于感到窘迫。他"经常以简洁的措辞重述学生的答案，增强回答者的信心，也帮全班同学加深理解"。[20] 法院有权裁决哪些案件，案件如何提告和处理，以及判决的效力等问题向来令一年级的学生头疼不已，但卡普兰编写的新案例书在开头概述了诉讼的各个阶段，令金斯伯格掌握了民事诉讼规则能如何保障争议得到"公平、迅速、低成本的裁决"。在卡普兰的指导下，案子和例子都变得活灵活现。课程结束时，金斯伯格迷上了民事诉讼法，这将成为她毕生的兴趣。卡普兰对这一领域的精通，以及他对准确性和法律技艺的重视，也都将持续为金斯伯格提供指引。

并非所有的教授和同学都像韦克斯勒和卡普兰一样引起金斯伯格的崇拜，但这并不影响她不断努力用功。她每天的轻松时刻就是带女儿去公园和晚上陪女儿玩，接着就要再次翻开她的法学课本。她参与了学习小组，同学们互相帮助，令几个月的刻苦时光变得生气勃勃。通常，马蒂做的晚饭会让他们从复杂的法律中暂时缓一口气，有时候晚饭后还能享用甜品巧克力舒芙蕾。

周末能稍事休息：金斯伯格一家会外出就餐，然后去看歌剧，学生票可以打折。[21] 等纽约大都会歌剧院来波士顿巡演时，看剧就成了头等大事。有时候也有小型聚会，金斯伯格常用婴儿车推着简一起出席。随着马蒂的烹饪才华渐渐流传开，金斯伯格夫妇也开始在家招待朋友。

唯一令人不安的是，露丝并不知道自己的学业进展到底怎么样。法学院没有论文作业，没有平时成绩，也没有进度报告，成绩全由期末考试决定。考试形式是"长长的假设案例，要学生挑出其中的法律问题，阐明相关的法律规定，并加以应用"。她觉得身边的同学都很聪明，置身于"新兵训练营一般的法学院"环境中，她和许多一年级新生一样担心自己的班级排名。模拟法庭是哈佛大学法学院的重要活动，金斯伯格的表现没能达到自己的预期。她的口头辩论不错，但学生评委给她的案情摘要打了低分。失望的她请侵权法教授卡尔弗特·马格鲁德来给她提意见。马格鲁德说她的论述很合理、写得很好。马格鲁德先后做过美国地区法院和上诉法院的法官，这样的业内精英给出的称赞令她倍感安慰。[22] 她聪明过人的同学们也毫不怀疑她的能力，露丝在他们的印象中"聪明过人"。

* * *

　　事实上，等到第一学年的成绩出来，金斯伯格在全班名列前茅。她可以将成功归结于自己的才智和母亲让她不断追求卓越的鼓励，以及自己先生的爱和支持，这是她另一个制胜法宝。马蒂分担了购物、烹饪和其他家庭和育儿责任。她还强调，最重要的是他"比我更相信我自己"。她说："他很有安全感，从来不会把我（以及我可能获得的成就）看作对他的一种威胁。"[23]另外，马蒂还提供了思想上的共鸣，他们能自由地探讨问题，露丝相信马蒂总能给她诚实、有建设性的意见。

　　还有一个她当时尚未意识到的因素，可能也对她的成功产生了间接的影响，那就是犹太教与法律之间古老的渊源。犹太典籍《托拉》（即《摩西五经》）就是犹太社会最初的宪法。在犹太人被从他们的家园犹地亚流放后的几个世纪里，那些分散在各地犹太人群体中的拉比和学者必须弄清该如何运用《托拉》及其诫命来应对法律和规矩中那些看似无法解决的问题。面对新的社会政治、经济和科技发展，该如何保留共同的行为准则？

　　为了回答这些问题，犹太人写就了《塔木德》，总结了一系列辩论和观点，强调以摩西律法为基础的法律论证。《塔木德》从各个可能的角度来阐释问题，但也留有余地，让人们可以根据不断变化的情况进行进一步解释。2 000年前用来创造《塔木德》的思维模式和方法论，与如今法学院的要求十分相似。后来在为一本关于犹太裔大法官的书作序时，金斯伯格详细阐述了这一主题。"几百年来，"她写道，"犹太拉比和学者反复研究、不断解构《塔木德》，这是一套由经文发展出来的犹太律法和传统。研究也产生了许多在这一传统之下备受赞誉的法律著作。"[24]

　　按照正统犹太教传统，男孩子才需要学习《塔木德》，因此金斯伯格在这方面未曾受过严格训练。但宗教活动不可避免地对更大范围的价值观、态度和行为提供指导，在特定的文化中塑造特殊的思考模式——即使是从未学习过犹太律法的人也会受到影响。比如，犹太文化里的幽默就深受《塔木德》中争议解决的推理过程的影响。几乎可以肯定地说，金斯伯格的成长背景强化了她缜密思考和逻辑推理的天赋，也让她容易学会如何"像律师一样思考"。[25]

她的同学们也注意到她"像律师一样思考"的天赋。她的同学托马斯·埃利希发现："露丝在思考时不动声色，但她似乎比我们都擅长把问题拆分成小的组成部分，各个击破，然后再回到问题本身，一切就能迎刃而解。"他补充道："至少在当时，这就是哈佛大学法学院要教给学生的东西。露丝能够比我们其他人更准确、更优雅、更从容地解决问题。""我很喜欢法学院，"他继续说，"我觉得露丝也是一样。"[26]

* * *

无论是什么促成了金斯伯格的成功，成为尖子生的好处之一就是她能够进入《哈佛法律评论》，这可不是一般的成就。为这份由学生编纂的著名法律期刊工作，能成为今后就业的敲门砖。它能让学生获得更多教授和同学的关注，也是毕业后担任法官助理、教授或其他高级职位的先决条件。露丝和马蒂都很高兴，马蒂永远为妻子骄傲，马蒂还提出把女儿交给他父母帮忙照看一段时间，这样露丝暑假期间就能提前两个星期回学校开始期刊的工作。

新学年一开始，同学们就常看到金斯伯格坐在甘尼特楼的三层认真工作，而她女儿简则沿着旁边破旧的楼梯爬上爬下。《哈佛法律评论》的新晋编辑们很快发现，想做好这份工作必须投入很多时间。首先，他们被要求查阅州法院和联邦法院的判决报告，从中挑出值得写案例分析的判决。接着，编辑会给每位新人布置一个主题去做调查，然后汇报有哪些已发表的相关论文，是否值得在《哈佛法律评论》中做一条案例分析。如果已经有相关论文，那么就要阐述能如何重新定义这一主题，在那些未被涵盖到的问题上下功夫。接下来，就要开始写案例分析。等到期刊出版前，初稿会交给编辑们反复检查、挑错，直到最终付梓。[27]

辛苦工作带来的回报就是能在甘尼特楼里结识一群志同道合的朋友。金斯伯格的同事包括后来为肯尼迪总统和约翰逊总统担任特别助理的理查德·古德温、印第安纳大学第15任校长托马斯·埃利希，以及民事诉讼和证据法专家杰克·弗里登索尔，他们给彼此提供的思想碰撞"无出其右"。虽然同事们有时候"有些固执己见"，

1957—1958学年《哈佛法律评论》工作人员合影。上数第二排最右边的是露丝·巴德·金斯伯格。

但他们"周到而有趣",也非常慷慨,随时愿意和大家"分享笔记、见解以及学习提纲"。这些伙伴和这份工作带来的经验与声誉,让人愿意"全情投入"到期刊的编辑工作中来。[28]

这份工作带来的其他好处包括更加了解格里斯沃尔德院长。作为《哈佛法律评论》杰出的指导者和灵魂人物,"格里斯"(the Gris)总在"图书馆里出没,随手关灯",他是每期《哈佛法律评论》的第一位读者,也是最忠实的读者,他要求编辑们在每个月的10日把新刊准时送到他的办公室,不得拖延。格里斯沃尔德院长对法学研究和编辑标准格外严格的要求令他成为"编辑小组里无形而永恒的存在"。他的完美主义反映在他对期刊编辑的要求上,令编辑们养成了力求准确的习惯,金斯伯格就获益良多。她挑错时"连一个逗号都不放过",这让人们非常愿意和她合作完成修订工作,更不用说在金斯伯格家忙完了工作,还有马蒂做的美食等着他们了。[29]

* * *

金斯伯格第二学年在智识上的收获,包括有幸跟随艾伯特·萨克斯学习过程法理学。金斯伯格发现,萨克斯不仅支持给女性以同等的机会,还是一位很会启发学生、很和蔼的老师。他对待全班每一个学生都充满耐心和尊重,能把最复杂的知识用最精湛的技巧传授出来。金斯伯格回忆道,萨克斯用生动的例子阐述了"不同司法过程的性质、用途、局限性和相互联系,他用来举例子的事物包括坏掉的哈密瓜、被宠坏的继承人、不爱打官司的雇员、烧毁的包裹、胆小的校长等"。作为教授,萨克斯"显然掌握了吸引学生注意力的秘诀"。他阐明,法律"要对理性负责,而不是对权力负责"。他还强调,制度性的架构和程序很重要,也值得进行系统性的分析。[30]

更重要的是,金斯伯格意识到她现在能够"以更全面的眼光看

艾伯特·萨克斯是一位优秀的老师。在1957—1958学年，也就是金斯伯格在哈佛大学法学院读二年级时，萨克斯带领金斯伯格接触了过程法理学。

待法律"——萨克斯和哈特把这称为法律的目的性。金斯伯格现在深刻地了解不同立法机构的角色：它们的制度设计、管辖权、程序规则和彼此之间的关系。她能够理解这些机构之间的互动联系，以及这些联系如何限制了联邦法院的权力。过程在法院裁决中的重要性也不言而喻。显然，一项裁决如果草率、主观，或者其中表现出的行动主义在法理上站不住脚，那么就算它在道德上是"正确的"，也不会有任何持久效力。一项裁决能否有长期的影响，取决于法官的论述是否足够有力。否则，法院就会失去最优秀的法律人的尊重，公信力将受损。哈特教给学生的道理，用爵士乐手"胖子沃勒"的一句歌词概括最为恰当："你做什么不重要（怎么做才重要）。"[31]

"说我被'法律过程'这门课完全吸引了都不为过。"金斯伯格回忆道。它"引领我思考法律问题。"事实正是如此。宪法学者托马斯·里德·鲍威尔的观点在当时的法学院教授中有一些代表性："我要强调的就是过程、过程、过程，细节、细节、细节，案例、案例、案例，还有当代法院，以及如何厘清那些矛盾的考量。当法官们假装一个案子的结果完全是判例决定的，而不是他们自己决定的时候，就要格外注意那些判决书里不大可能提到的实际情况。"[32]

金斯伯格的教授们热情投入过程法理学的怀抱，这套学说自身也确实有其魅力。过程法理学是20世纪50年代更广泛的思想文化的一部分。当时，席卷欧洲的狂热主义和美国国内的反共狂潮令美国学者感到幻灭，各个领域的学者都希望从美国的过去寻找答案。他们想弄清：是什么令美国经验"与众不同"？他们淡化了国家结构中的裂痕，重点关注多元社会里的共识，这种共识的形成基于共同的民主价值观，以及对政府和经济基本原则的认可。自由世界的领袖必须有一个有序、良性的政体，还要有经济增长来让每个人都有望分到更大的蛋糕。[33]

但现状已经维持不了太久了。20世纪60年代，冲突四起，浇灭了人们对共识的幻想。国家权力的滥用、对民权和公民自由的违反，以及"富裕社会"[34]中的种种不平等现象，已经无法再被忽略。过程法理学所仰赖的社会政治条件受到了侵蚀。左右两翼的法学家都开始批评过程法理学一些最基本的条件，特别是它的乐观主义和共识取向——其他学科中亦有类似的批评声音。[35]

然而，关注美国法理学发展的英国法学家尼尔·达克斯伯里指出，金斯伯格的教授们最在意的事情并非解释法律的现存状况，而是专注于搞清法律"应该是什么样子的"。达克斯伯里写道，不管法律实际上是如何发挥作用的，"从过程的角度来看，必须始终基于信念来理解法律，也就是说，要将法律视为一个根植于理性的、在制度上不受干预的事物"。[36] 其他学者也认为，至今仍有人追随过程理论，正是因为"法律应该是什么样子的"这种范式思维很有吸引力，即哈特和萨克斯提出的"公民是互相依存的，法律是有目的性的这种乐观主义观点"。[37]对年轻的露丝·金斯伯格来说,温和的脾气秉性、所接受到的理性与克制的训练、法律理念的吸引力,加之她对过程的兴趣,都令她被过程法理学深深吸引。

* * *

1957年12月上旬,学业和期刊的编辑工作带来的智识兴奋被马蒂遭遇的一场车祸冲淡了。虽然马蒂的伤情很快就恢复了,但此后不久,马蒂在洗澡时发现身上长了一个肿块。放心不下的夫妻俩拜托一位年轻的邻居也是马萨诸塞州综合医院的住院医师为马蒂进行检查。这位医生让马蒂赶快和医院泌尿科的著名医生怀兰·利德贝特预约诊断。诊断发现,马蒂患了睾丸癌,医生建议他做手术,之后还要接受大剂量的放射治疗。第一场手术安排在1月的中期考试之后,将肿瘤切除;第二场手术又切除了4个癌症扩散到的淋巴结。对露丝来说,马蒂的病让她熟悉的痛苦又卷土重来,曾带走她妈妈的疾病现在可能要带走她的爱人了。[38]

尽管面临巨大的精神压力,露丝还是坚韧不拔地继续前进,就像她高中时候陪伴母亲的最后时光一样。在医院,她紧紧握住马蒂的手,对自己说,姐姐和妈妈已经死于不治之症,她不能让同样的事情再发生在丈夫身上,坚决不能让死亡再次占上风。这一次,幸运站在了她这一边:马蒂活了下来,她也再次设法把一切安排得妥妥当当。她天性坚强,而且在高中时期就学会了如何把生活中不同的部分严格区分开,以及如何照顾生命受到威胁的爱人。

露丝请专门前来照顾马蒂的婆婆回长岛休息,从她手里接过重担。她还得承担马蒂所应做的家务活。为了让丈夫的功课能跟得上,她在他的每一门课上都请了一位同学帮忙记作业,用复写纸记笔记,然后由她把笔记交给病床上的马蒂。朋友们来家里为马蒂讲课。露丝一边用打字机录入马蒂的毕业论文，一边还要赶自己的课程进度。晚上马蒂和女儿睡了，她还坐在堆满书本的餐桌旁努力工作。有时候马蒂和女儿第二天醒来，发现露丝还在忙个不停。白天，她完全没时间琢磨"万一他活不下来该怎么办"，她正好也不愿去想这个问题。

"我们尽量过好每一天，"她后来回忆道，"我也越来越自信能够应付那个学期。"她承认，晚上缺乏睡眠令她难以在那些比较枯燥的课上保持清醒。就像母亲去世后一样，她把精神压力全部藏在心里。

与此同时，她在《哈佛法律评论》的同事们只知道她得到任务后，把该做的工作都按时完成了，这完全就是露丝想要的效果。罗纳德·洛布回忆道："她一直都很热心和乐于助人，做事也非常高效。我们始终觉得她能够精心安排时间，不像我们这些'游手好闲'的编辑，整天在办公室里摸鱼，还抱怨工作太多。虽然我们不算是密友，但如果她告诉我们马蒂患了癌症这么大的事，我也一定不会忘记的。我当时不认识马蒂，我相信她认为这是他俩的私事。不过如果我们知道这件事的话，一定会竭力提供支持的。"[39]

"我清楚记得的是，"洛布补充道，"我们大多数人很难达到她的标准，但我们没有因此心生不满。她从不逃课，永远都做好充分的准备；她在《哈佛法律评论》的工作总是按时完成；她总是打扮得很漂亮，衣着无可挑剔；她有一个幸福的爱人和一个可爱的女儿。她也很友善，乐于帮助我们《哈佛法律评论》的同事。我想我们大家都有些暗恋她，虽然我们谁都不承认。"[40] 洛布不知道的是，露丝后来说过，帮助她渡过这道难关的正是期刊小组的伙伴情谊。

尽管露丝没有表现出来，但要达到她的朋友们所描述的那种接近超人的标准，同时还要应对马蒂的病和她自己强烈的焦虑情绪，一定是难上加难的。她后来说,随着马蒂渐渐康复,她也深深松了一口气。马蒂不仅活了下来,而且仅上了两个星期课就取得了他的个人最佳分数,最后以优异的学业成绩毕业。露丝谦虚地把马蒂的成功归功于那些给他们提供支持,帮他们记笔记、讲课的同学。她后来说,这样的支持完全颠覆了哈佛大学法学院的学生彼此只会残酷竞争的形象。

至于她自己,她认为马蒂的病证明了她能够顶住压力完成工作。她说,丈夫的病还给她的生活至少带来了一个永久改变,那就是让她直面自己可能要一直工作下去的可能性,因为她可能需要独自把孩子抚养成人。其实,露丝并不需要马蒂的病来强化她对工作的投入,她妈妈已经帮她做到这一点了。除了督促女儿独立自主,西莉亚还传递了一个无声的信息,那就是如果当时女性外出工作不会让人觉得男主人没本事的话,她自己也会很愿意成为一名职业女性。[41]

幸运的是,尽管马蒂还要好几年才能完全康复,但露丝无须独自养家糊口。当被问到妻子在他生病期间表现出的勇气、坚韧以及其间所取得的学术成就时,马蒂表示毫不意外。他坚称,露丝的表现"完全在我的意料之中"。[42] 这段经历如何深化了他们对彼此的爱与奉献,自然也无须多言。

* * *

在招聘季落下帷幕时,马蒂在纽约曼哈顿的威嘉律师事务所找到了工作,他前一年的暑假就在这儿完成了实习且表现优秀。两人原本希望至少在波士顿住到露丝毕业,但这里没有对等的工作机会,因此金斯伯格夫妇在1958年的夏天搬去了纽约。

在与同事、未来的美国联邦税务法院首席法官小西奥多·坦嫩瓦尔德共事的过程中，马蒂找到了自己的兴趣所在——建构金融交易来最小化税务成本。仅仅用了三年半的时间，马蒂就成了律师事务所合伙人，并为他成为全国顶级的税务律师以及并购专家奠定了基础。在朋友眼中，马蒂的幽默感和烹饪水平与他在税务和商业方面的"创意和才华"一样了不起。[43]在接下来的职业生涯中，他在律师事务所执业的同时也在纽约大学、斯坦福大学、哥伦比亚大学和乔治敦大学法学院任教。好像这么多工作还不够他忙，马蒂私下里还为美国国税局和财政部提供咨询服务，在许多职业理事会和委员会任职，从事专业写作，当然，还常打高尔夫球。

同时，露丝在忙着为搬去纽约做准备。哈佛大学允许她在哥伦比亚大学法学院完成第三年的学业，并授予她哈佛大学的学位吗？她明白自己这是在请求特殊待遇，但她想要和家人在一起。她向院长格里斯沃尔德做出解释，希望他能够理解。她不想让差点因癌症丧命的丈夫独自去纽约，哪怕是一年也不愿意，何况他的预后仍然是个未知数。她本不愿意把这些事讲出来，也不愿意去描述他们遭受的创伤，但是她先向副院长提出诉求后遭到拒绝，格里斯沃尔德也不愿重新考虑。她被告知，她"并未充分证明有迫切的个人需求，故不予批准"。[44]

露丝已经获得了宝维斯律师事务所的暑期实习机会，这是一家久负盛名的纽约律师事务所。她马上联系哥伦比亚大学法学院办理转学事宜，哥伦比亚大学则提名她为1959届五名肯特学者之一。

金斯伯格到哥伦比亚大学前，消息就已经传开了。哥伦比亚大学法学院同学、后来的芝加哥洛约拉大学法学院院长尼娜·阿佩尔说："我们听说，东海岸最聪明的人要转学来我们学校了，我们大家的成绩排名都要后退一名了。"不过阿佩尔觉得，班里现在只有11位女生，要是能多加1位，排名后退一名也没什么大不了的，

照片摄于 1958 年。露丝、马蒂和 3 岁的女儿简在马蒂父母位于罗克维尔森特的家里。

她也格外期待能和这位新同学在法学院肯特教学楼"昏暗潮湿的地下室里更衣室旁边的那个餐厅"一起吃个便饭。[45]

阿佩尔很快和金斯伯格成了好朋友,她觉得金斯伯格"安静、认真、一丝不苟"。她一点也不认为金斯伯格害羞或者没有幽默感,她要强调的是金斯伯格身上的"认真",她说,露丝表现出"伟大的品格、正直和与生俱来的谦虚"。她说:"即使是在平时,(我们聊天的内容)也大多是关于法律的,毕竟在这个严格、竞争激烈的学业项目里,有 341 位男生,而算上我们两个就只有 12 位女生。我们当然是志向远大、争强好胜的。"[46] 她没点明的是,她和露丝也在建立自己的职业身份——特别是在一个男性主导的行业里,女性想要站稳脚跟就需要一丝不苟的人设。金斯伯格在弗拉特布什社区的老邻居理查德·萨尔兹曼也是她的同学。他记得，在课堂上看到自己的老朋友时，他想："天啊，露丝来了，她又要拿第一了。"

金斯伯格立刻报名参加一门讲联邦法院和联邦体制的午间研讨课，授课人是赫伯特·韦克斯勒和杰拉尔德·冈瑟。韦克斯勒在哈佛大学教过金斯伯格刑法学，而年轻的冈瑟教授也毕业于哈佛大学，被哥伦比亚大学聘请来教宪法和联邦管辖权的课程。这门研讨课已经爆满，学生们说课程很难，说"臭名昭著"的韦克斯勒喜欢用冗长、复杂、由多个部分组成的问题来考验学生。但金斯伯格的同学们也记得，她会用同样长、同样复杂的答案逐个回答教授的问题。萨尔兹曼回忆道："到结尾的时候，她还会礼貌地补充一些韦克斯勒没有提到的地方。"[47]

像哈特和萨克斯一样，韦克斯勒也是杰出的过程法理学家。他这门研讨课的水平也名副其实，但他同年在哈佛大学做的霍姆斯讲座"迈向宪法的中立原则"让金斯伯格有些失望。韦克斯勒批评了沃伦法院的一些裁决，其中包括结束学校种族隔离的著名裁决。他坚称，法官断案的方式和他们的裁决本身同样重要。尽管金斯伯格也受过过程理论的训练，但与韦克斯勒的观点不同，她不认为过程总是和裁决本身一样重要。但无论如何，在她心里韦克斯勒还是一如既往地"令人敬畏并带给人启发"。她说，哈特和韦克斯勒的"联邦法院和联邦制度"课布置的阅读，是她"法学院三年里读过的最引人入胜的内容"。她说这门课"不同凡响"。[48]

这种欣赏也是相互的，金斯伯格也给韦克斯勒留下了深刻印象，并认为她对自己有更重大的影响。冈瑟对她的印象更深，说她是"一位敏锐的年轻学子"，看起来"不苟言笑"。冈瑟也记得，她笑起来就完全变了个人，说她有"我见过的最灿烂的微笑"。他说，尤其重要的是，她"拥有无与伦比的头脑"，"入木三分"，周到、开明、公正，还非常谦虚。[49]

  这些品格也让金斯伯格赢得了《哥伦比亚法律评论》学生编委们的尊重。主编知道她是《哈佛法律评论》的成员，就出于"职业礼貌"邀请她加入他们。大家很快发现，他们的新同事"友善、谦虚，有幽默感"。埃德蒙·考夫曼回忆道："露丝从来不会说哈佛大学是怎么做事的，她完美地融入了我们，而且立刻投入工作中。"她不只是二年级学生作品的"杰出编辑"，还表现出"对学术和法律技艺的热情，以及完美主义的倾向"。[50]金斯伯格和其他几位主要编辑都有这样的品质，这令他们编纂出《哥伦比亚法律评论》史上最好的几期作品。哈佛大学和哥伦比亚大学的期刊编辑们都赞同考夫曼的看法，这也来源于金斯伯格友善和乐于助人的性格。她妈妈西莉亚的教育和她在夏令营前后13年的经历无疑都帮助培养了这些品质。等到期末宣布成绩时，她也如期在班上获得并列第一。

* * *

  在课后，金斯伯格发现哥伦比亚大学的生活并不像哈佛大学的那样全部围绕着学校进行。一些学生住在远离校园的地方，结束一天的学习后就会回家。纽约这个城市也提供了诸多诱惑，对于热爱艺术的金斯伯格夫妇更是如此。露丝还抽时间招待马蒂的妹妹克莱尔，兴致勃勃地带她去曼哈顿人气"爆棚"的餐厅和电影院消遣。家里的小宝宝简也有事要忙，她被送去哥伦比亚大学法学院旁边的"温室托儿所"，在那里开开心心地飞速成长——眼看着女儿长大，金斯伯格打算开始教她读书了。[51]

  以自己的母亲西莉亚为榜样，露丝和简母女俩不仅一起读故事，还一起去看儿童剧。有一对热爱歌剧的父母，简自然也耳濡目染。金斯伯格回忆道，一次阿马托歌剧院上演威尔第的《游吟诗人》,"简听着听着站了起来,大声尖叫,因为她觉得自己和台上的女高音唱得一样好"。[52]露丝也许有些揠苗助长,至少在培养女儿欣赏大歌剧这方面心急了一些。但她自己那么热爱音乐,对孩子期望很高也在所难免。露丝认为,让简沐浴在歌剧艺术中是她做个好妈妈的一部分,也是纪念她自己母亲的一种方式。

纽约是歌剧爱好者的天堂。马蒂的父母在其回到纽约后就为他们预订了大都会歌剧院的通票,马蒂和露丝在演出季经常去看剧。他们住在西166街404号,去看剧的时候,会从巴纳德学院请学生来帮忙照顾简。露丝偶尔也会在中心剧院参加排练,剧团指挥是朱利叶斯·鲁德尔,舞台上的另一个焦点是来自布鲁克林的热情洋溢的女高音歌唱家贝弗利·西尔斯。金斯伯格夫妇隔一段时间就会抽空去看剧。

* * *

在哥伦比亚大学的毕业典礼上,当金斯伯格上前领取她的毕业证书时,4岁的女儿打破了庄严的气氛,她自豪地喊道:"那是我妈妈!"[53]在穿着毕业服的1959届全体学生中看到自己的妈妈,简兴奋极了。

对家庭的热爱和对法律的无限激情——对金斯伯格而言,这两份爱都令她珍惜。

| 第 4 章 |

在未知中前进

对哥伦比亚大学法学院当届排名第一的毕业生来说，工作机会本来应该手到擒来。她在哈佛大学和哥伦比亚大学两所法学院的顶级期刊做编辑，在纽约最好的律师事务所实习，这都是锦上添花的经历。履历这般出色的人通常会轻松拿到华尔街律师事务所的工作，或是成为联邦上诉法院的法官助理，甚至成为联邦最高法院大法官的助理也不是不可能的。婆婆还送了她一套剪裁完美的黑色西装，让她穿去面试。金斯伯格相信自己已经满足了找工作的所有条件，但出人意料的是，向着成功出发的她在求职路上遭遇了挑战。

* * *

第一件意外之事来自她实习过的宝维斯律师事务所。她知道自己在暑期实习中干得很好，并预计会拿到全职工作，但律师事务所的合伙人显然认为刚招进来的一位非裔美国女律师（保利·默里）已经能证明律师事务所足够重视多元化了，没有必要再雇一名女性。

金斯伯格在哥伦比亚大学参加了十几家律师事务所的面试，令她失望的是，只有两家律师事务所邀请她进行第二轮面试，最终两家都没有录取她。"沮丧"一词完全不足以形容她的心情。求职受阻令她十分难过，她哪里做得不好呢？就像在法学院里一样，职场竞争也应该是择优录取。为什么她会遭到拒绝？

可能的原因有很多。犹太人的身份并不给她加分，"白鞋"律师事务所[1]不愿意雇用犹太人，即便是当时唯一一家"不偏不倚"的律师事务所宝维斯也更偏爱雇用WASP（盎格鲁-撒克逊白人新教徒，也泛指上流社会白人），以保证犹太人占比低于50%。那些渴望得到更广泛社会认可的犹太律师事务所也是一样。

金斯伯格很快发现，她的性别和为人母的身份是她求职遇阻的根源所在。有人告诉她，客户不愿意和女性打交道，其他同事也有可能感到不舒服。还有人说，她自己在这样男性化的环境里也容易难以自处。最根本的信息都是一样的："我们不想要女性。"特别是不想要一个刚刚当了妈妈的人。如果需要提交一份动议，高级合伙人可能需要律师赶快出具法律文书，要是她刚好需要照顾生病的孩子怎么办？而且，她要承担家庭责任，又哪有时间参加那些非正式的社交活动，为公司拉客户呢？[2]

担心工作责任和家庭负担发生冲突固然有它的道理，但这背后还有更多原因。潜在的雇主会自动把"律师"和"男性"画等号。在他们的潜意识里，律师具备所有典型的"男性"特征。1971年，一位美国法学院协会会议的参与者说："女律师到底是什么呢？不过就是柔弱的男人而已。法庭上的混战中，你打我一拳、我踢你一脚的对抗和冲突会一直持续下去。"他总结道："强悍的男人才能站在舞台中央。"[3]

从这些角度看，金斯伯格身材娇小、声音柔和，长了一张女性化的娃娃脸，实在不符合律师的形象。此外，她说自己当时"羞涩而缺乏自信"，对刚认识她的人而言，这些特质容易掩盖她与生俱来的坚韧、职业操守和追求卓越的精神。[4]男性招聘者在评判金斯

| 第4章 | 在未知中前进

伯格时，很容易认为即使抛开性别不谈，她的性格也不像是能为公司拉来客户的那种人——自信，有人格魅力，能给公司带来新的摇钱树。

总而言之，她的种族、性别和为人母的身份盖过了其他属性。"一个女人，一个犹太人，而且还当了妈妈"，在1959年那个时候"有点让人难以接受"，金斯伯格自己说的这段话常被引用。[5]她还不带感情色彩地推测道，如果当时自己只占三样里的两样，还有可能克服，但三样都占，就克服不了了。这是她后来对一个采访成功女律师的人说的。这种克制的分析掩饰了她当时深深的失望。多年后她才承认，这段经历一直是职业生涯中最令她难过的部分。求职遭拒令她对自己的职业身份和能力产生了怀疑。

* * *

幸运的是，哥伦比亚大学教授杰拉尔德·冈瑟认为她的学术成就配得上一份法官助理的工作。冈瑟自己曾为联邦上诉法院的著名法官勒尼德·汉德和联邦最高法院首席大法官厄尔·沃伦做过助理，他知道如果一位年轻的律师能获得这样的机会，今后还会有很多大门向她敞开。他也知道，法官和法官助理之间的师徒关系需要付出怎样的努力才能获得，做法官助理还要拥有"超凡的责任感和完全的服从精神"。[6]成为法官助理是少数毕业生才享有的荣誉，作为负责帮学生求职的教授，冈瑟决定为金斯伯格争取机会。他的目标是联系纽约市"一小群非常优秀的法官"，他们会认真听取他的建议。[7]

联邦第二巡回上诉法院位于曼哈顿下城的福利广场，冈瑟最初到这儿为金斯伯格寻找机会时，首先联系了汉德法官，他也是金斯伯格的第一选择。冈瑟向汉德保证，金斯伯格师从哈佛大学和哥伦比亚大学两所学校的过程法理学家,一定能与他进行生动的讨论,成为他不可或缺的助手。尽管有冈瑟对金斯伯格的赞扬和担保,但汉德法官还是一口回绝了。作为一个老派绅士,汉德知道在女士面前说脏话是很不礼貌的,而他可不想自我克制。

接着,冈瑟又联系了纽约南区联邦地区法院的每一位法官。只有两个人同意给金斯伯格面试机会,其中一位拒绝了她。法官们问:要是他们唯一的助理总是要跑回家照顾女儿,他们要如何工作?这风险太大了。另一位法官是埃德蒙·L.帕尔米耶里,他的第二任助理是毕业于耶鲁大学的女生珍妮·西尔弗,但他也提出了担忧:他常在办公室工作到很晚,要是和这么有吸引力的年轻女人一起工作,他的太太和女儿会怎么想呢?[8]

杰拉尔德·冈瑟。金斯伯格从哥伦比亚大学法学院毕业后,是冈瑟帮她找到了去法院实习的机会。在金斯伯格后来的职业生涯中,冈瑟也一直是她的朋友,并给予她支持。

这让冈瑟大跌眼镜。作为犹太人大屠杀的幸存者，他认为自己了解人的偏见能严重到什么程度。刚从哈佛大学法学院毕业的他，又目睹了班上优秀的女生面临怎样的歧视。但是，他不会让性别偏见成为金斯伯格的绊脚石。帕尔米耶里法官是哥伦比亚大学法学院的忠实校友，也许可以利用这一点。冈瑟对帕尔米耶里说，如果他不肯给金斯伯格机会，他就再也不给他推荐哥伦比亚大学的学生了。当帕尔米耶里有些动摇的时候，冈瑟又补上了一个条件：如果金斯伯格不能胜任，他就给帕尔米耶里换一名优秀的年轻男学生，虽然这名男生有工作了，但冈瑟已经和他的律师事务所说好，如果有需要就放他去法院上班。于是，有了两手准备的帕尔米耶里同意见见金斯伯格。

金斯伯格不知道冈瑟做了多少工作，她以为帕尔米耶里同意见她只是因为他希望自己两个年幼的女儿以后也能受到公平对待。帕尔米耶里的其他几位助理不太相信他有这么顽固，但冈瑟坚称，帕尔米耶里的态度是在见了金斯伯格之后就软化的。正如冈瑟预计的一样，帕尔米耶里和金斯伯格一见如故。这份工作是她的了。[9]

* * *

金斯伯格觉得帕尔米耶里是"典型的欧洲范儿绅士"，能说流利的法语和意大利语（他妻子是法国人）。他是歌剧发烧友，还是美食美酒鉴赏家。这位法官有一个日常习惯，金斯伯格也很快受到他的影响：每天下午4点，他们会散步、聊天，从庭审中的证词聊到晚间大都会剧院的演出。帕尔米耶里还会推荐一些物美价廉的餐厅给露丝和马蒂，并敦促他们去尝试。

他们工作如此融洽，并喜欢在一起相处，也得益于金斯伯格一如既往的精心准备。她知道帕尔米耶里的大部分案子是民事案件和一些常见的刑事案件，偶尔会有涉及反垄断的刑事案件，很少处理政治议题。她还知道他秉公断案，不会考虑当事人的社会地位和收入。她把能找到的帕尔米耶里写过的东西都读了一遍，在开始工作前就掌握了这位法官的写作风格。能让法官对她起草的文书感到满意是很重要的。她也很快就能看懂帕尔米耶里的笔迹，这是他以前所有的助理都没做到的。[10]

精心的准备获得了回报。帕尔米耶里一旦考虑好在一起特定案子上要采取什么立场，就会告诉金斯伯格："我想要这么做，理由就是这些，你去写吧。"他常常会问："相关法律条文是什么？"金斯伯格就会急忙去检索相关判例，出具备忘录或意见书。联邦地区法院的运转节奏很快，案件和动议涉及的问题非常广泛，必须迅速处理。至于她的家庭责任会不会妨碍她迅速完成工作，为了打消法官心里可能残存的疑虑，金斯伯格甚至有些矫枉过正。"我可能比法院里其他所有助理都更努力，"金斯伯格回忆道，"我会在办公室待到很晚，有时候是工作需要，有时候也并不是非加班不可。星期六我也会来加班，还会把工作带回家。"[11]

* * *

金斯伯格做法官助理的第二年，有了一个让她按时下班或是把工作带回家继续完成的动力，那就是每天搭帕尔米耶里和汉德法官的车回家，两位法官住得很近。汉德是一位法律巨匠，被《纽约时报》称为"美国现今最受尊敬的法官之一"。金斯伯格在哈佛大学法学院读二年级时，汉德到哈佛大学做了霍姆斯讲座，引发热烈反响。做了55年法官的汉德健康状况有些下降，但头脑仍非常敏锐，语言也一如既往地犀利。[12]

在回家的车上，金斯伯格坐在后排，老当益壮的汉德法官坐在前排，他下巴饱满，目光如炬，眉如墨画。有时候，他会给旅伴们播放吉尔伯特和沙利文的歌剧。有时候，他会提问："如果你能生在任何一个历史时期，你会怎么选择？"有时候，他们会聊文学、聊工作。过程中，汉德时常会讲金斯伯格没听过的粗话。一天晚上，她终于鼓足勇气问汉德法官，为什么他会因自己讲粗话而不雇用她，但一起坐车回家的路上他仍然要讲。坐在前排的汉德用圆润而低沉的声音回答道："年轻的女士，我现在不用面对着你啊。"[13]

第二年的工作也为金斯伯格带来了其他机会。帕尔米耶里给的任务越来越重要，但只要她能完成工作，他就会给她很大的自由。在业余时间里，金斯伯格会去旁听其他法官主持的庭审，尽可能去更多的法庭旁听。她发现联邦检察官办公室的刑事部门里确实没有女律师或女助理。她不认可这样的观点：女人做不了这样的工作。尽管存在性别歧视，但联邦司法制度的公义还是让金斯伯格为之倾倒。[14]

与此同时，帕尔米耶里对金斯伯格颇为赏识，也很喜欢她年幼的女儿。他经常讲这样一个故事。一天，一群来自华尔街知名律师事务所的律师未经预约造访他的办公室，来递交一份文书。他们后来对帕尔米耶里说，露丝看起来也就 18 岁上下（法官也同意），他们以为露丝是法官的女儿，而坐在旁边画画的简是她的小妹妹。但露丝一开口就打破了这幅温馨的家庭图景，她用最专业的语气问："先生们，请问有何贵干？"律师们被问得一头雾水。接着，她对他们提交的文书进行了鞭辟入里的分析，让律师们大为惊讶。他们完全没想到，这个被他们当成帕尔米耶里小姐的人，一名轻声细语、身材娇小的年轻女性，竟拥有如此出色的法律头脑。

帕尔米耶里法官后来评价，金斯伯格是他最好的三位助理之一。他自豪地说："她甚至周末还来工作。"他本人则很少周末加班。私下里，他对她的能力和人格魅力大加赞扬，他也承认，这从一开始就看得出来。他还谈道，在他们紧密的工作关系中，她在"细微之处"表现出两个特质：忠诚和亲切。[15]

* * *

随着金斯伯格的工作接近尾声，她接到了哈佛大学教授艾伯特·萨克斯的电话，说希望推荐她去为费利克斯·法兰克福特大法官做助理。法兰克福特很支持助理们的工作，也对大法官全是男性这一点颇有微词，萨克斯立马觉得金斯伯格很适合这份工作。她一定能经得起法兰克福特对助理的重重考验。而且法兰克福特也是犹太人，出生在奥地利维也纳，后来移居纽约下东区，考进哈佛大学法学院，又进入华盛顿的权力中心，萨克斯觉得他自然会毫不犹豫地聘用自己的犹太同胞。更重要的是，被助理们亲切地称为"小个子法官"的法兰克福特对择优录取的坚持是广为人知的。1948年，他聘用了美国联邦最高法院历史上第一位黑人助理威廉·科尔曼。萨克斯认为，在1961年的今天，法兰克福特可以再创造一个纪录：打破联邦最高法院助理的性别歧视。[16]

金斯伯格很敬佩萨克斯教授，也很感激他对她的信任。她知道萨克斯经常推荐学生给法兰克福特做助理，这位大法官本人也曾在哈佛大学教过25年的书，总是雇用哈佛大学的毕业生。但对他愿不愿意雇用女性，金斯伯格还是持怀疑态度，特别是她还是位年轻的母亲。而且，女人做联邦最高法院大法官助理只有一个先例——1944年二战期间，威廉·O.道格拉斯大法官作为权宜之计雇用了女性。金斯伯格觉得，她的机会并不大。[17]

萨克斯用尽浑身解数试图说服法兰克福特。此前毕业于哈佛大学的助理都令法兰克福特很满意，而金斯伯格的智识水平绝不逊于他们任何一个人。萨克斯还知道，法兰克福特看不惯女人穿裤装，但金斯伯格从不这样穿，她的打扮无可挑剔。可是这位脾气火暴的大法官就是不肯点头。正如他的传记作者所说的，他是"一个自相矛盾的人"。[18]

* * *

金斯伯格对这一结果并不惊讶，但她仍需要一份工作。帕尔米耶里法官立刻采取行动，给各大律师事务所打电话、写信，赞扬金斯伯格的能力。同样重要的是，他还向潜在的雇主保证，母职并没有影响金斯伯格对工作的全身心投入。很快，工作机会就来了。她刚刚在斯特拉瑟-施皮格尔贝格律师事务所工作不久，就接到了一通让她颇感兴趣的电话。[19] 电话是哥伦比亚大学法学院国际程序项目的创始主任汉斯·斯米特打来的，问她是否有时间在哈佛俱乐部共进午餐。

斯米特生于荷兰，身材高大。他问金斯伯格："你想不想写一本关于瑞典司法制度的书？"露丝一时有些语塞，她问："能具体说说吗？"斯米特解释说，这个关于国际程序的新项目的一部分工作是研究外国的司法制度，帮助美国律师理解其他系统是如何运转的。关于法国和意大利法律的研究项目已经在开展了。现在研究瑞典司法制度正是好时机，因为瑞典刚通过了新的程序法。1948年，瑞典将大陆法系的基础与他们眼里英美普通法系的优势相结合，创造了这部新法。由于语言障碍，研究尚未取得突破。[20]

斯米特问她，愿不愿意加入这个项目，一边学习瑞典语一边做研究人员。斯米特答应她，项目会为她提供一位语言家教，等她掌握了必要的语言能力，就会出钱送她去瑞典，需要待多久就待多久。此外，他还保证她有机会和瑞典隆德著名的上诉法官安德斯·布鲁塞柳斯合著一本书。这位法官的女儿和金斯伯格一样,也曾是哥伦比亚大学法学院的肯特学者。以斯米特对布鲁塞柳斯的了解,他相信金斯伯格会和他十分合拍。金斯伯格很感兴趣,答应考虑考虑。[21]

她和马蒂认真权衡了利弊。露丝知道,律师事务所不喜欢律师请假,但她不请假就没办法出国。学习读写瑞典语至少要一年时间,再学会对话估计还要更久。但有机会写书激发了她的学术热情。斯米特有着国际化的背景,熟悉比较法,性格外向,与他共事应该会是很有意思的经历。

但她的家庭怎么办呢?如果她接受这份工作,就意味着要在瑞典长期居住两段时间,而正在全力以赴当上合伙人的马蒂只能在休假时去瑞典看她。她会很想念他的,但28岁的露丝需要搞清楚自己能不能带着孩子独立生活。这个机会令她无法抗拒。[22]

向律师事务所请了两年长假,露丝先用一年的时间努力掌握瑞典法律和语言。她的语言家教是一名哥伦比亚大学的本科生,他曾经担任过瑞典皇家芭蕾舞团的首席男舞蹈演员,学过瑞典语。他们几乎每天上课,也常聊芭蕾舞界的八卦,这让按部就班学习瑞典法律的露丝得以调剂一下心情。[23]

同时,金斯伯格在国际程序项目的工作也开始了。善于学习的金斯伯格发现,只比她大几岁的斯米特很赏识她的努力,这让她终生心怀感激。她承认,自己当时太谦虚了,求职遭遇的困难也打击了她的自信心。斯米特不仅提拔她做副主任,还鼓励她树立与自身能力相称的公众形象。他邀请金斯伯格去他民事诉讼法的班上讲一个星期的课,鼓励她在法学期刊上发表文章。他引领她进入比较法研究的圈子,介绍她认识该领域的其他学者,还提升她在红酒和美食方面的品位。

后来回忆起他们共事的时光,斯米特说:"露丝是比较内敛的,安静但意志坚定。她一旦下定决心要做一件事，就一定会做好。"[24] 斯米特深信自己做出了正确的选择，他也成了对金斯伯格产生深远影响的学者和老师之一。

* * *

到1962年暮春，金斯伯格订好了旅行计划。她自己将先行飞往瑞典，以便女儿简能在纽约布里尔利学校完成一年级最后六个星期的学业。金斯伯格夫妇把女儿送去这所私立的精英女校，得益于安东妮雅（小名托妮）·蔡斯的坚持。她和丈夫艾布拉姆·蔡斯在哈佛大学法学院与露丝成了朋友。托妮和露丝一直保持着联系，她说，布里尔利学校在学术水平上出类拔萃。[25] 付了昂贵的学费，金斯伯格夫妇就没有多余的钱租私人专车接送女儿上下学了，因此他们把家搬到曼哈顿下城79街和约克街交界处，这样妈妈每天先走路送女儿上学，再去曼哈顿上城工作。在马蒂带着女儿抵达瑞典之前的六个星期里，就由保姆负责送简上学和做家务。

当布鲁塞柳斯初次见到金斯伯格时，这位高大的瑞典人几乎不敢相信眼前这位身材娇小的年轻女士将与他合作写书。但接下来几个星期的相处就证明斯米特没有看错人。各方面的进展都让金斯伯格很满意。她在隆德的住处是一间功能齐全的三居室，书桌上放着哈佛大学教授本杰明·卡普兰关于民事诉讼比较制度研究的相关著作，特别是关于德国的著作；瑞典的大学提供一流的育儿设施供简使用；由于马蒂父亲的人脉，露丝还认识了一群说英语的同事和朋友。马蒂两个星期的假期很快就过去了，不过露丝坦言她很满意自己能一个人把生活打理得井井有条。

到第二年，她等到简放了假才回到瑞典，住在斯德哥尔摩的文纳-格伦中心一间给访问学者的公寓里。美丽的斯德哥尔摩坐落在群岛之上，距离布罗湾湖坐火车只要一小时。露丝在那找到了一栋乡间别墅，和简在美国去的夏令营差不多。把女儿安顿好，金斯伯格就可以专心工作了。她说干就干，几乎完成了她和布鲁塞柳斯合著的书。

她在职业发展上也有所获益。国际程序项目激发了金斯伯格对比较法的浓厚兴趣，为她带来了其他难得的职业荣誉：她加入了《美国比较法杂志》的编委会、美国律师协会欧洲委员会、美国外国法协会理事会；1969年，隆德大学还授予她荣誉学位，以表彰她对瑞典法律研究做出的贡献。

除了职业发展方面立竿见影的好处，更重要的是这份工作让金斯伯格获得了长久的国际视野。她知道不同宪政民主体制中的司法体系差异必须被纳入考虑范围，但她认为，这些差异不应该阻碍美国法律实践者在各国共有的问题上借鉴"他山之石"。尽管外国法院的判决在美国没有约束力，但她坚信，如果美国律师和法官拒绝接受外国同行的启发，就无法在愈加国际化的世界中收获关注。不愿向他人学习不仅是错误的想法，而且将削弱美国在国际上的影响力。[26]

漫长的夏日照亮了瑞典的山水，其他国家司法制度的优点也让金斯伯格颇受启发，同样有启发性的是瑞典在性别平等方面的成就。在20世纪60年代以前，瑞典女权主义者和社会民主党人一直致力于帮助女性兼顾工作和家庭。金斯伯格马上就注意到了她们的努力带来的成果。在曼哈顿，露丝只找到两家托儿所能给简报名，而隆德大学给教职工提供的育儿服务水平远远超过曼哈顿的类似机构。瑞典的法学生里，女生占20%，美国则只有区区4%。露丝在瑞典法院见到一名法官，她看上去已经有差不多8个月的身孕了，这令露丝大开眼界；此外，谢莉·芬克彬在瑞典接受堕胎的新闻也受到广泛报道。

芬克彬是四个孩子的母亲，在怀第五个孩子期间，她服用了沙利度胺治疗孕吐，之后才发现这种药极有可能导致胎儿严重畸形。芬克彬在亚利桑那州的医生建议她进行治疗性流产，她和丈夫同意了，但医生因担心自己可能受到刑事起诉而拒绝为她做手术。芬克彬飞到瑞典接受了手术。这让金斯伯格质疑美国为什么要把这种完全必要的医疗程序纳入刑罚。她认为，瑞典的医疗和育儿政策在各个方面都比美国更为符合女性和家庭的需求。[27]

但是，即使国家提供再优质的服务，也没能回答一个最根本的问题。正如女权杂志《赫莎》的编辑伊娃·莫伯格提出的：为什么已婚女性就要承担家庭内外两份工作，而她们的丈夫只承担一份就可以了？没有什么理由要求女人在分娩后继续承担喂养孩子、换尿布、把孩子抚养成人的责任。"我们不能再喋喋不休地讨论'女性的双重角色'了，"莫伯格写道，"男人和女人都有一个主要的角色，那就是做人。"[28]

随着年轻的女权主义者莫伯格进一步阐释她的观点，金斯伯格也在斯德哥尔摩的《每日新闻》上关注她引发的激烈讨论。莫伯格说，有一天女性将不再是唯一要在家庭和事业之间做选择的人，男人和女人将面对同样的选择和社会义务。[29]不知道金斯伯格当时有没有意识到她正在见证瑞典女权主义步入新阶段，令她印象深刻的是，"瑞典的每一场鸡尾酒会……都在讨论"莫伯格的文章。[30]

针对女性的工作和家庭生活，瑞典和挪威的社会学家进行了一项为期4年的跨学科研究，结论是那些文化建构出的性别角色（即针对男女应承担什么角色的刻板印象）对两性均构成限制，既伤害个人，也影响社会发展。[31]如果男女都有"为人的权利"，那么两性的角色和责任就必须改变，男人必须在育儿中承担相同的职责。[32]

即将回到纽约的金斯伯格仍在持续关注瑞典政府新成立的委员会，该委员会负责研究女性议题，提出促进两性平等的政策。到1969年，奥洛夫·帕尔梅首相领导的社会民主党将委员会的提案转变为官方的平权政策。尽管金斯伯格说，她回到纽约后就暂时藏起了性别平等的大旗，但瑞典语中的"平等"（jämställdhet）一词已经深深刻在了金斯伯格的心中，就像"Sverige"（瑞典）这个词盖在她的护照上一样。

* * *

回到纽约后，金斯伯格仔细思考了自己的职业前途，她对加入斯特拉瑟-施皮格尔贝律师事务所的决定产生了犹豫。在大律师事务所当上合伙人一直都象征着法律界的权力和威望，但她真的想在接下来20年里都为别人的项目辛勤工作吗？何况，合伙人最终是要为律师事务所带来生意的，她愿意承担这个责任吗？一直以来，严谨的法学研究都令她心驰神往。法律及其程序深深吸引着她，她喜欢从复杂的司法问题中理清头绪。也许她可以在律师事务所里短暂工作一段时间，然后去教书。她也知道，法学院允许教授在教书之外参与一些诉讼。这时哈佛大学法学院寄来一份问卷，调查最近毕业的学生有没有兴趣任教。她报了名，但也没多做考虑。不过她还是和她的好朋友、哥伦比亚大学教授冈瑟聊了聊教书的事。

此后不久，她就接到了哥伦比亚大学教授沃尔特·盖尔霍恩的电话。他问道，她作为哥伦比亚大学的毕业生为什么出现在哈佛大学法学院潜在的教职名单上。他解释道，之所以好奇是因为他有份工作想介绍给她。盖尔霍恩后来承认，以金斯伯格的资历她应该能去哥伦比亚大学教书，但这份工作并不在哥伦比亚大学，也不在纽约大学或福特汉姆大学，这与她的期待有些差距。教职是在纽瓦克的罗格斯大学法学院,这所学校唯一的少数族裔教授克莱德·弗格森刚刚去霍华德大学法学院做院长了。因为弗格森教的是民事诉讼法,金斯伯格刚好可以填补这一空缺。冈瑟说露丝可能会感兴趣,他还联系了另一位哥伦比亚大学校友伊娃·汉克斯——当时她还叫伊娃·莫雷亚莱,一年前刚刚在弗格森的推荐下被罗格斯大学聘用。盖尔霍恩说,汉克斯住在纽约市里,她愿意来金斯伯格家和她聊聊。[33] 当意识到自己对罗格斯大学法学院知之甚少时,金斯伯格欣然同意和她见面。

汉克斯对她未来的同事金斯伯格说,她很希望再多一位女同事。罗格斯大学法学院的威拉德·赫克尔院长很出色,教职工绝大部分是左翼自由派,学校马上要盖一栋新楼,还在努力吸纳更多少数族裔学生。金斯伯格的这个职位是终身制岗位,她可以住在纽约,每天去纽瓦克上班。金斯伯格知道,在全国所有法学院里只有18位女性担任终身教授,她将自己的简历和其他资料交给了汉克斯,请她转交给罗格斯大学招聘委员会。[34]

学校决定聘用她,现在决定权回到金斯伯格手里。她本来希望在曼哈顿的律师事务所至少工作5年再去教书,但到时候还能有机会吗?她应该放弃这个到手的工作吗?如果她接受这个职位,她怎样能够获得诉讼经验?罗格斯大学是因为真正欣赏她,还是因为他们招不到非裔美国人才打算招一位女性代替?[35]

和马蒂商量之后,露丝决定接受这份工作。但薪资待遇上的差距令她感到不满,不只是哥伦比亚大学和罗格斯大学之间的差距,还有罗格斯大学不同教职工之间的差距。她的收入比同等资历的男同事少。她向赫克尔院长提出这个疑问,院长说,经费不足的州立学校就是这样的,而且她丈夫可以照顾她,比需要养家的男同事少挣一些是理所应当的。金斯伯格发现,这位温和的赫克尔院长看起来并不把联邦新出台的要求同工同酬的法律当一回事。作为一个每年都要重新续签合同的新人,金斯伯格觉得自己还是不要在这件事上不依不饶——至少暂时不要,最好等罗格斯大学的其他女性教职工准备好提出同工同酬的申诉再说。与此同时,这份工作给了她足够的时间充分履行她的职责,对此她心存感激。[36]

她还在伊娃·汉克斯的身上发现了很多值得欣赏的地方。尽管男同事们仍然带着怀疑的眼光叫她俩"小姑娘",但汉克斯还是告诉新人金斯伯格,很快同事们就会表现出对她的尊重。包括薪资在内的种种不平等,只是20世纪60年代进入学术界的女性必须付出的代价。汉克斯建议,把工作做好就行了,不要卷入传统派和创新派的矛盾之中:传统派想要按照原来的方式教授标准的法律课程,而创新派想要加入"法律和××问题"这样的课,比如法律和经济、法律和社会学等。汉克斯说,这两派的矛盾还扩大到了研究领域,转变为传统法律研究和实证研究的对立。金斯伯格认为两种研究方法都有价值,她决定在这个两极分化的环境里小心行事。[37]

* * *

1963年9月开学后,金斯伯格很快适应了教学节奏。她决定充分利用每一分钟,每天从上东区的家里出发,坐地铁到市中心的宾夕法尼亚车站,中间要换三次车,金斯伯格会在路上读信,她总是担心自己会错过换乘,甚至因此会做相关的噩梦。从宾夕法尼亚车站坐火车去纽瓦克的路上,她会准备当天的课程。回家路上她会仔细阅读学术期刊,研究最新的民事诉讼和比较法论文。每天如此,不厌其烦。[38]

到1965年年初,32岁的金斯伯格发现自己又怀孕了,这让她惊喜非常。在马蒂患癌症之后,医生说他们再也不能生孩子了。这

照片摄于 1966 年 7 月。金斯伯格和 10 岁的女儿简合影。

次怀孕似乎是一个奇迹，但伴随幸福而来的还有不可避免的担忧。马蒂的生殖系统受过大剂量的放射治疗，露丝担心胎儿会受到影响。另外，怀孕对她的职业发展又会产生什么影响呢？马蒂在俄克拉何马州参军期间，露丝申请过 GS-5 级社会保险审核员职位。在告知人事部门她正在怀孕之后，她就被降级成了 GS-2 级。他们对她说，孕妇不能去巴尔的摩参加必要的培训。而且，如果她当打字员的话，就必须在分娩前离职，之后也不能再回来工作了。当时她劝自己接受现实，但这段记忆还是让她不能释怀。[39]

　　不管怎样，她现在仍然需要每年续签合同，她告诉自己不要太天真，还是暂时不要告诉校方她怀孕的事，以免失去工作。在合同续签之前，她一直穿着从婆婆那里借来的超大号衣服，掩饰自己怀孕的身材。她也绝不会告诉同事她要生宝宝了。她和汉克斯小心翼翼地不在学校里聊这件事，只在火车站或回到纽约后再聊。在学校里她还掩饰着自己的喜悦和身体上的略微不适。只要再忍几个月学期就结束了。[40]

在老朋友面前,金斯伯格夫妇毫不掩饰对宝宝的期待。露丝在康奈尔大学的老朋友琼·布鲁德说,露丝怀孕期间整个人"闪闪发光"。马蒂律师事务所同事的太太露丝·卢比克说:"你真是母性之光的代表。"露丝在曼哈顿西边的一个公寓报名参加了拉玛泽呼吸法的课程,为分娩时不打镇痛剂做准备。"把能做的准备都做了。"金斯伯格这次怀孕和10年前怀女儿的时候形成鲜明对比,那时她对生孩子没有任何准备。[41]

1965年9月8日,金斯伯格生下了一个健康的男宝宝。"那是我一生中最幸福的时刻之一。"这位妈妈如释重负地说。[42]他们战胜了疾病和死亡,特别是对马蒂而言。喜上眉梢的夫妻俩给这个金发小男孩起名叫詹姆斯·史蒂文。

* * *

宝宝来得这么不容易,可露丝几乎没有时间抱一抱他,仔细观察他的面部表情,或是感受他的小手紧紧握住她手指的感觉。产后不到一个月,金斯伯格就回到了学校。新学年她不仅要教她熟悉的民事诉讼法,还要教两门新课,一门是比较法,另一门是法律冲突和联邦管辖权。幸运的是,每学期只有一门新课要准备。但备课需要时间,特别是她的讲稿都要仔细打印出来。此外,在做研究上也不能放松。她已经发表了一些作品:除了和布鲁塞柳斯合著了瑞典民事和刑事诉讼法研究著作,他们还一起把瑞典程序法典翻译成了英文;她也在一些期刊上发表了论文。但如果她想要成为一名教授,就还要发表更多论文,而且必须有重大创新。这就意味着她要投入大量时间,而时间是她最紧缺的东西。[43]

露丝和马蒂搬进了位于东69街150号的新公寓。她已经习惯了在丈夫入睡后继续工作到深夜,但在儿子刚出生的几个月里,她实在太缺觉了,只好带着歉意在看歌剧的时候打个盹。除了要照顾儿子,父亲内森也给她增加了家庭照护的负担。内森在一场车祸中受了重伤,只能暂时搬进她和马蒂的家里养病。新公寓没有客房,内森和他所有的医疗用具都被搬进了简的房间,这让想要个人空间的10岁姑娘很不高兴。金斯伯格完全理解突然多了一个室友有多影响女儿的情绪,但分身乏术的她感到别无选择。[44]

　　上有老下有小的露丝请了护理人员,她感到很幸运,因为马蒂的收入足够给家里请帮手。但如果出现衔接不上的时候,露丝就必须调整自己的时间,待在家里陪伴父亲,因为马蒂在律师事务所里还有繁忙的工作要做。在这几个月里顶着巨大压力的露丝从没考虑过请假,她很务实,知道要求学校给她特殊待遇可能影响她拿到终身教职。男同事很可能认为,一个需要承担家庭责任的女性将无法在工作上做好分内的事,成不了一个好学者、教师和学界的活跃成员。她的判断无疑是正确的,但这也减轻不了她的压力。每天通勤,加上满满的课程要求、备课的负担,还要争取终身教职,即使金斯伯格再善于安排时间和应付压力,也感到自己筋疲力尽。

* * *

　　在接下来焦头烂额的几个月里,1966年罗格斯大学法学院的新楼落成仪式给露丝带来了意外的动力。首席大法官厄尔·沃伦、大法官威廉·布伦南和阿贝·福塔斯来纽瓦克出席了仪式。街上挤满了右翼抗议者,表达对联邦最高法院的不满。院长赫克尔担心出事,提出安排更多警力。但布伦南作为仪式的主要发言人提出了异议:"不要打扰抗议者,他们只是在行使宪法第一修正案的权利。"[45]布伦南出生于纽瓦克,是他请沃伦和福塔斯一起来的,他们也赞同他的意见。

布伦南在当天表现出的勇气和智慧给金斯伯格留下了深刻印象。与许多崇敬他的人一样，金斯伯格也觉得布伦南的身心品格令她深受鼓舞。而且，布伦南大法官工作效率惊人，为联邦最高法院撰写了许多意见书和详尽的评论。每当露丝感觉筋疲力尽或是担心自己事多到应付不过来的时候，只要想想布伦南大法官树立的榜样，她就会恢复斗志。[46]

随着学期一天天到来，这位面临重重压力的年轻妈妈需要不断自我激励才能坚持下去。她和婆婆伊夫琳一起尽力保证给简足够的关心，让她不至于觉得有了弟弟，自己就受到忽视，也能接受处在恢复期的外公暂时占据她的房间。就像很多年前露丝和妈妈西莉亚一起出门一样，她更常带女儿到访艺术场所，而不是去逛百货大楼。露丝回忆道："我拉着简去看过许许多多儿童剧、音乐会、歌剧、吉尔伯特和沙利文的剧作演出，以及罗杰斯与哈默斯坦的百老汇音乐剧。"[47]简8岁的时候，露丝就带她去大都会歌剧院看过《女人心》。她提前一个月就在家里放唱片，让女儿熟悉里面的音乐，她们会一起坐下来学习剧本，教女儿了解歌词。演出当天，简穿着看剧专用的天鹅绒套头衫，坐在剧院第四层的前排，视野上毫无遮挡。露丝说，简很喜欢这部剧。平常忙于工作的露丝承认自己周末陪孩子的时候可能有些"用力过猛"，不过当女儿说长大以后想要向从未上过班的奶奶看齐时，露丝还是有些不知所措。[48]

简有一个拼事业的妈妈，父母又都是犹太人，这让10岁的她在学校里显得与众不同。布里尔利学校是一所贵族学校，学生多数来自WASP家庭。无论是周末和妈妈一起参加文化活动，还是和父母一起去首都华盛顿参观，都丝毫也没有减轻小姑娘那种局外人身份带来的不适感。在华盛顿游览历史名胜的时候，有天上午因为她父母要去联邦最高法院进行宣誓仪式，行程就被打断了。简坐在一边旁观了仪式，又听了一起无聊的税务案件，终于受不了了，起身走出了法庭。她父母连忙追上去，因为联邦最高法院可不能让小孩子独自闲逛。由于出了门就不能再回去，马蒂和露丝不得已错过了他们一直想听的一起民权案子。[49]

直到上了高中，简才终于觉得自己没那么与众不同了，九年级时，她同学的妈妈中有不少都是职业女性。其实她以前就有位同学叫埃米莉·海尔布伦，她妈妈是哥伦比亚大学文学教授卡罗琳·海尔布伦，卡罗琳用笔名阿曼达·克罗斯写的侦探小说和多萝西·塞耶斯的作品一样都深受露丝的喜爱。但年少的简觉得，她的犹太人身份才是她和其他同学最大的不同之处，这是无法改变的。尽管简觉得自己的金发让自己看起来不那么像犹太人，但她想报名去和其他同学一起上舞蹈课，却被告知课已经满员了。她父母觉得这就是"不欢迎犹太人"的意思。她坚决拒绝让妈妈帮她重新申请。几年后，她终于如愿以偿在布里尔利学校上了第一节舞蹈课，她对妈妈说自己在课上很开心，还认识了一个可爱的男孩子。露丝问："他叫什么名字？"简说了他的名字。妈妈又问："他姓什么？"简说了一个明显属于 WASP 的姓氏。露丝读高中和大学的时候也与这样的男孩子约会过，她对女儿说："那还是别指望他会联系你了，他爸妈不会同意的。"[50] 事实证明妈妈的预言太准了，这也让简倍感失望。

每个星期四保姆放假，金斯伯格就会在家工作。但她人在家里也未改善母女之间的关系。就像西莉亚一样，露丝对女儿的严格要求让母女关系有些紧张。简很不喜欢妈妈总是命令她"站直""收拾房间""去做作业""重写你的英文作文"。对高标准、严要求的露丝而言，女儿草率的写作和凌乱的房间都令人无法忍受。由于家里关系紧张，简还曾经问父母，他们大喊大叫是不是说明他们要离婚了。露丝向她保证没有这回事，说简是因为邻居小孩的父母离婚而过分敏感。[51]

简后来承认，说得好听一些，自己当时不能领会母亲在站姿、整洁和饮食方面对她的严格要求。"我当时脾气很差，是一个被宠坏的孩子，"简后来说，"妈妈情绪很敏感，但她比较内敛。每次我犯错，爸爸就会吼我，但妈妈会一言不发，我就知道那是她对我非常失望的表现。"简回忆道，妈妈会犀利地发现她扔在垃圾桶里的糖纸，"我童年的小把戏都逃不过她的搜查和缴获，这就说明宪法第四修正案在我家根本不起作用"。[52] 尽管女儿后来对母亲的严格心怀感激，但小时候母女之间因此产生了很大摩擦。

虽然简有时会惹人生气，但她非常有幽默感。和她妈妈不一样，简并不喜欢夏令营。一次去参加夏令营时，简没能按照规定每个星期给家里写信，而这是营规，因此她挨了另一位妈妈的批评，这位妈妈每天都给女儿写信。之后的一个星期，简给家里寄了一封信。她父母拆开信封看到一张报纸，上面写的是邮局寄丢了一份70年前的信件。和马蒂平时爱讲的笑话一样，女儿的创意也博得妈妈一笑。[53]

当简还小的时候，露丝一心扑在工作上，马蒂总是会努力给妻子的生活注入乐趣。他带女儿一起玩过这样一个餐桌游戏：父女俩会努力说点什么或者讲个故事来逗露丝笑，简负责记录妈妈笑了多少次。简玩得特别认真，后来还整理了一个小册子，名为《妈妈笑了》。[54]

* * *

到1965—1966学年末，金斯伯格收获颇丰。她在罗格斯大学法学院教了两门新课，成了《美国比较法杂志》编委，发表了更多论文，还主编了一本有关比利时、荷兰和卢森堡贸易法规的书。这些成就也让她如期当上了副教授。这位勤奋的母亲和学者可以稍稍放松一下了。

不久，纽约大学就邀请她兼职担任一门比较法课程的老师，她同意了，并希望纽约大学最终能够给她全职的工作。一天在课堂上，有人递给她一张纸条，她一边讲课一边低头看了一眼，上面写着："儿子误食管道疏通剂，已送入附近的医院。"她迅速冲出教室，跑到华盛顿广场上，又一路狂奔，心急之下还跑错了医院。最后好不容易见到医生，才知道两岁的詹姆斯在厨房水池下面找到了一些白色颗粒，放进了嘴里。好在保姆及时把他送进急诊室，然后通知了马蒂和露丝。[55]

夫妻俩看着儿子起泡的嘴巴，很担心这烧伤还能不能恢复。"严重的烧伤让他的脸都扭曲了，"金斯伯格回忆道，"唇部被烧得焦黑，嘴被碱液灼出一个小洞。"[56]好在医生在检查后发现，詹姆斯并没有把管道疏通剂咽下去。过了几天，詹姆斯脱离了生命危险，但直到几个月以后，医生们才确认伤口能够恢复如初。

这是金斯伯格成年后最为揪心的经历之一。然而在后来回忆起来时，她一如既往地云淡风轻，就像讲述自己求职遇阻的经历一样。她坚称，保姆做了能做的。但私底下，她还是为自己当时没有陪在儿子身边而自责不已。是她的儿子为她的事业付出了代价？她也十分责怪自己没有把管道疏通剂挪到小孩碰不到的地方。她怎么能这么粗心呢？"她不会自我原谅。"简一针见血地指出。[57]她对别人慷慨大度，却不懂得原谅自己。西莉亚没教过她应该如何自我宽恕。

* * *

的确，这位工作重担在肩的母亲时常觉得，作为有孩子的双职

金斯伯格在纽瓦克的罗格斯大学法学院观看学生的期末演出。1962—1973 年，罗格斯大学法学院只有两名女性教职工，金斯伯格是其中之一。

工，她和马蒂是在"未知水域"中航行。马蒂明白妻子的事业仍在上升期，他在餐厅里装了书架，摆放他的法律图书、听写设备和越来越多的菜谱，这样他至少晚间可以在家工作。但随着自己的名声越来越响，马蒂的职责越来越重，他也无法在育儿方面分担更多责任。保姆已不可或缺，如果保姆突然离职，孩子的奶奶可以暂时来帮一把手。露丝的爸爸内森在车祸受伤康复之后也会来帮忙，他几乎每个星期日都会带詹姆斯去中央公园玩。但有时候，即便是擅长时间管理的金斯伯格也感到疲于应付。[58]

在法学院的工作也是另一个人生的试验场。金斯伯格知道自己作为老师知识渊博，是自己所在领域的专家。但她讲课风格严肃，语速慢，表现力不足，难以给听众留下深刻印象。她的同事弗兰克·阿斯金说，"对好学生来说，她是了不起的老师"，"但很多不那么拔尖的学生就感到无聊，会在课上打盹"。[59]伊娃·汉克斯也说，刚开始讲课时，金斯伯格"牢牢把着讲台桌，好像害怕台下的学生似的"。[60]但她讲起法律来全情投入，令人印象深刻。学生们在一年一度的老师模仿秀上会抓住金斯伯格的这些特点来恶搞。模仿者站在讲台上，忘情地讲个不停，身上的衣服都一件一件被脱掉了也注意不到，直到最后穿着内衣走下讲台。台下的师生被逗得哈哈大笑。不过汉克斯拒绝参加这一活动，她觉得学生们开起玩笑来实在没有分寸。[61]

汉克斯回忆道，她和金斯伯格之间有着不言自明的相互理解。"我们从来不会在教职工会议上坐在一起，只会在纽瓦克火车站或者市里一起喝杯咖啡。"两人聊天的时候，"不会直接谈到家庭责任……我们都明白自己需要以独立自主的职业形象示人"。她们尽量弱化自己作为女人的特点，在男性主导的环境里，她们要遵守那些不甚明了的游戏规则，这并不容易。当被问到罗格斯大学的同事们怎么看待金斯伯格时，汉克斯毫不犹豫地说："他们不了解她。她看起来如此娇小，说话如此温柔，他们完全没意识到她实际上有多么坚强。"[62]

马蒂当然是了解妻子的。他也知道，勤奋上进的妻子需要他全力支持。他一边顶住自己蓬勃发展的事业带来的压力，一边试图为两人减压。他们常去看歌剧，许多演唱者的优秀表现都令人振奋，比如利昂坦·普赖斯、佛朗哥·科雷利、玛丽莲·霍恩等。此外，带家人去度假也是好主意，这让露丝有机会体验滑水的刺激，不过她在度假时也经常有工作要做。马蒂作为商业税务律师，常有短期出行的机会，这让夫妻俩可以去豪华的度假胜地过几天二人世界，边工作边休闲。在这些场合和他们一同用餐的朋友们发现，露丝吃饭细嚼慢咽的习惯从大学到现在都没变过。他们会开她的玩笑，

说世界大战都打完了，她还在吃开胃小菜。⁶³

不过在孩子们还小的时候，尽管有住家的保姆照顾，金斯伯格还是尽量每天在家吃晚餐。作为职场妈妈，这是她陪伴孩子的方式。而且，金斯伯格夫妇认为听着古典音乐和儿女吃晚饭是对孩子的熏陶，另外就是为人父母不要太黏着孩子，特别是在他们慢慢长大以后。⁶⁴

等简九年级时，考虑到她不喜欢去夏令营，爸妈同意为她另寻一个去处，但要和她在曼哈顿的日常生活完全不同。他们幸运地在法国东南部小城阿讷西郊区找到一个家庭愿意在暑假期间招待简。这是一个妈妈带着五个孩子组成的家庭，他们满足了所有基本要求："说外语，生活在另一种文化之中，不是知识分子。"⁶⁵ 简和这家人一起生活了三个暑假，法语说得越来越好，让父母倍感欣慰，而且他们终于不用担心女儿假期没地方去了。对简而言，这些暑期经历让她深深爱上了法国，甚至后来她自己有了孩子，还坚持和孩子说法语。

* * *

儿子詹姆斯也开始在小道尔顿私立男子学校上托儿所了，露丝觉得自己可以承担更多工作，其中最重要的是为美国公民自由联盟新泽西分部提供无偿服务。美国公民自由联盟颇具盛名，积极参与推进民权运动。作为一个全国性的组织，其在大多数州设有分支机构，为那些声称公民自由和公民权利受到侵犯的客户打官司。

这位工作狂教授和母亲为什么要再承担一份工作呢？显然，为美国公民自由联盟新泽西分部工作给她提供了机会去获得急需的诉讼经验，这是教书无法给予的。此外，她还有其他考虑。二战后，

照片摄于 1968 年或 1969 年。詹姆斯·金斯伯格在爷爷奶奶位于纽约罗克维尔森特的家的花园里，站在他旁边的是金斯伯格大学同学的女儿埃丽卡·兰多。金斯伯格称呼詹姆斯为"我的金发男孩"。

美国犹太人开始积极运用法律来保护和扩展公民自由，不只通过他们自己的权益组织来进行，也通过美国公民自由联盟这样的非宗派组织。随着对抗反犹主义的斗争变成人权斗争，犹太律师成了自由派活动家的先锋，用法律作为武器去实现人道的正义。这些犹太律师，加上全美有色人种协进会法律辩护基金会的律师，以及自由派法律社群其他组织的共同努力，给 20 世纪 60 年代的法院增加了一层人权捍卫者的色彩。对金斯伯格这代法学教授来说，与美国公民自由联盟合作是一种公共服务。[66]

金斯伯格向来毫不动摇地同情权利运动，但直到她在学术界迅速晋升，从 1966 年当上副教授到 1969 年成为终身教授，并且获得隆德大学的荣誉学位后，她才觉得自己可以参与其中。这并非因为她不够关心那些在动荡的20世纪60年代重塑社会的事件。仅仅在1968年一年里,越共的"新春攻势"就令1 600多名美国军人丧生、8 000多人受伤,面对这样的情况,一个人于情于理都不可能无动于衷。抗议活动像野火一样点燃了大学校园,一位特立独行的总统候选人迫使同党派的现任总统放弃连选连任。[67]也是在这一年,马丁·路德·金和罗伯特·肯尼迪均遇刺身亡。

尽管时局动荡,金斯伯格仍然着力在事业和家庭的平衡问题上"走钢丝"。在她职业和个人生活以外的事情,就算再值得做,也不得不暂时缓一缓。金斯伯格再怎么志向远大,也没想到她帮一位新泽西州的护士起诉美国陆军的案子会让她开启一项强度更大的事业。同样令她没想到的是,这种转变缘何而来。

第 5 章

女权抗争者

民谣歌手鲍勃·迪伦在 1963 年先知先觉地唱道:"这是蜕变的时代。"金斯伯格也在发生改变。在政局动荡的 20 世纪 60 年代初,她还是一位颇具雄心的学者和深爱孩子、追求完美的妈妈,对孩子草率的写作和凌乱的房间绝不容忍。到 60 年代末,她成了一位法律活动家,致力于消除法律中过时的性别差异,这些差异让女性(也包括一些男性)无法拥有平等的公民权利。她后来回想起来说:"这是我一生中最重大的转折之一。"[1]

现在回头看,金斯伯格拥抱女权主义似乎是顺理成章的,毕竟她在这条道路还无人知晓的时候就迈出了她的步伐。但是接纳女权主义者这一身份需要一个过程,在这个过程中,她的个人经历与更广大的历史背景交织在一起,被过去晕染,并延伸到海外。

* * *

政治社会学家说:"新政策重塑政治。"法律也是如此。在 1953—1969 年担任大法官的厄尔·沃伦和他领导的联邦最高法院,为保护之前公认的社会边缘群体的公民自由和公民权利注入了新的活力,这些群体包括共产党人、非裔美国人、墨西哥裔美国人、无神论者、领取救济的人，甚至包括罪犯。在约翰逊总统"伟大社会"计划支持者的推动下，在普通民众诉求的刺激下，权利革命的浪潮在20世纪60年代席卷全美。[2]

浪潮的助推者是各类权利组织，它们渴望利用法律来提升那些以往在政治上被忽视的权利。尽管在麦卡锡时代受到严重的政治打压，从左翼的美国律师协会到中间派的美国公民自由联盟和全美有色人种协进会法律辩护基金会，再加上新兴的环保组织，所有进步派团体建立了一套蓬勃发展的支持体系。想进行缓慢而昂贵的诉讼程序，必须有资金、组织支持、人脉网络和富有才华、希望改变法律的律师，如此才能增加获胜的可能性。[3]

许多女性越来越不满于法律和社会中存在的性别歧视，她们站到了抗争的中心。1963年，《同工同酬法》的出台令工会女性成员欢欣鼓舞。在整个20世纪50年代，活动家都在推动这部法律出台，法案的通过也是对工会男性成员的一个让步，他们担心雇主用更低的工资雇用女工可能降低男人的工资水平。同年，女权作家、曾关注劳工权益的记者贝蒂·弗里丹出版了《女性的奥秘》一书。1952年，她为美国战后最激进的工会——电气工人联合会撰写过一部"杰出的指导手册用于对抗（基于性别的）工资歧视"。《女性的奥秘》是弗里丹的首部作品，戳中了20世纪50—60年代受过教育的中产女性的痛点，一经出版就引起轰动。金斯伯格没有经历过书中所写的那种郊区家庭主妇的生活，她觉得弗里丹的分析有些局限性，但她和作者一样认同女权主义。[4]

更为重要的是1964年国会通过的《民权法案》。这部法案为席卷南方的种族正义斗争提供了及时的回应，涵盖的方面包括投票权、公共设施和就业公平。其中第七章涉及就业相关规定，禁止基于种族和性别的职场歧视，要求联邦政府采取"优待性"行动促进女性求职者和雇员在就业和提拔方面与男性享有平等的机会。政府还要建立平等就业机会委员会来监督法案的执行。平等就业机会委员会起初以为在法案中加入性别平等的条款只是反对者为了阻止法案通过搞的"小把戏",但他们惊讶地发现,在平等就业机会委员会成立的第一年里,有25%的投诉都来自女性。在这些投诉遭到忽视后,平等就业机会委员会的女性员工联系了来自密歇根州的民主党人玛莎·格里菲思,正是她努力推动把性别平等条款加入《民权法案》,也决心要见证新法案得到严格执行。

格里菲思在国会痛批平等就业机会委员会未能履行其职责,而几天后适逢1966年女性地位大会在美国首都华盛顿召开的日子。对平等就业机会委员会不作为愤怒不已的参会者决定采纳机构中黑人妇女的建议,她们说,如果有像全美有色人种协进会这样善于施加压力的民权组织帮助女性发声,就能迫使平等就业机会委员会严肃对待性别歧视问题。很快,包括贝蒂·弗里丹在内的28名女性成立了全国妇女组织(NOW)。

10月,全国妇女组织举行了组织工作会议,选举弗里丹为主席,呼吁"女性全面参与美国主流社会,与男性平等行使权利、承担责任"。[5] 1967年,全国妇女组织通过了纲领文件《权利法案》,呼吁国会出台一项平等权利修正案,并要求平等就业机会委员会执行反歧视立法,还敦促联邦和各州的立法者保障教育平等、拒绝性别隔离。为了确保女性能掌控自己的生殖权利,全国妇女组织呼吁废除那些禁止女性获取避孕信息、节育工具和禁止女性安全合法堕胎的法案。为了减轻职场妈妈的双重压力,全国妇女组织呼吁通过立法保障女性能够在不影响工作和升职的情况下休产假,允许对育儿费用进行税务减免,建立面向公众的、便宜的托儿设施。为了改善贫困女性的处境,全国妇女组织呼吁改革福利制度,让包括职业培训项目在内的福利更加普惠。

1970年7月，美国公民自由联盟新泽西分部的负责人联系到金斯伯格。当时方兴未艾的女权运动不但已经在全美各地扎根，还延伸到了国外。

* * *

那么美国公民自由联盟为什么选中了金斯伯格呢？工作繁多的新泽西分部的执行主任是斯蒂芬·纳格勒，他知道这位罗格斯大学法学院的教授正在代理诺拉·西蒙的案子，而且做得很好。西蒙是退役的陆军少尉，曾做过护士。在她的婚姻宣告无效，孩子也被别人领养后，西蒙想再次入伍却遭到拒绝。失业的西蒙向美国公民自由联盟新泽西分部求助。罗格斯大学法学院的学生黛安娜·里格尔曼暑假在美国公民自由联盟实习，她第一年刚刚跟着金斯伯格学完民事诉讼法，于是向教授请教这起案子。在里格尔曼眼里，金斯伯格是一位"冰霜女王"：说一不二、博学多才、极为专业。[6] 她觉得军方会认真对待金斯伯格这样的女律师。里格尔曼和纳格勒都不知道金斯伯格为什么对这起案子那么上心，但她确实全情投入。[7] 纳格勒觉得，金斯伯格作为民事诉讼法专家应该了解法庭的运作。无论如何，请一个女人来处理"女人的问题"也合情合理。这种隐含着性别歧视的逻辑歪打正着，带来出人意料的好结果。[8]

金斯伯格的个人经历让她自然而然地与当事人建立联系。当年在康奈尔大学读书时，金斯伯格觉得哈佛大学拉德克利夫学院提供的管理培训项目和不收女生的哈佛商学院不在同一水平，因而她很容易理解为什么一个年轻的姑娘想要上男校罗格斯学院，而不是配套的女校道格拉斯学院。[9] 她也很同情欧多西亚·阿瓦达拉的遭遇，这位女老师的雇主看出她怀孕之后，就强制要求她休无薪假，这在当时也是学校管理者的普遍要求。阿瓦达拉这样的女性也让金斯伯格想起她自己怀孕期间在职场遇到的问题。在另一起案子中，一名立顿公司的女员工想让丈夫和孩子用她公司提供的医疗保险，因为她的保险比丈夫公司的更完善。可是立顿公司的保险只担保女员工自己，不能带上伴侣和孩子。金斯伯格怎么能对这样的遭遇不感同身受呢？[10]

还有一起案子，一群11岁的女孩子被禁止参加普林斯顿大学的"工程暑期项目"，理由是这个项目本是给男孩子设立的，招收女孩子会分散男孩子的注意力。金斯伯格自己有一个聪明的女儿，她非常理解这群女孩子的父母有多么生气。如果女儿想要去哥伦比亚大学或者纽约大学参加一个类似的项目却遭到拒绝，她和马蒂也会同样感到愤怒的。特别是当时全国只有不到2%的女性工程师，这样的歧视会造成实实在在的伤害。[11]

虽然金斯伯格对这些案子抱有同情，但她从未打算成为反歧视法和平等保护方面的专家。她也没想到自己的女学生（以及一些男学生）会强烈要求学校开设有关女性与法律的课程。不过对法学院和教职人员以及其他那些受到学生活动家关注的机构来说，20世纪60年代可不是寻常时期。

学生大多是左翼自由主义者，他们对教职人员的等级制度、学校的评分制度和课程设置等发起攻击。法学院的黑人学生希望增加非裔美国学生和教授的数量。在纽黑文，耶鲁大学法学院在探讨黑豹党创始人鲍比·西尔能不能得到公正的审判。当时年轻的希拉里和克林顿也在那里念书。女性也有她们的诉求。[12]

1967年，一些年轻的白人女性在芝加哥和纽约碰头。她们曾参与黑人自由抗争、左翼组织"学生争取民主社会"和反战运动。她们不仅要求因种族歧视、贫困和殖民主义而受害的人获得权利和解放，还要求自己作为女性获得权利和解放。一方面，她们这代人的抗争是在反抗她们母亲一代那种高度性别化的生活；另一方面，这也是一场富有远见的斗争，旨在对权力、政治以及私人场域的家庭和性做出改变。虽然在这些 20 世纪 60 年代的激进分子中，许多人想要的不只是"资产阶级"的权利，但其中一些最聪明的抗争者还是开始在法学院推动变革。

在耶鲁大学最受欢迎的一门课程是法学教授弗雷德·罗德尔讲授的，授课地点在"默利屋"，这是一个男子俱乐部，年轻的女权主义者们对此感到愤愤不平。[13] 在纽约大学法学院里，一年级新生贾尼丝·古德曼是学生非暴力协调委员会的成员，她刚刚在密西西比州组织了黑人选民的注册登记工作。在学校书店里，古德曼刚买了几本厚厚的教科书，正排队等着结账，一名排在她旁边的二年级学生苏珊·德勒·罗斯和她聊了起来。罗斯提到，学校里声望最高的鲁特-蒂尔登奖学金只发给男生，于是她们决定成立女权委员会来发起抗议。她们的另一个目标是让学校开设女性与法律的相关课程，当时全国还没有任何一所法学院提供这样的课程。她们自己整理了一份教学大纲，并说服学校从 1969 年秋季开始支付一名教职人员 500 美元来指导这门课。接着，古德曼和纽约大学女权委员会的另一名学生玛丽·F. 凯利一起搭火车到纽瓦克，和金斯伯格以及罗格斯大学法学院的女生们见面。黛安娜·里格尔曼和罗格斯大学法学院的其他同学也要求增设这门课。金斯伯格欣然答应。[14]

* * *

为了满足教学和美国公民自由联盟两边工作的需要，金斯伯格意识到她必须对女性的法律地位有更多了解。早在几个月前，她就梳理了相关的联邦法院判决和法学期刊。她发现资料实在少得可怜，一个月就能读完了。[15]

刨根问底的金斯伯格又找来美国独立战争之前的著作来读。在17世纪英格兰盛行的国内法框架下，许多围绕着"妻从夫权"这一概念设立的法规和惯例，通过女人的丈夫在已婚女性和国家之间建立联系。一个女人成为妻子之后虽然有权享受经济上的支持，但没有独立的法律和政治权利，她是被丈夫的公民身份"覆盖"的。由于女性在法律上没有独立的地位，法律也很少限制丈夫如何对待妻子的身体、财产、收入和她孩子。女人的政治利益被认为是和丈夫的一致的，无论是已婚还是未婚，她们都无权投票，也没有权利或义务担任陪审员。实际上，在美利坚共和国早期，这些普通法的规矩因种族、地域和阶级而异。虽然美国女性并非完全不能拥有财产或订立合同，但想获得这些少得可怜的豁免权既困难又昂贵。[16]

19世纪下半叶和20世纪初颁布的新法逐渐淘汰了"妻从夫权"的概念。在经历了长期斗争后，美国女性从20世纪20年代起得以拥有财产、参与诉讼、投票。在一些州，女性还可以当陪审员。但"妻从夫权"的概念在法律中仍然有其强大的惯性。金斯伯格发现，甚至到20世纪60年代，一些州仍然允许丈夫享有对妻子身体的控制权。"婚内强奸"这种法律概念尚不存在。康涅狄格州法律禁止开避孕处方，以及分发或使用避孕用品，这样的法律如果得到执行，康涅狄格州的女性甚至无权决定自己要生几个孩子。在许多州，丈夫仍然控制着妻子的大部分收入，并决定一家人住在哪里。甚至对于结婚后要不要冠夫姓这种私人问题，女性都无权做出选择。即使法律里没有明确写出"妻从夫权"这一概念，它仍然深刻影响着美国的法律。

联邦最高法院1961年对霍伊特诉佛罗里达州案的裁决就是这样一个典型例子。金斯伯格一直认为案子的裁决值得商榷。1960年，一位名叫格温德琳·霍伊特的女子杀死了虐待她的丈夫，被控二级谋杀罪，一个全部由男性组成的陪审团将其定罪。霍伊特的律师辩称，这一审判是不公平的，因为陪审团中没有女性。但佛罗里达州的法律规定女性可以不参与陪审，助理检察官在诉讼中引述了这一规定并得到了采信，他说，霍伊特确实是被她的"同侪"审判的，因为当时更大范围的陪审团遴选中包括了主动报名的女性。

佛罗里达州最高法院的E. 哈里斯·德鲁法官指出，照顾家庭和家人才是女性的首要责任，陪审团义务是与此相悖的。"无论我们社会中女性的政治和经济地位发生了怎样的变化，"德鲁写道，"她们作为一个群体的首要责任仍然是照顾家庭日常的幸福安康，这一点没有改变，而家庭的福祉是我们文明的基石。"[17] 案子上诉到联邦最高法院后，联邦最高法院的大法官一开始的投票产生了6∶3的分歧，但最终还是一致决定维持佛罗里达州的裁决，包括认定佛罗里达州免除女性参与陪审团的义务具有法律依据。约翰·哈伦大法官写道："尽管妇女已从旧时代的枷锁和保护之中被解放出来了，并涉足许多曾经只对男人开放的社会领域，但女人仍然被视为应以家庭生活为中心。"[18]

联邦最高法院的裁决和哈伦的评论都在金斯伯格的意料之中。德鲁法官和哈伦大法官只不过是从他们自己的生活经验中进行了一些归纳总结。正如历史学家琳达·克贝尔指出的一样，在他们的生活环境里，女人的职责就是给丈夫做晚饭，金斯伯格也同意，她说："他们不可避免地受到个人生活经验的影响。"[19] 然而，这样的判决也不仅仅是性别角色的刻板印象导致的。联邦最高法院裁决佛罗里达州案的陪审团没有女性是合理的，其中显然有"妻从夫权"这一法律概念的痕迹。法律认为，女性已经为丈夫和家庭提供私人服务，就无须再为国家提供公共服务了，而这就给格温德琳·霍伊特这样的女性造成了灾难性的后果。

金斯伯格认为，一个不开明的司法系统剥夺了霍伊特获得同侪审判的机会。金斯伯格心想，女性必须和男性一样做陪审员，霍伊特才能获得一场公正的审判，这么简单的道理有什么难理解的呢？霍伊特的律师表示，免除女性群体如此基本的公民义务是不符合现代社会要求的。金斯伯格非常同意这种说法，特别是考虑到这种限制并没有法律依据。她还认为，就像不同种族的人一样，不同性别的人也有不同的生活经历，这就是为什么联邦最高法院裁决黑人嫌疑人不能交给全部都由白人组成的陪审团来审判。这里说的不是生理上的差异，而是这个世界对待不同肤色的人有不同的态度。事实就是，像黑人和白人一样，男人和女人也会受到社会不同的对待，这种区别对待造就了人们的相关差异，法律必须对这种差异加以考虑。她认为，这件事情就是这么简单又这么复杂。[20]

* * *

比"妻从夫权"的残余更令人头痛的是19世纪的女性观仍然存在，特别是认为"女子本弱"，需要特殊保护。由于受到社会先入为主的成见的影响，立法者和法官们都允许法律中存在针对女性的区别对待，他们真诚地相信这些待遇令女性获益，但实际上女性往往是受害的。这种理念在1908年萌芽，即所谓的"司法家长主义"或"司法父权制"。[21]

在1908年的马勒诉俄勒冈州案中，联邦最高法院一致认定俄勒冈州最长工时的规定作为一项合理的健康措施应当适用于女性，而不适用于男性。大法官们认为，女性要生育后代，所以身体更容易受到伤害，这一点令她们与男性不同，而男性应当可以自由地劳作。"由于在这些方面与男性不同，"判决书中写道，"女性被单独列为一个群体是适当的，为保护女性而设的法律也应当维持，即便类似的针对男性的法律并不必要也不应维持。"[22]这一裁决在当时广受赞誉，因为它对俄勒冈州没有加入工会的女工急需的劳动改革提供了支持，但是这个判例也从法律上把所有女性都划入了一个单独的群体。

到1938年，《公平劳动标准法》规定了全国性的最低工资和最长工时，但马勒案的判决也没有立刻被推翻。各级法院仍然把女性视为一个特殊群体，同时在大部分情况下将男性视为独立的个体，这就保留了"男女分属不同领域"这一古老的性别观。此外，法律在语言上也常常反映出性别成见。金斯伯格发现，认为区别对待总是对女性有益的这种错误想法并没有减弱的迹象。

1948年，联邦最高法院在戈萨特诉克利里案中支持了一项密歇根州的法律，该法律规定女性不能在没有男性老板"保护"的情况下在酒吧调酒：只有酒吧老板的妻子或女儿才能做调酒师。大法官法兰克福特认为："宪法并不要求立法机关反映社会学上的洞见，或是社会标准的变化。"[23]金斯伯格觉得这项判决错得离谱，原因有二。其一，这项法律是由男调酒师的工会提出动议的，乃是出于自私的目的，希望减少来自女性的竞争。其二，原告瓦伦丁·戈萨特之所以发起诉讼，是因为她的亡夫是酒吧老板，他去世后，如果戈萨特和女儿不能调酒的话，酒吧就经营不下去了。

金斯伯格觉得答案再明显不过了。性别差异的刻板印象，加上用所谓的骑士精神（经常是一种居高临下的态度）对待"淑女"，就是性别歧视，而性别歧视在法律中普遍存在，妨碍了联邦最高法院对平等公民权进行立体全面的解读。[24]

* * *

宪法第十四修正案所确立的平等原则意味着处境相似的人应该

在法律面前得到相似的对待，这是无可争议的。[25]但究竟什么才是"处境相似"，公众和法律的定义都有过许多变化。比如，种族长期以来都被认为是人与人之间固定不变的、本质性的差异，但实际上是一个不断变化的类别。

如果这种理解是对的，那么就意味着过去那些被认为"处境不相似"的群体也不能再被法律区别对待了。因此，联邦最高法院开始拿那些基于种族给予人们不同对待的法律开刀，对这样的法律进行严格审查，看它们是否违反了宪法第十四修正案的平等保护条款；如果涉及的是联邦法律，就看它们是否违反了宪法第五修正案的正当程序条款。以往人们认为肤色和其他生理特征（比如头发）可以作为人与人之间有本质差别的标志，但到20世纪50年代，联邦最高法院开始将黑人和白人视为处境相似的人，都享有宪法所保障的平等待遇。

但法院拒绝用同样的准则来分析两性问题。意识形态和社会风俗令男女之间的生理差异显得比男女作为人的共同特征更为重要。性别分割在历史和社会中是如此根深蒂固，以至这种差异看起来完全不可调和。[26]

宪法第十九修正案是唯一专门提到女性的宪法文献。要不是法院对它进行了狭义的解释，它可能早就改变了男女之间的法律关系，不用等到20世纪60年代了。这项修正案的核心内容是投票权，这在南方腹地没能实现，许多贫困的白人男女都无权投票。人们设计了各种制度阻碍一些人行使投票权，包括人头税、文化考试、追溯法令等。金斯伯格认为，无论种族、宗教和经济地位，女人从根本上尚未拥有法律意义上的完整公民权。[27]

沃伦法院作为20世纪最具自由倾向的联邦最高法院，也未采取任何措施来改善女性在法律上的劣势地位。地区巡回法院对性别歧视案的处理也好不到哪里去。[28] 在金斯伯格看来，一些现行的性别歧视法律不仅有失公正，而且根本就是"愚蠢至极"。比如，威斯康星州的一项法律允许男理发师为所有人理发，但女理发师只能服务女顾客。金斯伯格感到奇怪极了："人们怎么能忍受这样毫无道理的区别对待？我又是怎么忍受的呢？"[29] 这些事既让人震惊，又十分"令人着迷"。她了解得越多，就越全情投入。这根本就是对1948年的《世界人权宣言》所定义的人权的否认。

* * *

法律声称是在保护女性的利益，实际上却限制了她们的公民权利和自由，认识到这一点后，金斯伯格意识到法律也是改变这一切的关键。沃伦法院利用宪法里的平等保护条款来保护非裔美国人和其他群体的利益，这也令联邦最高法院有可能将联邦层面的保障措施扩大到所有公民。在权益诉讼的新环境中，宪法第五修正案和第十四修正案能否像19世纪的女权主义者所希望的那样，成为女性解放的工具呢？20世纪60年代初，白宫的女性地位委员会一直在辩论这个问题，但人们一直没有找到合适的案子来提告。[30] 如果有合适的案子能得到联邦最高法院的积极回应，那么涉及性别歧视的法律就可能成为一个全新的研究领域。如果金斯伯格重新聚焦自己的研究方向，她可能成为这一领域的领军人物。她越想到这种可能性，就越激动，这个机会就像从天而降的一样。她决定用她全部的时间和头脑来推动性别平等的进步。

* * *

金斯伯格提出她想教一门新课"女性的权利：性别歧视与法律"。她知道，纽约大学有一名男教员曾说，法学院教女性与法律这样的课，还不如教自行车与法律呢。[31] 但在罗格斯大学法学院，赫克尔院长采纳了她的提议。为了响应学生提出的要求，他鼓励罗格斯大学法学院的教职人员在课程中增加有关公民权利、公民自由、城市贫困和为穷人提供法律代理的内容。同样，实践课程中已经包含了宪法诉讼、城市法律问题、消费者问题、环境法和囚犯权利的内容。那么为什么不增加女性权利呢？金斯伯格已经决定把性别歧视作为她新的研究方向，赫克尔很有信心她一定能做好。[32]

到1970年，金斯伯格可以开课了，但她还没有案例书——每门法律课都有这样一本厚厚的书，包含相关案例和评论。为了准备油印的小手册，她和其他女权先锋交换了资料。美国公民自由联盟的助理法务主任埃莉诺·霍姆斯·诺顿前一年作为兼职教员在纽约大学教了一门类似的课程。在首都华盛顿担任公设辩护律师的芭芭拉·鲍曼也刚刚答应耶鲁大学每个星期去讲课，后来她到西海岸的斯坦福大学任教了。受到苏珊·德勒·罗斯和她在纽约大学的伙伴的启发，安·弗里德曼和耶鲁大学的其他女生一起开设了一门课程，正计划每个星期去华盛顿的乔治敦大学教一门类似的课。

罗斯刚刚加入平等就业机会委员会做法务人员，乔治·华盛顿大学法学院的学生马上请她和华盛顿特区美国联邦地区法院的法官格拉迪丝·凯斯勒一起开设一门新课。肯尼思·戴维森在纽约州立大学布法罗分校为本科生和法学生讲授相关课程。不只是东海岸，新墨西哥大学的利奥·卡诺维茨也在1969年出版了一本书，书名为《女性与法律》，呼吁变革，令人大开眼界，他也开设了类似的课。加州大学伯克利分校法学院的女性也不甘人后，她们从阿拉梅达县法律援助协会请来一名律师到学校开课，直到终身教授、未来的院长赫尔马·希尔·凯同意由她本人来主持这门课程。[33]

这些女权先锋互相分享阅读材料的时候，不仅仅是在设计教学大纲，还在定义一个领域：所谓的"女性与法律"都应该包含些什么呢？宪法、刑法、劳动法、公共住房、教育、家庭法和堕胎等方面反映出的性别歧视当然必须包括在内。那么还应该有哪些内容呢？应该包含多少历史背景？该包括修法的建议吗？应该在多大程度上把美国法律的变革和其他国家正在发生的情况结合起来？

她们也知道，法学院的教授们正在编写更多客观的阅读材料。课程的阅读内容中应该包括多少女权理论呢？如果完全从女权视角来授课的话，是不是应该在开头就亮明观点？应该坚持从案子和法律文件出发，还是应该试着指出造成性别歧视的根本原因？文化上对女性的期待应该怎么去讲？要补充多少其他学科的内容？要读女权经典著作吗？比如，最早的女权经典理论、玛丽·沃斯通克拉夫特在 1792 年创作的《为女权辩护》，或者约翰·斯图尔特·穆勒写于 1869 年的著作《妇女的屈从地位》要包括在内吗？金斯伯格最喜欢穆勒的这句话："规范两性之间社会关系的原则——从法律上规定一个性别从属于另一性别，其本身是错误的，并且已经成了人类进步的主要障碍之一……应代之以完全平等的原则，不承认一方享有权力或特权，也不承认另一方无资格。"当然，经典著作还有玛格丽特·米德 1935 年写就的《性别与气质》。那么最近的女权主义著作呢？很多问题都没有答案。[34]

和同行的交流激励了金斯伯格，她想出了很多计划。在课堂讨论一般的阅读资料时，她打算采用比较的视角，介绍瑞典和其他国家在性别平等上的创新。她还要强调，男女都是性别歧视的受害者。这样的例子有很多：伊利诺伊州有一位父亲，在孩子母亲死后申请非婚生子女的监护权，但伊利诺伊州的法律并不承认这样的权利；在俄勒冈州，一名男子因和一名接受公共援助的女子同居而被判有罪（如果把他们的性别交换一下，就不会违犯俄勒冈州的法律了）；

还有一名单身男子聘请护理人员照顾有残疾的母亲，他申请相关开支的税务减免却被拒绝了（如果他是女性，就可以享受减免）。[35]

金斯伯格还在这门课程里增加了研究部分，要求每个学生选择一个法律的前沿领域开展研究。这样不只能让学生接触到他们渴望了解的社会问题，借此，金斯伯格也能搜集她正在代理的新泽西州性别歧视案急需的数据。[36]为什么不再办一个"女性与法律"研讨会呢？这样的会议能帮助罗格斯和她自己建立这一领域的领导地位。她可以在开场白中引用穆勒的话，以比较研究的视角介绍其他国家特别是瑞典的女性政策，并且在结尾时加入她认为最重要的美国女权议程。她最关心的议题就是要严格保障就业平等、教育平等、生殖权利和配套的育儿设施。此外，金斯伯格还提出通过税务改革来避免人们在婚后需要多缴税，以及通过减免税款来帮助家庭应付育儿支出。[37]

研讨会获得了热烈反响，金斯伯格又和学生一起创建了一份新的期刊，关注"从性别角度影响女性"在法律领域的发展。1971年，《女权法律报告》在创刊号中刊登了早期女权律师和盟友名人录，包括：在纽约人权委员会任职的埃莉诺·霍姆斯·诺顿；全国妇女组织的创始成员和美国公民自由联盟全国理事会成员保利·默里；耶鲁大学法学院妇女联合会的联合组织人安·弗里德曼，她和耶鲁大学法学院教授、女权主义者托马斯·埃默生合写的关于《平等权利修正案》的论文颇具影响力；妇女权益行动联盟的伯尼斯·桑德勒；全国妇女组织的费丝·A.赛登贝格；宪法权利中心的南希·斯特恩斯；在1966年创立了宪法权利中心的民权活动家、罗格斯大学法学院教授阿瑟·基诺伊，与他共创这一组织的是高调而富有争议的律师威廉·孔斯特勒，他们是抗争行动和法律上的伙伴。[38]

这些激动人心的挑战和勇敢无畏的精神都让金斯伯格感到振奋，

不过辛苦的工作也让她劳累不已。一位经常在马蒂做晚饭时来家里做客的邻居发现，金斯伯格下班回家看起来总是筋疲力尽。金斯伯格知道，尽管劳神费力，但她正在开拓一个全新的领域，其影响力有可能超越学术界，推动变革。繁忙的工作让她无从想象"女性与法律"这样一门普普通通的课程能为今后的女权立法做出怎样的贡献，在当下能有机会把新的研究、教学和专业活动与自己的热情如此完美地结合起来，就足够令人振奋了。[39]

* * *

与此同时，受到学生中女权主义者的激励，金斯伯格和一些志同道合的同事都认为仅仅设立一门关于女性与法律的课程是远远不够的。想要推动变革，必须回答女性在法学院和法律行业里到底处于什么位置。现状并不令人欢欣鼓舞。

女生的人数仍然非常少。到20世纪60年代，像加州大学伯克利分校法学院这样享有盛誉的学校只有不到10%的女生，而那些在读的女生又面临男同学的敌意和麻木不仁的教授的贬低，也几乎没有女老师能充当她们的导师和榜样。糟糕的环境让一个哈佛大学法学院三年级的女生说，1969年她读一年级的时候，班里面7个女生里有5个人都觉得必须定期看心理医生。大部分人在没有专业帮助的情况下忍了下来，但越战也给她们带来了额外的压力。一名耶鲁大学的女生说："因为越战，社会上有这么一种观念，有时候是挑明了的，那就是我们来读书本身就够糟糕的了，何况我们还占了一个男人的位子，导致他必须去越南，这就更说不过去了。"[40]

纽约大学和其他学校的女同学们沟通后发现，毕业后还有更多困难等待着她们。1970年4月，包括杜克大学和加州大学伯克利分校在内，一共17所法学院的女生在纽约大学举行会议。她们决定要报告相关律师事务所存在的性别歧视现象，给学校的求职办公室施压，让他们不再允许这些律师事务所来学校参加招聘活动。即使能找到工作，女生的薪资水平也往往比同级男生低，晋升机会也少。1970年，法律从业者中女性只占3%，能做到高级职位的就更少了。美国六大城市的40个顶级律师事务所里，共有2 700名律师，其中只有186名女性。在近1万名法官中，女性不到200人，而且大多是在管辖权有限的法院工作，缺乏晋升机会。金斯伯格和她的同伴们总结道，女性融入法律行业的速度，就和布朗案后南方学校种族融合的速度一样缓慢。这必须改变。[41]

虽然金斯伯格在呼吁平等，但此刻的她并不认为自己是女权主义者，直到她读了波伏娃的《第二性》才改变。这部女权主义经典作品出版于1949年，令许多读者感受到思想上的顿悟——女权主义者认为这种顿悟就是强大的女权意识变得鲜活起来的那一刻。《第二性》试图解释为什么女性在社会上被建构为不如男性的存在，是当代西方文化中最早尝试说明这一问题的作品。金斯伯格觉得这本书的见解"极其深刻"，令人醍醐灌顶。[42]

波伏娃在书中谈到了性、性别差异、内化的压迫和"性别是流动的而非固定的"等概念，这都是金斯伯格未曾考虑过的。波伏娃向她展示了一种全新的角度来看待女性和她们所受到的压迫。"她突然被这种激情深深吸引，"露丝的朋友和同事伊娃·汉克斯说，"我记得她告诉我，这本书深深震撼了她，她甚至和女儿一起躺在床上，大声朗读书中的段落。""她非常激动，和许多同事探讨这本书。她就像被电光石火击中了……这本书令她发现了自己的目标和激情所在。"汉克斯还强调，"连系里的男人都注意到露丝的变化，这是显而易见的。"[43]

　　　　　　　＊　＊　＊

但并不是所有女权主义者都像波伏娃一样令金斯伯格信服。有些尖刻的言论、破坏性的策略,以及女性解放运动中那些更为激进的元素,都让金斯伯格感到适得其反。[44]对金斯伯格来说,"温和适度"一词就像是她的身份证。[45]极化的语言、好斗的思想和对抗性的策略都吸引不了她。但作为一个懂历史的人,她又能非常敏锐地理解激进派的愤怒,也知道吸引眼球的抗议活动能够令温和派的诉求更容易被接受。而且,她也完全同意激进女权主义者的核心观点,那就是性与性别之间的差异——前者是生理上的,后者是文化上的。

从穆勒、波伏娃和瑞典学者的作品中,金斯伯格了解到"女性"这一概念是一种社会建构。社会不自觉地接受性别规范和约束,将差异和排斥合理化,并以此定义男女。因此,女人和男人也可以通过改变制度和习惯来改变这种建构和他们自身。这就是瑞典女权主义者为什么要争取"做人的权利"。还有一点让金斯伯格深以为然,那就是女人最基本的权利就是对怀孕的同意权。

金斯伯格也格外赞同新成立的全国妇女组织的纲领文件《权利法案》中所说的,女性要有权"全面参与美国主流社会,与男性平等行使权利、承担责任"。[46]她相信权利的平等,也相信责任的平等。在个人生活中,她一直把平等的伴侣关系视为理所当然。她和马蒂的婚姻就建立在这样的前提下:共担工作和家庭的责任,也共享二者带来的快乐。

　　　　　　　＊　＊　＊

实际上,金斯伯格的女权意识形成得很早,并且带有个人经历的独特烙印,其中最重要的就是妈妈西莉亚对她的影响。西莉亚坚信女人要独立且有所成就，给金斯伯格树立了一个坚强、聪明又能干的女性榜样。她儿时读到安妮·弗兰克对性别歧视的控诉，高中时为妈妈服丧期间反对只让男性为妈妈吟诵祷文，这些经历都是女权思想的萌芽。其他经历也有其作用：早年求职遇阻，因怀孕受到歧视，在瑞典接触到两性更平等的社会以及相伴而生的平等观念，法学院里女教授和男教授的收入差距，美国公民自由联盟新泽西分部案件的当事人们因性别而面临的种种障碍，以及意识到现有法律充斥着有害的性别成见。此外还有令法学院的女生不满的，一些教授至今仍表现得好像法律就是属于男人的天下。就连教材里都明目张胆地写着这种歧视性的话："土地，就像女人一样，生来就是要被人拥有的。"[47] 对此她们怎么能无动于衷呢？

类似的事情还有很多。在开会的时候，明明是她表达的想法，却被算在一个男性与会者的头上；还有一些商务场合，"金斯伯格太太"就仅仅作为"妻子和两个孩子的妈妈"出场。别人介绍马蒂或者任何一位男律师的时候，则绝不可能只提他的家庭关系，而不提他的职业资质。尽管她努力放平心态，但这样的经历还是违背了她的身份认同，也贬低了她的专业素养。此外，许多她获邀参加的会议都是在"仅限男性"的私人俱乐部举办的。她会出于原则向活动组织者指出这种规定的不恰当，在不引起别人愤慨或敌意的前提下说明她的立场。在她个人的变化中，激进化的过程是一步步积累的，最终量变引起质变。[48]

一旦她认可了自己女权主义者的身份，这种认同就是深刻而持久的。她坚信，如果可以消除法律和文化中所树立的性别障碍，并通过社会政策提供支持，女性就能在这个国家的社会、政治和经济上发挥与男性平等的作用。金斯伯格赞同萨拉·格里姆克在1837年提出的一句至理名言，这句话在20世纪70年代仍然适用："我不求女性能够获得什么额外的好处，我所要求的仅仅是让男人把他们的脚从我们的脖子上挪开。"[49]

金斯伯格早就知道，女权主义确实是一种国际现象。她可以随手举出很多例子：联合国大会已经通过《消除对妇女一切形式歧视公约》；民主德国和联邦德国都在法律上认定男女平等；法国、以色列、瑞典和苏联都在采取措施，为新晋妈妈提供更好的工作保障，并对因怀孕相关的疾病和生育造成的收入损失提供补偿；瑞典已出台政策打击招聘中的性别划分，并修改税收政策，允许征收个人税；挪威、瑞典和苏联都认为为了所谓的"行政便利"不让已婚妇女保留原来的姓氏根本就说不通；在瑞士，女性终于在联邦选举中获得了与男性同等的投票权；在遥远的中国和塞内加尔，也出现了令人鼓舞的进步。[50]

这是她必须参与的人权运动。在这里，她将有机会"有所作为"。

| 第6章 |

把握机遇

后来有人问金斯伯格,她是如何成为目标型律师①的。她回答:"我只是刚好生逢其时。"¹ 她这是谦虚了,就像一位诺贝尔奖得主说"机会只留给有准备的人"。²

* * *

梅尔文·伍尔夫是美国公民自由联盟的法务主任,一天他从曼哈顿总部前往纽瓦克,拜访在罗格斯大学法学院教宪法的弗兰克·阿斯金教授。会谈结束后,阿斯金问伍尔夫想不想去金斯伯格的办公室和她打个招呼。金斯伯格曾对阿斯金提过,她和伍尔夫小时候参加夏令营时就认识了。伍尔夫高兴地想:她一定就是弗拉特布什社区的Kiki。他记得这位热情洋溢的车娜娃营员。当时伍尔夫16岁,曾经当过营员的他回去做招待员,还在夏令营参演了吉尔伯特和沙利文的歌剧《耐心》。他被安排和一桌12岁的姑娘坐在一起,其中一个就是充满活力的Kiki。³

当伍尔夫见到金斯伯格时,发现眼前是一位身材苗条、肤色健康、衣着保守的法学教授,她正在忙着备课。夏令营里那个天真烂

---

① 目标型律师(cause lawyer),这一术语目前没有统一的译法,本书中采用香港大学法律学院刘思达教授的译法。亦有台湾学者将其译为"信念律师"。——编者注

漫的小女孩已经变得成熟而克制。这位和他对话的女士显得气质严肃、字斟句酌。几乎可以看得出她正在脑海里构思每一个词句，这种谨慎也许和她在男性主导的环境里工作是分不开的。[4]

金斯伯格安静低调的外在并无法完全掩盖她工作上的坚强意志和惊人能力。她不对外展露自己的野心，在那个年代，男人有野心会令人赞赏，但女人有野心则会被当作异类，因此大多数职业女性会小心翼翼地把自己的抱负隐藏起来。[5]

聊了几句，两位老朋友就意识到他们的生活有多么大的不同，尽管他们都曾在哥伦比亚大学法学院读过书。伍尔夫毕业后在纽约加入了美国公民自由联盟总部的法务组，整个团队包括他在内只有两个人，他一直站在权利运动的最前沿。1961年，他和耶鲁大学法学院教授托马斯·埃默生的太太露丝·加尔文·埃默生共同撰写了一份"法庭之友"意见书，案子是发生在康涅狄格州的波诉厄尔曼案，涉及避孕问题，案子最终为从隐私权的角度处理婚姻中的性表达奠定了宪法基础。作为法务主任，伍尔夫尽心尽力，带领美国公民自由联盟成为民权抗争中的法律先锋。此外，反对越战的伍尔夫还力排众议在美国公民自由联盟的辩护团队中加入了反战人士。

这次老友重聚可谓恰逢其时。1970年秋，美国公民自由联盟新上任的执行主任阿里耶·奈尔提出了一个重大项目。33岁的奈尔曾领导过颇具独创性的纽约分部，后来成为美国公民自由联盟历史上最年轻的全国执行主任，也是组织里最为直言不讳、足智多谋的人之一。沃伦法院的影响力让他相信"没有什么是诉讼不能改变的"。美国公民自由联盟在20世纪60年代有一个由拨款支持的民权诉讼项目颇为成功，他想要建立其他类似的项目。为什么不让所有弱势群体都拥有完整的公民权呢？于是他提出，下一步要建立一个女性权利项目。为了让奈尔的计划能够如期进行，美国公民自由

梅尔文·伍尔夫，1962—1977年任美国公民自由联盟法务主任。伍尔夫和金斯伯格小时候参加夏令营时就相识了。

联盟需要为新建的女性权利项目找到一个主任和诉讼负责人，最好有出庭经验，会制定诉讼策略。[6]

伍尔夫和金斯伯格都没预料到，两人在这次见面后又会很快重逢，这还要归功于马蒂的帮助。

1970年10月下旬的一个晚上，马蒂坐在家里阅读这一星期的税务法庭判决总结，他拿着一份文书走到妻子的书桌边，敦促她也读一读。查尔斯·E.莫里茨是一家图书公司的推销员，和他身患残疾的89岁老母亲一同生活在科罗拉多州的丹佛市。莫里茨是个单身汉，由于工作时无法照顾母亲，他雇用了护理人员。到了要报税的时候，他想把付给护理人员的工资从税款中扣除。根据美国国内税收法，在同样的情况下，如果是未婚且有工作的女儿是可以申请税收减免的，但儿子不行。国税局拒绝了他的请求。莫里茨以性别歧视为由，在美国税务法院为自己辩护，但法院支持了国税局的决定。正如马蒂所期待的，金斯伯格读完文书便说："我们来做这起案子吧。"[7]这将成为她需要的典型案例中的第一个，但首先她必须说服莫里茨同意在规定的90天内提出上诉。

在金斯伯格夫妇看来，这起案子除了反映莫里茨的个人困境，还是一个典型的性别歧视案例，这种基于成见给人区别对待的做法是一把"双刃剑"，对男性和女性都不公平。宪法规定，联邦和州政府不能区别对待处境相似的公民。拒绝为莫里茨减税可能违反了这一原则，即政府对同样是未婚且有工作的男性和女性没能做到一碗水端平。那么上诉法院会这么看吗？通常性别歧视案的原告都是女性，尽管最近趋势逐渐向好，但总体还是很难胜诉。[8]

* * *

发起这样一个典型诉讼可不容易，原告是男性就更难了。在金斯伯格夫妇着手准备诉讼文书时，他们意识到有两点很重要：首先，他们要说明为什么莫里茨的遭遇属于性别歧视；其次，联邦最高法院认为宪法第五修正案的正当程序条款中包含平等保护原则，由于本案涉及的是联邦法而非州法，他们需要说明为什么这种平等保护原则适用于税法第214（a）小节。[9]其他紧迫的问题也要考虑，特别是金斯伯格作为诉讼律师的经验不足。马蒂是税务案件的老手了，他可以和金斯伯格一起代理这起案子，处理所有涉及税法的部分。但首先，莫里茨得同意由他们接手上诉才行。

马蒂主动联系了莫里茨，但莫里茨有所疑虑。涉案金额才不到300美元，他觉得没有正经律师愿意接这么小的案子。马蒂耐心地向他解释典型案例的作用，并向他保证，不会收取任何律师费用。但在1970年，美国律师协会认为律师直接向当事人招揽生意是不道德的，因此金斯伯格夫妇需要一个机构来帮忙。[10]

露丝认为，想要发起性别歧视案的宪法诉讼，"再没有比这更干净利落的"典型案例了，伍尔夫不大可能放弃这样一起案子。她知道，这样的说法会让人联想起伍尔夫小时候在夏令营里演吉尔伯特和沙利文的歌剧《恶毒的诅咒》时唱过的歌词。她向伍尔夫保证，如果上诉法院能推翻税务法院的判决，"女权案例就找到了"重要的"立足点"。她还说，她和美国公民自由联盟的法律顾问诺曼·多尔森聊过了，多尔森也觉得这是个好主意。他还答应来问伍尔夫美国公民自由联盟愿不愿意接莫里茨的案子。金斯伯格夫妇可以作为联合代理律师，不收取律师费，只要美国公民自由联盟承担诉讼开销即可。她解释称，她和马蒂并非付不起诉讼费，但他们需要美国公民自由联盟的支持。"我们会上诉到第十巡回法院，如果赢不了，我们也会勇武地去敲联邦最高法院的门。"[11] 金斯伯格还记得伍尔夫在夏令营的唱词，他显然感到很受用，那段歌剧唱的是："年轻的理查德从海里来/凯旋而勇武/他的成就如此荣耀！"伍尔夫考虑了三天就答应了。

现在金斯伯格有了美国公民自由联盟的支持，但莫里茨还没答应她，当然，还有文书需要准备。莫里茨希望谨慎行事。他们通了很多次电话，最后还是马蒂用有自己律师事务所抬头的纸给他写了一封信，他才同意上诉。[12]

隆冬时节，金斯伯格夫妇外出两天，草拟上诉状的要点，并寄给伍尔夫。他回复道，文书"写得很好，一看就是受过车娜娃夏令营训练的手笔"。政府方面也很佩服，随即提出和解。莫里茨拒绝了，他和金斯伯格夫妇商量过后决定让自己的案子成为判决先例。[13]

开始着手准备上诉材料时，金斯伯格询问了多尔森的意见，她在《哈佛法律评论》工作时就认识多尔森。[14] 他是"战略大师"，是写文书的一把好手。[15] 1971年多尔森作为美国公民自由联盟的首席辩护律师参与了著名的"五角大楼文件案"。多尔森坚定支持美国公民自由联盟通过典型案例推动法院就重要事宜做出裁决，他不

照片摄于1976年12月。左二是诺曼·多尔森，他刚当选为美国公民自由联盟主席，他的同事艾伦·赖特曼、罗杰·鲍德温和阿里耶·奈尔在向他祝贺。

久前才在参议院司法委员会做证，支持一项平等权利修正案。金斯伯格有充分的理由听取多尔森的意见。1971年4月，如她所愿，她的上诉文书得到了多尔森的赞扬，他说："我很久都没读到过这么好的意见书了。"诉讼经验不足的金斯伯格正好需要这样的鼓励。[16]

* * *

金斯伯格夫妇从纽约拉瓜迪亚机场飞往丹佛，去第十巡回法院进行上诉，路上金斯伯格又复习了一遍她的论点。税务法院认为莫里茨没有理由提出歧视申诉，因为国会在立法时就拒绝为所有像他一样未婚且有工作的男子提供税务减免，这不是只针对他一个人，因此并没有侵犯宪法规定的正当程序权利。想要推翻这一裁决，金斯伯格夫妇面临一场艰难的战斗。联邦法院此前从未裁定过现代

《国内税收法》中的任何一条违宪。

　　为了说服法院，金斯伯格决定明确而令人信服地提出这三点：首先，《国内税收法》第214（a）小节是完全基于性别把人划分开的；其次，国会这样拟定法律并没有合理依据；最后，这种做法剥夺了查尔斯·莫里茨享有平等保护的宪法权利。她准备提出，国会在法律中明确说照顾失能父母的女儿可以享受税收减免，但未婚且有工作的儿子不行，这样的划分毫无依据。无论是第214（a）小节的立法历史，还是已知的两性生理差异，都不支持这样的区分。该规则既违反了当代关于公正和平等待遇的观念，也违反了宪法第五修正案的正当程序原则，而法庭已经认定正当程序原则包括"法律面前人人平等"和"免受专横对待"的权利。她准备提出，查尔斯·莫里茨有权获得"正当程序和平等保护这些每个'人'都有的宪法权利，而法律里的'人'既包括男人，也包括女人"。[17]

　　金斯伯格夫妇明白，在法庭上进行口头辩论的时候，律师的风格和论述本身一样重要。这起案子的论述必须足够聚焦，不能加入过于宽泛的性别正义问题。她决定把莫里茨的遭遇讲得活灵活现，用最简洁的语言描绘出一个栩栩如生的人物形象，这是她在纳博科夫教授的文学课上学到的本领，也是她在今后的案子中要继续磨炼的。文书里引述的案例将会支持她为莫里茨提出的辩护。她也暗下决心，坚决不要表现得有攻击性或情绪化。相反，她必须以一种让法官们舒适的方式引导他们做出她想要的裁决。莫里茨当然应该获胜，但她更大的目标仍然是把平等保护原则变成一个法律武器，用它来打击法律中的性别歧视。

＊＊＊

　　出庭前一晚，金斯伯格夫妇在丹佛和他们的当事人一起吃了晚饭，莫里茨的正直给金斯伯格留下了深刻印象。第二天出庭，马蒂率先发言。他向三位法官解释了本案涉及的税务问题，并回答了法官的提问。提问很快进入了宪法事务，他意识到这是金斯伯格的领域，就把舞台转给了她。金斯伯格逐一回答了法官们的问题，并按照计划提出了所有论点。但这时还不知道法官究竟有没有被他们说服，裁决要等到 18 个月以后才会下达。

金斯伯格还希望把莫里茨案的文书作为另一起性别歧视案件里德诉里德案的范例。如果联邦最高法院接下这起案子，美国公民自由联盟就会介入，到时候她可以请伍尔夫让她来写文书。当时她还不知道，美国公民自由联盟参与女权议题已经有相当长的历史了。她也并不认识美国公民自由联盟全国理事会里的女性成员——多萝西·凯尼恩、哈丽雅特·皮尔珀和保利·默里。[18] 她们在美国公民自由联盟进行了成功的女权倡导，为金斯伯格的工作铺平了道路，而她今后也会向她们致敬。

* * *

凯尼恩是她们中最为坚韧不拔的一位，她是女权主义开拓者，在 20 世纪三四十年代为男女平权做了许多工作，获得国内和国际的认可。[19] 她是美国公民自由联盟女权委员会主席，担任全国执行委员有 40 多年的时间，时常从女权的角度鞭策同事。凯尼恩在大萧条时期反对歧视已婚妇女，在二战后主张同工同酬，她也强烈支持女性承担陪审团义务。在民权斗争中，美国公民自由联盟女权委员会更名为平等委员会，但凯尼恩坚称女性的平等也不能被忽视。1961 年，她为霍伊特诉佛罗里达州案撰写了"法庭之友"意见书，这也是美国公民自由联盟第一次递交这样的意见书。她认为基于性别的法律分类根植于老掉牙的成见，固化了女性二等公民的地位，

女权倡导者、美国公民自由联盟全国委员会成员多萝西·凯尼恩、保利·默里和哈丽雅特·皮尔珀。她们为金斯伯格的工作提供了基础和启发。

这样的分类必须改变。她称自己就像阿波罗的女祭司卡桑德拉一样，"在美国公民自由联盟的荒野里大声疾呼，反对堕胎法的罪孽以及男性对女性惨无人道的压迫"。[20] 如今80多岁、白发苍苍的凯尼恩和全国委员会新成员皮尔珀、默里组成三驾马车，引领美国公民自由联盟站在女权主义复兴的前沿。

皮尔珀做过计划生育联合会和美国公民自由联盟的律师。1936

我不同意

RUTH BADER GINSBURG

为你在意的事情而战

Never underestimate the power of a girl with a book.
Fragile like a bomb
Not fragile like a flower
Fight for the things you care about
Speak Your Mind Even if Your Voice Shakes
BE A LADY AND BE INDEPENDENT.
I dissent
She may be small but she's got a firm backbone.
RUTH BADER GINSBURG

1933 2020

Be a Lady and Be Independent

永远不要低估一个读过书的女孩的能力。

她或许是个弱女子，但却有硬骨头

You can disagree without being disagreeable.

WHEN THERE ARE NINE

不要易碎如花朵，要易碎如炸弹

RBG

我不是在为女性要求优待 我只是在要求男人把脚从我们脖子上拿开

I ask no favor for my sex. All I ask of our brethren is that they take their feet off our necks.

说出你的想法 即使你的声音在颤抖

年以来，她参与过所有涉及避孕的重大案件。她在堕胎法改革运动中扮演着重要的法律角色，1964年，她和凯尼恩成功说服美国公民自由联盟研究各州的堕胎法。1965年，联邦最高法院在格里斯沃尔德诉康涅狄格州案中裁定，夫妻使用避孕措施是受到宪法中隐私权保护的。皮尔珀希望在格里斯沃尔德案的基础上，把堕胎也纳入权利问题的框架中。她和凯尼恩一同说服美国公民自由联盟支持女性在孕期头三个月有权终止妊娠。[21]

1965年，保利·默里在凯尼恩和民权领袖詹姆斯·法默的介绍下加入了美国公民自由联盟全国理事会，并成为性别歧视议题上不可或缺的同盟。默里多才多艺，她的人生经历就是种族歧视、性别歧视和性取向歧视会带来哪些有害影响的教科书。1944年，默里在霍华德大学法学院读书，她的毕业论文写的是消除种族隔离，她还附了一封信问导师："现在我要怎么消灭歧视女性的'简·克劳'法呢？"默里在著名的罗森塔尔奖学金的资助下到哈佛大学法学院学习，但由于她是女生，哈佛大学拒绝录取她。[22] 后来她在加州大学伯克利分校法学院获得了硕士学位，还写了一本书，这本书被瑟古德·马歇尔称赞为"民权律师的《圣经》"，接着她又在耶鲁大学获得了法理学博士学位。[23] 她对自己当年的问题已经有了答案。

默里和凯尼恩参与准备了怀特诉克鲁克案的文书，案子涉及亚拉巴马州禁止黑人和女性做陪审员的问题。在文书的附录中，默里加入了一份尚未发表的文章。文章很有创新性，标题《简·克劳和法律》也引人注目，这是她和美国司法部的律师玛丽·伊斯特伍德共同撰写的，她们呼吁要像消除种族歧视一样，投入同样的力度和资源来消除法律中的性别歧视。[24]

她们的论点是，女性和非裔美国人受到的压迫非常类似，这一论述主要着眼于社会资源。通过类比的方式，两人也扎实地指出这两种歧视的区别。但她们坚称，这两种歧视在本质上是类似的，其历史背景也是相互关联的。这两个群体的弱势地位是被相似的建构和机制固化的，其中就包括法律。[25]

她们认为，法律把"性别"作为划分人群的依据，与种族问题上采取"隔离但平等"的原则有相似之处，而后者如今已经被证伪了。联邦最高法院愿意把宪法第十四修正案运用在种族歧视问题上，却不愿把它用在性别歧视问题上，这是联邦最高法院的错误，而不是修正案的错误。宪法第十四修正案自然可以涵盖一切没有根据的歧视。[26]

但是要遵循全美有色人种协进会在布朗案中总结出的策略，像默里和凯尼恩所希望的那样，在平等保护条款的框架下，用成熟的论点和精心撰写的"法庭之友"意见书来挑战各种形式的性别歧视，她们还需要一个中间步骤，那就是必须在新兴女权运动和美国公民自由联盟之间建立合作。作为肯尼迪建立的妇女地位总统委员会的成员和全国妇女组织的创始人之一，默里开始着手建立这样的合作。[27]

为了把美国公民自由联盟拉入女权阵营，默里必须说服平等委员会和美国公民自由联盟执行委员会，让他们对歧视有更全面的理解。这位充满热情的女权主义者做出了三年坚持不懈的努力，终于成功了。她获得了执行委员会重要同事和美国公民自由联盟附属机构的女权代表的支持。1970年，默里和已经身患癌症的凯尼恩给美国公民自由联盟领导层递交了一份内容翔实的决议案，呼吁采取"双重战略"：进行平等保护诉讼，同时为《平等权利修正案》的通过提供支持。她们还要求美国公民自由联盟倡导女性对身体的控制权，包括堕胎权、绝育权，以及免受强制绝育的权利。皮尔珀作为美国公民自由联盟执行委员会副主席也强烈支持默里和凯尼恩的提议。凯尼恩把她们三个称为"三驾马车"。她们的努力有了回报。[28]

1970年9月，美国公民自由联盟作为全美最前沿的公民自由组织，其执行委员会以52∶1的压倒性票数通过支持《平等权利修正案》的决议，从而全面支持女权运动。[29]美国公民自由联盟主任阿里耶·奈尔也提出了一个女性权利的新项目，这个项目是对凯尼恩和默里这两位百折不挠的女性的致敬。凯尼恩没能活着看到项目在联邦最高法院的第一场胜利；三年后的1973年，默里离开学术界进入神学院学习，后来她再次打破性别边界，成为美国圣公会的女牧师。凯尼恩、默里、皮尔珀与美国公民自由联盟领导层里坚韧的女权主义者和男性支持者一起，创造了一个可遇而不可求的机会：在一个声名远播、积极进取的权益组织中建立了一个制度性的基础，给一位志向远大、渴望通过法律改变性别歧视的后来者创造了机遇。金斯伯格将会站在这些前辈的肩膀上继续她们的工作，但此时她尚未将这里变成她自己的舞台。

* * *

1971年4月，学期即将结束前，金斯伯格联系了伍尔夫。她提醒他，如果联邦最高法院同意受理里德诉里德案，她希望自己来写上诉材料，还附上了莫里茨案的文书。里德案涉及的是爱达荷州的一项法律，法律规定在死者没有订立遗嘱的情况下，如果有好几个人有权管理死者的遗产，那么男性的优先权高于女性。[30]她说，在莫里茨案中使用的平等保护论点也适用于里德案。她在信的结尾处提出了一个诱人的建议："你考虑过让一位女性来做这起案子的联合代理人吗？"伍尔夫和金斯伯格之间很有默契。"我们一起写文书。"他回答道。[31]

1971年夏天两人一同撰写文书时，伍尔夫开始赏识金斯伯格

美国公民自由联盟主席阿里耶·奈尔。1972年,他任命金斯伯格为女性权利项目主任。

敏锐的法律头脑、出色的判断力和严谨缜密的作风。他说,她在研究方面"无懈可击",甚至还在文书中加入了联邦德国宪法法院近期的两项相关判决。她解释道,这样做不是为了让美国联邦最高法院盲目跟随欧洲法院的裁决,而是为了让大法官了解其他高等法院是怎么处理性别歧视案的。[32]

虽然金斯伯格诉讼经验不足,但伍尔夫在读了她写的文书后,认为她就是带领美国公民自由联盟女性权利项目的最佳人选,多尔森和奈尔也同意他的判断。她既有学术资质也有能力,最重要的是有抱负,心里有那团不可或缺的"火焰"。多尔森回忆道:"那时候露丝尚未把自己遭受的歧视所带来的感受完全掩饰起来,还有些冲劲。"他说,这令她更为坚定。[33]

* * *

金斯伯格知道,如果她同意来带领女性权利项目,她将拥有其他一些女权主义法律组织的倡导者缺乏的优势，其中一点就是美国公民自由联盟的悠久历史。她解释道："公民自由是整个人权议题非常重要的组成部分，即人人平等和自由的权利。"[34] 美国公民自由联盟参与过许多具有重大历史意义的案件，比如斯科普斯案、萨科和万泽蒂案，以及斯科茨伯勒案。多年来，美国公民自由联盟在联邦最高法院取得的一系列胜利也让它对美国法律和公共政策有越来越大的影响力。在1954—1964年的10年间，美国公民自由联盟在沃伦法院大获成功，令该组织站在许多重大社会问题的前沿，弥补了麦卡锡主义时期的欠佳表现。美国公民自由联盟的律师，包括多尔森、马尔温·卡尔帕金和广受尊敬的奥斯蒙德·弗伦克尔，都具备出色的专业能力，是不可多得的导师。组织的资金和全国性的网络也不容小觑。

女性权利项目从美国公民自由联盟获得了5万美元的启动资金，加上花花公子基金会提供的一小笔经费（最终达到10万美元），很快就筹措到了比全国妇女组织和妇女权益行动联盟更为充裕的行动资金。考虑到美国公民自由联盟长期拥有基金会的支持，筹得更多的钱也是有可能的。作为女性权利项目的主任，金斯伯格将拥有一个团队（无论规模大小）和相关资源，用于在可能的范围内推动诉讼程序。金斯伯格还可以通过附属机构获得全国的相关案例，并选择她认为最有可能获胜的案子进行诉讼。[35]

此外，这个岗位也让她有机会成为新型律师职业模式的主流。20世纪六七十年代，美国公民自由联盟和其他专业的公益法律组织都在尝试新模式，这种模式后来被称为目标型律师业，它与传统律师事务所的经营模式大相径庭。传统律师会代理个人和公司客户的案子并获得报酬，偶尔做一些公益案件，而目标型律师则可以自由地按照个人价值观选择代理什么样的案子。由于不受成熟律师事务所的种种限制，这些律师得以为他们所认可的事业而奋斗。[36]

目标型律师业千头万绪，是对法律行业传统的挑战。律师们会选择代理那些能够给某项权益本身带来最大助力的案子，有些人批评他们这样做是把整体的权益置于当事人的个人利益之上。他们不只做诉讼，还会教育公众，并推动矫正性的立法（金斯伯格认为这是必不可少的行动）。只要看看瑞典首相奥洛夫·帕尔梅和他带领的社会民主党就知道，实质性的平等不仅需要司法上的胜利，还需要在立法上做大量努力。[37]

做目标型律师的女性有很多，这不一定是因为她们比男律师更无私，而是因为她们的其他职业选择比较少。另外，作为女性，她们也难得有"对着权力说真话"的机会。[38]这一点就令她们愿意应付作为目标型律师的种种不便，比如工时长、任务重等。

* * *

在成为目标型律师之前，金斯伯格还需要处理好职业上的另一件事。她一直希望能在一所一流的法学院教书，并且不用再经历噩梦般的通勤。晋升为罗格斯大学的终身教授后不久，她就开始寻找新的机会。1968年春，她曾在纽约大学法学院访学，但不巧赶上人事冻结，没能拿到永久职位。[39]但很快她就有了另一个机会，这在很大程度上要归功于联邦政府。

1970年，尼克松政府将平权行动扩展到了大学里。和那些持有超过5万美元联邦政府合同的企业一样，大学也必须出台平权计划，制定雇用少数族裔和女性的目标和时间表。政府没有提到具体的数字或配额，但要求雇主制定"能够合理实现的目标"，并在择优录取方面做出"真诚的努力"，否则就可能失去政府合同。

随着联邦政府开始审查"男孩俱乐部"这种招聘传统，哈佛大学也如期向金斯伯格抛出橄榄枝，邀请她在1971年秋季学期作为访学教授到哈佛大学任教。[40]在学术界，访学岗位就像一种"试婚"：让学校的教职工和来访学者有机会彼此了解，再决定是否要敲定终身。但金斯伯格很快发现，除了要完成在罗格斯大学的日常教学工作，还要通勤到哈佛大学去授课，这样的安排令她不大能展现最好的状态。一天在她步行去上课的路上，一位哈佛大学的教职人员对她说他要来班上听课，她心里一沉。她前一天为了完成一份文书几乎一夜没睡，现在还能站得住就已经不容易了。到秋季学期快结束的时候，她和一直以来都全力支持她的艾伯特·萨克斯见了一面，萨克斯当时已成为哈佛大学法学院的院长。他鼓励她春天继续来任教，再给同事们一些时间来决定是否要永久雇用她。

　　金斯伯格谢绝了。哈佛大学在两年前刚刚经历了巨大争议，学生抗议者和警察在校园里对峙。法学院的学生也有诸多不满。面对学生的诉求，教职工没有形成统一的意见。除了对学生诉求的看法和应该提出什么补救措施有争议，还有其他因素令教职工之间原本的团结友爱不复存在。到1970年，两个新的法律学派占领了哈佛大学法学院：站在右翼的是芝加哥式的法律与经济学派，而左翼的是批判法学派。虽然萨克斯做了院长，但过程法理学已经宣告"死亡"了。[41]正如一位敏锐的观察家所说的："批判法学家和他们的对手为了在法哲学领域占领一席之地而隔空互斗，在招生、招聘和课程设置上，两派也打起阵地战。"[42]金斯伯格知道，作为女性和少数族裔，她的录用将成为意识形态斗争的牺牲品。她明智地认为自己应该另觅高就。更何况在罗格斯大学她就经历过这样的教训，立场严重分裂的教职人员在决定要不要雇用她和伊娃·汉克斯的事情上各自站队。此外，她已经心有所属，那就是哥伦比亚大学。[43]

＊＊＊

哥伦比亚大学的公民权利办公室也相中了她。和哈佛大学一样，哥伦比亚大学的老员工们（有些其实年龄并不大）也在强烈抗议法学院不够重视女教授人数太少这件事。同样不受重视的是，法学院学生里的男女比例在过去30年里一直维持在10:1的水平。哥伦比亚大学法学院的一位资深教员说："与其说是性别歧视作祟，不如说是人们不想改变这种俱乐部式的氛围。"[44]不只法学院有这样的情绪，1970年哥伦比亚大学在全校范围内开展的女性地位听证会也说明了这一点。全国其他学校的情况也不容乐观。[45]根据《纽约时报》的报道，包括哥伦比亚大学在内，全国有36所持有联邦政府合同的大学即将受到性别歧视指控。[46]对哈佛大学的调查已经在进行之中。

时间不等人，全美知名法学院的"绅士俱乐部"开始快速行动。哥伦比亚大学法学院广受欢迎的新院长迈克尔·索文召开了一次教职工大会，目的是招募一位女教授。汉斯·斯米特提议聘用金斯伯格已经好几年了，但一直没能说服大家。原本这一次金斯伯格也不在考虑范围里，但斯米特还是在开会前把她的简历放在了每个人的位子上。他还附上了罗格斯大学一位教职人员写的推荐信，斯米特请他写信的时候对他说："不用多谈她讲课出不出彩，重点说她对自己的领域懂不懂行。"[47]这封信盛赞了金斯伯格的学术专长，也达到了预期效果。因为有几位教授教过金斯伯格，大家对她是熟悉的，而且他们也心知肚明：这个女人不是那种会惹麻烦的极端女权主义者，她在罗格斯大学也没参与过什么运动，那么选她又何妨呢？索文回到办公室就给金斯伯格打了电话。

索文问她愿不愿意和全体法学院教职工一道参加一场鸡尾酒会，并保证道："我们不是请你来推销自己的。"[48]他指的是，一般教职人员面试都会要求候选人进行自我推介。"我们想录用你……请你来只是大家友好地聚一聚，说服你加入我们。"索文说。金斯伯格愉快地接受了。她了解公民权利办公室在其中扮演的角色，也知道哥伦比亚大学聘用她并非因为他们突然开始赏识她的学术研究和授课能力，但她也没有妄自菲薄。如果她能和哥伦比亚大学与美国公民自由联盟达成协议，让她能够两者兼顾的话，就两全其美了。[49]

马蒂知道这是妻子职业生涯中的关键时刻。他尽了最大努力来分担育儿的责任，但在他争当合伙人并为自己建立名声的那几年里，金斯伯格在照顾家庭方面花了更多心血。现在他可以为妻子多做一些了。[50]

孩子们也在长大。简的情绪好了很多，她已经是高中生了，不久就要去读大学，很可能会选择芝加哥大学。作为一名坚定的女权主义者，她能够体会母亲的愿望。詹姆斯随时都有保姆的照顾。6岁的詹姆斯很聪明，精力旺盛，非常健谈，也很有活力。他热爱音乐、数学和足球，但对于自己不那么感兴趣的学科就不够专心。他在声名远扬的道尔顿学校读书，这个金发男孩很擅长搞恶作剧，总是令他妈妈被叫到学校挨批评。金斯伯格感到很沮丧，为什么来和校领导见面的总是她呢？有一次，她终于对校长说："这个孩子有两个家长，请您给两个人都打打电话。"[51]如她所愿，校长不愿意多打扰马蒂，她也可以少去学校了。而且她也不再觉得自己需要在工作之余过度补偿孩子，她当年会拉着女儿去参加曼哈顿的所有儿童文化活动，如今她不再对儿子这样做了。[52]

38岁的金斯伯格等来了一个在法律学术界以外有所作为的机会。她的丈夫和女儿会全力支持她。莫里茨案和里德案对金斯伯格的平等保护论述太重要了，虽然马蒂也无法保证案子的结果，但他给了妻子最大的信任。在不到一年的时间里，他的妻子就找到了合适的案子，并提出了平等保护论述。除了从法律中剔除性别划分，像法学家卡里·富兰克林所说的，这一论述还涉及"更为丰富的理论"。[53] 同样囊括在内的是，从宪法上限制政府施加刻板印象的权力。此外，她还成了美国公民自由联盟主要的女性权利倡导者、哥伦比亚大学法学院114年历史中的第一位女性终身教授。[54] 马蒂知道，在他妻子心里"有志者，事竟成"，她绝不应该被低估。[55]

* * *

1972年1月，《纽约时报》刊登标题为《哥伦比亚大学法学院挖来宝藏女教授》的文章。文中把金斯伯格的任命称为哥伦比亚大学的"重大改变"。[56] 来自老友和同学的贺信如雪片般飞来，有的是用法律机构的抬头纸写的，有的是用个人信纸写的。[57] 一位布鲁克林第238号公立学校的小学同学来信询问，哥伦比亚大学的"宝藏"是否真的是Kiki，那个在他印象里"有着金色的头发、闪亮的笑容，而且非常聪明"的姑娘。联邦地区上诉法院的法官杰克·B.

1972年，金斯伯格开始在哥伦比亚大学教书，同时为美国公民自由联盟工作。

温斯坦也祝贺道:"我校如今有了真正杰出的民事诉讼法团队。"有人说帕尔米耶里法官当天买光了他能找到的所有《纽约时报》,他非常高兴,还加了一句父亲般的提点:"工作别太累。"正在竞选总统的参议员乔治·麦戈文也发来贺电,还顺便严厉谴责了性别歧视现象。他的竞选收获了金斯伯格女儿的强烈支持。

哥伦比亚大学校长威廉·J.麦吉尔也很快表达了祝贺,他后来也和金斯伯格有很多交流。"一些城里的律师、很多法学院的教授,以及我在罗格斯大学的老朋友珍妮弗·麦克劳德都来告诉我,我们有多幸运,"麦吉尔写道,"我也愿意相信他们的话……我还要补充一句,那就是这些话是在我读到《纽约时报》对您的赞扬前就想对您说的。之后,您想要什么都尽管提,我的办公室也包括在内!"[58]

金斯伯格也给出了很有风度的回复。不过,当校长告诉她哥伦比亚大学法学院聘用她之后平权计划的目标就已经达成了一半的时候,她感到有些不悦。这样的说法冒犯了她对择优录取的信念。她知道自己的资历和专业水平都是足够的。瑞典的隆德大学1969年授予她荣誉学位,还按照传统送了她一顶礼帽和一枚珍贵的金戒指,这也是她手上戴的唯——枚戒指。这个岗位当然是她通过努力得来的,但1971—1972学年哥伦比亚大学的气氛很是紧张,双方都有些神经过敏。[59]

* * *

麦吉尔作为校长承担着艰巨的任务,在学校被激进的学生占领之后,他需要让财务拮据的学校重新团结起来,还要应对学校与周围哈勒姆区和晨边高地的非裔和波多黎各裔居民的长期矛盾。接着,他发现性别问题也需要他来处理。哥伦比亚大学女性解放组织撰写了一份报告,指出哥伦比亚大学教职工里女性人数匮乏,高级职位中女性更是寥寥无几，这份报告已经递交到司法部民权司司长 J. 斯坦利·波廷杰的手中。

这份报告把获得高等学位的女性人数和各院系雇用的女性人数做了对比，结果令波廷杰深受触动。他请哥伦比亚大学提供按照种族和性别分类的雇佣数据，但他的要求一再被忽视。面对女权团体施加的强大压力，要求执行政府的指导方针，波廷杰得出结论：报告中的指控是有根据的，而哥伦比亚大学的行政部门在妨碍调查。1970 年 11 月，哥伦比亚大学接到通知，不做整改就可能丢掉 3 300 万美元的联邦政府合同，这让陷入困境的校长铭记于心。在不承认学校过去存在招聘歧视的前提下，哥伦比亚大学用了一年的时间出台一项平权计划，打算在接下来的 5 年里雇用近 900 名女性和少数族裔。[60]

如果说麦吉尔对金斯伯格来校任教感到满意多多少少是因为要在财务困难的情况下完成任务的话，那么其他教职工的态度也受到了这样那样的影响。在法学院这样的专业学院里，男性文化十分浓厚。有人把平权行动视为联邦政府在滥用权力，也有人担心这会导致学术标准下降。[61] 犹太教授们还记得顶尖学校以前是怎么运用配额来限制雇用犹太人的，他们对此感到格外不安。在哥伦比亚大学法学院，大部分教职工对女性能不能给一大群法学生讲好课持怀疑态度。甚至连金斯伯格的老朋友沃尔特·盖尔霍恩也有些担心。[62]

但院长索文下决心要有所推进，他提拔了两名女性行政人员成为副院长，聘用了金斯伯格，还把法学院格林大楼一层巨大的男卫生间改成了男女两个卫生间。至于如何处理小便池，他建议在里面装满鲜花。[63]

金斯伯格知道，在这个男性主导的环境里，人们对她的任命各有看法。她决心用她惯有的严谨和权威来讲好民事诉讼法课程。她还带了两个小班研讨课，讲性别歧视和法律的冲突，在这里学生可以更好地了解她。她希望学生能在她身上看到和哈佛大学的萨克斯教授一样的品质——关心学生，不偏不倚，"既让学生觉得好接近，又在思想和表达上力求准确"。[64]金斯伯格在哥伦比亚大学唯一的女同事哈丽雅特·拉布指导一个应对就业歧视的实践课程，她说金斯伯格"在课上显得颇具权威性"，而藏在这背后的是一个"羞涩、温柔、好相处的人"，还有很好的幽默感。

金斯伯格希望尽快打消人们对她教学水平的担忧，但在课堂上魅力四射并非她的强项，她不想要给人一种慷慨激昂的感觉，也不期待获得"男孩俱乐部"的接纳。她既没时间也不想要去拍别人的马屁。新同事们令她看中的特质就是他们对自己的专业水平很自信，不搞派系斗争。作为全国前三名的法学院，哥伦比亚大学的教职人员不像罗格斯大学的同事那样缺乏安全感、爱起争执。此外，哥伦比亚大学教授的思想水平也令人钦佩。索文院长精明能干，原则性强，具有远见和领导才能，这后来让他成为哥伦比亚大学校长。金斯伯格有机会和这些杰出的头脑交换意见、提高水平，为她今后在联邦最高法院出庭辩护打下基础。即使是那些不赞同她的同事也能一针见血地提出问题和反对意见，并给出建议。与此同时，她还有机会参与新的行动。

* * *

的确，金斯伯格刚刚和哥伦比亚大学签了合同，就有人请她为那些被哥伦比亚大学裁掉的员工做些什么。原来哥伦比亚大学解雇了25名女工，却没解雇任何一名楼管员。她当时还在罗格斯大学教书，但她答应会调查这件事。她发现，这些女工绝大部分是贫穷的有色人种，也是家里的经济支柱。相比收入平等与否，她们更在

| 第6章 | 把握机遇

意工作有没有保障，因为她们知道自己一旦丢了工作就只能去领救济金了。运输工人工会第241地方分会不愿为女工提供支持，于是哥伦比亚大学女性平权联合会伸出了援手。有两名会员一直在和麦吉尔校长会面，代表联合会对学校的平权计划提出建议。就在此时，学校解雇了那25名女工。这两名年轻的会员都是律师，她们愿意免费提供法律代理，并承诺会向法院申请禁制令以阻止学校裁员。[65]

请金斯伯格参与争论的是贾尼丝·古德曼，她在纽约大学法学院就读。金斯伯格在罗格斯大学任教时古德曼就联系她讲授性别歧视的课程，现在古德曼担任这些女工的律师。为了能在上法庭之前解决这件事，金斯伯格联系了哥伦比亚大学副校长约瑟夫·奈。[66]

奈在办公室对这位哥伦比亚大学新晋教授表示了欢迎，金斯伯格则礼貌地提醒他，哥伦比亚大学已经违反了1964年《民权法案》的第七章，可能还违反了《同工同酬法》。毕竟，女工和楼管员的工作内容基本上是一样的。然而，由于不正当的年资制度，在解雇任何一名楼管员之前必须先解雇所有的女工。她建议道，肯定可以找到一种在性别上更平等的途径来解决这个问题，避免让学校败诉。奈解释道，是工会建立了这种制度，而学校必须和工会搞好关系。奈的意思是他也没办法，他还保证道，有厉害的律师事务所帮学校打官司。金斯伯格回忆道，奈接着说道："亲爱的，想喝杯茶吗？"这就表示他不想再聊下去了。[67]

但奈低估了金斯伯格的决心，看来他既没有意识到她在美国公民自由联盟的岗位已经证明了她的专业能力，也没有意识到她是代表谁来和他谈话的（金斯伯格和索文院长通了气，因此可以说法学院教职人员是站在她这一边）。在她和奈见面后不久，学校里就举办了一场人数众多的新闻发布会，包括格洛丽亚·斯泰纳姆[①]、贝

---

① 格洛丽亚·斯泰纳姆，美国女权主义先驱，20世纪六七十年代美国女性解放运动的代表人物。——编者注

拉·阿布朱格、苏珊·斯坦伯格·丹尼尔森在内的不少女权先锋都到现场支持女工。这让被解雇的女工们备受鼓舞，她们相信工会将重新考虑。但哥伦比亚大学没有表现出让步的迹象。[68]

这也不是哥伦比亚大学唯一的性别斗争。大学校务委员会新成立的女性地位委员会正在反抗薪资歧视，同时女学生在抗议学校食堂对女生设置了更多的限制。让学生们不满的还有，学校把操场跑道都留给男生，女生只能去晨边高地的街上跑步。情况就是如此这般。金斯伯格觉得，自己的母校处理歧视问题比罗格斯大学还要落后，而后者的资源可比哥伦比亚大学少多了。她给麦吉尔校长写信，分享了罗格斯大学的政策，敦促校长进行调查并迅速回应那些有关性别平等的合理诉求，以便让哥伦比亚大学免于卷入"不必要的舆论"和可能引发的法律矛盾。麦吉尔对金斯伯格信中的精神给予了积极回应，但没有给出什么实质性的承诺。[69]

看起来，被解雇的女工的命运不可避免地要由法院来决定了。开庭当天，平等就业机会委员会的首席律师发言支持禁制令，他说，单独解雇女工违反了《民权法案》规定的平等就业原则。工会也迅速撤回了与哥伦比亚大学的合同中签订的年资制度，于是哥伦比亚大学就成了唯一的被告。1972年9月，人事部门终于下令以精简而非解雇的方式处理裁员问题。金斯伯格满意地指出，最终所有女工都保住了工作。[70]

不只是女工们找到了愿意为她们站出来的人。在和麦吉尔校长的沟通中，金斯伯格提出歧视问题应该在学校内部解决，这也进一步传递了一个信息，那就是她不会对哥伦比亚大学的性别歧视问题坐视不理。

第二部分

斗 争

第 7 章

突 破

　　金斯伯格工作上迎来了激动人心的变化，同时热切盼望着前一年夏天代理的里德案能早出结果。了解到萨莉·里德的情况后，金斯伯格就知道这起案子很有潜力。

　　塞西尔·里德和萨莉·里德有一名养子叫理查德，小名斯基普。塞西尔和萨莉在不同时期分别拥有对斯基普的监护权，孩子小时候归萨莉监护，10 岁后的那几年归塞西尔。孩子最近和妈妈一起生活，她发现孩子每个周末去爸爸的新家时都非常不情愿。有一次，斯基普给妈妈打电话，央求她早点接他回家。她对儿子说，爸爸是有探视权的，要他和爸爸待在一起。结果斯基普去地下室取了爸爸的一把猎枪自杀了。[1]

　　悲痛不已的萨莉觉得塞西尔对孩子的死负有责任。儿子留下的遗物不多，包括萨莉给他开的一个小额账户，一共只存了几百美元，是留着以后上大学用的，还有一根单簧管、几张留声机唱片、一把吉他和一些衣物。萨莉在 1967 年 11 月 6 日向法院申请管理斯基普的遗产。塞西尔也很快提出申请，他认为前妻"太笨了"，管不好孩子的钱，他相信法律会站在他这一边。爱达荷州的法律规定"如果不止一个人有权管理死者的遗产，那么男性具有优先权"。[2]

法院拒绝了萨莉的请求后,她提出强烈抗议。她是一位家庭主妇,住在爱达荷州首府博伊西市,收入不高,离婚后靠在家里熨衣服、烘焙、帮人带孩子和照顾残疾人为生。她对"女人要遭受这样践踏"感到愤怒不已,于是联系到博伊西市的一位律师艾伦·德尔。

43 岁的德尔同意帮她打官司。在二战期间,他曾目睹非裔医护兵遭受歧视,这唤醒了他对弱势群体的同理心。在回到美国读大学后,他所在的兄弟会 Tau Kappa Epsilon 想要接纳"有色人种",却遭到老成员的反对,这更加深了他对种族歧视的体会。20 世纪 50 年代初,这件事促使他花了 4 年时间到全国各地的兄弟会探访,保证成员们想接纳什么人就接纳什么人。作为一个 11 岁女孩的父亲,他很容易就看出种族歧视和性别歧视之间的联系。他同意帮萨莉·里德向爱达荷州地区法院上诉。[3]

地区法院站在了萨莉这一边,但她还没来得及感受胜利的喜悦,爱达荷州最高法院就在 1970 年 11 月推翻了地区法院的裁决,支持了塞西尔。法官们承认,法律确实歧视女性,但这种规定促进了爱达荷州的"合理利益",降低了遗产法院举行听证会来决定哪位家长更有资格担任遗产管理人的必要性。法院认为,立法机关偏向由男性来管理遗产,这种偏好"与许可范围内的行政目标具有合理的相关性",也就是说,它符合行政便利,因此并未侵犯萨莉·里德享受平等保护的宪法权利。[4]法官们还说,立法机关认为男性通常比女性更适合管理遗产并非毫无依据。

* * *

美国公民自由联盟资深法律顾问马尔温·卡尔帕金在《法律周刊》中读到爱达荷州最高法院对里德案的裁决,并告知法务主任伍尔夫。美国公民自由联盟决定参与进来。卡尔帕金预测,里德案可能成为划时代的案子。作为平等委员会的成员，他知道凯尼恩和默里多么希望把一起平等保护案打到联邦最高法院。显然，本案的遗产金额微不足道，所涉及的歧视也并非女权主义者最关注的那种，但卡尔帕金说，至少可以写一份有力的文书，让联邦最高法院意识到法律中存在性别歧视。[5]

伍尔夫立刻行动起来。他了解到萨莉·里德缺乏进一步推进诉讼的资源，于是提议由美国公民自由联盟来帮忙，萨莉的律师德尔欣然接受了。随后，伍尔夫提交了一份管辖权声明，解释为什么联邦最高法院应该受理此案。塞西尔辩称联邦最高法院不应该接这起案子，于是伍尔夫又提交了一份材料反驳塞西尔的说法。现在决定权在联邦最高法院手里了。没有人能保证联邦最高法院一定会受理里德案，因为许多上诉案件都会因"缺乏实质性的联邦问题"而被联邦最高法院驳回。[6]

1987年，萨莉·里德和她来自博伊西市的律师艾伦·德尔合影。在他们拍下这张合影的13年前，里德案成为联邦最高法院首次判定性别歧视违宪的案例。

| 第7章 | 突 破

1971年4月，伍尔夫收到了好消息：联邦最高法院同意听取这起案子。这下他和金斯伯格可以继续准备上诉材料了。与他们一起工作的还有4位法学生，她们是：黛安娜·里格尔曼，她曾在罗格斯大学与金斯伯格一起帮助退伍的军队护士诺拉·西蒙重新入伍；纽约大学的玛丽·F.凯利和贾尼丝·古德曼，她们曾说服金斯伯格开设"性别歧视与法律"的课程；安·弗里德曼，她推动耶鲁大学法学院开设了"女性与法律"课程，还担任罗格斯大学期刊《女权法律报道》的顾问委员会成员。[7] 她们一起拟好了草稿，用古德曼的话说，这份草稿将"给联邦最高法院提供各方面的教育"，特别是种族歧视和性别歧视之间的联系。她们把草稿交给了金斯伯格。等金斯伯格改完后，她们几乎认不出原貌了。她们作为维权运动的先锋人物从哲学和社会角度对性别刻板印象提出了控诉，而金斯伯格从这些控诉中提炼出了令人信服的宪法论述。[8]

* * *

金斯伯格和伍尔夫一起商量文书的内容时，首先要解决这个策略问题：应该主张法院使用什么级别的审查？在1971年，宽松的"合理基础"审查仍然是普遍的标准，按照惯常做法应该辩称爱达荷州的法律偏向由男性来管理遗产并不符合促进"合理"行政目标这一标准，因此侵犯了萨莉·里德享有平等保护的宪法权利；接下来他们可以在文书中阐释为什么联邦最高法院应该提高审查标准，主张基于性别的区别对待仅仅满足"合理"是不够的，必须满足"必要"才行。另一种办法是一上来就要求法院采取更为严格的审查标准。如果采取这个策略的话，他们应该在多大程度上强调严格审查呢？

1944年，联邦最高法院在是松诉合众国案中首次阐释了"严格审查"该如何应用于种族歧视案件。案子涉及的是二战期间拘留日裔美国人的问题。"首先应该指出的是,"是松案的多数意见写道,"所有针对某一种族削弱其公民权利的法律都应该立刻引起法院的怀疑。并不是说所有这样的限制都违宪,而是说法院必须对它们进行最严格的审查。"[9] 瑟古德·马歇尔和全美有色人种协进会的律师成功说服法院将审查种族分类的标准从合理基础审查(普莱西案)提高到严格审查(布朗案),这在很大程度上有赖于是松案的判例。接下来的30年里,法院在涉及种族的法律分类上都运用严格审查标准,政府若想证明相关法律是合宪的,就必须证明相关分类不仅是"合理的",而且是达成重要的行政目的所"必不可少的"。

金斯伯格认为,法院对基于性别的区别对待进行严格审查,并不意味着男女必须获得一模一样的待遇,而是要求人们仔细检视所有提出区别对待的法律,以保证立法过程并未依赖过时的成见和假设。长期以来,刻板印象都让女人在法律上低男人一等,正如非裔美国人遭受的困境一样。但要说服联邦最高法院采取这样的审查标准,特别是涉及和怀孕相关的问题,就必须先给联邦最高法院提供足够的信息。幸运的是,里德案所涉及的问题只是萨莉·里德有没有能力管理孩子的遗产而已,这并不复杂。

* * *

金斯伯格眼下的问题是如何组织这份诉状。是应该先辩称爱达荷州的法律没能达到合理基础的标准,再去争取严格审查,还是反过来?金斯伯格和伍尔夫最终决定,如果他们的目标是实现严格审查,那么就应该尽早让大法官把严格审查和"性别歧视"联系起来。接下来她还可以退而求其次,辩称爱达荷州的法律甚至连合理基础都没能满足。[10]

开始动笔后，金斯伯格很快就抛出她的核心论点，即严格审查应适用于性别歧视案，她的论证在很大程度上取材于保利·默里所指出的种族歧视和性别歧视的相似之处。[11] 她写道，性别和种族都是"与生俱来、不可改变的特征，与一个人的天赋和能力无关"。对爱达荷州那些希望管理孩子遗产的妈妈来说，为什么仅仅因为她们的性别就要自动被看作一个不同的、低人一等的群体呢？这就好比因肤色差异而对非裔美国人另眼相看，在法律上将其归为下等人一样，都对实现平等毫无益处。尽管遗产管理方面的歧视性规定不能和种族压迫造成的弊端相提并论，但这并非金斯伯格要说明的问题。种族和性别的类比包含的是一个强有力的道德主张，金斯伯格和其他女权主义律师用这个类比是一种战略手段，为的是让法律承认那些尚未获得承认的针对女性的伤害。为了佐证这一论点，她从美国历史中举出大量的例子来说明争取种族正义的抗争和女性解放息息相关。[12]

接着，金斯伯格又抛出一个相对温和的论点。塞西尔和萨莉"处境相似"，因为他们都有能力管理儿子的遗产。爱达荷州的法律偏向让男人管理遗产是让人不可接受的，因为宪法第十四修正案规定各州不可侵犯公民享有"平等保护"的权利。此外，政府说让遗产得到高效的管理是一项行政利益，对此金斯伯格进一步主张，这项法律中的性别歧视和政府所宣称的行政利益没有"合理的关系"。在决定哪位家长更适合管理孩子遗产的过程中省去法院听证，就算能提高行政效率，也不能满足"合理"或"合理关系"标准——特别是当天平的另一端是萨莉在平等保护的框架下享有的基本权利，即受到政府平等对待的权利时，这样的性别歧视就更说不过去了。

如果法院不采信她关于严格审查的论点，而是继续沿用合理基础标准的话，金斯伯格还留了一手。[13] 她巧妙地引用了 1920 年的一起税务案件，涉案的是一家肥料公司，她和马蒂在莫里茨案中也引用了这起案子，还开玩笑说案子充满了海鸟的排泄物。玩笑之外，这项判决本身提供了最契合的语言。她引述道，基于性别的分类，"必须做到合理而非任意，所基于的差异必须与立法目标有某种较强的、实质性的关系，以便所有处境相似的人都能得到平等对待"。[14]

金斯伯格的另一个关键策略是破除那些强大的性别成见，这在莫里茨案中效果显著。里德案不公正的根源在于美国法律制度中的普通法缺陷——否定已婚妇女用独立的身份订立合同、提起诉讼和拥有财产的权利。接着，金斯伯格谈到了人口和经济的变化，还举出下级法院和联邦最高法院那些摒弃过时判例和成见的裁决。[15]

她最后总结道，1864年的爱达荷州立法机构在不考虑个人能力的情况下把女人算作低男人一等，这"构成了'嫌疑分类'，需要进行严密的司法审查"。[16]基于性别的立法分类，"出于与两性生理差异无关的目的，和基于种族的立法一样，它们都是与生俱来、不可改变的特征"。借鉴瑟古德·马歇尔和全美有色人种协进会法律辩护基金会20年的诉讼经验，金斯伯格最后主张"联邦最高法院明确认定性别本身为嫌疑分类"。

* * *

除了伍尔夫和金斯伯格，文书作者名单上还有艾伦·德尔、保利·默里和多萝西·凯尼恩。实际上这长达88页的文书里面没有一个字是后三位写的。但没有谁比其中两位杰出的女士更配得上这一殊荣了，文书中的论述得益于她们一生的奋斗。正如金斯伯格后来解释的那样，"我们这代人欠她们很多，因为她们在一个很少有人听她们说话的年代勇敢主张平等正义"，是她们"保留了这一愿景和希望的火种"。[17]

这份文书的其他方面也留下了金斯伯格的独特烙印。她提到联邦德国宪法法院有两个判例都废除了优待男性的法律,这显示出她对其他宪政民主制国家司法判决的敏感度。她后来解释道:"我认为应该告知联邦最高法院,二战后其他国家建立的宪法法院是认真对待战后宪法中加入的平等准则的。"她补充说,美国的女权主义者"并非仅仅在搭黑人民权运动的便车",而是"超越国界、(种族和)民族的变革运动的一分子"。[18] 4位研究助理看到金斯伯格修改好的文书后,就意识到她对法律的了解远在她们之上,她们对此赞叹不已。[19] 此外,金斯伯格在女权主义方面的激进程度也超过她们的预期。

* * *

但案件其他方面的准备进行得并不顺利。全国商业和职业女性俱乐部联合会提交的"法庭之友"意见书以及美国退伍军人委员会与全国妇女组织提交的联合意见书都和美国公民自由联盟的文书一致,但纽约市政府法律顾问团提交的不一致,他们把严格审查的要求放在了第二位。伍尔夫抱怨道:"简直是帮倒忙。"[20] 更棘手的是,对于由谁来进行口头辩论出现了分歧。

* * *

金斯伯格从一开始就坚信口头辩论必须由女律师来做。几个月前在一起涉及《民权法案》第七章的性别歧视案——菲利普斯诉马丁·玛丽埃塔案中,有些大法官表现出"更衣室谈话式的幽默"①,金斯伯格觉得需要一位女律师能够从形象、权威和经验上防止他们

---

① 更衣室谈话式的幽默,多指男性间低俗粗鲁,通常具有冒犯性性意味的谈话。——编者注

再这样做。[21] 伍尔夫也同意金斯伯格的意见，他想让埃莉诺·霍姆斯·诺顿来担任这一角色。他对萨莉·里德说："由一位女律师来为您辩护有非常重要的象征意义。"伍尔夫说，诺顿"在民权和女权领域都是全国知名人物，也是我认识的最具说服力的律师之一"。[22]

诺顿有着敏锐的法律头脑和强大的气场，坚定不移地支持平等，确实是合适的人选。毕业于耶鲁大学法学院的诺顿是民权活动家，曾给备受尊敬的费城联邦地区法官小利昂·希金博特姆做过助理，1965 年加入美国公民自由联盟任副主任，负责宪法第一修正案的诉讼。她在联邦最高法院的第一场胜利是成功捍卫了白人至上主义者在马里兰州集会的权利。接下来她又成功说服法院允许亚拉巴马州州长乔治·华莱士在纽约谢伊球场举行集会。[23]

作为正直而优秀的公民权利和公民自由律师，诺顿备受赞赏；作为黑人女权主义者，她也很希望从平等保护的角度在联邦最高法院打一场性别歧视案的诉讼，这一点与凯尼恩和默里的想法一致。[24] 虽然她 1970 年已经离开美国公民自由联盟成为纽约市人权委员会的负责人，但伍尔夫觉得这不是问题。然而，萨莉·里德的律师德尔有不同意见。

* * *

德尔从一开始就决定要亲自进行口头辩论。在这起案子胜算渺茫的情况下，他自掏腰包，为案子劳神费力。现在案子打到了联邦最高法院，美国公民自由联盟帮助支付了诉讼费和印刷费，还准备了相关文书。可是就像德尔后来对萨莉说的："如你所知，我对这起案子有深深的信念。"[25] 萨莉也同意应该由德尔来进行口头辩论。

伍尔夫很感谢德尔在案子早期付出的心血，理解他的占有欲，也理解他渴望利用这次难得的机会在联邦最高法院进行口头辩论。

但是作为美国公民自由联盟的法务主任，伍尔夫也明白口头辩论需要对法律烂熟于心，特别是在应付大法官提问的时候。大法官们的审问经常一针见血，甚至说残酷也不为过，这是为了帮助他们更好地理解那些他们所知甚少、尚未形成固定看法的领域。在这种情况下，就需要一位在联邦最高法院取得过一系列胜利的资深辩护人。伍尔夫也知道，在一个和性别歧视相关的新领域，要求联邦最高法院推翻下级法院的判决，并推翻"区别对待一般都没有坏处"这种老观念，这样的典型案例诉讼非常需要有经验的上诉律师来做。总之，伍尔夫认为仅靠优秀的口头辩论赢不了案子，而且德尔很可能会造成雪上加霜的局面，不能为了德尔的自尊心而置经验和专业知识于不顾，进而损害他们获胜的共同目标。

　　伍尔夫的判断是正确的。[26]但美国公民自由联盟要代理那些并非由其分支机构发起的诉讼，这种矛盾自然不可避免。那些从一开始就代理某起案子的当地律师当然不愿意被取代。时间不多了，伍尔夫决定用他标志性的"忠言逆耳"来解决这件事。伍尔夫写道，德尔代表萨莉向爱达荷州最高法院递交的文书简直"太差劲了"，反映出对平等保护条款和性别歧视案件的"一无所知"。[27]他强调，联邦最高法院的案子必须由最专业的人进行口头辩论。

　　然而，伍尔夫也承认改变不了德尔的想法，他建议德尔去读美国公民自由联盟文书中提到的每一个案例和每一篇文章，以便做好准备。伍尔夫写道："好好读文书，试着看懂它，当你站在联邦最高法院时，麻烦你一定要做到对我们的文书烂熟于心。""你要主张联邦最高法院在性别歧视案件中必须使用严格审查，我们文书里的第一项就是这个。""你想要出庭进行口头辩论，这完全是你的个人意志，那我要明确说，我们期待你拿出最专业的水平。"[28]结果伍尔夫这样做造成了适得其反的效果。

* * *

在口头辩论那天，德尔起身走到大法官面前。当被问到优待女性的法律（例如劳动保护法和征兵豁免权）时，德尔做到了对答如流，这值得称赞。德尔强调，在生理差异无关紧要的情况下，法律就不应该对男女实行区别对待，正如萨莉和塞西尔这两个处境相似的人不该被区别对待一样。但在接下来的问答中德尔就招架不住伯格、道格拉斯、布伦南、怀特和布莱克门的提问了，还有经常给律师出难题的马歇尔。德尔既不够了解相关的法律，也做不到像有经验的联邦最高法院律师那样用词精确。[29]

接下来轮到塞西尔的律师查尔斯·斯托特出场。他没有提出什么新观点，只强调说爱达荷州的女性早就可以投票了，如果她们不想在遗产管理的问题上让位给男性，那么随时去投票改变就好了。

贾尼丝·古德曼第一时间把庭上的情况报告给了伍尔夫，她说德尔的表现"太丢脸了"。伍尔夫听后愤怒不已，他说里德案的口头辩论"可能是联邦最高法院历史上最糟糕的辩论"。布莱克门大法官也这么认为，每次口头辩论他都会记笔记，他说德尔的口头辩论是他听过的"最差的口头辩论"。[30] 其他人的评价也大致相同，只有金斯伯格坚称斯托特的表现还不如德尔。

伍尔夫相信他们的文书还是可以让里德案获胜的，他说文书写得"出类拔萃"。[31] 奈尔也同意伍尔夫的看法，后来他说金斯伯格写的每一份文书都是"极为出色的法律论述"。[32] 众议员玛莎·格里菲思也很欣赏这份文书，她说："如果里德太太输了，我可真是白来世上走了一遭。"[33]

但金斯伯格对文书还是感觉心里没底，直到1971年11月22日，她在乘火车回纽约的路上瞥见了另一位乘客手里的报纸，大标题写着他们赢了。"我一下子欣喜若狂，"金斯伯格后来回忆道，"差点喜极而泣了。"[34]

* * *

　　首席大法官伯格代表联邦最高法院宣布，全体大法官一致推翻了爱达荷州最高法院的判决，这是联邦最高法院有史以来第一次运用平等保护条款判处一项性别歧视法律违宪。[35]联邦最高法院判定："仅仅为了不用开听证会判断是非曲直，就自动将一个性别置于另一个性别之上，这恰恰是平等保护条款所禁止的那种没有根据的立法行为。"[36]

　　读完判决书后，金斯伯格指出联邦最高法院虽然推翻了相关法律，但在法理层面的变革上并没有如她和伍尔夫所期待的那样彻底。联邦最高法院沿用了合理基础审查，并未将所有基于性别的分类都算作自动按照嫌疑分类对待。尽管伍尔夫对德尔说，这样的结果是德尔口头辩论不力导致的，但其实联邦最高法院做出狭义的裁决也是意料之中的事，因为相关因素实在太多了。[37]毫无疑问，伯格和其他保守派大法官不愿意让联邦最高法院再卷入一场争取性别平等的斗争之中。现在的情况与20世纪四五十年代不同，当时国会和总统在种族歧视问题上迟迟没有行动，联邦最高法院因此感到自己必须带这个头，而现在两个民选机构已经在解决性别不平等的问题了，参众两院即将通过《平等权利修正案》并交由50个州进行核准。

　　还有其他因素不容联邦最高法院忽视。当时，联邦最高法院强制的就业平权和校车接送政策，以及联邦最高法院批准发布的五角大楼文件已经在全国上下引发争议。过不了多久，联邦最高法院还会完成堕胎的合法化，这也会成为联邦最高法院最具争议的裁决。如果再加快性别平等的步伐，只能加剧一些人对自由派法官和司法能动主义的愤怒。[38]

尽管如此，金斯伯格仍然认为里德案判决中的语言变化反映了微妙而重要的动向。对于基于性别的分类，政府仅证明其与行政目标"合理相关"已经不够了，联邦最高法院现在要求这两者必须有"实质性"的关联。[39]伯格的这段话取自金斯伯格在文书中引述的一项20世纪20年代的平等保护裁决。语言上的改变仅仅是个巧合，还是意味着联邦最高法院在向新方向迈进？

媒体迅速在头版报道了这一判决，也和金斯伯格提出了同样的疑问。《底特律自由报》《堪萨斯城时报》和《达拉斯晨报》等媒体将判决描述为一项进步，并指出批准《平等权利修正案》仍然很有必要。《纽约时报》发表社论称，如果联邦最高法院能在里德案的基础上更进一步，"给平等保护原则以现代的"解读，那么宪法第十四修正案"为女性群体做出的贡献"就会和它为少数族裔做出的贡献一样重要。《洛杉矶时报》《新闻周刊》和《时代》周刊也持同样的观点，不过《时代》周刊的记者也指出，里德案的裁决"远远没有给出广泛而普遍的原则"。[40]

金斯伯格的判断与《波士顿环球报》最为接近，该报报道称里德案的结果是"一点点平等"。[41]金斯伯格公开称里德案的裁决是"谨慎的一小步"。[42]法学家也一致表示遗憾，联邦最高法院没能趁此机会阐释"基本权利""严格审查""嫌疑分类""重要的国家利益"等最基本的问题。[43]关于联邦最高法院1970—1971年度的表现，金斯伯格的前导师杰拉尔德·冈瑟为《哈佛法律评论》写了一篇甚为敏锐的分析。冈瑟认为，对于平等保护案件，联邦最高法院正在合理基础审查和严格审查之间寻求一种新的审查标准。

私下里，金斯伯格仍然有她的担心。现在国会在审议《平等权利修正案》，修正案的长期支持者将里德案视为联邦最高法院未能

| 第7章 | 突　破　　171

彻底禁止性别歧视的证据。这种看法当然不能算错，但期望联邦最高法院在如此短的时间内有大的转变无疑是不现实的。在里德案中，联邦最高法院首次一致裁定一项基于性别的划分违反了宪法第十四修正案，并且以后还可能延续这样的裁定。如果忽视这些正面的因素，就会削弱里德案作为诉讼先例的价值。[44]

金斯伯格的担忧并非没有道理。里德案含糊不清的论证让下级法院无法就联邦最高法院在平权立法中扮演的角色达成共识。下级法院一致认为，里德案对性别议题的诉讼有重大影响，但对于要如何运用里德案的裁决，下级法院各有看法。有些用里德案来推翻基于性别的法律分类，就像第十巡回上诉法院对莫里茨案的裁决一样。其他则狭义地运用里德案，把性别歧视和与怀孕相关的歧视分开来看。[45]

不放过任何一点动向的金斯伯格在看到联邦最高法院后来的两项裁决后感到松了一口气，一个是马歇尔大法官在1973年的圣安东尼奥独立学区诉罗德里格斯案的裁决中写的脚注，另一个是布伦南大法官在1972年的艾森施塔特诉贝尔德案中写的多数意见，二者都反映出里德案的影响力。看来，至少有两位大法官认为里德案是一个转折点。金斯伯格非常高兴，她对伍尔夫赞叹道："看看里德案带来了什么！谁说它掀不起大浪来的？"[46]这仅仅是个开始。

| 第 8 章 |

建立团队，制定策略

金斯伯格每天上午在曼哈顿上城区 116 街的哥伦比亚大学上班，下班后她就一路向南来到美国公民自由联盟的总部，这栋办公楼是向约翰斯·曼维尔公司租用的。在这里，金斯伯格肩负重担。女性权利项目"没有档案，没有自己的员工，没有办公空间，除了美国公民自由联盟提供的启动资金和几笔小额捐款，没有更多的钱"。[1]在短时间内让一个法律机构运转起来就够难了，还要制定诉讼策略来影响那些新的有关性别歧视的法律原则，更是难上加难。

* * *

从一开始奈尔就向金斯伯格保证，为女性权利项目提供资金是重中之重。奈尔早就想向福特基金会申请资金了，尽管福特基金会一直以来都是公民自由和公民权利运动的主要支持者，但美国公民自由联盟最近没能从这儿申请到经费。基金会主席麦乔治·邦迪曾在肯尼迪政府和约翰逊政府担任国家安全顾问，他坦率地说，不给美国公民自由联盟资金是因为它在越战期间为逃避兵役的人辩护，奈尔和邦迪交涉多次均无果。在整个 20 世纪 60 年代，福特基金会在性别平等方面都没什么建树，但现在它正迅速成为"支持女权议题的主要慈善组织"。² 基金会年轻的项目专员苏珊·贝雷斯福德同意提供经费资助克利夫兰市的女权诉讼。既然如此，福特基金会愿意在纽约支持一个类似的组织吗？

在和福特基金会开会讨论美国公民自由联盟的资金申请时，金斯伯格尽全力说服福特基金会支持她们。贝雷斯福德给予了积极的回应，同时提出一个重要条件：根据福特基金会的政策，它们的资金不能用于进行堕胎权相关诉讼。³ 贝雷斯福德建议美国公民自由联盟寻求洛克菲勒基金会的支持，后者长期以来支持计划生育。奈尔和金斯伯格都不赞成对女权如此狭隘的理解，但奈尔也不想拒绝福特基金会给美国公民自由联盟的第一笔经费。⁴ 此前花花公子基金会为美国公民自由联盟提供小额捐款也引发了一些争议，福特基金会的钱能够大大充实美国公民自由联盟女性权利项目的资金。奈尔和金斯伯格都认为项目的首要任务是平等保护诉讼，因此接受福特基金会在生殖权利方面设的限制也许不难。金斯伯格认为奈尔的判断力一向很好，这次她也同意他的判断。奈尔是美国公民自由联盟多年来最会进行制度创新、最活跃的执行主任之一，也为女性权利项目提供了热心的支持。⁵

* * *

接下来需要进行人员配置。1972年2月，伍尔夫聘请布伦达·费根和金斯伯格共同领导女性权利项目，在教育和推广方面做更多工作。费根本科就读于瓦萨学院，1969年从哈佛大学法学院毕业，成为女性权利的坚定倡导者。她在准备纽约律师资格考试的同时迅速融入纽约女权群体，很快成为全国妇女组织负责立法的副主席，为《平等权利修正案》做游说工作，还与格洛丽亚·斯泰纳姆一同创办了《女士》杂志。伍尔夫考虑后认为，费根社交能力优

在美国公民自由联盟女性权利项目成立早期，布伦达·费根与金斯伯格进行了密切合作。

秀，擅长面对镜头，还有法律背景，这些都让她成为推广女性权利项目的理想人选。她充满斗志这一点更是锦上添花。伍尔夫认为，在思想、风格和人际关系上，费根和内敛中庸的金斯伯格可以取长补短。金斯伯格并不熟悉纽约知名的女权主义者，而费根和她们相处融洽。[6]

因为没有经费聘请法务人员，金斯伯格就遵循她在新泽西州代理美国公民自由联盟案件时的做法，从哥伦比亚大学法学院班上招募最优秀的学生做研究助理，再加上纽约大学、耶鲁大学和罗格斯大学的志愿者帮忙。她讲性别歧视的小班研讨课也提供了机会。法学院的学生长期以来都对学校的课程和实际的诉讼差距太大感到不满，如果能在研讨课上处理女性权利项目的案例，就能积累实操经验，对学生和美国公民自由联盟都有好处。纽约年轻的女权律师可能也愿意参与里程碑式的案件。[7]

| 第8章 | 建立团队，制定策略

事实证明金斯伯格的想法是正确的。她对学生的要求是"做对、做好",一个标点符号也不要放过,学生们对此铭记在心,她们细细打磨每一份文书,草稿都要互相批改后才会上交,能为业界翘楚工作就是她们最好的回报了。金斯伯格也给学生提供奖励,如果一起案子被联邦最高法院受理,贡献最大的学生就可以和她一起到华盛顿去,在口头辩论时坐在律师席上旁听。不过,这些自称"露丝的女儿"的学生还需要一个好的工作环境。

美国公民自由联盟搬进宏伟的约翰斯·曼维尔大楼一举解决了工作空间不足的问题。费根在一个小走廊旁边找到了一个巨大的空间,可以分隔成许多小办公室。她马上在那儿立了一块明黄色的牌子,上面写着"WOMEN WORKING"(女性作业区)。[8]

* * *

如果说费根的牌子代表着项目的一大特征,金斯伯格作为职场妈妈的经历就蕴含着另一大特点。金斯伯格还记得,1965年9月8日有了儿子詹姆斯后,她不得不把刚出生没多久的孩子留在家里,赶回学校完成秋季学期的教学任务。她认为一个对女性友好的工作环境必须让哺乳期的妈妈带着宝宝一起上班。她知道一定会有人批评这样的政策让女性权利项目看起来"不够专业",不过她没想到的是,美国公民自由联盟会有员工提出如果可以带宝宝上班,他们就要带宠物一起来。[9]

金斯伯格希望在工作场所创造一个环境,让女人和男人都可以在履行家庭义务的同时磨炼法律技能。传统的性别界限让女人无法享受工作的果实,也让男人无法享受育儿的乐趣,打破这种界限就是瑞典式男女平等的基本宗旨。金斯伯格希望项目的工作能做好,员工的孩子也能得到良好的照顾。女性权利项目两点都做到了。

不过第一次进办公室的员工吉尔·古德曼还是被眼前的景象震惊了，她以为这只是一个平常的办公室，没想到是一个托儿所和律师事务所的结合体，感觉很"野生"。[10]

罗杰·鲍德温也有同感。鲍德温生于维多利亚时代，1905年从哈佛大学毕业，是广受尊敬的律师，也是美国公民自由联盟的创始人之一。有一次这位老先生来讨论一个法律问题，一开门发现他要找的律师正在给孩子喂奶。后来他表示，在那之后他觉得自己要提前获邀才能进入这个女性的"圣殿"。[11] 那位初为人母的律师表示欢迎鲍德温的到来，还可以一边喂孩子一边和他聊业务，这让他更不知所措了。

* * *

带孩子来上班的政策能得到执行，反映出金斯伯格和员工们的关系，她以独特的方式赢得了大家的忠诚。金斯伯格一般11点左右到办公室，在那之前会打个电话给费根。费根会向她问好："嗨，露丝，你好吗？"金斯伯格并不会漫不经心地搭话说"很好，谢谢"或者"你怎么样"，相反，她会直接问"判决报告你看了吗"或者"联邦最高法院新接的案子你读过了吗"。费根发现，金斯伯格的"脑子要么放在法律问题上，要么放在歌剧上"。[12]

然而，她和其他同事也很快发现，心无旁骛的金斯伯格主任并不是对别人漠不关心的那种人。另一位关系密切的同事回忆道："我们这些受过她指导的人很快发现，她只是内敛而已，并不冷漠，也不是不关心我们。她会很轻松地和我们聊世界上的恶势力，聊法院、律师协会甚至是女权主义者，还有那些给我们的事业下绊脚石的人。"[13] 员工们生活中的重大事件她也铭记于心，同事生孩子或是过生日前，她会举办惊喜派对，还会带来马蒂烹饪的美味佳肴给大家分享。

金斯伯格还会分享自己的生活，以表达对同事的关心。"她会和大家聊她自己和我们的生活，"一位同事说，"她让我们看到，理性在生活中占有一席之地，就像感情在事业上也占有一席之地一样。当时我们还没有意识到，她为我们创造了一个多好的工作环境。"[14] 当时没意识到也不奇怪，作为法学院在读或刚毕业的学生，她们还没有深刻感受到法律界的职业文化，那就是把"个人生活"和"事业"完全分开，同时认为"现实"和法律类别是完全匹配的。金斯伯格从不认为只有男性才有分析能力，她接纳了女权主义关于"私域"和"公域"的理论，认为这种划分在思想和职业上限制了女性的机会。对金斯伯格来说，和美国公民自由联盟的"女儿们"分享她的想法是自然而然的事情，因为她的妈妈就是这样对待她的。虽然专注于工作的金斯伯格可能很少展露笑容，但她偶尔灿烂一笑能点亮整个房间，就像她当年的教授杰拉尔德·冈瑟说的一样。[15]

据金斯伯格在哥伦比亚大学的学生 M. E. 弗里曼回忆，有一次詹姆斯的老师打电话告诉金斯伯格，詹姆斯没按照要求带书包，问他为什么没带，他说自己当律师的父母太忙了，没给他买。尴尬不已的金斯伯格解释道，儿子从来没告诉她有这个要求，她马上就去办。挂下电话，金斯伯格苦笑着摇了摇头。弗里曼觉得这很能说明平衡家庭和工作有多么不容易，特别是对金斯伯格和马蒂这样辛勤工作的父母而言。[16]

除了教年轻律师如何平衡事业与家庭，金斯伯格为他们共同的事业注入的严谨和判断力也让晚辈十分欣赏。"当时我还没有完全意识到我做的那些案子有多重要。"弗里曼后来说。[17] "我只是想尽最大努力做到让露丝满意。"[18] 年轻的同事们一致认为，刚认识金斯伯格的时候会觉得她令人生畏。吉尔·古德曼说，人们甚至会觉得金斯伯格"吓人"，因为她太一丝不苟了。金斯伯格工作起来简直"非人类"，"我们都很敬畏她"。[19]

工作中有些事情年轻律师们并未参与，比如判断新联邦最高法院的倾向、评估潜在的诉讼问题以及制定策略，金斯伯格把这些问题留给了自己。

* * *

新人们一上来就要完成一项重要任务，那就是了解联邦最高法院。1969年，首席大法官厄尔·沃伦退休，大法官阿贝·福塔斯辞职；接着在1971年，雨果·布莱克和约翰·马歇尔·哈伦也因病退休。联邦最高法院的人员组成发生了很大变化。接替厄尔·沃伦成为首席大法官的是共和党人沃伦·伯格，他是"法律与秩序"的倡导者，这也是尼克松总统的竞选承诺。尼克松还提名了哈里·布莱克门接替福塔斯，勤劳的布莱克门属于温和保守派。

1971年10月，尼克松总统又提名了小刘易斯·F.鲍威尔和威廉·H.伦奎斯特来接替布莱克和哈伦。鲍威尔来自弗吉尼亚州，身材高挑，具有贵族气质，曾担任美国律师协会主席。鲍威尔为人正直，富有同理心，温和克制，很有风度。他不喜欢搞意识形态之争，希望在司法判决中"为各方都保留一个位置"。这到底意味着什么呢？意味着他是中间派吗？更重要的是，这位谨慎的中间派怎么看待与性别平等相关的法律和社会政策呢？[20]

相比之下，金斯伯格清楚地知道直言不讳的伦奎斯特大法官持什么立场。表面上看，伦奎斯特完全符合尼克松承诺提名的那种严格的宪法解释者。对有原则的保守派而言，严格的宪法解释者一直以来都意味着司法克制和谨慎，即根据具体案件的事实给出狭义的裁决。对尼克松来说，严格的宪法解释者则意味着根据他的政治议程来解读宪法，而扩大公民权利绝对不是他的政治议程，司法保守派轻蔑地称沃伦法院所代表的扩权为"自由派行动主义"，这是保守派所厌恶的社会和文化变革的代名词。在尼克松提名的最后两位大法官获得国会批准后，他的一位幕僚在备忘录中乐观地表示，白宫"几乎已经从左派手里夺回了联邦最高法院"，制止了"（联邦最高法院）大部分的社会实验"，将其变成"（我们的）价值观和原则的盟友和捍卫者"。[21]

尽管事实证明这一评价为时过早，但聪明过人的伦奎斯特并未让他的支持者失望。他是一名保守派活动家，为了推动法院在政治上右倾，愿意牺牲严格的宪法解释。具体而言，这意味着限制联邦权力、为私产拥有者扩权、削弱刑事被告的权利等。[22] 这个过程由尼克松而起，到 21 世纪的伦奎斯特法院和罗伯茨法院得以实现。

但在当时，金斯伯格只知道在伦奎斯特眼中宪法对少数族裔和女性权利并未做出要求。在为罗伯特·H. 杰克逊大法官做助理的时候，伦奎斯特曾起草过一份备忘录，反对布朗案的裁决和学校的种族融合。作为司法部助理部长，他对尼克松政府给予《平等权利修正案》的支持给出了含糊其词的证词。在一份内部备忘录中，他对修正案的支持者做出如下评价："我不禁认为，这场运动中有一部分人存在一种激进的意志，那就是不仅要模糊掉男女在法律上的区别，还要尽可能地模糊掉两性的生理差异。我认为运动的弦外之音是对家庭层面男女传统差异的反感和不满，某些情况下，很可能还要完全否定女性在这方面的传统角色。"[23]

伦奎斯特和他在斯坦福大学法学院的同学桑德拉·戴·奥康纳是多年的朋友，但从上述说法不难看出他并不认同女权主义。美国公民自由联盟也明确表达了对伦奎斯特的质疑，公开呼吁参议院打破半个世纪以来不曾正式反对公职任命的传统,拒绝任命伦奎斯特为大法官。[24]

* * *

作为一名法律学者,金斯伯格机敏地认为几位大法官在政治和法学思想上都无法简单地归类。出于种种原因,给他们贴上政治标签虽然方便,但往往不够准确。比如,一位法官在维护言论自由的问题上可能属于"自由派",但在罪犯权利方面是"保守派"。新的人事任命也可能改变联邦最高法院的重心,把曾经属于"保守派"的法官变为"温和派"。又或者,一位"中间派"也可能随着时间的推移变成左派的关键一票,就像布莱克门大法官一样。但有一件事是金斯伯格可以肯定的,那就是她即将面对的联邦最高法院已经不是4年前的那个联邦最高法院了。除了尼克松任命的4位大法官,波特·斯图尔特和拜伦·怀特大法官也属于温和保守派。

在沃伦法院的一些著名裁决中,斯图尔特都投下了反对票,他坚定遵循先例,是一位有能力的中间派,也是联邦最高法院稳定的源泉。斯图尔特最关心的问题是联邦最高法院的判决如何影响现实世界,在言论自由和种族融合的议题上,他与自由派站在一起,他也为里德案投下了赞成票。[25] 肯尼迪总统任命的怀特大法官则很难归类。他在法学上有很高的造诣,他的许多裁决都并未提出更宽泛的解释,而是根据案情本身做出判断。在刑法议题上,他比较保守,但也不总是如此;在公民自由议题上,他的裁决也因案情而异;在种族歧视方面,他和自由派站在一起。金斯伯格的目标是赢下怀特这一票,但她不大有信心能争取到斯图尔特的支持。

伯格法院的中间派——鲍威尔、斯图尔特,可能还有布莱克门,会怎么回应性别歧视呢?这依旧是金斯伯格最关心的事情。

※ ※ ※

在考虑如何应对这些挑战时，金斯伯格意识到自己和全美有色人种协进会法律辩护基金会的律师们在一个方面有着截然不同的出发点。马歇尔做民权律师的时候，无论是黑人男性还是女性，几乎都不相信黑人作为一个群体能从法律的区别对待中获益。在涉及种族的问题上，"区别对待"永远意味着低人一等。但在性别议题上，许多女性认为基于性别的区别对待是对女性有好处的。

有人认为这种区别对待实际上是对女性的优待，而且不仅仅是传统遗留那么简单。鹰论坛①成员凯瑟琳·蒂格就很好地代表了这种观点，她曾说："每个美国女人自国家诞生以来就享有'像淑女一样被对待的宪法权利'。"[26] 蒂格的说法并不准确。哪些女人被视为"淑女"一直都是由种族和阶级决定的，而且宪法也没有免除"淑女"的公民义务。蒂格的说法是完全没有事实依据的，历史学家艾丽丝·凯斯勒-哈里斯恰如其分地称之为"性别化的想象"，什么是公平、怎么制定社会政策这些思考也是围绕着这种性别化的思维模式进行的。[27]

不只是女人这么想，男人也有类似的思维模式，比如最近参议院进行关于《平等权利修正案》的辩论时，反对修正案的男议员就拒绝放弃传统的性别定义。来自北卡罗来纳州的参议员小塞缪尔·J.欧文就是一个典型例子。欧文坚决支持公民自由（而不是公民权利），他曾是一名法官，后来辞职了，因为他每次给重刑犯下判决时都于心不忍。另一名参议员伯奇·贝赫说欧文"非常聪明"，但"他内心深处完全不理解女性面对的问题……他就是看不到这些问题"。[28]

---

① 鹰论坛，由菲莉丝·施拉夫利在1972年创立的保守利益团体。——编者注

不只是欧文，很多同时代的男性都不理解女性的处境。金斯伯格说："每次我谈到性别歧视，得到的回应都是'你在说什么啊？女人得到的待遇比男人好多了。她们想工作就工作，不想工作就待在家里。她们愿意的话可以担任陪审员，如果被选中了但不愿意参加，也有权拒绝。她们不必服兵役，但也可以选择入伍'。"[29]

金斯伯格说，大法官和其他有类似想法的决策者必须"重新考虑那些他们信奉了一辈子的价值观"。[30] 那么她要怎么说服一个以"富裕的白人男性"为主的群体放弃他们深以为然的关于性别的"常识"呢？至少，她制定诉讼策略时要考虑联邦最高法院以往反歧视的经验。

* * *

平等就业机会委员会关于性别歧视的规定也许已经给大法官们提了醒，说明用性别作为其他特征的替代品不一定恰当。此外，平等就业机会委员会还强调要认识到那些在性别方面过于广泛的概括性论述，即没有考虑到独特的个体能力的论述，这一点也尤为重要。但目前只有一宗平等就业机会委员会的案件打到联邦最高法院，金斯伯格还无从判断联邦最高法院对平等就业机会委员会的规定理解得如何。[31]

以种族歧视法律为基础的诉讼策略需要展现性别歧视和种族歧视之间的相似之处，就像金斯伯格在里德案中所做的一样，这能让大法官产生共鸣。那么对于不大能和种族歧视做类比的性别歧视应该怎么处理呢？毕竟，黑人和白人作为人没有不同，但显然男女在一些情况下是有差别的，特别是涉及生殖的领域。

金斯伯格必须证明那些看起来是出于繁育后代的考量"保护"女性的法律，实际上可能是有害的，特别是会损害女性个体的权利。

比如，有规定强迫妇女在怀孕初期就离职，无论她们自己有没有能力和意愿继续工作，这样的例子就体现出性别成见伤害了女员工的利益，也削弱了女性在社会中发挥的作用。其他基于性别的损害女性利益的规定还包括限制获取避孕工具、限制女性终止意外怀孕、拒绝把分娩纳入短期伤残保险的理赔范围等。如何准确阐述在哪些情况下应该考虑男女的生理差异，在哪些情况下不应该考虑，这将是首要问题。

更大的挑战是如何让法院理解，即使一项法律表面上没有提到性别，它对两性产生的影响也不一定是相同的。一项看起来性别中立的法律实际上可能对两性产生非常不同的影响。和种族平等一样，认识到法律在效果上的差异对促进性别平等也十分重要。不然的话，女性面临的实际情况——她们确实遭遇的限制就会遭到忽视。

在思索手头的任务时，金斯伯格意识到她需要做很多教育工作。她知道，这是一项复杂微妙的任务，需要极大的耐心和分寸，需要"不断进行对话和做说服工作"。[32] 最重要的是，这需要一套完善的诉讼策略。她认为马歇尔的工作发人深省，她将以他为榜样。[33]

* * *

当年马歇尔对各个领域的种族歧视法律发起反击，包括教育隔离、私刑法和吉姆·克劳法。全美有色人种协进会的律师与各地原告的群体仔细交涉，获取他们的支持，准备重要议题的诉讼。他们善于随机应变，发展出一套策略，将个案的胜利积累起来成为有利的判决先例，一点点处理那些更为棘手的问题。马歇尔和他的团队用这种方式成功地让人们认同改变法律不仅是应该的，而且是不可避免的。等到建立起判例并在全国收获舆论支持后，他们最终促使联邦最高法院改变了种族议题相关的宪法学基本理论。[34]

但金斯伯格在和马歇尔的同事杰克·格林伯格交流之后意识到，如果沿用马歇尔的策略，她将面临难题。对马歇尔来说，案件的控制和协调都比较简单，特别是一开始进行诉讼的时候南方黑人律师很少，他和其中大部分人是朋友。除了马歇尔个人的法律专长和传奇的政治才能，全美有色人种协进会也往往是唯一能代理这种官司的组织。随着民权运动的发展，其他组织和策略也诞生了，但全美有色人种协进会的法律辩护团队仍然是民权运动的先锋。人们称马歇尔为"民权先生"，[35] 由他来协调诉讼是毫无争议的。

金斯伯格的情况则有所不同。精心协调每一个案例的诉讼可以达到教育目的，让公众、法官和立法者明白基于性别的区别对待在哪些情况下是错误的。但就算美国公民自由联盟能成为女权运动中资金最充裕、最活跃的诉讼代理人，金斯伯格也无权作为看门人过问其他组织的工作，决定哪些案件应该上诉到联邦最高法院，哪些案件没有必要。由于其他组织和个人很可能发起更多的性别平等诉讼，目的也各不相同，想保证案件有序进行是不可能的。

金斯伯格认为，要保证站不住脚或不合时宜的案子不会成为漏网之鱼，最佳办法是加入其他女权诉讼组织的理事会，比如全国妇女组织、妇女权益行动联盟和妇女法律辩护基金等，这样可以促进个人层面的联系和沟通，协同努力。[36] 不过正如奈尔后来指出的那样，金斯伯格需要不断说服别人采纳她的战略思维。

马歇尔当年还有一个优势，那就是在抗击种族歧视时，全美有色人种协进会的律师能够指出内战后重建时期出台宪法第十四修正案时，立法者明确希望非裔美国人——至少是黑人男性能拥有某种形式的平等，尽管具体的形式还有争议。但是对女权律师而言，依赖宪法第十四修正案的平等保护条款会遭遇难题。重建时期的女权主义者曾尝试说服国会中的激进共和党盟友从性别和种族角度定义公民身份，但没能成功。修正案制定者的"原始意图"并不包括女性权利，这样就很难说服一些大法官把女性囊括进修正案的平等保护条款之中，用严格审查来对待含有性别歧视的法律，就像审查那些歧视种族、肤色、原籍国和宗教信仰的法律一样。[37]

还需要很长的时间才能积累足够的判例来推动重大法律变革，对那些因其种族、阶级和性取向方面的属性而在法律中面临更多歧视的女性来说尤为如此。大法官本杰明·卡多佐曾说："正义需要一步一步实现。"[38] 著名法学家卡斯·森斯坦也说，要"缓缓推进"，不要"山崩地裂"。[39] 此外，金斯伯格也无法保证有利于女权的司法和政治气候能持续下去，留出足够的时间积累判例。显然，她必须迅速推动强有力的案件进入联邦最高法院。

* * *

那么哪些案子值得提起诉讼呢？可能性有很多，这多亏了金斯伯格在哈佛大学读书时的法学院院长、现任司法部副总检察长欧文·格里斯沃尔德。在莫里茨案后，格里斯沃尔德要求联邦最高法院重审该案，让莫里茨的律师们大为震惊。金斯伯格不明白他为什么要这样做，因为案子本身并没有持续的影响力。实际上，在案子裁决之前，国会就已经更改了相关条款，只不过没有追溯力而已。但格里斯沃尔德意识到第十巡回法院的判决有可能让一系列联邦法律的合宪性都产生疑问。他随函附上了一份附录，列出了美国法典中所有区别对待男女的法律。当时电脑没有普及，这可是一项巨大的成果。金斯伯格认为，格里斯沃尔德一定是动用了国防部的电脑才得以列出这个清单的。[40]

业务能力出众的格里斯沃尔德已经明确预见到，会有更多人受到女权主义的影响对现有法律发起挑战。他还曾和美国公民自由联盟的保利·默里通过信，讨论的就是金斯伯格即将采用的战略，因此他才选择用国防部的电脑列出这个清单，准确找出哪些法律有可能受到攻击，这是一份"宝藏"。[41] 他知道，金斯伯格作为莫里茨的律师也会收到他的文件。[42]

金斯伯格从未看透格里斯沃尔德的意图，但她必须做出选择。显然，她想要推翻那些不可接受的先例：马勒诉俄勒冈州案、霍伊特诉佛罗里达州案和戈萨特诉克利里案。只是需要找到合适的案例来发起挑战。同时她认为，有些案子最好不要碰。比如，当时越战刚结束，挑战优待退伍军人的法案不大可能有什么好结果。与社会保险相关的案子就很合适，因为涉及福利的法规出台的时候，还很少有女性在成年以后把大部分时间用来工作，所以法规反映出许多性别成见。有的规定对职业女性及其家庭非常不公平，必须被推翻。此外，如果能获得有利于美国公民自由联盟原告客户的裁决，案件涉及的任何额外费用都会由公共资金支付，不用私人自掏腰包。

金斯伯格知道，无论最终选择哪些案子来做，都要保证它们满足某些条件。案件必须"事实清楚"，也就是说，所涉及的必须是普通人遭遇的不公平待遇，而且一眼就能看出来。此外，必须具体、狭义地定义每一起案件，同时逐步提出更严格的要求，以此推动联邦最高法院逐步接近严格审查。此外，她还决定在联邦地区法院这一层级寻找可以接手的案件，这样她就可以覆盖到各个层面。不管是案子输了以后需要上诉到联邦最高法院，还是案子赢了以后需要在联邦最高法院应对政府提出的上诉，她都可以保证自己的工作滴水不漏。无论如何，从联邦地区法院进行上诉都是通往联邦最高法院最直接的途径。[43]

* * *

那么如何提高法院做出有利裁决的可能性呢？在决定把涉及宪法问题的案件打到联邦最高法院时，目标型律师就知道大法官们做出裁决前要听取民意、政府其他部门和舆论界的意见，包括法律学者、受尊敬的记者和其他能影响大法官的判断的人。金斯伯格知道，让权利惠及女性这一点也不例外。

促进公众对性别平等的支持很重要，有三个因素。首先，大法官们并非生活在真空之中，他们对社会运动的思潮有所了解，公众对公平合理的看法会影响司法裁决。其次，正是因为民选机关更能反映民意，联邦最高法院也会考虑国会和政府的行动，以保证三大机关是朝着大致相同的方向前进的。最后，在推动考虑新的宪法议题的过程中，舆论也扮演重要角色。在性别平等议题上，这三个因素看起来都在朝好的方向发展。

在过去的 10 年里，民意调查显示公众对性别平等的看法经历了缓慢而戏剧性的转变。到 1972 年，大部分美国人认为女性确实有遭受性别歧视。只有不到 1/3 的人（31% 的男性和 25% 的女性）认为女性的地位不需要改变。[44]

同样重要的是，国会已经在推动性别平等方面出台了切实的举措。1963 年国会通过《同工同酬法》，1964 年《民权法案》第七章禁止性别歧视，1972 年《教育修正案》第九章明确禁止教育界的性别歧视。此外，公平就业机会委员会即将在一起性别歧视案上和商业巨头美国电话电报公司达成和解。政府看起来也非常重视职场性别平等，至少在"新尼克松"出现的时候。[45]

政府行动中最具象征意义的事件发生在 1972 年，当年 3 月 22 日，国会以压倒性多数通过了《平等权利修正案》，在联邦和州法中禁止性别歧视。修正案要正式生效，须获得 38 个州的核准。在接下来的几个月里，有22个州很快批准了修正案，几乎达到了要求的2/3。国会和这些州的行动都让联邦最高法院的大法官们放心地认为自己并不是"穿着法袍的激进分子"，并未篡夺其他政府机关的权力。[46]

另一项进步是有更多的女性参与法律事务。尽管女性法律工作者的人数仍然很少，而且在联邦最高法院眼里这与性别平等并不直接相关，但更多女性参与法律工作象征着改变，让更多人意识到性别平等并不只是女权组织上街游行的借口，其中一些女权组织的名字十分夺人眼球，比如"复仇女神"、Cell 16和WITCH（来自地狱的妇女国际恐怖阴谋）等。现在有了更多女权主义律师，有更多女性为联邦最高法院法官做助理，下级法院也在处理更多的性别歧视案件。[47] 仅1971年一年，就有9本颇具影响力的法律期刊发表了84篇关于性别歧视的文章，有5本期刊为性别歧视问题出版了特刊。[48]

法学院的男女比例变化也很能说明问题。1967年，法学院女性仅占4.5%，1970年这一比例变为8%。1970年12月，美国法学院协会和美国律师协会出台歧视禁令，美国的法学院向女生敞开了大门。[49] 到1973年，女性比例翻了一番，达到16%。现在终于有联邦法律法规禁止性别歧视了，到21世纪，女性法律从业者的人数很可能超过男性。对20世纪七八十年代入读法学院的学生来说，性别平等已成为其抗争议程的重中之重，新组织的全国女性与法律大会表现出的活力就说明了这一点。[50]

金斯伯格很赞赏新一代女律师蓬勃向上的行动主义。在赫尔马·希尔·凯等学术前辈的带领下，她们在下级法院发起诉讼，准备文书，进行学术研究，最终吸引了法院的注意。但金斯伯格认为，还需要在女权群体之外做更多工作来提高整个司法界的意识。[51]

***

1972年9月，美国公民自由联盟及其分支机构在科罗拉多州的博尔德市举办两年一度的会议。金斯伯格夫妇上一次到访科罗拉多州丹佛市还是来办莫里茨案，这几年发生了很多变化。她在哥伦比亚大学站稳了脚跟，在美国公民自由联盟建立起一套支持体系，奈尔说这是他在美国公民自由联盟见过的最为明确的诉讼策略，她还成功地把两起很有希望获胜的案子打到了联邦最高法院，一起是斯特拉克诉国防部长案，另一起是弗朗蒂罗诉理查森案。[52]但有一件事从未改变，那就是金斯伯格仍然不愿意谈论自己。她在博尔德市的会议上发言时，奈尔惊讶地看着这位娇小而坚定的女士把当前的项目和未来的案例介绍得明明白白，但没有一句话提到她自己。虽然她仍有些腼腆，但还是展现出新的活力和威信。

会议期间，金斯伯格和费根还忙里偷闲去骑了马。两人在博尔德平坦的乡村策马而行，费根说："露丝自由奔驰，几乎有些野性，但始终运筹帷幄。"[53]金斯伯格努力工作，也尽情放松。她对事情的掌控力也很说明问题，不管是奔驰的骏马还是一个刚刚起步的法律部门都是一样。用她自己的话说，她几乎是以一己之力在工作中做到"兵来将挡，水来土掩"。[54]

她有一位男性好友幽默地说，金斯伯格作为"世界上最懂得瑞典民事诉讼法里的'一二三'和美国法律里的'四五六'有什么关系的人"，正在变成"为性别平等事业而战的老虎"，虽然是一只"安静、温和、明智的老虎，但仍然令人生畏"。[55]

第三部分

兵来将挡

| 第 9 章 |

痛失良机

越战期间,苏珊·斯特拉克上尉被派到越南一家军事医院工作,在枪林弹雨中指挥护理人员。作为一名护士和管理者,她的履历堪称完美。接着在 1970 年 9 月,她的上级得知她怀了孕。一个月后,她被送回华盛顿州的麦科德空军基地,并立刻收到退役命令。空军规定,女军人怀孕就要离开军队,女军官也不例外,除非她选择堕胎——一些军事基地可以提供堕胎手术。[1]

当时斯特拉克尚未结婚,身为罗马天主教教徒的她不愿意堕胎。她希望使用此前积攒的假期来完成生产和康复,请别人收养她的孩子,然后继续军旅生涯。可不幸的是,空军还有一条规定:"女军官如果在现役期间产下活胎……就必须尽快终止服役。"[2] 面临这样的情况,斯特拉克向华盛顿州美国公民自由联盟的律师求助,帮她在等待华盛顿东区联邦地区法院审理期间暂缓退役。

在此期间,斯特拉克于 1970 年 12 月 3 日诞下一名女婴。她小心地呵护着孩子,并为她找到了养父母。两个月后,斯特拉克获悉法院裁定空军的规定是合宪的,并未支持她的主张。她向第九巡回法院上诉,希望推翻下级法院的判决。到 1971 年 11 月,她得知上诉法院在未能达成一致的情况下维持了下级法院的裁决。现在摆在她面前的只剩一条路了，那就是联邦最高法院。[3]她的律师罗伯特·蔡斯勒是美国公民自由联盟华盛顿分支机构的成员，他联系到金斯伯格。

*　*　*

在仔细看过案卷之后，金斯伯格认认真真地思考了这起案件及其提出的问题。[4]她认为，尽管两性之间明显的生理差异不容忽视，但案件与此无关。相反，案件触及的是两性关系给育龄女性带来的种种压力——因为怀孕不得不放弃必要的工作，或者是被迫终止妊娠，又或者是在违背个人意愿的情况下足月生产。当这样的压力成为法律法规时，法律从本质上就成为基于性别压迫女性的工具。

空军允许成为父亲的男军人留在部队里，他们退役后如果再次入伍还能拿奖金，与此同时又强迫那些当妈妈的女军人退役，这完全就是基于旧式成见的性别区分。这种政策还在处境相似的个体之间构成了令人不满的区别对待——比如苏珊·斯特拉克和她孩子的爸爸，孩子是两个人共同孕育的。金斯伯格认为，斯特拉克案就是性别歧视的典型案例。[5]

但想要说服9位男性大法官很难，特别是他们中还有人在全员男性的军队里服过役。马勒案的裁决仍然有强大的影响力，即女性因能孕育后代而必须受到特殊对待。法官们难以认识到，对女性的保护很容易就会变成限制。此外，军方还认为要做好全面战斗的准备就必须施行斯特拉克反对的这些规定。《平等权利修正案》的相关历史也帮不上什么忙，以保利·默里和玛丽·伊斯特伍德为首的女权主义者领导建立了促进修正案通过的策略，她们曾让步说，禁止性别歧视不应该包括涉及男女独特生理特性的法律，比如怀孕。[6]为了平息反对者的担忧不得不做出这项务实的让步，贝拉·阿

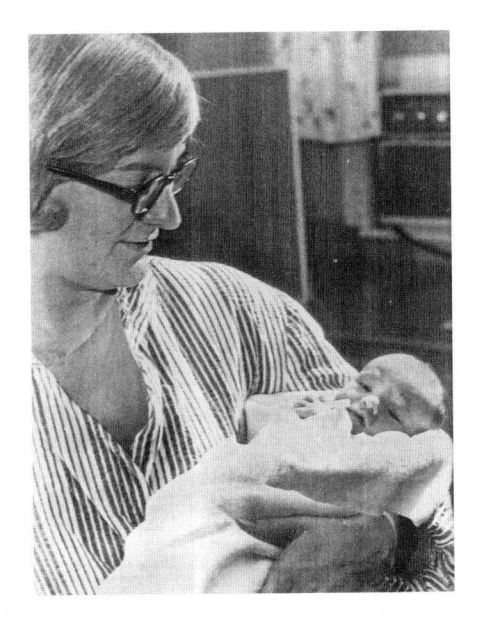

空军军官苏珊·斯特拉克，斯特拉克诉国防部长案中的原告。金斯伯格提出了强有力的平等保护论述，令空军改变了怀孕人员管理办法。也因为空军在案子开庭前就修改了相关政策，联邦最高法院驳回了诉讼，金斯伯格没能出庭进行口头辩论。

布朱格、贝蒂·弗里丹等女权运动领袖也是赞成的。在国会讨论这项提案的时候，人们多次提出担心修正案所要求的男女平等会导致强奸罪和产妇福利被废除。[7]

金斯伯格明白，默里和伊斯特伍德的初衷是狭义地定义生理差异这项条件，令其受到严格的司法审查。耶鲁大学法学院教授托马斯·埃默生做过一项权威的研究，内容正是修正案的潜在影响，他也同意她们的观点。如若不然，"独特的生理特性"这项条件就会给旧式的"男女有别"打开大门，而这种陈旧观念正是性别歧视的核心。[8]

斯特拉克案还有一点很重要：斯特拉克面临的困境还包括堕胎问题，军队给那些怀了孕但还想继续服役的女军人只提供了这一个选择。怀孕相关的法规——无论是州政府严格限制堕胎还是军队要求必须堕胎才能继续服役，都明确反映出针对女性为人母这一"天然"角色的性别成见。从历史上看，这意味着把未来的妈妈圈定在家庭领域，让她们担任传统的照顾别人的角色，以此"保护"她们。

金斯伯格和女权律师们都明白，母职给女性带来的限制是实实在在的——影响她们获得良好的教育以及符合市场需要的技能，或追求令人满意的职业，参与政治，或者在社会上从事其他和完整公民权相关的事业。女性公民可以选择成为母亲，本着自我牺牲的精神完全投身于养育孩子。她们可以考虑把母职作为一生最满足的经历，也可以根据自身的情况用各种方式把为人母的身份和其他身份与行动结合起来。[9]

但是，国家绝不能强迫女性在母职和其他道路之间二选一。金斯伯格认为，国家这样做无异于以"保护"为名来胁迫女性，这就构成性别歧视，特别是对于在种族和阶级层面处于弱势地位的女性，这样的做法无异于将她们归为二等公民。[10] 金斯伯格坚决反对这种胁迫。

* * *

1972 年，金斯伯格向联邦最高法院递交了斯特拉克案的上诉书，这恰逢一个重要时机：终止妊娠正从私人问题转变为激烈的公众讨论，在十几年的时间里，讨论从立法机构进行到法院，最终摆在联邦最高法院面前。直到 19 世纪中叶，在"胎动"之前（即孕期的头三个月）堕胎都不算犯罪。到 1910 年，除了肯塔基州，各州都规定在怀孕的任何阶段皆不可堕胎，只有为了挽救母亲生命而进行的"治疗性"流产可以作为例外处理。但实际上堕胎从未停止过。在二战后，有钱有势的女性如果需要终止妊娠，要么选择出国，要么由私人医生介绍给可靠的医生。贫困女性，特别是有色人种，就没那么幸运了。在 20 世纪 60 年代的纽约市，有将近一半

（42.1%）的孕妇死亡都是非法堕胎酿成的事故。[11]

如此严重的后果让公共卫生官员感到震惊，他们也找到了其他希望寻求改变的盟友，那就是医生。医生希望能够自由地根据自己的专业判断来照顾病人，而不用担心被那些头脑发热的检察官挑毛病。神职人员、心理治疗师和心理医生也因无法给前来求助的人提供更多选择而感到不满。尽管动机不同，但主张堕胎非罪化的人们都一致希望改革压迫性的法规，并最终废除它。[12]

20世纪60年代，改革者们首先在州一级的立法机构提出了由美国法律学会编纂的法律范例。在医院委员会的批准下，医生可以利用治疗性流产的豁免权来为因强奸、乱伦而受孕，胎儿有缺陷，或是身体和精神健康状况不佳的孕妇进行堕胎。媒体广泛报道沙利度胺①导致先天畸形的可怕案例，以及发现风疹病毒会导致胎儿畸形后，加利福尼亚州、科罗拉多州和北卡罗来纳州在1967年改革了堕胎法。但人们仍然感到不满，部分原因是放宽限制的步伐仍不够快，向医院委员会申请堕胎的手续烦琐，以及在放宽堕胎限制的州也并没有多少例手术真正得到实施。随着其他州的立法改革停滞不前，改革者们转而推动废除堕胎限制——随着女权主义复兴，这种方式收获了更多支持。[13]

全国妇女组织主席贝蒂·弗里丹反对旨在保护医生的性别家长制法规，她说："只有一个声音需要被倾听……必须将女人控制其生育过程的权利确立为基本的人类公民权利，不受国家的否定或侵犯。"[14]女权主义者阐明了堕胎不再仅仅是一个公共卫生问题，而是女性决定权的问题。这也不是要把女性从母职中解放出来，而是让女性拥有"自决权"，即女性作为公民的自由、平等和尊严。

---

① 沙利度胺，镇静剂，在20世纪50年代开始用于缓解孕妇恶心、呕吐等，在20世纪60年代被发现导致新生儿畸形。——编者注

随着挑战堕胎限制的法律论点逐渐形成，堕胎的斗争也进入了法庭。最初的诉讼集中在医生身上，律师帮那些因给孕妇堕胎而遭到起诉的医生辩护，他们的论点是相关法律过于模糊不清。[15] 纽约州和康涅狄格州的女权律师为了教育法官和公众，找到女性原告来打官司，用她们的故事帮助人们理解严格的堕胎法带来的后果。在这个过程中，律师们也列出了更多堕胎限制所侵犯的宪法权利：女性的隐私权、自由权、平等保护权，以及免于（因性行为而受到）残忍和不寻常的惩罚的权利。纽约州议会后来以微弱的优势废除了堕胎限制，相关诉讼也因此撤案，但其他州仍有诉讼在进行。[16]

由于下级法院在堕胎案的判决上矛盾重重，联邦最高法院在1971年同意审理两起案子：一起是罗诉韦德案，涉及的是1854年得克萨斯州的一项禁令，该法律只允许在挽救母亲生命的情况下进行堕胎；另一起案子是多伊诉博尔顿案，挑战的是佐治亚州的新法规，该法规规定在极其有限的条件下允许放宽堕胎限制。[17]

* * *

伍尔夫收到多伊案最主要的文书时，金斯伯格正在准备里德案的文书。得益于多萝西·凯尼恩和计划生育联合会的哈丽雅特·皮尔珀的推动，美国公民自由联盟一直都站在放宽堕胎限制斗争的前沿。美国公民自由联盟全国委员会成员玛吉·黑姆斯带领亚特兰大团队对佐治亚州的法规发起挑战。伍尔夫把多伊案的文书交给金斯伯格，询问她的意见。[18]

仔细研读后，金斯伯格觉得黑姆斯写的文书说服力不足。文书的基本论点没有问题，即国家没有令人信服的理由来干涉妇女是否要足月生产。在她看来，问题在于美国公民自由联盟的文书没有展现出高超的法律水平。金斯伯格坚称，美国公民自由联盟的文书必须做得和最好的私营律师事务所一样优秀。同时，终止妊娠权的论点还需要有更牢固的宪法基础才能巩固女性的主张。[19]

与发起罗案的两位年轻的得克萨斯州律师萨拉·韦丁顿和琳达·科菲一样，多伊案的律师也选择将重点放在隐私权上，即按照1965年的格里斯沃尔德诉康涅狄格州案的规定，婚姻隐私权保护人们在不受国家干预的情况下使用避孕措施的权利。金斯伯格不赞同把重点放在隐私权上。[20]即使和正当程序结合起来，把隐私权作为女性生殖自由的基础也可能引发问题。宪法中并未对隐私权做出明文规定。金斯伯格认为，如果能以平等保护原则为基础精心打磨出一套论述，至少可以提供宪法文本的支持。就像布朗案和学校种族融合争议所反映出的问题一样，一项里程碑式的判决想要保持长期有效，在宪法文本中找到支持是至关重要的。[21]

* * *

斯特拉克案看起来适逢其时。能不能利用里德案提供的机会以性别平等的方式处理生殖权利相关议题，并以此为先例挑战其他形式的怀孕歧视，甚至是堕胎限制呢？在温迪·威廉斯和苏珊·德勒·罗斯的领导下，性别歧视的论点在下级法院和公平就业机会委员会取得了一些进展，但还远远不够。随着金斯伯格的思考越来越深入，她越发认为把生殖权利置于平等保护的框架之下才是恰如其分的。她也明白，一份精心打磨的诉状可以影响司法考量。

找到一个好时机也至关重要。1971年12月13日，罗案和多伊案进行了口头辩论。但大法官们开会讨论后对两起案子都没能达成共识。到1972年，两位新晋大法官鲍威尔和伦奎斯特加入联邦最高法院。同年5月，大法官布莱克门撰写了一份意见书草稿，[22]其他大法官感到不太满意，于是联邦最高法院决定安排这两起案子在全体大法官面前重新进行一次口头辩论，时间定在了1972年10月11日。斯特拉克案也将于同期审理。

* * *

金斯伯格知道，必须精心构建斯特拉克案的论点。平等待遇、性隐私权和自主权，以及宗教信仰自由权都牵涉其中。主要目标有两个：第一，阐明以社会对孕妇群体的成见来进行性别划分对苏珊·斯特拉克这样的女性个体是不利的；第二，阐明对怀孕、生产和母职充满成见的法律法规是如何在更大的层面上让女性的地位低人一等的。在整个过程中，金斯伯格必须强调一个关键问题，那就是平等原则要求我们仔细分辨法律中的区别对待在什么情况下侵犯了女性作为平等公民的权利，是以何种方式侵犯的。要弱化生孩子的"独特"一面，就必须把与怀孕相关的残疾和其他形式的短期伤残等同起来看。

斯特拉克案的诉状开宗明义："直到最近几年，法学家都一直认为给孕妇和母亲的任何区别对待都是'从善意的角度照顾她们'。但实际上，限制性的规定，特别是强迫孕妇离职的规定，都是'天然的绊脚石'，极大地束缚了女性的机遇。"[23] 这些规定迫使女性"接受在社会中的从属地位"。

金斯伯格辩称，空军声称其怀孕条例维护的是"合理而令人信服的利益"，即不鼓励军人怀孕、要保持部队战斗力。[24] 这种说法不应采信。军队施行这样的规定，剥夺了斯特拉克上尉受到法律平等保护的权利，严重侵犯了她决定是否要孩子的自主权。[25]

金斯伯格首先探讨的是怀孕歧视的问题，她承认，把任何短期伤残的军人撤出战斗区都是完全恰当的。对医学上其他的短期伤残，包括药物成瘾和酗酒，空军都鼓励上报、复健和重新分配，而怀孕是唯一一种必须退役的短期伤残。金斯伯格辩称，这明显构成性别歧视。

金斯伯格写道，这种规定背后的逻辑与战备没什么关系，主要是针对女性的偏见和对母职的传统观念导致的。认为女性一旦怀孕就丧失了能力，必须马上离职，回家待产，然后全身心投入育儿之中，这种观念少说也是过时且对女性不利的。实际上，许多女性仅仅在分娩前后的几个星期里才会行动不便，而上述观念让女性"在孕期甚至产后的很长时间里都无法接受培训或积累其他工作经验"。[26]

金斯伯格说，更具破坏性的是设立"严刑峻法"阻止女军人在产后重返部队。在非自愿的情况下自动解雇一名军官不仅剥夺了她的工作和福利，还进一步剥夺了她最需要的东西，那就是像以往一样继续工作来自力更生，以及接受更多培训和被提拔的权利。金斯伯格指出，不管是军人还是普通女性，她们都不是为了"零花钱"工作的，她们经常需要自给自足，甚至是全家唯一的收入来源。一项法规如果不考虑这样的现实，就会迫使女性不得不接受次等职业，或是在经济上依赖他人。[27]

此外，空军这条规定背后的原理似乎并不合乎逻辑。要实现空军所宣称的战备状态，并不需要在非自愿的情况下立即解雇怀孕的女军人。金斯伯格指出，部队维持人员战斗力的常规做法是让战斗区域内外的相关人员轮流换岗。把一名怀孕的女军人换出战斗区，与把一名因受伤或酗酒而短期内不能执行任务的男军人换出去并没有区别。实际上，产后恢复期往往比其他伤残的康复期短得多。

此外，空军辩称其次要目标是不鼓励军人怀孕，但仅仅解雇生育的女性并不能实现这一目标。主动堕胎或被动流产的女性空军人员并不会受到惩罚，而有孩子的男军人无论已婚与否，都不会受到惩罚。相反，成为父亲的男军人如果继续服役还会获得经济奖励。空军还说，改变规则会在文书记录方面带来更多负担，这一辩护也不可采信。联邦最高法院已经在里德案中明确指出，行政上的不便并非充分理由。

最后，金斯伯格谈到了堕胎本身。要求女性必须终止妊娠才能追求作为空军人员的事业，这剥夺了她们的个体自主权和宗教信仰自由权，让她们无法根据自己的道德和宗教信仰来做出决定。一同孕育了小生命的男性并不用面临类似的负担，因此这样的规定就是基于性别构建的。

金斯伯格最后总结道，这项规定侵犯了苏珊·斯特拉克受宪法保障的平等保护权，甚至通不过合理基础审查。如果说问题的根源在于身体障碍，那么她给军队造成的负担还不如药物成瘾和酗酒的军人；如果说问题的根源在于以性行为来衡量的道德标准，那么她的男性伴侣也负有同样的责任，但为人父没有给他带来任何不良后果。

* * *

金斯伯格的诉状是有效倡导的典范之作，在其他方面也引人注目。曾有人批评金斯伯格对平等的观念局限于在形式上让男人和女人受到一模一样的对待，这份文书证明了这种说法是不对的。[28] 她既没有强调又没有忽视女性在孕育下一代上的独特作用，也并不反对一切基于性别的区别对待，而是要求联邦最高法院承认那些采纳了传统性别成见的分类是如何剥夺女性的机会的。她重点关注的是空军政策的长期影响及其如何固化了女性低人一等的地位。这份文书的写作时间也值得关注。1972年，欧文·费斯尚未写出他关于女性屈从地位的经典文章，文章中提出涉及种族的平等保护案件应该更多地关注对少数群体不利的社会习俗，而不是分类本身。凯瑟琳·麦金农也要等到 7 年后才会将从属理论应用于针对女性的职场性骚扰议题。可是，先知先觉的人并不总能得到回报。[29]

* * *

金斯伯格在哈佛大学法学院的老院长欧文·格里斯沃尔德现在是司法部副总检察长了，这也就意味空军有一名强有力的律师为其辩护。格里斯沃尔德吸引了一些顶尖的年轻律师为他工作，保证政府提交的文书非常有说服力。但金斯伯格没想到的是，格里斯沃尔德会建议空军改变规定，并给斯特拉克上尉豁免权。[30] 格里斯沃尔德此举是明智的，金斯伯格后来也承认，这是眼光长远的做法。这让斯特拉克可以继续她的军旅生涯，案子也将随之被驳回。

这起案子原来会和多伊案一起由联邦最高法院裁决，结果被驳回了，这让金斯伯格错失了 1972—1973 年度在联邦最高法院赢得首胜的机会。更重要的是，她也因此错失了让联邦最高法院理解怀孕歧视就是性别歧视的机会，没能利用斯特拉克案推动联邦最高法院用自由和平等的视角看待生殖自由。这个机会不复存在了。

* * *

1973 年 1 月 22 日，前总统林登·约翰逊逝世，首都为他降半旗。同一天，联邦最高法院终于公布了罗案和多伊案的裁决。达成共识并不容易，大法官们无意让孕妇能够轻易终止妊娠。让他们纠结良久的是孕妇的堕胎权应该在哪些情况下让位于国家对胎儿生命的保护。为了迁就同事们的种种顾虑，布莱克门大法官最终写出一份意见书，收获了 7 位大法官的赞同，包括布伦南、马歇尔、道格拉斯、斯图尔特、鲍威尔、伯格和他本人。[31]

从宪法的角度而言，罗案和多伊案裁决的基础是隐私权，是涵盖在实质性正当程序的自由权中的。布莱克门在他撰写的多数意见中承认，宪法并未明确提及个人隐私权，但许多裁决都承认隐私权的存在，无论是根据宪法第十四修正案规定的正当程序原则，还是根据宪法第九修正案规定的"宪法中未列举的权利属于人民"都是一样。布莱克门写道，隐私权的广泛性足以"涵盖妇女自行决定是否终止妊娠的权利"。他继续写道，"但这项权利也并非不受限制"，必须将其与保护孕妇健康和"潜在生命"的国家利益进行权衡。[32]

为了照顾这些各不相同的利益考量，曾为美国连锁医疗机构梅奥医院做过顾问的布莱克门采纳了"妊娠三阶段制"：在孕期的头三个月中，堕胎应属于医学判断的范畴，由孕妇的医生做出判断，不受国家干预；在中间三个月里，保证孕妇的健康是重中之重，在这一前提下，医生可以按照政府规定的一些条件为孕妇实施堕胎；在孕期的最后三个月中，政府可以把胎儿的利益置于妇女的堕胎权之上，除非母亲的生命或健康受到威胁，否则政府可以禁止堕胎。

多伊案的意见书较短，联邦最高法院推翻了佐治亚州为堕胎设立的狭隘的豁免范围，并宣布孕妇无须获得医院委员会的批准，也无须在自己的医生之外再征得两名医生的同意。此外，堕胎也不一定要在医院进行，其他有执照的机构满足相关卫生标准也可以进行堕胎手术。[33]

怀特大法官写了一份简短而激烈的反对意见，称这一判决是"司法权滥用"。他说，宪法的文本和历史都不曾支持将女性的便利置于胎儿的生命之上。伦奎斯特也强烈反对。他同意怀特的观点，认为联邦最高法院越权了。他指责道，多数意见所依据的隐私权并不是宪法第十四修正案保护的"自由"，"一下子废除所有对孕期头三个月内流产的限制"构成了司法造法。[34]

＊＊＊

对倡导废除堕胎法的人而言，这两项裁决都值得庆祝。全国堕胎权利行动联盟的主席欢欣鼓舞地表示，罗案的裁决，特别是与多伊案的一同出台，"其范围远远超出了任何人的预期"。"判决太有力了，"皮尔珀在一次采访中说，"我们希望达成这样的效果，但没想到一击而胜。"[35] 但法律学者们即便赞同案子结果，仍然心怀担忧。包括金斯伯格在内的许多人都认为，罗案的裁决在医学上是值得称道的，但在法律上站不住脚。

公众对裁决的反应也与预期中一样分裂。堕胎法改革运动在20世纪60年代蓬勃向上，民意调查显示在60年代末，64%的美国人（包括大多数罗马天主教教徒）认为"堕胎不应该是法律问题，而应该让准父母和医生自行处理"。[36] 但除了涉及妇女健康、严重胎儿缺陷或强奸的情况，公众对废除堕胎法并没有达成共识。[37]

在20世纪60年代末，天主教的主教们率先反对州立法机构放松堕胎限制。[38] 尤其是受到1970年纽约州废除堕胎限制的刺激，反堕胎者在许多州成功建立了反对组织。到1972年总统大选，堕胎已经成为党派问题。为了从民主党手中赢得天主教教徒和中部腹地选民的支持，尼克松称他的民主党对手乔治·麦戈文是"三A候选人"，即支持堕胎（abortion）、赦免逃避兵役的人（amnesty）、支持毒品合法化（acid）。共和党保守派活动家菲莉丝·施拉夫利把堕胎、《平等权利修正案》、女性解放和联邦政府资助的日托机构并称为美国女性和母亲最厌恶的事物。

反堕胎运动在罗案之后爆发了。女权主义者认为案子是关于女性是否有权在不受政府胁迫的情况下自行决定是否要孕育一个孩子，而其他人认为这是道德上的堕落，是女性的自我放纵和对母职的违背。虽然早前立法斗争中已经出现了反堕胎抵抗，但直到70年代中期反堕胎运动才真正风起云涌。右翼组织成功利用人们对传统道德观念滑坡、对"家庭"和国家衰落的担忧建立起一个反堕胎联盟，这个联盟庞大、愤怒且越来越党派化。[39]

* * *

布朗案的裁决引发了强烈反对，在州和国会层面都有人试图削弱学校的种族融合，鉴于这些经验，美国公民自由联盟的领导者立刻意识到他们必须掌握反堕胎立法的动向，也必须做好准备在必要的情况下进行诉讼。奈尔预计，会出现一大波案例旨在逐步推翻罗案的裁决，他立刻请金斯伯格做出应对，但她礼貌地回绝了。[40]女性权利项目的经费不足，特别是福特基金会不允许用其资金进行堕胎权相关诉讼。她负责的平等保护诉讼才刚刚开始，而且女性权利项目已经计划要接更多案子。人手也是个问题，这个小小的法律团队无法接手更多的诉讼，尤其是还要考虑到美国公民自由联盟分支机构的要求。她个人的时间也不允许。

他们很快想出一致的解决办法，那就是再建立一个单独的生殖自由项目，专门致力于维护罗案的裁决。在当时的情况下，这是唯一可行的选择。对罗案的结果喜忧参半的金斯伯格一定松了一口气——她甚至不记得奈尔曾经请她来负责相关诉讼了。[41]

* * *

金斯伯格在1979年对伊莎贝尔·卡茨·平茨勒表示，罗案"是10年来最重要的诉讼进展"。[42]但和其他许多女权律师一样，金斯伯格对该裁决的医学性质感到痛惜，好像联邦最高法院裁决时主要考虑的是医生的自主权，而不是女性的自主权。她后来表示，联邦最高法院应该"把关注的重点放在女性本身，而不是将女性和医生捆绑在一起"。[43] 她认为，全员男性的联邦最高法院对相关议题的解释过于狭隘了，焦点"不是狭隘地考虑胎儿利益和女性利益的矛盾，也不是国家和个人谁来控制孕期女性身体的问题"。她强调，还应该考虑的是女性对性和养育子女的问题做出自主决定的权利，这些决定影响着"女性整个人生历程"。[44] 这与她在斯特拉克案中关于与怀孕有关的法规对平等公民权的长期影响的观点相呼应。

金斯伯格还对布莱克门大法官将孕期分为三个阶段的做法提出疑虑。如果一个女性出于某些原因没能在孕期的头三个月找到医生，该怎么办呢？另外，随着胎儿技术的进步，胎儿离开母体存活的时间可能越来越提前，这对女性的堕胎权又意味着什么呢？还有就是她一直担心的，罗案所依据的隐私权在宪法上并无明文规定，而是从格里斯沃尔德案的裁决中衍生出来的，许多法学家都认为格里斯沃尔德案的裁决在法理上站不住脚。[45] 金斯伯格坚信，如果让堕胎权根植于宪法第五和第十四修正案的平等保护原则之中，就能够保护相关裁决在法律和政治层面不易被推翻。[46]

金斯伯格担忧的也不只是隐私权薄弱的宪法基础。作为一个受过过程理论训练的人，她深深了解立法机构之间的互动，懂得对司法审查权保持尊重的重要性，也理解联邦最高法院作为一个机构的价值所在。她认为，罗案和多伊案这两项影响力极大的裁决对以上三个层面均构成挑战。得克萨斯州关于堕胎的法律是全国最极端的，联邦最高法院本来只要裁定得克萨斯州的法律无效即可，无须审理多伊案。这样就能给公众一些时间消化罗案的影响，也给各州立法机构一个机会和选民沟通，制定新的法规。人们可以继续对那些过于严苛的法律发起诉讼，这样联邦最高法院就可以一步一个脚印地前进，给公众更多适应的时间。她担心，随着反对的声浪越发高涨，罗案目前的裁决也会变得越来越站不住脚，并威胁到联邦最高法院自身的合法性和权威性——如果判决写得不那么宽泛的话，可能就不会造成这种局面。[47]

* * *

许多著名法律学者也大致同意金斯伯格的看法，包括西尔维娅·劳、凯瑟琳·麦金农、朗达·科佩隆、列娃·西格尔、罗宾·韦斯特、卡斯·森斯坦、肯尼思·卡斯特和劳伦斯·特赖布。西尔维娅·劳强有力地表示："以隐私而非平等来立论，令我们无法把注意力集中在这个问题上——反对堕胎压迫的是女性。"[48]

但正如西格尔一针见血地指出的，这种有所保留的态度在当时的女权法律界被淡化了，至少没有以文字的形式反映出来。在《平等权利修正案》等待各州批准期间，修正案的支持者尽量避免从性别平等的角度探讨堕胎权。他们担心这样做可能会正中施拉夫利这样的右翼反女权活动者的下怀，她把修正案和各种她能想到的威胁联系在一起，如堕胎问题、强奸法的废除和同性恋权利等。[49]

但是到1976年，接二连三有许多州拒绝为贫困女性堕胎提供资金支持，这让女权主义者难以继续保持沉默。在1977年的马厄诉罗案中，联邦最高法院裁决女性虽然拥有不受国家干预寻求堕胎的权利，但这项权利并不要求州和地方政府为堕胎支付费用。[50] 国会中反对堕胎的议员们一看联邦最高法院开了这个绿灯，就迅速提出了一项修正案，禁止使用联邦经费为贫困女性支付堕胎费用，除非孕妇有生命危险，否则即使是因强奸或乱伦受孕也不例外。

在1980年的哈里斯诉麦克雷案中，联邦最高法院审议了这项禁令。为禁令辩护的律师说，正当程序保护人民的基本自由不受政府侵犯，但仅此而已。[51] 简言之，正当程序是一种"消极的"自由。根据这种理解以及马厄案的先例，联邦最高法院在哈里斯案中再次裁定，罗案禁止政府在堕胎问题上侵犯女性的隐私，但并不要求政府为堕胎支付费用。联邦最高法院称，医疗补助并非一项权利，而是一种"特权"——这一说法让金斯伯格感到无法理解。

金斯伯格总结道，哈里斯案的多数意见"违背理性"，持反对意见的三位大法官布伦南、马歇尔和布莱克门也做出相同的评价。对那些因贫困而别无选择的女性来说，仅仅拥有字面意义上的选择权又有什么用呢？隐私和自由理论保障的是消极的自由，因为这两者都专注于政府不能做什么，对此金斯伯格比很多人的理解都深刻。她也知道，在罗案以前，女权主义者和法律界的盟友们就已经在关注贫富差距对女性堕胎途径的影响了，但罗案并没有应对这一关切。[52]

* * *

《平等权利修正案》直到1982年的最后期限仍未获核准，金斯伯格和女权法律界的盟友也开始公开指出罗案的局限性。但堕胎权的相关讨论也在发生变化，到1982年，天主教教徒、新教原教旨主义者和新右派为反堕胎势力带来了新的支持者、手段和政治影响力。[53]对罗案的立场已经能决定政治候选人和法官的命运，甚至可以说罗案是文化斗争中的决定性问题。反堕胎人士的手段不仅包括组织纠察队，还包括用炸弹攻击诊所、刺杀医生和诊所工作人员等。面对这些手段带来的重重困境，拥护选择权的领导者认为任何对罗案的批评都是值得怀疑的。正如全国堕胎权利行动联盟的凯特·米歇尔曼所观察到的，金斯伯格"对罗案的批评令人们担忧她到底认为女性的选择权是一项基本权利，还是一项不那么重要的权利"。[54]

金斯伯格的另一个观点，即如果罗案的裁决不这么宽泛就会在州一级造成不同影响，也引发了异议。她认为如果联邦最高法院不做出这么彻底的裁决，改革是可以在立法层面实现的。但有人提醒她，罗案裁决前的相关立法记录可并不像她说的那么乐观。即使在她的家乡纽约州，在罗案后的几个月里，堕胎能够保持合法状态也全靠州长纳尔逊·洛克菲勒否决了堕胎禁令。法律历史学家戴维·加罗说，金斯伯格所说的立法自由化"根本完全是错误的"。[55]

布莱克门一贯为罗案的判决辩护，他承认金斯伯格从性别平等出发的观点"是有道理的"，但他坚称金斯伯格是在"挑罗案的毛病"。布莱克门说，对20世纪80年代的舆论来说，金斯伯格的理论"很容易接受"，但在1972—1973年可不是这么回事。他指出，金斯伯格"当时不在一线"，认为她的回应只是"法学教授的马后炮"。法学教授的工作就是对联邦最高法院的裁决做出评估，布莱克门这是在居高临下地批评教授的指责。他后来还进一步阐释并补充道："道格拉斯大法官是完全支持以隐私权（分析堕胎议题的），在当时的情况下就应该这么做。"[56]

马克·V.图什内特在1972—1973年担任马歇尔大法官的助理，他也是杰出的宪法学者，他赞同布莱克门的意见。图什内特指出，联邦最高法院当时才刚刚开始承认女性的平等权利具有重大的宪法意义。在罗案中加入女性平等的理论"在1973年会被视作不够专业，那些呼吁这种观点的倡导者也是如此……那些男法官（性别在这里就是问题之一）还能用什么其他方式来处理这个问题呢"？[57]

奈尔也提出了类似的观点，他指出，当1965年纽约市的美国公民自由联盟分支机构打堕胎官司的时候，当罗伊·卢卡斯在格里斯沃尔德案后开始努力将堕胎定义为隐私权问题的时候，"女性权利几乎还没有任何司法保障……相关意识是几年后才出现的……就算我们当时就有这种意识，我认为我们也推动不了什么"。[58]

但当时已经有人在探讨运用平等保护原则处理堕胎议题了。关于纽约州和康涅狄格州的反堕胎法,有人就提出了平等论述。南希·斯特恩斯代表新女性律师组织为罗案准备的"法庭之友"意见书也提及了这一点。实际上,斯特恩斯基于宪法第十九和第十四修正案提出了相当强有力的平等主张。[59] 全国妇女组织、美国大学妇女联合会和其他团体也提交了相似的"法庭之友"意见书。[60] 最重要的是,第二巡回法院的法官 J. 爱德华·伦巴德作为三名法官组成的合议庭成员之一,在裁定康涅狄格州一项堕胎法无效时就采纳了这一观点。[61]

大法官布莱克门、鲍威尔都知道伦巴德法官的判决。但正如布莱克门的传记作者琳达·格林豪斯指出的:"联邦最高法院在罗案中听到的和最终表达出来的内容之间存在差异。"[62] 如果这项裁决来得再晚几年,让金斯伯格有机会为其他性别歧视案进行辩论,布伦南大法官很可能会加入根植于平等保护原则中的性别平等主张。尽管法律学者们做过尝试,但很难想象在 1972 年能够获得什么不同的结果。[63]

* * *

然而金斯伯格还是坚信,如果大法官们在裁决罗案和多伊案之前能先审理斯特拉克案的话,他们可能就会以不同的方式处理生殖问题。[64] 她后来也承认,这种想法可能是一厢情愿。[65] 但毫无疑问的是,在罗案中加入性别歧视的考量会对生殖法律产生深远的影响,特别是性别平等法理学才刚开始形成。更显而易见的是,这也许能让人从性别层面看待生殖问题,并理解为什么要由女性而不是国家来承担选择的责任——到 1992 年,联邦最高法院在凯茜案中往这个方向前进了一步(不过凯茜案的裁决对各州的权力和保护女性的

| 第9章 | 痛失良机　211

立场都做出了妥协）。[66]

* * *

罗案引起的愤怒并不仅限于法律的细节。[67]支持胎儿生命权的人觉得罗案否定了他们的价值观，让他们感到"好像被自己的国家抛弃了"。[68]对他们而言，胎儿和胎儿从受孕伊始就拥有的权利才是最重要的。"胎儿权利"和"胎儿人格"迅速成为反堕胎运动中最流行的口号。口号上的变化是设计好的，为的是在争端中将胎儿提升到和已出生的孩子同样重要的地位。这明显是一种手段，金斯伯格在罗格斯大学的老朋友菲利丝·扎特林·博林给她写了一封信大吐苦水："我做噩梦梦到，在成年女性还不算是（法律意义上的）人的时候，受精卵就被当成人了。"[69]《平等权利修正案》缓慢的进展也引人喟叹，扎特林的噩梦更让金斯伯格下定决心，要牢牢把握下一起案子的机会。

第 10 章

"小跃进"

沙龙·弗朗蒂罗是一名康复治疗师，在亚拉巴马州蒙哥马利市的马克斯韦尔空军基地医院工作，是一名少尉。1969年，23岁的弗朗蒂罗在家乡马萨诸塞州的格洛斯特市和爱人结婚。等新婚夫妇回到空军基地，弗朗蒂罗发现自己的工资单好像出了问题。她的男性战友们在婚后都会得到更多的住房补贴，但她没有。她的丈夫约瑟夫已经从海军退役，现在是全日制大学生。两人需要更多房补，还需要给约瑟夫办医疗和牙科保险。弗朗蒂罗觉得人事部门一定会修正这一错误。

但工资单并没有写错。按照法律，弗朗蒂罗少尉的房补就是这么多，她也不能为丈夫申请医疗保险，除非丈夫是她的"被扶养人"。按照一般标准来看，约瑟夫确实符合这个条件：沙龙的年收入为 8 200 美元，几乎占两人家庭年收入的 3/4。但按照联邦法律的规定，已婚女军人要想获得配偶福利必须证明她承担了丈夫生活开销的一半以上。根据美国《退伍军人权利法案》，约瑟夫作为退伍老兵每个月可以从海军领取 205 美元，他自己兼职做夜间值班员每个月还能挣 30 美元，加起来就不符合规定了。

在接下来大约一年的时间里，弗朗蒂罗少尉试图通过空军内部渠道解决这个问题，但屡屡受挫。这件事背后的原则让她非常生气，她认为军队用不同的标准对待男女军人根本就是错误的。她说："我们认为，不是男人依赖女人，也不是女人依赖男人，而是男女互相依靠。"[1] 但她提出的正式申诉并没有起到作用。

弗朗蒂罗夫妇称自己遭受了性别歧视，他们找到当地的律师小约瑟夫·莱文。弗朗蒂罗先生曾经在亨廷登学院听过莱文讲课。莱文是一名民权律师，当时正要和莫里斯·迪斯一起创办具有传奇色彩的南方贫困法律中心，他立刻明白了问题的根源。迪斯说莱文是个聪明而不知疲倦的人。[2] 莱文在亚拉巴马大学读书的时候，有一次在他犹太兄弟会房屋前的草坪上，三K党（Ku Klux Klan）[①] 焚烧了一个12英尺（约3.66米）的十字架，从此莱文对家乡的种族关系心生质疑。当时兄弟会的一名成员在校报上发表了一篇评论文章，批评州长乔治·华莱士不让黑人学生入读亚拉巴马大学，三K党焚烧十字架就是在抗议这篇文章。莱文读初中的时候发生了抵制蒙哥马利公共汽车运动[②]，当时他还没有意识到这场运动的重要性，但三K党公开的仇恨行为让大学生莱文开了眼界。

莱文读完法学院又当了两年兵，之后回到蒙哥马利。他在父亲的商业律师事务所短暂工作了一段时间，感到无聊，于是和天不怕地不怕的迪斯合伙做律师。两位年轻的诉讼律师专门代理那些可能成为民权领域重大案件的诉讼，他们打算从能付钱的客户那里赚钱，用于支持像弗朗蒂罗案这种激动人心的公益案件。[3]

[①] 三K党是美国民间奉行白人至上主义的团体，是种族主义的代表组织。Ku-Klux 来源于希腊文 KuKloo，意为集会；Klan 意为种族。——编者注

[②] 抵制蒙哥马利公共汽车运动是美国历史上具有里程碑意义的反种族歧视事件。1955年12月1日，亚拉巴马州首府蒙哥马利市的黑人女裁缝罗莎·帕克斯下班乘坐公共汽车时，因拒绝给白人让座，被认为触犯了《种族隔离法》而遭到逮捕。该事件演变为持续一年的反种族歧视运动，最终促使1956年美国联邦最高法院做出裁决，裁定蒙哥马利市的公交种族隔离法违宪。——编者注

莱文要做的第一件事就是告诉弗朗蒂罗夫妇，空军是很在意形象，不会把沙龙派到偏远的地方来报复她。弗朗蒂罗夫妇这才放下心来，同意起诉。接着，莱文在亚拉巴马州中区法院由三名法官组成的合议庭上对本案进行了辩护，合议庭的法官包括两名民权巨匠——小弗兰克·M.约翰逊和理查德·T.里夫斯，正是他们推翻了蒙哥马利市公交种族隔离法。[4] 多萝西·凯尼恩和保利·默里1966年代理的怀特诉克鲁克案也获得了这两位法官的支持。

但这次，两位法官没达成共识。约翰逊法官想判弗朗蒂罗赢，但就在他们和弗兰克·麦克法登法官合议的过程中，联邦最高法院下发了里德案的判决，含糊不清的判决书没起到什么帮助作用。联邦最高法院的判决拒绝在性别歧视案中使用严格审查标准，里夫斯采纳了联邦最高法院的意见。[5] 合议庭以2∶1裁定，弗朗蒂罗案涉及的性别划分与立法目的存在合理关系，那就是为政府节省资金和时间。政府假定多数军人妻子在经济上都依赖丈夫，就可以无须审核受扶养证明（但是，像约瑟夫·弗朗蒂罗这样的家属就不完全依赖他的爱人，相关成本也可以通过不给他这样的家属发福利节约下来）。判决下来，沙龙傻眼了。但约翰逊法官提出的强烈异议增强了莱文的信心，他保证道，事情还有转机。[6]

* * *

莱文联系到美国公民自由联盟，请他们帮忙向联邦最高法院上诉，伍尔夫和金斯伯格立即做出回应。弗朗蒂罗案是一起理想的平等保护案例，可以提供一个机会让女军人也享有《同工同酬法》和《民权法案》第七章赋予公民的收入平等保障。如果联邦最高法院接下这起案子且判美国公民自由联盟胜诉的话，政府并不会有很大的开销。更重要的是，这也能为其他涉及社会保险福利的相关案件打开大门，这些案件争取平等将涉及更大的金额。而且，弗朗蒂罗案也再次提供了一个机会，劝说联邦最高法院在性别歧视案中采取严格审查标准。如果多数大法官尚未准备好采取严格审查，那么金斯伯格将敦促联邦最高法院再次采纳她在里德案中提出的措辞，即一项规定必须"与立法目的有较强的、实质性的联系，以保证所有处境相似的人都能得到公平对待"。[7]

但首先美国公民自由联盟要和案子原来的律师商量好。应莱文的要求，金斯伯格将和费根一起完成管辖权声明，南方贫困法律中心不会参与。金斯伯格还将准备诉状和答辩状。此外，伍尔夫坚持让金斯伯格代替莱文出庭辩论。

等联邦最高法院同意审理后，伍尔夫联系了民权律师查尔斯·摩根（小名查克），摩根曾是美国公民自由联盟南方地区办公室的负责人，当时在管理华盛顿办公室。对相关各方都很熟悉的摩根并不乐观，他估计莱文打算聚焦于案子本身，不会主张严格审查。伍尔夫说，他们一定要明确表示，到了联邦最高法院一级必须由美国公民自由联盟负责。[8]

金斯伯格和伍尔夫认为他们已经和莱文及其助手查尔斯·阿伯内西说好了。阿伯内西是哈佛大学法学院三年级的学生、《哈佛公民权利与公民自由法律评论》的编辑。莱文和阿伯内西都只有20多岁，他们提出，如果联邦最高法院接受上诉，他们希望参与准备文书的初稿，因此金斯伯格给他们寄了一份提到严格审查论述的里德案文书、一份弗朗蒂罗案的初步纲要，以及即将出版的性别歧视案例书中的相关章节。她还建议请妇女法律基金、全国妇女组织和其他相关组织出具"法庭之友"意见书。接着，金斯伯格就一如既往争分夺秒地着手准备上诉状了。[9]

但来自蒙哥马利的回应让她的心悬了起来。莱文觉得没有必要

照片摄于 1973 年，沙龙·弗朗蒂罗少尉和丈夫约瑟夫在一起。两人在弗朗蒂罗诉理查森案中挑战了军队福利政策中的性别歧视。金斯伯格在联邦最高法院说服了 4 位大法官，但还是以一票惜败，没能让联邦最高法院对基于性别的法律法规施加严格审查。

准备"法庭之友"意见书，他说，采取"尼克松式的低调"对案子的诉讼更有帮助。[10] 他也不打算请求联邦最高法院采取严格审查。莱文坚称，无论严格审查从原则上而言多么可取，它都不是弗朗蒂罗案获胜所必需的。阿伯内西表示他需要人帮忙搜集数据，但在严格审查的问题上他也站在莱文这边。阿伯内西写道："不应该促使伯格法院的大法官们过多考虑那些产生过革命性影响的案例。""考虑到您目前提出的建议的实际情况，我认为我们的论点比您的建议更高明，自然，这让我不大愿意把您的建议加入我们的文书中。"[11] 金斯伯格在另一个场合半开玩笑地说："有些事情就没有变过，比如《哈佛法律评论》现在的成员和当年我认识且热爱的团队一样，都觉得自己的想法胜人一筹。"[12] 不过在当时，她可没心思开玩笑。

情况不妙。莱文告诉伍尔夫，他和迪斯已经决定由他们自己进行口头辩论，他说："这是我们第一次有机会在联邦最高法院出庭，而且我们在过去的几年里对这起案子已经产生了感情。"[13] 失望的金斯伯格在回复中强调由女性出庭辩论的重要性。"我并不擅长自我推销，"她写道，"但我相信你对我这两年在女权领域的建树有所耳闻。"[14] 莱文回敬道，她的性别和专业知识一点也不重要，他说："我想不通，从什么时候开始我们在自己的案子里反而成了打下手的角色了？"[15] 莱文说，他和迪斯不打算与美国公民自由联盟合作了。金斯伯格也动了气，她对莱文说，他让她"想要发火"。她补充道，如果莱文只是想听听建议，那完全可以读一读她之前寄过去的案例书草稿。[16] 后来谈及这段经历，金斯伯格用"沮丧"形容她的心情——但她当时的情绪可不是"沮丧"就能描述的。[17]

* * *

伍尔夫建议设法劝莱文接受让美国公民自由联盟提交一份"法庭之友"意见书。如果莱文同意，那么女性权利项目就还可以参与这起案子。莱文同意了。但这时候已经是10月底了，时间很紧张。在费根和她同为哈佛大学法学院毕业生的丈夫马克·法斯托的帮助下，金斯伯格在12月中旬完成了这份意见书。

同时，莱文仔细打磨了自己的文书。他的论述完全聚焦于案子本身，他希望证明相关法律不符合合理基础审查，以此赢下弗朗蒂罗案。莱文认为，联邦最高法院应不应该在性别歧视案中采取更为严格的审查标准"不需要在本案中解决"。他还补充道："性别分类并不一定总是可疑的。"[18]

金斯伯格同意相关法律连合理基础审查都通不过，但与莱文不同，她要考虑更大的问题。首先，她希望揭示"妻从夫权"这一概念还残留在"男主外，女主内"这种刻板印象之中，而军队假设军人的妻子都应该自动获得补助，军人的丈夫就不该这样，这种假设也是根植于上述成见的。其次，金斯伯格还希望证明为什么在性别歧视案中实行严格审查是恰当的。

正如里德案的文书一样，金斯伯格的文书一开始就从法律和历史角度总结了女性的劣势地位。[19]她再次阐明，许多法律在最初设计时似乎是为女性提供了特殊保护，实际上却起到了阻碍作用。这里她再次借鉴了保利·默里的种族和性别类比，解释种族和能力之间没有必然关系，性别也是一样，都应该适用严格审查。联邦最高法院的大法官们还应该意识到，更严格的审查能给下级法院提供权威性的指导，这也是下级法院需要的。

接着，金斯伯格开始讲述沙龙·弗朗蒂罗的遭遇，解释为什么行政便利并不能支持这项损害她利益的军队福利规定。除了里德案，联邦最高法院在斯坦利案中也裁定行政便利不能作为性别歧视的理由。本案涉及的法律连合理基础审查都通不过。[20]她最后总结道，拒绝向沙龙·弗朗蒂罗和其他女军人提供与男军人同等的薪资和补贴毫无道理。

至于补救措施，联邦最高法院可以选择将此事移交给国会，将来通过立法解决。但如果大法官们这样做的话，那么所有军属的福利就都会被剥夺，这和国会的意图不符。金斯伯格提出，更可取的办法自然是通过司法裁决让两性都可以享受相关福利，这也是她在莫里茨案中提出的建议。这个办法是她和老朋友兼导师杰拉尔德·冈瑟讨论时学到的。尽管有人可能认为这种"司法造法"是在侵犯国会权力，但如果要等国会采取行动的话，在那之前就只能停发所有男军人的福利，金斯伯格辩称，这当然不符合国会的本意。[21]

金斯伯格的"法庭之友"意见书清晰简洁、推理严密，最终被收录到《美国联邦最高法院重要文书与论述》中。[22]她的同事都觉得这是意料之中的。金斯伯格对历史信手拈来，语言富有表现力，让费根赞叹。费根说："撰写弗朗蒂罗案的文书是我从未有过的体验。"[23] 即将接任项目主管的凯瑟琳·佩拉蒂斯也有类似的感受。她说，"我准备过诉讼文书"，但和金斯伯格合作写文书"是全新的体验，每一句话、每一处引用都要有作用。如果一起案件的效力已经被其他判例影响，就不能引用。涉及的法律研究必须无懈可击，语言必须做到清晰准确"。[24] 美国公民自由联盟律师诺曼·多尔森说，金斯伯格总能做到。用佩拉蒂斯的话说，金斯伯格显然"为项目的工作定下了非常高的标准"。

但金斯伯格的"法庭之友"意见书能说服莱文重新考虑严格审查吗？她寄了一份复印件给莱文，并对他说她的文书采取了不同的角度。[25] 莱文还是没有被完全说服，但他同意一起完成答辩状，回应政府律师提出的要点，这份答辩状将由金斯伯格主笔，由莱文提交。

金斯伯格欣然接受了这项任务。这让她有机会回击司法部副总检察长有关国会的论述，以及他引用的过时判例。更重要的是，可以利用写答辩状的机会再次提出用严格审查对待性别歧视。金斯伯格写道，政府的律师没有明确的证据表明国会立法的初衷。国会在出台这项法律时很可能依赖普遍的性别成见，而联邦最高法院在里德案的裁决中已经否定了这种做法。金斯伯格说，让国会处理军队的人事问题是不恰当的，因为这涉及的是合宪性的问题，只有联邦最高法院能够裁决。

政府还提出，除非《平等权利修正案》获得通过，否则性别歧视问题就不应该适用严格审查。金斯伯格在文书的结尾对此进行了反驳。她说，总而言之，上诉人（指的是弗朗蒂罗和其他女军人）"认为早就应该把性别认定为嫌疑分类，这是应对本案主张唯一合适的标准，应该作为裁决的起点"。[26]

* * *

接下来就要准备口头辩论了,这对第一次在联邦最高法院出庭的律师而言是头等大事。[27]金斯伯格和莱文最终达成协议,由两人一同进行 30 分钟的口头辩论,但还没有商定具体内容和时间如何分配。这对金斯伯格而言是双重挑战,她能够把 70 多页的文书提炼成 10~15 分钟的发言,但想要做到有效,她必须对相关内容烂熟于心,对相关论点完全把握到位,这样她就可以在发言和回答法官提问之间游刃有余。她把笔记写成一份短短的大纲,准备了强有力的开场和结尾,希望能穿插着把她想表达的重点都表达出来。

由于莱文不配合,两人在上庭前没有机会进行模拟演练。最终莱文同意在美国公民自由联盟华盛顿总部碰头,由查克·摩根做裁判。金斯伯格自我安慰道,出庭前一晚和莱文打个辩论至少可以让她不那么担心自己的表现。尽管两人还是有争执,但最终说定让莱文先上,金斯伯格殿后。[28]

* * *

1973 年 1 月 17 日早晨,天气清冷。和往常一样,金斯伯格从《加拿大空军训练手册》中选了一段她常做的健身动作,做完后洗澡、吃早饭。[29]她仔细搭配了衣服,戴上了她妈妈的一对古董耳环,把搭配好的圆形胸针别在了西装外套上。在重要场合戴上妈妈的首饰已经成了金斯伯格的习惯,而首次在联邦最高法院进行口头辩论当然具有重大意义,妈妈会为她的成就骄傲的。她看着镜子里穿戴整齐的自己,仍然觉得非常紧张。她担心肠胃不适,决定不吃午饭了,转而专心准备口头辩论。时间到了,她从酒店离开。

联邦最高法院坐落于华盛顿东北第一大街 1 号,坐东朝西,与国会大厦相对,和国会图书馆毗邻。金斯伯格向着联邦最高法院走去，那些科林斯风格的立柱和三角楣饰让她想起希腊神庙。入口上方的门楣处刻有"法律面前，人人平等"的字样，看起来恰如其分。联邦最高法院里面也修建得十分宏伟，充满象征意义，但肩负重担的金斯伯格无暇欣赏。大堂的地面由大理石铺成，金斯伯格和费根与政府的律师一道被护送着走过前大法官们的半身塑像，来到法庭前。律师席正后方是专门留给联邦最高法院律师的座位，金斯伯格一眼就看到马蒂坐在那里，她仿佛吃了一颗定心丸。律师席是一张长长的桌子，双方律师坐在两边，中间由一个演讲台隔开。金斯伯格、费根和莱文在律师席落座。

他们身后左右两边都有红色长椅，左手边留给新闻记者，右手边留给大法官请来的客人。长椅前还有一排黑色的椅子，是留给联邦最高法院工作人员和来访嘉宾的。面对法官席，左手边坐着联邦最高法院助理，负责管理案卷；右手边是法庭事务官，负责为庭审计时。

法官席由红木制成，摆着9把高高的黑色皮制靠背椅，后面有4个大理石立柱，立柱后悬挂着红色天鹅绒幕帘。幕帘拉开，9位身着黑色法袍的大法官鱼贯而出，按照年资顺序坐定。首席大法官伯格坐在中间，两侧是最资深的大法官。在法官席侧面，西装革履的执行官从位子上起立，遵循传统庄严地念道："尊敬的联邦最高法院首席大法官及各位大法官。肃静，肃静，肃静！"接着，刚刚通过联邦最高法院资格审查的律师进行就职宣誓——金斯伯格夫妇多年前也念过同样的誓词。

* * *

联邦最高法院当天一共要听取4起案子，弗朗蒂罗诉理查森案是最后一起。[30] 莱文首先发言，他照本宣科，语气毫无起伏。莱文辩称，法律不给沙龙·弗朗蒂罗的配偶发放福利与合理基础审查的要求不符。他有些结结巴巴，好像很难说出完整的词句。紧接着，大法官们就开启了连珠炮式的提问。弗朗蒂罗案只适用于军人的配偶是平民这种情况吗？莱文引用的收入数字是用男性军人的平均收入算出来的吗？军队中是否有 98%~99% 的人员都是男性？这些问题似乎让莱文措手不及，有些张口结舌的他试图坚持自己的论点，但在回答问题时突然意识到自己已经超时两分钟了。[31]

这下金斯伯格只有不到 10 分钟的时间来提出她的主张了。莱文说："有请金斯伯格教授。"她走到台前，把麦克风往下调了调。首席大法官伯格称呼她："金斯伯格太太。"她其实更喜欢"女士"这个称呼，但心情紧张的她并没有提出异议。[32]她站得笔直，清楚地说道："首席大法官先生，请允许我开始。"开了这个艰难的头，金斯伯格看着坐在她面前的 9 位先生，她意识这个国家至高无上的法庭正在仔细倾听她的发言，这给了她一股力量。金斯伯格解释道，为什么应该对与性别相关的法律法规采取严格审查。她说话时还保留着布鲁克林的乡音，但已经不再像以前那样总在句中停顿，她语气充满自信，对关键的词语加以强调。[33]

她指出下级法院对性别歧视案的裁决没有一定之规，需要联邦最高法院提供指导。接着，在谈到性别歧视和种族歧视的相似之处时，金斯伯格仔细阐述了默里的经典论述，在大法官提问前就做出了回答。有人质疑，平等保护是为了解决黑人权利问题，而不是女性问题。对此金斯伯格回应道，原籍国和外籍公民身份都已经被算作嫌疑分类。"当宪法第十四修正案出台时，新移民也并非我国的首要考虑。"[34] 如果修正案能够涵盖种族多样性，为什么不足以涵盖女性呢？

金斯伯格清了清嗓子，回击了政府的论点。政府方面辩称，女性在人数上并非少数群体，并不需要严格审查来保障她们受到平等对待，金斯伯格提出了反例。她说，从古至今，女性在人数上都不属于少数群体，但也没有因此得到平等对待。她列举法律和社会上的性别歧视，并提出虽然现在性别歧视已经不那么明目张胆了，但女性仍然在受害。政府方面提出，除非《平等权利修正案》获批，否则性别歧视就不适用严格审查。金斯伯格表示，这种论述并不具有说服力，因为"人们对平等保护内涵的理解是在变化的……联邦最高法院应解释平等保护该如何应用于性别议题"。[35]

金斯伯格列出了许多原因说明为什么应该实行严格审查，她引用了19世纪废奴主义者和女权主义者萨拉·格里姆克的名言："我不求女性能够获得什么额外的好处，我所要求的仅仅是让男人把他们的脚从我们的脖子上挪开。"[36] 最后她迅速总结了自己的论点。令人惊讶的是，大法官们在她发言过程中一个问题都没有提。

* * *

费根十分钦佩，她说金斯伯格的表现出色得令人难以置信。"露丝非常有说服力，没有看笔记，除了语气转折没有停顿……针掉在地上都能听见。"[37] 那么大法官们为什么不像往常一样提问呢？马蒂和费根都很疑惑。他们是出于礼貌让金斯伯格把该说的说完吗？[38] 金斯伯格自己认为，大法官们不提问是因为他们漠不关心，对她说的问题"不感兴趣"。[39] 他们三人都没预料到，金斯伯格的论述会给布莱克门和马歇尔大法官留下怎样的印象。

布莱克门大法官经常给联邦最高法院的律师打分，他私下里给金斯伯格打了一个C+，指出她虽然言之有物，但"太情绪化"。[40] 他觉得里德案和弗朗蒂罗案的文书也都显得太情绪化了，他并不欣赏，但他没有仔细解释这究竟是什么意思。[41]（他认为里德案的文书"显得有些唐突和自大",但他表示萨莉·里德还是比对方更占理。)人们并不知道布莱克门为什么会被"情绪化"冒犯,特别是他本人在后来的一起虐童案(德沙尼诉温纳贝戈国家社会服务部案)中也诉诸感情,写下了这段著名的话:"可怜的乔舒亚!他被他那不负责任、恃强凌弱、脾气暴躁的胆小鬼父亲反复殴打。"[42]

布莱克门的传记作者琳达·格林豪斯说,虽然布莱克门的妻女都卓有成就,但他难以理解女权运动。金斯伯格开展的诉讼工作让他"心生疑虑和不悦"。[43] 可能是那句格里姆克的话让他感到不舒服,更有可能的是,只要是关于女性在法律上长期处于劣势地位的讨论,都会让他感到"太情绪化"。他在里德案的笔记中明确表示,不该用历史背景作为论据,并且希望大法官在裁决时也避免提及历史背景——但显然,在罗诉韦德案中,他自己并没能做到这一点。[44]

布莱克门的笔记里还有其他内容。在金斯伯格的名字旁边,他写了一个"J",就是"犹太人"(Jew)的缩写。[45] 这位自称"乡下男孩"大法官这样做是否代表着一种来自中西部的地方主义呢?还是说,他把金斯伯格的民族和文化背景与负面成见联系在了一起?

马歇尔的反应则截然不同。一开始他赞成上诉法院的裁决,并且投票反对联邦最高法院审理弗朗蒂罗案,但他显然被金斯伯格的论述说服了。他认定应该推翻上诉法院的裁决,并且同意种族歧视案和性别歧视案都应采用严格审查。[46]

* * *

接着,塞缪尔·亨廷顿代表政府发言,从两方面支持案子涉及的法规。他辩称,这种区别对待能够实现行政效率,是合理的行政目标,采用合理基础审查是恰当的,在这一标准之下,该法律并没有违反平等保护原则。如金斯伯格所料,大法官们针对这一论述数

| 第10章 | "小跃进" 225

次打断亨廷顿，彼此也低声交换意见，坐在法庭后排的人甚至几度听不清亨廷顿的回应。法规适用于谁？不适用于谁？相关代价又是什么？[47]

提问趋于平静后，亨廷顿尝试把弗朗蒂罗案和里德案区分开。他说，爱达荷州法律假定男人能够更好地管理遗产，但没有统计数据证明这一点；相反，政府有数据表明大多数女军人的丈夫在经济上不依赖妻子。大法官们再次提出一连串的问题，问他政府在行政上到底能获得多少好处。亨廷顿迎难而上做出了回答，但他不得不承认，他无法证明实施相关区别对待的目的是提高行政效率。

* * *

辩论结束后，金斯伯格和莱文就分头行动了。金斯伯格赞扬了亨廷顿的表现，并且很高兴亨廷顿也同意扩大相关福利将男女军人都包括进来。接着，她惊讶地发现一个戴着眼镜、身材敦实的小个子男人站到她面前，这不是别人，正是她在哈佛大学法学院的老院长、现任司法部副总检察长格里斯沃尔德。金斯伯格一直觉得，自己在格里斯沃尔德眼里恐怕是个麻烦的角色，因为她两次去院长办公室都是为了提出和家庭相关的请求——这突显了她作为女性的特殊身份。但格里斯沃尔德和她热情握手，她不记得老院长具体说了什么，但她记得从那以后他的态度就友好多了。[48]通过这次握手祝贺，格里斯沃尔德似乎在表示他终于接纳她成为"我们中的一员"了。[49]1956年，他曾经问她为什么占了一个男人的位子，过了这么长时间，她终于心满意足地收获了认可。

* * *

庭审之后，金斯伯格短暂拜访了一位乔治敦医学院的朋友就动

1973年的美国联邦最高法院大法官合影，后排站着的从左至右依次为刘易斯·鲍威尔、瑟古德·马歇尔、哈里·布莱克门、威廉·伦奎斯特，前排坐着的从左至右依次为波特·斯图尔特、威廉·道格拉斯、沃伦·伯格、威廉·布伦南、拜伦·怀特。

身去机场，马蒂则会留在华盛顿过夜。费根拖着一箱子的案例书护送金斯伯格上了车。马蒂知道，妻子认路的能力可不怎么样，而且庭审也让她有些疲倦。他也知道，金斯伯格很重视回家和孩子们吃晚饭，或者至少要有时间道晚安。[50]

* * *

当大法官们开会讨论弗朗蒂罗案的裁决时，首席大法官伯格表示他认为本案和里德案没有相似之处，他认为国会当然有权在军队中根据性别划线。全心全意为联邦最高法院与司法体系奉献的伯格和往常一样说个不停，但和他的前任大法官不同，他没有那种高超的领导力和说服力。（在后来的一次会议上，布莱克门在笔记中写下："首席又在说个没完了。"[51]）

接下来是伯格的同事们按照年资顺序发言，他们大多不赞同伯格的意见。他们认为，在没有重大军事问题的情况下，必须优先考虑宪法保障的平等保护原则。道格拉斯、布伦南、马歇尔、怀特、鲍威尔和斯图尔特都准备推翻下级法院的裁决。布莱克门还没下定决心，只有伦奎斯特站在伯格这一边。看到多数人支持推翻下级法院的裁决，伯格提出像对待里德案一样对待弗朗蒂罗案，裁定相关法律违宪。布伦南、道格拉斯、怀特和马歇尔都赞同金斯伯格提出的严格审查，他们希望联邦最高法院更进一步。但除了伦奎斯特，他们都接受了伯格的提议。[52]

接着伯格请道格拉斯安排写判决书的事宜。作为多数派的高级成员，道格拉斯把这项任务交给了布伦南。在避免使用严格审查后，伯格也许认为道格拉斯选择很有说服力的布伦南写判决书不会出什么差错。

小威廉·布伦南是杰出的战略家，他于1956—1990年担任联邦最高法院大法官，是20世纪最具影响力的自由派大法官。

布伦南指示他的一位助理杰弗里·斯通去准备一份判决书草稿，指出相关法律没能通过最为宽松的要求，但不要说明对严格审查的立场。斯通提出了异议，他认为，如果联邦最高法院要对性别歧视案采取更严格的审查，就应该明确说出来。两人讨论了这一方案的优劣后，斯通决定按这个想法起草，他以为两人第二天还会继续讨论。第二天上午斯通来到布伦南的办公室，发现布伦南已经下定决心了。他把斯通的草稿发给了其他大法官，提议从宪法上广泛地禁止性别歧视。[53] 在相关备忘录中，布伦南指出道格拉斯和怀特希望将性别划定为嫌疑分类，他本人也赞同。其他大法官也互相分享了备忘录。大家的立场都明确了，接下来就进入协商阶段。

* * *

怀特已经做出回应，表示他和马歇尔都认为联邦最高法院在里德案中已经超越了合理基础标准。"无论如何，"怀特说，"我都认为性别是一个嫌疑分类，国会批准了一部宪法修正案将性别歧视定为违宪，光是这一点就足够说明问题了。不管修正案最后能否被采纳，我的观点都不会改变。"[54]

鲍威尔则认为没有必要在本案中考虑性别到底是不是一个"嫌疑分类"。他赞同政府的观点，并补充道："也许我们可以等《平等权利修正案》的最终结果出来再考虑这个问题。"[55] 斯图尔特此前对布伦南说，在另一起案子中他可能会考虑将性别划入嫌疑分类，不过在弗朗蒂罗案中，虽然他打算推翻下级法院的裁决，但在嫌疑分类的问题上他还是站在鲍威尔这边。他认为性别歧视比种族歧视更为复杂。他承认，那些表面上看起来是对女性有利的法律实际上往往没有达到这一效果，但他不想轻易下结论说性别差异总是有害、没有道理或者不合逻辑的。

刚成为大法官不久的布莱克门常常怀疑自己的判断,这次他也一如既往地"像哈姆雷特一样"反复推敲着自己的决定,思量再三。最近,联邦最高法院运用平等保护理论解决了是否要用严格审查来对待与外国出生的美国居民相关的法律。布莱克门读了文书之后认为女性应该和非公民受到同样的对待。但因为鲍威尔和斯图尔特不同意,布莱克门又有些犹豫了。[56]在弗朗蒂罗案口头辩论之后的第五天,他撰写的罗诉韦德案判决书引发了许多针对他本人的攻击和挖苦,这是他始料未及的。弗朗蒂罗如果胜诉,将彻底改变性别歧视的法律原则,布莱克门不愿意投下这一锤定音的一票。[57]

* * *

布伦南继续坚持寻找支持者来凑齐5张赞成票。他知道,他的方案如果获得接受,等于拉开了《平等权利修正案》的序幕。但他认为在这一民权问题上,没必要等剩下的州把票投完,特别是已经有11个州投下了反对票,接下来一两个月估计还会有4个州站出来反对。布伦南在写给鲍威尔的备忘录中指出,目前州一级立法机构的趋势是不批准修正案,甚至此前投下赞成票的也想撤回。作为一个弗吉尼亚人,布伦南一定也知道他的家乡在草案中投下了反对票,草案能不能获得足够的票数最终生效还很难说。布伦南大胆建议道:"为了一个不确定的结果继续等待下去,对我们没什么好处。"[58]无论修正案能否生效,"我们都不能忽视一点,那就是国会和超过一半的州议会都已经认定性别划分是可疑的"。他说,有这么充分的证据显示多数人的意愿,联邦最高法院以此采取行动并不算是司法权滥用。

布伦南本来想争取鲍威尔这关键的一票,但据说鲍威尔不喜欢第二稿的措辞,觉得听上去"女性解放"的气息太重,金斯伯格"法庭之友"意见书和口头辩论中的段落显然也让他有同样的感觉。[59]更重要的是布伦南所引述的《平等权利修正案》在立法层面进展缓慢的问题,布伦南认为相关证据显示应该对性别歧视案采取严格审查,但鲍威尔的看法刚好相反。鲍威尔认为,如果有的州想撤回赞成票,还有的州干脆没有批准的话,最佳办法就是等待最后的结果出炉。鲍威尔同意弗朗蒂罗案的判决,但不同意采取严格审查,他把自己写的草稿转给了各位同事。

伯格看着这些"互踢皮球的备忘录",给布伦南写了一份直截了当的回复:"有人可能认为里德案支持把性别划为'嫌疑分类',但我不这么想。"后来他又补充道:"我大概会赞成某个比较狭义的裁决,比如波特(斯图尔特)、哈里(布莱克门)或刘易斯(鲍威尔)的意见。"收到鲍威尔的草稿后,伯格站在了他这一边,并指出他这样做是为了"用微弱的一己之力拦住疯狂的'女性解放'运动"。[60]伦奎斯特坚持投了反对票。

现在关于严格审查的问题,大法官们形成了4∶4的局面,斯图尔特还悬而未决。他不同意政府和鲍威尔的观点,即因为《平等权利修正案》还没生效,所以联邦最高法院不能采取行动。但他也不主张从平等保护的角度看待本案,他认为这样的主张总是让法院面临司法造法的质疑。作为一个法律极简主义者,斯图尔特认为联邦最高法院最好就事论事,对案子涉及的法律一项一项地做出判断,以便积累判例,最后一击制胜。此外,尽管布伦南提出了警告,斯图尔特还是对《平等权利修正案》获批充满信心。他敦促同事们不要在他没有同意的情况下把布伦南的草稿作为多数意见发布。他说,如果这样的话他以后再赞同布伦南等4位法官的时候,别人就会觉得他前后不一致。[61]

布伦南不想再等了,他坚信严格审查才是正确的做法。他差那么一点点就能够再写出一份里程碑式的裁决了。布伦南后来对他的助理们感慨,要是沃伦和福塔斯大法官还在,他就能获胜。他的老同事们可不会这么害怕承受"司法造法"的质疑。沃伦大法官也会认为他们得出了"正确的结果"。[62]

* * *

1973年5月14日,联邦最高法院宣布了弗朗蒂罗案的裁决。布伦南代表道格拉斯、怀特和马歇尔出具了多数意见,宣布军队的相关规定违宪。伦奎斯特投了唯一的反对票。伯格和布莱克门赞同鲍威尔的协同意见。斯图尔特单独写了一句话的协同意见书。布伦南抨击了性别划分,他指出刻板印象往往都与具体的个人情况无关,无论是配偶在经济上是否依赖对方,还是其他任何方面都是一样。布伦南写道:"在法律上把两性区别开来,往往导致整个女性群体在法律上都处于劣势地位,而忽视了个体的实际能力。"[63]

政府主张,相关分类可以节省政府的时间和金钱,因而是合理的。对此布伦南表示:"宪法承认比速度和效率更为重要的价值。"法律拒绝为女军人的丈夫和男军人的妻子提供相同的福利,这就是没能为处境相似的人提供平等保护。4名大法官还表示他们愿意在严格审查方面更进一步,多数意见中写道:"性别划分就像种族、国籍身份、原籍国等划分一样,本质上就是可疑的,因此必须受到严格的司法审查。"[64]

沙龙·弗朗蒂罗和其他女军人取得了巨大胜利。"这项判决真的是救我于水火,"弗朗蒂罗后来说,"我们本来试图改变公众的看法,但判决下来直接改变了现实。"[65]金斯伯格作为"法庭之友"意见书的作者却不禁感到失望。她差一点点就能成功说服联邦最高法院采纳严格审查,但最终差了一步。

*　*　*

1979年，记者鲍勃·伍德沃德和斯科特·阿姆斯特朗出版了《最高法院的兄弟们》，该书是根据两人和大法官助理的秘密访谈写成的。金斯伯格这才了解到案件裁决背后完整的前因后果。但从鲍威尔大法官的协同意见书中已经能窥见端倪，鲍威尔写作时似乎以为布伦南最初的那份意见书会成为多数意见，他批评联邦最高法院的司法行为抢了重大政治决定的先机。[66]从这份意见书里，金斯伯格分析出两个结论：第一，鲍威尔写作的时候一定以为布伦南已成功说服多数大法官采纳严格审查，这样就会使《平等权利修正案》接下来的投票变得没有必要；第二，最终没有被布伦南说服的大法官要么是斯图尔特，要么是布莱克门，否则鲍威尔在协同意见书中对其他大法官的抨击就没有道理了。

大众媒体和其他观察人士对联邦最高法院的角力也许没有金斯伯格这么敏锐，但他们对这起案子的重要性也一清二楚。弗朗蒂罗案裁决后，国防部女性军人事务顾问委员会的主席给布伦南写了一封热情洋溢的感谢信。还有一些女性寄来她们写的亲笔信，说自己虽然没有家人参军，但还是希望说一声谢谢，因为这一裁决对她们的女儿和孙女是好消息。新闻界也对布伦南赞扬有加。《华盛顿邮报》和《洛杉矶时报》都在头版做了报道；《纽约时报》则表示"这一裁决离女权运动的重大胜利只差一点点"；《波士顿环球报》引用金斯伯格的话说，弗朗蒂罗案"是联邦最高法院在性别歧视问题上做出的影响最深远、最重要的决定"；[67]《美国新闻与世界报道》也表达了相似的意见。[68]

法律学术界也一致认为这一裁决是女性权利的重大进步，因为在这么短的时间里有4位大法官都赞成实行严格审查。但案子也有一些问题。首先，因为严格审查没能获得多数意见，想从宪法上禁止性别歧视只能等待《平等权利修正案》获批。其次，大法官们对双方律师的提问显示出他们很想搞清楚相关成本到底是多少。也就是说，如果政府能够提供更有力的数据来解释区别对待在经济上为什么是合理的，那么有些大法官就可能赞成相关法律法规。但大多数分析人士同意，弗朗蒂罗案意味着"对性别歧视案采取'最低限度'审查的老办法已经行不通了"，这也和冈瑟对里德案的判断相同。[69]

* * *

金斯伯格有些五味杂陈。用她自己的话说，这是一个"小跃进"，[70]她对此感到骄傲，但没能得到足够票数来实现严格审查也令她遗憾。面对公众时，她努力强调案子的重大历史意义；私下里，她认为布伦南是欲速则不达了。作为一个很会争取多数的人，布伦南应该知道拿到足够的票数才是最重要的。他自己每年都会对助理们说，联邦最高法院里最重要的词就是5票中的"5"，说到这儿他会伸出手比出"5"的手势。[71]

* * *

虽然感到失望，但金斯伯格仍旧向前看，朋友和前导师冈瑟的判断令她铭记于心。在对1971年的联邦最高法院做出评估时，冈瑟很了解联邦最高法院的趋势是摒弃过于宽泛的规则和不够完美的案例，从宪法第一修正案到投票权的问题上都要考虑到例外情况。[72]他认为，伯格法院大致是会扩大平等保护条款的适用范围的，但前提是联邦最高法院在严格审查和合理基础审查之间找到一条中间路线。[73]金斯伯格认为，如果冈瑟的判断是对的，那么采取"中间路线"就更为重要了，要尽量推动联邦最高法院向严格审查靠近。

从弗朗蒂罗案来看，冈瑟确实没错。

今后金斯伯格的文书必须更加努力说服斯图尔特、鲍威尔和布莱克门这三位中间派，他们对性别歧视复杂性的理解不如布伦南等自由派大法官准确。他们以为采取更严格的审查标准就意味着性别区分总是会被判定为有害、没有道理或者不合逻辑。金斯伯格也承认，相关例外情况确实难以理解，一部分原因是还没有合适的案例能阐释例外情况，还有一部分原因是人们太习惯于从性别差异的角度看待问题。正如鲍威尔写的："应不应该把性别划为嫌疑分类，什么时候这样做，我难以下结论。事实上男女受到的对待确实是不同的（这要感谢上帝！）。"[74]

如果心存怀疑的大法官能认识到性别划分对男性产生了哪些不利影响，那么他们也许就更容易理解女性受到的伤害。金斯伯格手上有起新案子是关于社会保险问题的，当事人是一名退休的鳏夫，她很想打这个官司。[75] 金斯伯格的性别平等观念受瑞典式平等观念的影响，对她来说用一名男性原告的案子表明性别歧视是如何同时伤害男人和女人的，这个决定再简单不过了。

| 第 11 章 |

挫 折

随着水门事件曝光以及残酷的越战即将落幕,一名记者联系到女性权利项目,希望寻找新的新闻线索。为了给报道增色,他想打听金斯伯格的个人逸事。人们对他说,"个人逸事是不存在的",金斯伯格"基本一心扑在工作上"。[1] 随着她的责任越来越重,诉讼议程又受到威胁,也不难理解金斯伯格为什么一心扑在工作上。

* * *

在 1974—1975 年度,金斯伯格的首要目标是推动两起社会保险案走完联邦地区法院的诉讼程序,这两起案子预计都会进入联邦最高法院。其中一起是关于社会保险福利的,当事人是失去伴侣的父亲和他尚在襁褓中的儿子。对那些刚刚开始认识到女性在遭受性别歧视的大法官而言,维森菲尔德案将证明性别歧视同样会损害男性的利益。女性权利项目正迅速成为美国首屈一指的女权诉讼机构,美国公民自由联盟的执行主任阿里耶·奈尔又对项目负责人金斯伯格委以重任。他邀请金斯伯格担任美国公民自由联盟的三位法律顾问之一,并竞选全国理事会成员。金斯伯格欣然接受了法律顾问的任命,这让她有机会与美国公民自由联盟的金牌律师诺曼·多尔森和在她眼中充满智慧的奥斯蒙德·弗伦克尔合作，是难得的学习机会，还能够影响美国公民自由联盟诉讼项目的每一环。[2]但她对竞选全国理事会成员一事并不感冒。

美国公民自由联盟纽约办公室收到各地分支机构发来的大量请求，要他们提供案件咨询。费根的工作就是指导这些分支机构优先处理哪些案子，让他们知晓相关诉讼，并说明后续诉讼和立法游说的重要性。但针对强制绝育的诉讼和推动《平等权利修正案》获批已经让费根分身乏术了。结果金斯伯格不但要回答各地分支机构的问题，接受媒体采访谈案件进展，还要回答那些给期刊写文章的法学生提出的问题。用哥伦比亚大学一位同事的话说："不管哪个犄角旮旯写来的信她都要回复。"[3]同时，哥伦比亚大学的教学任务也很重。金斯伯格意识到，她需要帮手。[4]

在洛克菲勒基金会的资助下，金斯伯格在哥伦比亚大学创建了平等权利倡导项目，该项目将与女性权利项目合作。[5]联邦民权委员会刚刚下达任务，要求提供一份翔实的报告，二年级和三年级的法学生可以来项目实习，帮助准备这份报告以及其他案件诉状。他们还将帮助起草备忘录和法院文件，与相关各方以及合作律师沟通，并与哥伦比亚大学的教职工一起担任模拟法庭的法官。为联邦最高法院案件做出突出贡献的学生有机会在口头辩论时坐在律师席上旁听。

哥伦比亚大学法学院学生林恩·赫克特·沙弗兰和一些同学认为，学校开设了太多和法律实务无关的课程。对像她这样的学生来说，平等权利倡导项目给她提供了梦寐以求的机会来为"实际案件的当事人"工作。更重要的是，这让同学们有机会和金斯伯格合作进行历史性的诉讼。不过，就像学生M. E. 弗里曼说的："我当时并没有充分理解（我们做的一些工作）有多重要。"[6]

| 第11章 | 挫 折　　237

奈尔也很欣赏这一安排，但他对于金斯伯格不愿意竞选美国公民自由联盟全国理事会成员有些担忧。理事会上轮到金斯伯格发言时，她的表现几乎让奈尔的心悬了起来。通常情况下，理事会成员候选人都很擅长讲自己的履历，但金斯伯格不愿这样做。奈尔知道，如果理事会问到金斯伯格做的案子，她就必须谈到她自己，因此他请金斯伯格阐述一下她的诉讼议程。她热情洋溢地讲述了她代理的种种案例，但说的都是美国公民自由联盟做了什么、打算做什么，关于她本人的角色却一句都没有说。一个这么优秀又这么有志向的人却如此谦逊，这让奈尔惊讶极了。结果她还是赢得了理事会的一席之地，奈尔半开玩笑地表示，美国公民自由联盟的选举人们"难得有这么好的判断力"。[7]

然而，在这位新晋法律顾问和理事会成员得以继续推进她的社会保险案诉讼之前，一起她不想碰的案子却找上门来。

＊　＊　＊

佛罗里达州有一名男子名叫梅尔·卡恩，他的妻子过世了。卡恩联系到当地的美国公民自由联盟，请他们帮忙对一项1885年佛罗里达州的法律发起诉讼，该法律规定寡妇、盲人和严重残障人士可以享受最高500美元的房产税减免，但鳏夫不行。戴德县的税务官员拒绝为卡恩减税，这让他损失了15美元，卡恩因此发起诉讼，称自己受到了性别歧视。当地法院站在了卡恩这一边，裁定相关法律确实违反了佛罗里达州宪法"基本权利"章节所规定的平等对待原则。但佛罗里达州最高法院推翻了这一裁定，称两性之间存在收入差异是众所周知的事情，相关规定利用税务减免措施来缩小这种差异是恰当的。卡恩的律师上诉了，他是美国公民自由联盟的新人，并不知道应该先申请总部的批准。伍尔夫和金斯伯格在读《法律周刊》

时得知联邦最高法院已认定其对本案有管辖权，两人都吃了一惊。[8]

这实在太不凑巧了。金斯伯格原本希望精心选择一系列案例来引导联邦最高法院更为全面地理解性别歧视，但卡恩诉谢文案打乱了她的计划。[9]佛罗里达州的税务豁免并没有让女性直接受害。更糟糕的是，卡恩案涉及的是逆向歧视的问题。联邦最高法院刚刚开始考虑种族层面的逆向歧视，也就是说，平权行动旨在让非裔美国人和其他非白人少数族裔获益，而白人认为平权行动让自己受到了伤害。这个时候谈性别层面的逆向歧视为时过早，大法官们还无法区分"良性"歧视和"家长式"的歧视：前者指的是在有限的时间里采取行动来针对某个具体的群体做出补偿，弥补的是这个群体在过去所受到的具体的歧视；后者指的是基于成见的歧视，会强化不平等。一位能言善辩的律师很容易让人把这两种歧视混为一谈。

金斯伯格估计，如果卡恩案败诉，就会强化女性需要不同（特殊）待遇来保护她们的观念。美国公民自由联盟希望破除这样的成见，但如果输掉卡恩案，成见反而会加深。政府方面则希望维持现状，可以利用这个判例来应对其他相关案件。总之，卡恩案是个烫手山芋。[10]

伍尔夫和其他同事也同意金斯伯格的看法。但联邦最高法院已经同意审理此案了，并定于1974年2月进行口头辩论，金斯伯格不得不接受现实，她联系了卡恩案的律师威廉·霍庇，询问有没有什么她能做的。但要从什么角度辩护呢？她在给朋友的一封信里写道："除了平等保护，要是你能想出其他理由为卡恩案辩护，我就给你发一块金牌。"[11]

早期的性别歧视案件，包括金斯伯格经手的案件，都利用种族和性别的类比来提醒大法官，成见带来的伤害是类似的。但金斯伯格千方百计想避免的就是把梅尔·卡恩受到的伤害和黑人受到的伤害进行比较。为了避免这种比较，她会试着说明性别方面的成见是如何对个人造成伤害的。[12]

她打算辩称，1885 年的法律是依照"男主外，女主内"的模式写就的，但这种模式并不存在生物学的基础，也不再是普遍事实。尽管女性在劳动力市场上仍然遭受歧视，但到 1973 年，超过 7% 的家庭中妻子的收入比丈夫高。[13] "尽管针对女性的歧视仍然存在，男女还远没有实现机会上的平等，但同时女性也被放在一个特别的位置，被给予特殊待遇。针对女性的歧视和特殊待遇都是女性在社会上该扮演什么角色的成见导致的。"[14] 佛罗里达州的免税政策是基于成见设立的，让没有需求的人获益，比如富有的寡妇，同时没有帮助到应该帮助的人，比如梅尔·卡恩这样经济拮据的鳏夫。[15] 同时，佛罗里达州声称立法目的是反对歧视女性，但相关减免和这一目标没有联系，因为女户主并没有被包括在内。到年底假期的时候，金斯伯格一家人去波多黎各度假，她把案件材料也带去了，决定要在酒店房间里把文书写完再出门。做完工作后，她才会穿上水橇在海上滑行，体验运动带来的刺激感，同时又一切尽在掌控之中。[16]

* * *

一家人回到纽约时，金斯伯格的皮肤晒成了古铜色。她给杰拉尔德·冈瑟寄了一份上诉文书，并问冈瑟建议她在口头辩论中重点谈什么。冈瑟说，这份文书"写得很好，从头到尾都很有力"。[17] 金斯伯格在写作过程中也觉得自己的论述是有说服力的，冈瑟的评价令她很高兴。布伦南等 4 位大法官在弗朗蒂罗案中已经支持对性别歧视采用严格审查了，他们自然会同意佛罗里达州的税务减免不应该以性别划线，即使寡妇作为一个群体比鳏夫更需要经济帮助。但本案涉及的利益看起来没有什么坏处，"只是一点点好处而已"，想说服鲍威尔、斯图尔特和布莱克门可不容易。[18] 同样，传统上各州和地方在制定税收政策方面有很大的自由度。

卡恩案的口头辩论定在 1974 年 2 月 25 日。口头辩论需要精心准备，对卡恩案来说尤为如此，因为第二天联邦最高法院要审理德菲尼诉奥迪高案，那是挑战平权行动的第一起联邦最高法院案例。[19] 德菲尼案的核心问题是：对不同种族和民族的特殊待遇可不可以通过合宪性审查？如果可以，什么样的特殊待遇是可以允许的？良性歧视和恶性歧视之间有没有差别？长期以来，为了给白人带来好处的政策创造了奴隶制和经济不平等，所谓良性歧视是为了消除这些政策带来的影响，而恶性歧视的例子包括以前不允许黑人上职业学校。如果与种族相关的法律适用严格审查，那么相关政策是否必须做到不分种族呢？金斯伯格估计，因为两起案子的顺序如此，大法官们很可能会问：如果可以基于种族的考量对黑人进行优待，那为什么不能基于性别的考量对女性进行优待，比如为寡妇提供税务减免呢？由于里德案和弗朗蒂罗案将种族歧视和性别歧视做了强有力的类比，联邦最高法院估计会希望保持前后一致。

* * *

距离金斯伯格首次在联邦最高法院出庭过去了一年多时间。当她在华盛顿的寒冬中再次走向大理石宫殿般的联邦最高法院时，她期待大法官们能够像她为弗朗蒂罗案出庭时那样愿意倾听，结果事与愿违。

金斯伯格刚开始发言，法官们就发起了一连串的提问，他们提的问题恰恰是她想要回避的。他们问她是否主张性别"不应该被当作嫌疑分类"。她知道支持嫌疑分类的法官不构成多数，所以没有主张这一分类。她试图回应这一问题，然后继续讲后面的要点，她说:"我还没有见过哪条像这样(基于性别的)法律分类是真正对女性有好处的。从短视的角度来看,就像本案所涉及的法规,也许是(对女性有好处),但长期来看则并非如此……女性是唯一在当今社会仍然面临直接的排斥和严格配额限制的群体……仅仅因为她们是女性就认为她们需要特殊对待,我认为这种想法就是令女性困于特殊地位、长久以来无法获得平等机会的原因。"接着她引用《民权法案》第七章,指出佛罗里达州相关法律对单身女户主最为不利。[20]

直到检察官发言后的反驳环节,金斯伯格才终于有机会回应种族歧视和性别歧视之间的关系。布莱克门大法官问:"应该怎么区分卡恩案和德菲尼案?"她回答,女性和黑人在法律和政治层面都受到过长期的歧视。德菲尼案所涉及的与种族相关的现行补偿措施,是为了让少数族裔更多地进入那些长期以来排斥他们的行业,以此促进平等。相比之下,佛罗里达州过时的法律给予女性的"优待"反映出的是把女性视为男性附属品的观念,认为女人没有能力,必须依赖男人。相关法律并非为了促进婚姻平等,鼓励女性参与家庭以外的生活。恰恰相反,它强化了限制个人选择和平等机会的成见。[21]

在金斯伯格阐述完她的观点前,道格拉斯大法官已经离席了,余下的部分他都没有参加。金斯伯格并不担心,她知道他过去是支持女性权利的。她的论述很明确了,像道格拉斯这样敏锐的人会理解背后的逻辑的。[22]

但其他大法官的态度令她不安。他们的提问显示出他们还不理解,在大多数受益人是贫困女性的情况下,一项法律有什么值得反对的呢?金斯伯格意识到,大法官的疑惑有一部分是种族歧视和性别歧视的类比造成的。比起吉姆·克劳法给少数族裔带来的伤害,佛罗里达州税法给女性带来的损害不值一提。因此，她说相关法律反映出家长式的歧视，这让中间派的大法官难以接受。比如，布莱克门就说她的论述是"耍小聪明"。[23]

* * *

当大法官们开会讨论时，他们的立场可想而知。布伦南、怀特和马歇尔希望推翻下级法院的裁决，而道格拉斯的选择令人意外，他站在了伯格和伦奎斯特那一边，认为佛罗里达州给寡妇提供税务减免的政策是符合合理基础审查标准的，并辩称"大部分寡妇在经济上很困难"。[24]布莱克门表示，佛罗里达州相关法律的基础是对丧偶者生活状态的猜测，而非他们的真实需求，他对这种立法逻辑感到不适，并考虑过推翻它。但这是一项税务法规，布莱克门、斯图尔特和鲍威尔都认为税法就是没有什么逻辑的，无论是联邦还是州层面的税法都是一样。于是联邦最高法院投票决定维持佛罗里达州的法律。

* * *

在卡恩案的讨论结束后，道格拉斯作为多数派中的资深大法官要动笔写意见书，支持佛罗里达州区别对待寡妇和鳏夫的法律。如果放在平常，道格拉斯大法官应该很快就能写好，通常他会亲自打草稿，助理只用补充一点点内容就够了。但这次他先询问了助理艾拉·埃尔曼的意见，埃尔曼一开始不明白大法官为什么来问他。是因为道格拉斯觉得在弗朗蒂罗案和德菲尼案中支持严格审查，而在卡恩案中又不采纳平等保护的主张说不通吗？过了几天，道格拉斯终于做出解释。他承认自己并不是很在意保持法理上的一致性，这一点和布伦南不同。埃尔曼说，让道格拉斯最为不安的是，他记得父亲去世后母亲是怎么过日子的，"他不希望损害佛罗里达州给寡妇提供的税务减免"。[25]

埃尔曼知道自己只有一天时间写草稿了，他将"一项性别歧视指控变成了……一起税务案件"。在相关法律的前提是缩小两性经济差距这一基础之上，埃尔曼引述了劳工部的数据，证实平均而言女性的收入低于男性。他辩称，丧偶对女性的影响更大，男性丧偶后一般会继续工作，因此丧偶的女性在经济上更需要缓冲，税务减免能够给她们提供这种缓冲。埃尔曼回忆道，他写的草稿简短有力，获得了道格拉斯的采纳。[26] 在德菲尼案的意见书里，道格拉斯对平权行动中存在的互相矛盾的价值观给出了深刻的见解，这位健康状况不佳的大法官显然认为自己的使命已经完成了。[27]

看了道格拉斯写的草稿后，马歇尔和布伦南提出异议，他们认为相关法律过于宽泛，因为无论是贫穷还是富裕的寡妇都从中受益。两位法官表示，如果佛罗里达州相关法律能够基于经济需求考量将富裕的寡妇排除在外，他们就会同意多数派的意见。只有怀特认为任何只让一个性别获益的税务减免都违反了宪法第十四修正案。怀特表示，如果立法目的确实像道格拉斯的意见书所说的那样是弥补过往的歧视，那么法律就应该适用于"所有受到经济歧视影响的鳏夫，无论是作为某个种族的一分子，还是那些无法摆脱贫困的人"。[28]

* * *

当联邦最高法院在4月24日公布裁决时，金斯伯格"既惊讶又失望"。她可以理解布伦南和马歇尔也许担心，如果他们支持以平权行动的形式为黑人提供优待，而反对以税务减免的形式给寡妇提供优待，会显得自我矛盾。但她完全不能理解道格拉斯大法官的立场。他在德菲尼案中完全否定了基于种族的补偿性措施，说这样的措施会让黑人显得低人一等，但他在卡恩案中又支持基于性别的补偿性措施。金斯伯格发牢骚说，道格拉斯显然认为"把寡妇与盲人和严重残疾的人相提并论没什么大不了的"。她感慨，道格拉斯的意见书"不管从什么角度来看都是不光彩的。斯图尔特赞同如此站不住脚的意见书，我都替他脸红"。[29]

金斯伯格认为自己对卡恩案多数意见的批评没有错，不过在收到埃默里大学法学院学生写的一封信后，她对道格拉斯的态度有所软化。这位正在准备写卡恩案案例分析的学生敦促金斯伯格去读大法官新出版的自传《年轻人，往东去》。金斯伯格了解到，在道格拉斯5岁的时候，他父亲就去世了，他妈妈带着三个孩子住在华盛顿州中部，生活很困难。道格拉斯与他的哥哥和妹妹青年时期打各种零工，以维持家庭生计。这些经历显然给这位大法官留下了难以磨灭的记忆，这一点后来也得到了他助理的证实。[30]

尽管对道格拉斯有了更深入的了解，金斯伯格仍然感到非常失望。联邦最高法院的裁决把女性与盲人和残疾人归为一类，这让她完全不能接受。她想起关于哈佛大学校长内森·普西的一个传言，说他在越战征兵达到高潮时曾感慨道，哈佛大学"就剩下盲人、瘸子和女人了"。[31]她重申，卡恩案涉及的分类"和那些把丈夫看作妻子的监护人而非同侪的家长式法律没有什么差别"。此外，这一裁决也"强化了成见，与其说这些成见把女性放在高位上，不如说是把她们放在牢笼中"。确实，她感慨道，卡恩案可能是在霍伊特案之后平等概念遭受的最大打击。

联邦最高法院1973—1974年度审理的其他与性别相关的案例也没给她带来安慰。1975年的施莱辛格诉巴拉德案涉及海军的一项规定，在"不晋则退"的政策下，海军给女军官更多的时间来升职，这看起来是对女性有好处的。但正是因为有性别歧视的存在，才让这样的特殊待遇变得有必要，相关性别歧视却被忽视了。同样，联邦最高法院驳回了克利夫兰教育局的强制产假，该规定让一些本来可以继续工作的女老师被迫休无薪假。联邦最高法院虽然废止了相关规定，但没有采信律师的平等保护论述。戈杜尔迪格诉艾洛案也涉及怀孕相关政策，6名大法官裁定加州1974年的《失业保险法》将怀孕相关的残疾排除在外并不构成性别歧视，因为相关依据是身体状况而非性别。[32]

联邦最高法院愿意废除对女性造成不利影响的法规（如里德案和弗朗蒂罗案），但同时赞成保留优待女性的法规（如卡恩案和巴拉德案），这说明联邦最高法院忽视了不平等的产生和延续背后的复杂性。金斯伯格认为，这种思维是盲目乐观、想当然的。[33] 她决定尽力减轻卡恩案的影响，要采取措施把伤害降到最低。在写给芝加哥大学期刊《联邦最高法院评论》的文章中，金斯伯格把卡恩案当作一个因税务问题而起的偏差。她还作为美国大学优等生荣誉学会 Phi Beta Kappa 的访问学者进行了一系列演讲，她决定不仅要解释卡恩案，还要讨论怀孕议题，并且在每一环节都要呼吁批准《平等权利修正案》。[34]

* * *

与此同时，金斯伯格在哥伦比亚大学格林大楼里那个陈设简单的办公室成了学生心中的圣地。在1970年，法学院一年级女生只占8%，到1972—1973年，这一比例上升到20%，到1980年则升至32%。[35] 这些聪明、积极、充满活力的女学生追随着金斯伯格，她是哥伦比亚大学终身教授中唯一的一名女性，女生们很崇拜她。在20世纪70年代初，法律界的女性还很少，而其中不少人都遵循男子气的准则,看起来就像是在"模仿男性"一样。但金斯伯格不同,她给像黛安娜·齐默尔曼这样的女生树立了榜样。[36] 金地伯格成就斐然,也毫不掩饰自己的女性特质和家庭。[37] 她克制而低调的风范也藏不住她的善良、体贴和关心他人。

"我应该上过金斯伯格教的所有课程,"简·布思说,"我在法学院遇到很多困难,特别是第一年。我还记得民事诉讼法大课给我留下的第一印象。"布思说,金斯伯格"非常有学问,讲课时分析能力很强,不管学生问什么问题,她都能举例回答"。她从来没有不备课的时候。相比其他一些教授,金斯伯格有更强的书卷气,"她不认为讲课时应该逗学生开心"。不过,在讲性别歧视的小班研讨课上,金斯伯格会热情洋溢地讲"诉讼策略、时机和熟悉民事诉讼法的重要性,这样才能保证案子不会因程序问题而被驳回,当然,准确性也很重要……她给我们最好的礼物就是她的完美主义"。布思强调,能受到金斯伯格的训练"是我三年法学院生涯中最棒的法律经验……她让我们展现出最好的一面,从来不会让我们感觉自己必须和她一样一心扑在工作上"。布思还说,非常难得的是,"在我们毕业很久以后,露丝还会关心我们。有一次我收到她一封信,就写了一句话:'你怎么还在给那个混蛋工作?'我就知道,我该另寻出路了"。[38]

不只是女生被金斯伯格吸引,男生杰勒德·林奇也把金斯伯格视作他的榜样,说她是"那种一边做法律学者,一边影响世界的人"。[39]

* * *

作为哥伦比亚大学法学院在校园参议院的代表,金斯伯格提议进行全面的薪酬平等审查。审查旨在找出基于性别的薪酬差别,结果显示有种种不平等，包括学校的退休福利计划就存在性别差异。女性退休人员每个月领取的退休金较低，因为平均而言女性比男性的寿命更长。金斯伯格认为，这种薪资不均的现象不容忽视。

学校声称相关政策是美国教师退休基金会决定的，该公司为许多私立大学提供保险，学校无权改变他们的政策。但金斯伯格不是没听过"我们也没办法"这种说辞，学校几年前在解雇女工时就是这么说的，这打发不了她。[40]

金斯伯格找其他女同事搬救兵。她请国际知名的物理学教授、曼哈顿计划前成员吴健雄在她校园附近的公寓举办一场茶话会，吴教授答应了。金斯伯格随后给所有女性行政人员和高级教职人员发送了手写的邀请信——这并不是什么难事，因为一共只有11人，相比之下哥伦比亚大学男员工有1 000多人。[41]

其中一位来宾是社会工作学院教授卡萝尔·迈耶，她一开始来参会时内心是有所保留的，但看到金斯伯格她就放心下来。迈耶回忆道，金斯伯格"身材娇小，一头黑发上绑着一个巨大的蝴蝶结，她亲切有礼、很风趣，泰然自若地解释着她为什么要把大家聚在一起"。[42] 讨论过后，大约100名女性教职和行政人员决定把哥伦比亚大学告上法庭。有些人认为这是对学校的背叛，但法学院院长迈克尔·索文站在了金斯伯格这一边。[43]

* * *

有人问金斯伯格为什么不断在工作上给自己加码，她回答说自己只是在完成工作要求罢了。实际上，她除了有两份工作，还是《美国律师协会杂志》和《美国比较法杂志》编委会成员，同时还在美国律师协会、纽约市律师协会、美国法学院联合会的几个重要委员会任职。此外，她作为好几个女权法律组织的委员会成员还要参加组织会议。

她的孩子和丈夫早就适应了她夜猫子的生活习惯。有时詹姆斯凌晨5点醒来，半梦半醒地走出卧室，看到妈妈还穿得整整齐齐坐在餐桌旁工作，旁边放着一杯冷咖啡，他已经不会感到惊讶了。詹姆斯知道，当爸爸午夜时分上床休息时，妈妈就会把文件从卧室挪到客厅的餐桌上继续工作。陪伴她的是咖啡。她女儿说，妈妈也会吃冰激凌和西梅。她的一位同事曾说，金斯伯格"晚上10—12点能做完的事，我一天都做不完"。[44] 她很少会在午夜准时休息。

* * *

卡恩案带来的失望慢慢平复了，到1974年秋，金斯伯格已准备好再次回到联邦最高法院，她相信自己已经把生活打理好了。在家里，她仍有全职保姆的帮助。女儿简正在芝加哥大学飞速完成学业，准备在三年内毕业。在美国公民自由联盟，来自加州的一名优

凯瑟琳·普拉蒂斯接过了女性权利项目的日常行政工作，让金斯伯格能够在美国公民自由联盟承担其他责任。普拉蒂斯和金斯伯格密切合作，也是亲密的朋友。

秀的年轻同事凯瑟琳·普拉蒂斯担任女性权利项目的主任。普拉蒂斯负责处理日常行政事务，她继承了金斯伯格这位创始人一丝不苟的工作标准，也很快学会在诉讼策略方面听取金斯伯格的建议。但用普拉蒂斯自己的话说："虽然露丝从来不会把自己的看法强加给别人……但她仍然是掌舵人。"[45]普拉蒂斯很愿意听取金斯伯格的建议，她们关系很好，她甚至给大女儿起名叫露丝。金斯伯格回忆道："我不用多说话，她就能懂我。"[46]

金斯伯格现在可以重点去做那些能够为美国公民自由联盟和她个人扬名的案子了，她相信自己已经不再是那个联邦最高法院新手了。如果今后的诉讼可以如期进行，那么被卡恩案影响的平等诉讼也很快能"重回正轨"。[47]

* * *

"重回正轨"这个说法恰如其分。随着水门事件的噩梦终于结束，自由派人士期待民主党在1974年选举中的大胜可以推进尚未完成的议程。但是政治上的版图正在慢慢改变，金斯伯格当时还无法预见，输掉卡恩案是接下来几十年联邦最高法院和整个国家愈加分裂的前奏。

第四部分

继续前进

第四部分

楚辞越裔

第 12 章

重回正轨

在田纳西州小镇帕利斯生活着一位 19 岁的黑人姑娘，她叫埃德娜·斯塔布菲尔德。一天她在酒吧遇到了情敌，两人先是吵了几句，接着大打出手，过程中斯塔布菲尔德捅伤了对方。有人立即打了救援电话，但一开始联系到的救护车司机拒绝到这个当地的"黑人区"出车。在漫长的等待中，受害者失血过多而死。斯塔布菲尔德后来被逮捕，并被判处一级谋杀罪。[1]

在 20 世纪 70 年代初，亨利县陪审委员会仍然系统性地排斥黑人入选陪审团，同时，白人女性如果不愿意当陪审员也可以得到豁免。这意味着斯塔布菲尔德被剥夺了受到同等地位的人审判的权利，但田纳西州刑事上诉法院和田纳西州最高法院先后驳回了她的上诉。现在联邦最高法院是她最后的机会了，她的律师向女性权利项目求助。

金斯伯格为斯塔布菲尔德所受到的多重歧视感到颇为痛心，她立即行动起来。1966 年，在多萝西·凯尼恩和保利·默里代理的怀特诉克鲁克案中，联邦最高法院裁定非裔美国人有权做陪审员。如果联邦最高法院同意审理斯塔布菲尔德的案子，金斯伯格就可以在凯尼恩和默里的基础上继续推进。允许女性豁免陪审团义务也是一种"良性"歧视，霍伊特案把女性说成"是家庭生活的中心"就是在为这种歧视辩护。[2] 如果能打击这种豁免权，就等于是对霍伊特案给女性框定的角色提出了疑问。

但令金斯伯格大失所望的是，联邦最高法院拒绝审理斯塔布菲尔德的案子。尽管刑事上诉法院已经把罪名降为二级谋杀，但斯塔布菲尔德的定罪和陪审团豁免规则均没有被推翻。幸运的是，刚好有另一起类似的案子涉及路易斯安那州要求女性提前登记才能履行陪审团义务的规定，金斯伯格可以接手。

* * *

1973 年，希利诉爱德华兹案成为一场集体诉讼。一些女性原告表示，由于路易斯安那州陪审团人员中只有不到 5% 是女性，自己一旦被控犯罪就会处于不利地位；也有人反对女性必须预先登记才有机会进入陪审团的规定。男性原告则表示，给女性豁免权让男人承受了过于沉重的陪审团负担。[3]

案子涉及的原告如此多元，而且每个群体都具备诉讼资格，这让金斯伯格很欣慰。诉讼资格的意思是说，案子的结果对其中每个群体自身都有重大意义，联邦最高法院能够据此相信双方律师都会做出最强有力的辩护。此外，每个涉案群体受宪法第十四修正案保障的正当程序和平等保护权利都受到了侵害。正如金斯伯格在诉状中指出的一样，女性原告尤其容易受到伤害。实证研究表明，以男性为主导的陪审团往往会给女性更低的赔偿和更重的刑罚。在担任陪审员时，男女确实有不同的视角。金斯伯格辩称，如果假定男女在这方面没有差异，并据此将女人排除在外，就"可能让陪审团失去一个非常重要的视角"，这是本案的核心问题。[4]

她引述了 1946 年的巴拉德诉合众国案，该案中联邦最高法院裁定陪审团必须包括女性才能算是公平地代表了整个社群。5位多数派大法官清楚地阐释了为什么男女必须都包括在内："有人认为，影响男性和女性行为的因素是相同的，比如性格、背景和经济状况，但并不包括性别本身。然而，仅仅说女性在担任陪审员时既没有也并不倾向于作为一个群体来行事是不够的。男陪审员也并非作为一个群体行事。但换位思考一下，如果是男人被有意地、系统性地排除在陪审团外，谁又会认为这样的陪审团是真正具有代表性的呢？"[5] 代表多数派的大法官道格拉斯在判决书中坦率地写道："两性是不能互相替代的……比起将处于某种经济状况或某个种族的人排除在外而言，将一个性别排除在外的确可能让陪审团不够具有代表性。"尽管非裔美国人对种族这一点有异议（后来联邦最高法院自己也修正了），但道格拉斯所说的两性不能互相替代以及陪审团必须男女都包括才能具有代表性，正是金斯伯格想要表达的观点。

但问题在于，巴拉德案涉及的是联邦法院的陪审团遴选，在这个方面联邦最高法院是有监督权的。而霍伊特案涉及的是各州管理陪审团的权力。要想推翻一项州法，就需要从宪法层面进行裁决。幸运的是，在里德案中联邦最高法院已经裁决过各州无权因性别而区别对待处境相似的人。金斯伯格将辩称，路易斯安那州的陪审团豁免规定恰恰涉及这个问题。因此，地区法院应当审理此案。[6]

* * *

完成最初几步之后，金斯伯格开始更深入地考虑怎么写诉状。她安排平等权利倡导项目的学生们去搜集霍伊特案之后所有涉及女性陪审团义务的案子。斯塔布菲尔德案的论述也有借鉴意义。[7]

希利案的文书写得严谨有力，直击女性豁免权的核心原因——立法者认为女性总是要忙于照顾家庭和孩子，而且女性在这些事情上是不可或缺的。1973年,在育有学龄儿童的已婚妇女中,有50%都在工作;丧偶、离婚的母亲参加工作的比例则高达70%。因此,陪审团义务"并不会打断育儿工作,而是可能导致女性在工作中缺勤"。[8]

如果说路易斯安那州的规定是为了保障女性完成育儿职责的话,那么没有孩子的女性或者孩子由他人照顾的女性就不应该享受豁免权,也不应该忽视那些有责任照顾孩子的男性。相反,应该根据个人情况决定什么人可以享受豁免,无论男女,想要得到豁免权都需要证明陪审团工作会造成实际的困难。总而言之,这个基于性别的豁免权对女性而言"过于宽泛",又出于成见将有相关需要的男性排除在外。它与任何合理的政府目标都没有联系,剥夺了平等保护权,违反了宪法要求。[9]

金斯伯格强调,问题并不在于陪审团工作是否给女性带来了过分的负担,这对男女都是有负担的。相反,关键在于"陪审团服务不只是一项权利,更是一项法定义务,是公民的义务"——金斯伯格在后来递交给联邦最高法院的文书中也重申了这一点。[10]让女性免于承担陪审团义务是假定女性无法承担与男性一样的公民权利和责任,这等于把女性放在了二等公民的位置上。这可不是"良性"或无害的!

* * *

1973年7月,金斯伯格飞往位于新奥尔良的联邦地区上诉法院进行口头辩论。这里潮湿闷热的天气丝毫不能减慢金斯伯格敏锐的思维,她非常清楚案子的重要性。她要挑战的路易斯安那州陪审团制度和佛罗里达州的制度几乎一模一样,12年前,联邦最高法院站在了佛罗里达州那边,这也给本案带来风险。在女权法律人眼中,这个判例早就过时了,但在尊重传统的法官看来,这也许仍然是有约束力的法律。还有卡恩案也令人担心——为女性陪审团豁免权辩护的律师能够根据卡恩案把豁免权和给寡妇减税的政策联系起来,说它们都是"良性"的。但新奥尔良的法律人曾在联邦法院创造历史,比如斯凯利·赖特、约翰·迈纳·威兹德姆和阿尔文·鲁宾,他们曾不顾种族主义者的威胁,展现出勇气、同理心和高超的法律水平。[11] 金斯伯格只能期待新奥尔良的法官在性别歧视问题上的水准能够和他们处理种族问题的水平旗鼓相当。

金斯伯格在法庭上刚刚起身准备发言,鲁宾法官就打断了她。法官说她的文书已经写得很明白了,请她发言时简明扼要。金斯伯格有些惊讶,一时五味杂陈:她很高兴文书受到法官赞赏,但又很失望她没有机会展现自己在相关问题上的专业水平。最后金斯伯格只做了简短的发言,但她知道自己已经提出了最根本的问题,这个问题不是关于陪审团制度本身的,而是关于法律改革的步伐应该如何迈进,即判例需要多久才能被推翻。

* * *

她很快得到了答案。8月31日,由三名法官组成的合议庭公布了裁决结果。鲁宾法官一如既往地给出了简短而清晰的判决,他裁决霍伊特案已经过时,不再具有约束力。有关男女到底有没有差别,以及这些差别具体表现在什么地方,鲁宾的回答切中核心。他写道,男女有别并不表现在与公民权相关的责任和义务上面。"作为个体,女性能够从不同的人生经验出发,给陪审团带来与男性全然不同的角度,同时女性的个人性格也各有不同。有女性担任陪审员是很重要的,"鲁宾解释道,"这不是因为所有女性对事物的反应都相同,而是因为她们受到生理、文化和生活经验的不同影响,能够提供不同的观点。如果陪审团要由社会上各种各样的人组成的话，那么女性是必不可少的。"[12]

金斯伯格很高兴。鲁宾的判决书完全抓住了问题的重点。但鲁宾说霍伊特案是"明日黄花"，"法院无须遵循"，联邦最高法院又会怎么看呢？[13]

* * *

路易斯安那州提出上诉，联邦最高法院同意一起审理爱德华兹诉希利案和泰勒诉路易斯安那州案，不过当时路易斯安那州已经在修订其陪审团豁免的相关规定了。泰勒案的当事人比利·泰勒犯下有加重情节的绑架罪，一个全部由男性组成的陪审团裁决他有罪，随后他被判处死刑。（泰勒持刀绑架了一名妇女，当着她女儿和外孙的面强奸了她，并实施抢劫。）泰勒的律师威廉·金希望找到技术层面的失误来帮助当事人上诉，他抓住了允许女性豁免陪审团义务这个问题。金辩称，泰勒案的陪审团代表不了路易斯安那州的全体公民。因为联邦最高法院将一起审理这两起案子，金斯伯格和威廉·金决定协调两人的文书和口头辩论。[14]

1974年10月16日，也就是金斯伯格为卡恩案出庭辩论之后的8个月，她再次回到联邦最高法院，坐在律师席上安静倾听路易斯安那州的助理检察官肯德尔·维克发言。维克试图说服法官，由于路易斯安那州即将出台新的宪法，希利案的诉因已经不存在。新宪法规定每位公民，无论男女都可以担任陪审员，因此维克敦促联邦最高法院驳回诉讼。但联邦最高法院没有采信他的观点。一位大法官表示，即使希利案的诉因确实不存在了，"下一起案子（泰勒案）也存在同样的问题，并且诉因仍在"。联邦最高法院表示，诉因消失的问题并不影响案件涉及更广泛的"平等保护问题"。[15]

轮到金斯伯格发言时，她几乎连开场白都没说完就被法官们的提问打断了。本案是不是卡恩案的老调重弹？这个问题直击关于平等讨论的要害。女人和男人之间究竟是"相同的"，继而在法律层面上可以互相替代，还是有足够的"差别"，所以必须区别对待？法官们问她：既然"有新的理论说男女之间的差异很小"，那么要完成一场公正的审判，是否必须在陪审团中包括女性？[16]

这些摆在面前的选择看起来是互相矛盾的，但金斯伯格不上这个当。她知道，真正的答案比这种二元对立复杂得多。她可以辩称虽然两性在很多层面是相同的，应当得到同样的对待，但在某些情况下，想达成性别中立的结果，就必须有区别对待。但这样回答又会引来一连串她不想讨论的问题，于是她选择提醒联邦最高法院，道格拉斯大法官在巴拉德案的裁决中的原话，即"两性是不能互相替代的，缺了任何一方都可能让陪审团缺乏代表性"。[17]

当大法官问她《平等权利修正案》的现状时，她回答说除了2个撤回表决的州，还有5个州尚未投票，新批准的只有3个州。她希望尽快把话题从修正案拉回来，回到对方律师关于陪审团豁免权的基本论点上。

金斯伯格首先回应了行政便利的问题。她提醒道，联邦最高法院在里德案中已经认定不能用行政便利为性别歧视辩护。接着，她回应了相关豁免权有助于家庭稳定的说法。如果说法律是为了家属的利益着想，那么只给女性提供豁免就太宽泛了，因为女性这个群体包括没有孩子的人、孩子已成年的人，以及有条件找人代替她照顾家庭的人。路易斯安那州的成年女性中有59%都没有未成年子女，在那41%有未成年子女的人中，37%都有工作。[18]

有大法官问她：为什么对霍伊特案"嗤之以鼻"？金斯伯格恭敬地回答，她本意并非如此，接着她巧妙地提出了两个观点。首先，在霍伊特案的裁决中，联邦最高法院说如果佛罗里达州在争取让女性进入陪审团的努力中表现出诚意，那么自愿报名制度就可以奏效。但就像道格拉斯大法官指出的，现在看来这一制度确实没能奏效。其次，从霍伊特案宣判至今，女性的劳动参与率有所提高，而霍伊特案裁定陪审团豁免权的时候既没有考虑到职场妈妈，也没有考虑到那些既没有育儿义务也没有工作的女性。

紧接着，联邦最高法院又提出了一个关于卡恩案的问题。金斯伯格立即意识到这意味着什么。既然卡恩案为寡妇提供税收减免，那么关于女性豁免陪审团义务的法律为什么不以卡恩案为指导呢？这个问题布伦南大法官已经给出了答案，他赞成金斯伯格的看法，即卡恩案是一起税务案件。金斯伯格回答，卡恩案的意义在于联邦最高法院在税法制定方面一贯给各州更大的自由度。

回到霍伊特案，金斯伯格说："过于关注女性陪审员让联邦最高法院忽视了最重要的问题。"那就是格温德琳·霍伊特受到了虐待，"如她所说，她犯罪的起因是她丈夫在争吵中作践她、羞辱她，把她逼到了崩溃的边缘"。被判二级谋杀罪的霍伊特认为，"女性陪审员可能更能理解她拿起棒球棍打下去的时候处于一种怎样的心理状态"。金斯伯格继续说道，联邦最高法院"并未关注霍伊特太太被剥夺了平等保护和正当程序权利的问题；联邦最高法院关注的是豁免女性陪审团义务是否属于良性歧视，而非这种划分对当事人是否造成不公正的后果"。从这个角度看，"最重要的考量不应该是陪审团义务给潜在的陪审员带来的是负担还是好处，而是这项制度对当事人是否公平"。[19]

后来法官们还提出其他问题，但金斯伯格对霍伊特案的发言起了作用。1961年就有人提出了相关论点，但联邦最高法院没有采纳，现在联邦最高法院愿意听取了。在金斯伯格总结完毕后，首席大法官伯格补充道:"金斯伯格太太,您可能不需要我为您辩护,但比起第五巡回法院的三名法官来说,您在文书和发言里对霍伊特案还是给予了尊重的。"这算来自伯格的赞扬了,毕竟在1971年伯格听说尼克松在考虑提名一位女性大法官后,甚至向总统递交了一份辞职信。[20]

* * *

联邦最高法院首先宣布了泰勒案的判决。8名大法官都认为比利·泰勒被剥夺了受到有代表性的陪审团审判的权利。在这之前,路易斯安那州已经通过了一项修正案,在陪审团遴选上平等对待男性和女性,因此希利案的诉因已经不存在了。但联邦最高法院清楚理解了希利案的相关论述。泰勒案的多数意见由怀特大法官执笔,他写道:"联邦最高法院认为,让女性作为一个群体得以豁免陪审团义务,或者仅仅因为她们的性别就自动给她们豁免权,而且这样做的后果是刑事案件的陪审团几乎全部是男性,那么这种做法是不合适的……如果说女性曾经确实没有资格担任陪审员,或者因境遇而不用承担陪审团义务的话,那种时代也已经过去很久了。"[21]

怀特整理了社会学和统计学的数据以及司法判例,解释了为什么女人和男人之间的差别足够明显,使将女人排除在陪审团外会造成重大影响,而同时女人又和男人足够相似,因而不应该被排除在陪审团之外。伦奎斯特是唯一持反对意见的大法官,他认为泰勒受到了公正审判,而且虽然路易斯安那州的陪审团制度可能是因循守旧的,但联邦最高法院不应该把自己对现代生活的看法强加给各州。他说,认为排除了一个性别就会丧失某种"味道"的想法"更像是神秘主义而不是法律"。[22]

尽管伦奎斯特提出了异议,联邦最高法院的裁决还是让金斯伯格很高兴，不过，胜利的滋味也是苦乐参半的，因为受益者是比利·泰勒而非埃德娜·斯塔布菲尔德。的确，联邦最高法院拒绝审理斯塔布菲尔德案，这就像一块大石头，比以往任何时候都更沉重。虽然金斯伯格从未用"交叉性"这个词来形容种族、阶级和性别之间密不可分的联系，但她非常理解贫困黑人女性的劣势地位是更严重的。

除了个别人仍然顽固地认为女人应该有权豁免陪审团义务，几乎所有人都把泰勒案视为一个转折点。[23] 但5年后，金斯伯格在另一起密苏里州的案子中又重复了一遍她的观点，1979年的杜伦诉密苏里州案中，密苏里州的立法者和田纳西州的立法者一样，坚持在陪审团义务上给予女性豁免权。[24] 金斯伯格再次赢得了胜利。但直到1994年，联邦最高法院才终于承认平等保护条款充分保障两性在陪审团遴选中不受歧视的权利。

联邦最高法院裁决泰勒案后，金斯伯格感到联邦最高法院将来可能会对性别歧视案采取更严格的审查标准。怀特大法官在多数意见中写道，想要支持基于性别的划分，"仅仅有合理基础"是不够的，要有"更重要的原因"才行。[25] 这对金斯伯格代理的社会保险案温伯格诉维森菲尔德案是一个好消息，她原本打算用弗朗蒂罗案的思路来办理维森菲尔德案。

* * *

斯蒂芬·维森菲尔德是一名计算机顾问，是自由职业者，他的妻子葆拉是高中数学老师，正在读博士。两人住在新泽西州的爱迪生市，即将迎来他们的第一个孩子。斯蒂芬和葆拉于1970年结婚，两人决定尝试一种不同的生活方式。葆拉打算在取得学位后从事学校行政管理工作，斯蒂芬则负责做家务、照顾孩子。但葆拉在分娩时不幸死于羊水栓塞,两人的期待化为泡影,只留下悲痛的斯蒂芬和刚出生的儿子贾森相依为命。[26]

斯蒂芬把儿子从医院带回家,希望能找到一名合格的保姆照顾儿子,但没能找到,于是他决定按照原计划自己照顾孩子,同时请亲人提供一些帮助。这意味着他在经济上必须做出一些牺牲。葆拉去世前是家里主要的经济来源,她直到生孩子当天还在工作,于是斯蒂芬为儿子贾森申请社保遗属福利金,还为自己申请了育儿补贴。政府表示贾森有资格获得遗属福利金,但斯蒂芬作为家庭主夫则没有补贴,尽管社保一向会为带着婴儿的寡妇提供育儿补贴。斯蒂芬作为带孩子的鳏夫申请补贴遭到拒绝,虽然他不得不放弃工作才能在家照顾孩子,但社保的"母亲补助"是专属于女性的。[27]

1972年11月,斯蒂芬在当地报纸《家乡新闻》中读到了一篇关于丧偶男人的故事,他给报纸编辑写信描述了自己不公平的遭遇,文中写道:"让格洛丽亚·斯泰纳姆好好听听吧!"[28] 罗格斯大学的一名西班牙语教师读到了这封信,并转交给金斯伯格。

用维森菲尔德案来跟进弗朗蒂罗案再合适不过了,案子很好地展示了针对一个性别的歧视最终会导致两性都受害。斯蒂芬·维森菲尔德遭受的不公待遇是一个刚刚失去丈夫和经济来源的女人所不会遭受的——这完全是旧式的"男主外,女主内"的婚姻模式在作祟。同样,相关法律也没有把葆拉当作一位有权为家庭获得福利的完整而成熟的劳动者。从金斯伯格自己的家庭模式和她所推崇的女权主义的角度来说,两性都应该能够完全参与劳动力市场,同时也都应该充分参与育儿工作。"这是很好的案例,"她回复道,"只要维森菲尔德先生同意,我们当然要代理。"[29]

斯蒂芬同意了。金斯伯格把案子安排给了参与平等权利倡导项目的学生,她向斯蒂芬保证,她"1月17日一完成首次在联邦最高法院出庭辩论的任务（弗朗蒂罗案）"就会马上着手准备维森菲尔德案的诉讼。[30] 金斯伯格也从不认为司法途径是唯一的办法，她给密歇根州联邦众议员玛莎·格里菲思写信，请她在国会提出社会保险法修正案，给男女同等福利。格里菲思也是女性权利项目的顾问委员会成员。因为美国公民自由联盟要挑战的是联邦法律，金斯伯格请罗格斯大学校友、新泽西州的执业律师简·利夫塞特担任联合律师，以便向新泽西州的联邦地区法院提交诉讼材料。[31] 原告的主张是相关法律违反了宪法第五修正案的正当程序条款。接着金斯伯格请两名学生起草一份备忘录，申请法院进行简易判决，并把草稿交给利夫塞特提建议。到1973年2月中旬，相关诉状已经准备好，可以提交了。

金斯伯格希望更多人关注这起案子，于是给《纽约时报》记者莱斯利·奥斯纳写了一封信，奥斯纳曾对金斯伯格被任命为哥伦比亚大学法学院教授一事写过长篇报道。金斯伯格当时写信对奥斯纳致谢，在信中说她以后会把女性权利项目值得报道的案子发给奥斯纳。这次她附上了维森菲尔德案的资料，并说案子涉及的法律问题很重要，案件事实也很吸引人。"您愿意安排让《纽约时报》在诉状递上去的第二天做一个专题报道吗？"金斯伯格问，"我可以在递交诉状前24小时给您通知。"[32]

*　*　*

3月中旬，金斯伯格得知新泽西州联邦地区法院将审理此案，主审法官是克拉克森·S.费希尔，他最近一直在新泽西州卡姆登市处理一起抵制越战兵役的案子。但随之而来的也有坏消息，她听说地区法院的三名法官"非常保守"。[33] 而且，政府方面的律师很可能会辩称相关法律与合理基础审查标准相符。估计他们会说，法律是为合理的公共目的服务的，因为它弥补了女性以往在就业上受到的歧视。相比男性而言，丧偶的女性通常无法充分就业，即使有工作，收入也较低，因此她们需要为自己和孩子争取更多保护。此外，对方还将指出，如果维森菲尔德获胜，纳税人会承受更多财政负担。

金斯伯格仔细制定了反驳策略。首先，她要指出相关法律反映出的性别成见正是联邦最高法院在弗朗蒂罗案中已经否定的。其次，政府根本就提不出正当理由支持相关法律所构成的歧视，更遑论其理由到底有没有说服力了。最后，它侵犯了劳动妇女获得平等保护的权利。还有一点很重要，那就是贾森·维森菲尔德是和父亲相依为命的，而相关法律剥夺了贾森受到父亲照顾的权利。金斯伯格很明白失去母亲的滋味，她很快就和斯蒂芬与贾森建立了长久的友谊。

几个月过去了，出庭日期还迟迟没有确定。在等待期间，她赢下了弗朗蒂罗案，为斯塔布菲尔德案和希利案做了工作，修改了维森菲尔德案的文书，还不断给斯蒂芬和她自己加油打气。社会保险体系中有很多对女性不公平的地方，其中大多数难从司法的角度发起挑战，只有少数规定可以通过司法途径修正，金斯伯格要赢下这第一起案子。终于，出庭日期定在了 1973 年 6 月。"哈利路亚！"她欣喜若狂。[34] 她和斯蒂芬约定一起搭火车前往新泽西州首府托伦顿。

* * *

这还是维森菲尔德第一次见到他的律师，他形容金斯伯格看起来"娇小羸弱，但胸有成竹"。[35] 她告诉他，不管谁赢，案子一定会上诉。但口头辩论结束后，金斯伯格并没有她在维森菲尔德面前表现的那么乐观。费希尔和其他法官不明白，为什么一个拥有三个本科学位的男人会选择待在家里带孩子呢？对方律师强调相关法律如果做到男女平等将会造成巨大的财政负担，法官们也明确表示他们对高昂的支出有所顾虑。[36]

政府方面估计，财政每年要多花至少2 000万美元。为了减轻法官们的担忧，金斯伯格指出这一数字是不准确的。除非所有符合条件的鳏夫都选择带孩子，否则并不会出现这么夸张的数额。大多数鳏夫会选择去工作，而不是在家育儿。不过案子的根本问题不在于大多数男人的选择，金斯伯格反复强调，本案的重点是斯蒂芬·维森菲尔德本人。至于这是不是法院在越权进行立法，其实国会也在考虑出台法规纠正相关问题，但提案尚未通过。金斯伯格的这些反驳能否说服法院还有待观察。[37]

金斯伯格对案子的结果放心不下，考虑另找一个地区再开启一项与维森菲尔德案类似的诉讼。这也许是周全的办法，毕竟没有人知道哪起案子会先打到联邦最高法院。

斯蒂芬也有他的担忧。政府方面在地区法院辩称，斯蒂芬现在已经成了一家工程公司的技术顾问，收入颇丰，应该据此驳回他的诉讼。他在想，如果他为了继续打官司而辞职的话，还有什么职业能让他有足够的时间照顾儿子，薪资水平让他有资格申请社会保险，还能让他把赚到的钱再投资到公司的运营中呢？随着阿拉伯石油禁运即将生效，斯蒂芬在罗格斯大学附近开了一家小店卖富士自行车，并把库存放在自家车库里。接着，他告诉金斯伯格他已经不做那份月薪1 500美元的工作了。金斯伯格以为他失业了，就请自己的学生按照他失业的情况给法院写一份保证书。尽管案子的核心问题没有改变，但斯蒂芬现在的经济状况和社保法起草者想要照顾的寡妇的经济状况十分类似了。[38]

斯蒂芬从未告诉金斯伯格自己做了什么，他知道金斯伯格不可能要求他改变自己的生活方式来挽救她的官司。金斯伯格后来认为案子能获胜，那份保证书起了很大作用。1973年12月，三位法官给案子下了判决。"这裁决可真奇怪，"她读了判决书后说，"但考虑到几位法官比较保守，我们能在没有异议的情况下获胜已经是一个小小的奇迹了。"[39] 不出所料，政府选择上诉。"让联邦最高法院维持原判比让他们在推翻原判的情况下站在我们这边容易多了。"她对利夫塞特说。但很快，她的乐观就遭遇到了考验。

* * *

1974年4月，联邦最高法院公布了卡恩案的裁决。时任司法部副总检察长是耶鲁大学法律学者罗伯特·博克，博克是一位儒雅风趣的保守派，他在水门事件中的行为曾引发全国舆论哗然。在水门事件的调查中，司法部前副总检察长阿奇博尔德·考克斯担任特别检察官，要求尼克松总统交出可能证明他有罪的录音带。博克在1973年10月解雇了考克斯，这件事被称为"星期六之夜大屠杀"。博克可以利用联邦最高法院在卡恩案支持差别待遇来为政府在维森菲尔德案中的立场辩护。[40] 政府方面的律师会说，就像让寡妇享受税务减免一样，出台"母亲补助"的初衷也是给那些因就业歧视而经济地位低下的女性提供补偿。在这种情况下，按性别分类是"良性的"。[41]

金斯伯格明白，要反驳这种说法，她必须弱化卡恩案的影响。[42] 她提交的文书必须说服联邦最高法院，弗朗蒂罗案才是本案更好的判例。她对斯蒂芬说："我们必须尽全力消除不良先例的影响。"[43] 好消息是，宪法权利中心估计会再出具一份强有力的"法庭之友"意见书。平等权利倡导项目中的一些学生从一开始就在为案子做工作，他们也提供了很多帮助，其中M. E. 弗里曼的工作格外出色。此外，接任女性权利项目主任的凯瑟琳·普拉蒂斯也伸出援手。

* * *

金斯伯格从一份 11 页的大纲入手，列举《社会保障法》中主要条款的诸多局限性。[44] 相关法律突显的成见贬低了女性在经济领域的奋斗，剥夺了她们作为公民的平等地位，也损害了在世配偶和父亲作为家长的身份，并且让丧母的孩子无法得到父亲的亲自照顾，这对孩子是不利的。此外，深深印刻在相关法律中的那种家庭模式，即一家只有一个人赚钱，也不符合大量双职工家庭的实际情况。

金斯伯格巧妙地反驳了政府的论点，她表示相关法律的立法目的是在劳动者丧生后为其家庭提供帮助，但实际上法律和这一目标之间的联系并不紧密，也没有像政府辩称的那样弥补女性以往在经济上受到的歧视。相反，它让职业女性无法享受和男同事同等的福利，从而让歧视更严重。

由于预计到政府会从财政的角度提出反驳，金斯伯格提醒联邦最高法院，里德案和弗朗蒂罗案都已裁决，不能通过违反宪法规定的平等保护条款来节约财政资金。为了进一步弱化卡恩案的影响，金斯伯格指出，"虽然在涉及当地问题的州法上，联邦最高法院也许应该尊重各州，比如州一级的税法和区域规划等，但在涉及联邦层面的就业福利问题上，联邦最高法院应该对一项包容性不足的法规采取更严格的态度"。[45]

接着，她谈到补偿措施的问题，并和往常一样主张扩大福利。她说，如果联邦最高法院认为只给女性发放遗属福利金是违宪的，那么补救方式不应该是剥夺寡妇的福利，而是应该让鳏夫也能获得福利。这样的做法与更广泛的立法目标是一致的，即保护已故被保险人的家庭。但是，她知道这种论述也有它的问题。

联邦最高法院很少会扩大一项违宪法律的适用范围，因而很少有先例。而且，这种行为也可能被视为司法部门在越权立法。

更麻烦的是相关法律还涉及钱的问题。在此前的莫里茨案和弗朗蒂罗案中，她在杰拉尔德·冈瑟的帮助下提出了可行的主张，要求扩大相关福利。[46]但莫里茨案并不涉及钱的问题，因为国税局已经主动更改了税法。在弗朗蒂罗案中，由于军队严格限制女性参军，符合条件的男性军属人数很少，国防部完全可以在预算内为他们提供和女军属同样的福利。相比之下，维森菲尔德案则需要给有孩子的鳏夫发放福利，相关开销可能会超过国会批准的预算，因此联邦最高法院犹豫不决。[47]

金斯伯格决定赌一把，主张扩大福利。她不能因为当事人是男性就害得那些贫困女性失去她们迫切需要的保障，即使再短暂也不行。

* * *

1975年1月的一天，金斯伯格冒着严寒从她下榻的酒店前往联邦最高法院。出门的时候她碰见一位女士正在遛狗，金斯伯格马上认出那是伟大的歌剧明星玛丽亚·卡拉斯。[48]卡拉斯在歌唱和表演方面的技艺以及她的生活逸事都让她家喻户晓。金斯伯格回忆起纽约大都会歌剧院演出《托斯卡》时，卡拉斯唱的咏叹调博得满堂彩，她最近还在卡内基音乐厅举行了音乐会。金斯伯格觉得遇到她是一个好兆头。

如今金斯伯格已经是联邦最高法院"老手"了，维森菲尔德先生和她一起步入法庭，看着她在律师席上落座。他回忆道，法官们依次入席，整体气氛庄严肃穆，让金斯伯格"看起来很渺小"。[49]和她一同落座的学生弗里曼注意到，金斯伯格的注意力完全集中在法官席上。道格拉斯大法官因中风而缺席了当天的庭审。从乔治·华盛顿大学法学院赶来联邦最高法院旁听的温迪·韦伯斯特·威廉斯密切关注着金斯伯格的表现:"露丝刚一开始说丧妻的男子斯蒂芬·维森菲尔德被剥夺了福利金,和父亲相依为命的贾森·维森菲尔德得不到照顾,葆拉·维森菲尔德得不到和男性劳动者同样的保护,我就知道她能赢。"[50]

但想要获胜,金斯伯格必须先反驳政府方面的律师基思·琼斯提出的两个论点。琼斯提出的第一点是,社保是一种保险,而不是工作的薪酬,因此国会没有义务给女性劳动者提供和男性劳动者一样的福利。第二,把福利限定给寡妇是为了补偿女性在就业市场上的劣势。[51]

金斯伯格以她一贯的精确和权威对案件进行了梳理,不只反驳了政府的说法,还对自己的观点进行了有力的论证。就像弗朗蒂罗案中一样,大法官们没有打断她。最后,法官们问她育儿福利应该发放到孩子几岁为止,她表示自己并不清楚为什么要把年龄上限定在18岁,随后法庭短暂讨论了孩子从多大可以开始独立生活的问题。露丝猜测,联邦最高法院问这个问题是因为斯坦顿诉斯坦顿案,其中涉及的是犹他州的一项法律,规定父母抚养女儿只需要养到18岁,但对儿子必须抚养到21岁。[52]

金斯伯格希望让法庭集中关注她想要表达的重点问题,在接下来的发言中她数次提醒联邦最高法院,育儿津贴的发放是有收入条件限制的。在世配偶的年薪如果超过2 400美元的话,那么收入每超过2美元,就要扣除1美元的育儿津贴。此外,领取津贴的在世配偶必须履行育儿责任。[53]法庭辩论结束后,金斯伯格立刻冲出联邦最高法院,以便能赶回纽约,在下午2点前准时回到课堂上。

在短短几小时里,金斯伯格就从联邦最高法院律师席回到讲台上,她先回答了几个问题,就开始讲课。有两位学生对她的责任感大为赞叹。他们说,法学院没有其他哪位教授会早上在联邦最高法

照片摄于1975年，斯蒂芬·维森菲尔德和儿子贾森在新泽西州的新不伦瑞克骑自行车。维森菲尔德先生放弃了一份高薪工作，把自家车库作为库房卖自行车。他经济状况的改变帮助金斯伯格赢下了这起艰难的案子，让相关社保福利囊括丧偶的男性。

院出庭，下午赶回哥伦比亚大学上课，放弃中午在华盛顿社交的机会。但在金斯伯格看来，没有什么事比和家人吃晚饭更重要的了。

* * *

在开会商讨维森菲尔德案时，大法官们无法达成一致。伯格、伦奎斯特和布莱克门都不打算采纳金斯伯格的观点。布伦南负责撰写多数意见，他请他的第一位女助理玛莎·贝尔松来起草。受到金斯伯格文书的启发，贝尔松研究了相关法律的历史。[54] 她发现国会出台社保相关规定的目的并非优待寡妇，而是照顾小孩，这让布伦南感到欣慰。贝尔松指出，这一发现给大法官们的思考提供了新的视角，她写的草稿最终成了判决书的重要组成部分，布伦南也赢得了全体同事的支持。

3月19日，金斯伯格从电报中得知联邦最高法院一致裁决维森菲尔德胜诉，她高兴得热泪盈眶。第二天《纽约时报》在头版做了报道，并刊登了一张照片，3岁的贾森举着电话听筒，斯蒂芬微笑着把儿子抱在怀里。标题写道"大法官支持鳏夫拥有平等权利"，事实正是如此。[55]

布伦南在判决书中写道，"基于性别的划分导致同样要缴纳社保税的女性工人为家庭带来的保护比男性工人少"，这是宪法所不允许的。[56] 他指出，认为男性比女性更有可能成为家庭主要经济来源并非不符合实际情况。但是，联邦最高法院强烈反对政府根据卡恩案认定社保法的性别划分是为了弥补寡妇作为女性在职场遭遇的不公待遇。相反，贝尔松对相关立法的深入研究显示国会的本意是让母亲能够在家照顾孩子。判决书继续写道，只保护和在世母亲共同生活的孩子，而不保护和在世父亲共同生活的孩子，在立法时并不符合合理目标。现在，相关规定已经过时了，因为女性的劳动参与已经发生变化，而且，认为男性不能够照顾孩子这种假设也过于宽泛了。[57]

联邦最高法院决定扩大福利范围这一点也很重要。金斯伯格承认，联邦最高法院这么做意味着大法官们确实"进行了一些立法工作"，但这只是暂时的，相关法律的最终决定权仍掌握在国会手里。私下里，金斯伯格认为她最重要的成就之一是能够在弗朗蒂罗案等6起涉及福利的案子，特别是维森菲尔德案中成功说服联邦最高法院扩大福利范围。她骄傲地指出，在扩大还是取消福利的问题上，这些案子"书写了法律"。[58]

尽管判决书没有提到严格审查，但联邦最高法院能达成一致显然代表着一种进步。维森菲尔德案达到的一个效果是改变了相关法条的语言，用"双亲中唯一幸存者"代替了"守寡母亲"的表述。让金斯伯格感到欣喜的还有联邦最高法院把重点放在了立法目的上，即失去父母中一方的孩子应该得到另一方的爱护。大法官们对立法意图的严格检视在一定程度上保证以后再遇到涉及"良性"性别歧视的案件，联邦最高法院一定会严格审查实际的立法目的。弗朗蒂罗案、泰勒案、维森菲尔德案和斯坦顿案这一系列案件表明，联邦最高法院已经做好准备推翻那些基于过时的性别成见制定的法律了，在涉及就业的问题上更是如此。金斯伯格认为，被卡恩案打断的平权之路看起来重回正轨了。[59]

但接下来还有很长的路要走。联邦最高法院尚未说明性别歧视在平等保护的框架下处于什么位置。事实上，布莱克门在斯坦顿案中赞成推翻相关法律时表示，无论用什么标准来衡量——"看它是否满足重要的国家利益，还是合理基础，抑或是某种中间路线"，犹他州的法律都是站不住脚的。[60]但如果多数法官不愿意采取严格审查，他们能够在"中间路线"上达成共识且遵守它吗？不过，现在不妨庆祝一番，这些问题就留到以后去解决吧。

* * *

金斯伯格夫妇在纽约的家里办了一场派对庆祝胜利。他们的家在一个时髦的社区，还雇了人端着开胃小菜和饮品服务来宾，让美国公民自由联盟的一些同事应接不暇。但女主人并不太在意同事们的反应，她更在意的是派对嘉宾贾森和斯蒂芬·维森菲尔德的感受。派对开始前，金斯伯格带着儿子詹姆斯一起去买了一些他小时候喜欢读的书送给贾森。当时谁也没想到，3岁的贾森有一天会请未来的联邦最高法院大法官来主持他的婚礼，而多年后，他的父亲斯蒂芬也是一样。[61]

| 第13章 |

在政局变幻中前行

在经历了动荡的20世纪60年代、水门事件后,美国又从分裂民意的越战中撤军,颜面尽失,该如何庆祝这个所谓"不可分裂、自由平等全民皆享"的国家建立200周年成了一道难题。[1]盛大的焰火、教堂的钟声和曼哈顿港口的帆船表演虽能带来些许慰藉,但经济低迷和通货膨胀的现实还是让人担忧美国梦即将完结。公共知识分子的言论强化了美国衰落的观感,他们喟叹公民文化受到侵蚀,在国际上"缺乏勇气","父权式微",以及"文化自恋"的现象。[2]在中部腹地,通过视听媒介传教的牧师杰里·福尔韦尔呼吁人们回归上帝、爱国主义和父权制家庭。

1976年的美国,文化和政治气氛都在发生转变。在这一年的共和党大会上,保守派代表们实现了重要的纲领改革,呼吁从宪法上禁止校车接送政策和堕胎,通过宪法修正案保护胎儿的生命权,以及提名"尊重传统家庭观念"的法官。[3]共和党曾对《平等权利修正案》给予历史性的背书,但有人提议共和党撤回决定,最终支持该修正案的女性共和党成员及其盟友勉强得以阻止这项提议通过。

夏天,金斯伯格在欧洲教书和旅行。回到美国后,她敏锐地察觉到这种反弹。她公开表示维森菲尔德案让平权回到了正轨,而在私下里，她对女权行动者凯瑟琳·伊斯特说："我认为目前联邦最高法院不会在理论上明确推进严格审查。实际上维森菲尔德案和路易斯安那州陪审团案都证明了，联邦最高法院在往反方向走。"[4] 接下来的克雷格诉博伦案和加州大学董事会诉巴基案等都将证明金斯伯格的判断是准确的。由于联邦最高法院对席卷全美的社会和文化分野及其激发的保守政治思潮均有所关注，赢下1976年秋天的两起案子对金斯伯格而言势在必行。[5]

* * *

首先是克雷格诉博伦案，该案已有较长的历史。1972年12月，塔尔萨市律师、哈佛大学法学院毕业生弗雷德·吉尔伯特在西俄克拉何马州联邦地区法院发起诉讼，挑战一项对男性和女性的饮酒年龄做不同限制的法律。在俄克拉何马州，女性满18岁就可以购买低度啤酒，而男性则要等到21岁。1973年，由三位法官组成的合议庭驳回了这项诉讼，裁决依据的相关法规是在宪法第二十一修正案允许的范围内合理行使州权，这项修正案赋予各州充分的权力来规范酒精交易。吉尔伯特立即向联邦第十巡回法院提出上诉。

案子最初的原告是一名颇具政治意识的19岁男生，在俄克拉何马州立大学就读。但在三位法官组成的合议庭做出裁决之前，他已经满21岁了。[6] 为了避免诉因消失，一名大一的兄弟会成员柯蒂斯·克雷格和俄克拉何马州斯蒂尔沃特一名勤劳的便利店主卡罗琳·怀特纳加入成为联合原告，但这并未能改变案子的结果。联邦第十巡回法院在1974年裁决，以性别划分买酒年龄是为"提升交通安全"这一合理目的服务的。18~21岁的男性因酒驾被逮捕和造成交通事故的人数都比女性多。吉尔伯特觉得自己走投无路了，在想要放弃之际，他向美国公民自由联盟求助。[7]

金斯伯格知道，兄弟会的男生们能不能喝酒并没什么大不了的，但克雷格诉博伦案有可能推翻1948年裁决的戈萨特诉克利里案，该案涉及的法律限制密歇根州的女性当调酒师，金斯伯格优先考虑的是推翻这一过时的判例。更重要的是，联邦最高法院在最近的性别歧视案中似乎运用了更为严格的审查标准，也就是布莱克门大法官所说的"中度"审查。[8] 克雷格案如果能胜诉，也许能促使联邦最高法院对这一标准进一步做出阐释。她鼓励吉尔伯特上诉。

* * *

在联邦最高法院接受克雷格案后，金斯伯格向吉尔伯特保证，如果两人共同撰写诉状，美国公民自由联盟会承担诉状的印刷开销，只要他同意一个条件：金斯伯格对文书内容拥有最终决定权。至于由谁出庭辩论，金斯伯格在信中写道："鉴于你为本案花费了大量精力和时间，如果你愿意，自然是由你来出庭。"[9] 金斯伯格还说，如果吉尔伯特想独自完成诉状，她可以提供建议并出具一份"法庭之友"意见书，如释重负的吉尔伯特请求金斯伯格在他出庭时坐在律师席上旁听。[10] 由于时间和地点的限制，两人必须分头准备文书。吉尔伯特没有预料到，在接下来的半年时间里，金斯伯格从纽约寄来的信件将给他提供多少实用的建议、贡献多少对细节的把握。

到1976年1月底，他们在通信中开起了玩笑。自认为是大男子主义者的吉尔伯特在信件中称呼金斯伯格为"律政佳人"，落款则写着"兵哥弗雷德"。玩笑之外，金斯伯格给出了她的指导："支持嫌疑分类的法官不到5位，所以这一部分应该低调处理，转而强调里德案、弗朗蒂罗案、维森菲尔德案和斯坦顿案反映出的'中度审查'。"[11] 她还写道："不要提醒布伦南大法官在弗朗蒂罗案中照抄了赛乐酒吧公司案的判决，而且没有引述来源。"最后，她敦促道:"鉴于温伯格诉萨尔菲案的判决,要避免做结论性推断。"[12] 此外,金斯伯格鼓励吉尔伯特从她为克雷格案撰写的"法庭之友"意见书中挑选重要的部分加入本案诉状。[13] 她还提议帮忙搜集新泽西州交通安全和饮酒习惯的数据。[14]

吉尔伯特对这种专业精神很欣赏,也承认自己"仿佛是产房里那个帮不上什么忙的男人(但还是热切期盼着伴侣带来的好消息)"。[15] 两个星期后,他寄出了写好的文书,并道歉说他没有足够时间做必要的删节和润色。他补充道:"我想我应该已经把所有可能影响你另一起案子的段落都拿掉了。"[16] 他指的是戈德法布案。"你的文书有力地陈述了许多要点,"金斯伯格鼓励道,"应当能充分满足这一诉讼。"[17]

金斯伯格的"法庭之友"意见书则一如既往地简洁有力。她承认根据宪法第二十一修正案的规定,俄克拉何马州的确拥有广泛的权力来规范酒精饮料交易,但是如果一项立法的基础是对男女饮酒行为、倾向和偏好过于宽泛的归纳,那么宪法第二十一修正案也不能保护这样的法案不受司法审查。[18]

金斯伯格承认,这项法律表面上看来是对年轻女性有利的。但在里德案后,联邦最高法院仅在施莱辛格案和卡恩案中支持过基于性别的立法,二者涉及的法律都是为了弥补女性"在过往和当下遭受的经济劣势"而制定的。金斯伯格表示:"3.2度的(低度)啤酒能给就业前景暗淡的年轻女性带来的安慰,不应该包括在基于性别的'补偿性'或'纠正性'立法之中。"[19] 相反,这只不过是旧式性别成见的又一例证而已。

俄克拉何马州政府列举了两性在被逮捕和在交通事故中死伤的数据来证明其立法目的,金斯伯格则反驳道,不同种族和社会阶级在饮酒上也有不同倾向和偏好,如果按照人们的种族限制买酒会被看作一种歧视，那么以性别划线也同样是不合理的。她表示，下级法院依赖的统计数据显然"完全不能支持所谓的立法目的"。[20]

至于判决先例，俄克拉何马州政府引用的两个联邦最高法院判例都未能对本案提供支持。首先是加州诉拉吕案，联邦最高法院判决州政府有权禁止在卖酒的场所进行裸体舞蹈和露骨的色情表演。金斯伯格写道："无论宪法第二十一修正案授权州政府对现场色情演出和酒精采取怎样的限制，这里所说的'性'都与本案无关。"[21] 至于"早就该被彻底推翻的"戈萨特案，就连地区法院都避免引用这一过时的判决。总之，"无论法院选择使用什么力度的审查，是合理基础审查、严格审查还是中度审查"，俄克拉何马州的这项法律涉及的性别划分"都不成立"。

为确保万无一失，金斯伯格在文书提交后仍笔耕不辍。她指出，克雷格案事关重大，绝不能在程序方面出差池。店主卡罗琳·怀特纳的诉讼资格有可能受到质疑，因为她的平等保护权并没有被剥夺，这一点和她潜在的男性顾客不一样。金斯伯格敦促吉尔伯格在这个问题上准备好一套令人信服的解释，她引用大量案例写就了一份备忘录，阐述怀特纳为什么具备诉讼资格。她还提醒吉尔伯特，一定要提交她撰写的答辩状。[22]

* * *

金斯伯格代理的另一起案子刚好和克雷格案同一天开庭，涉及的是《社会保障法》中的遗属抚恤金问题。[23]她原计划让埃德加·科芬作为原告，他是新泽西州的退休警官，情况与斯蒂芬·维森菲尔德类似，不同的是科芬没有孩子。在退休前，科芬和妻子埃德娜的收入差不多，但埃德娜的退休金和社会保障金更高。妻子去世后，埃德加作为遗属无权继续获得亡妻的这部分收入。就像维森菲尔德案中的葆拉一样，法律未能给予埃德娜·科芬平等保护，没有为她的丈夫提供遗属福利。她回忆道，这起案子就像是为金斯伯格量身定做的，"但有时候最完美的计划也会失灵，就像这起案子一样"。[24] 就在由三位法官组成的合议庭对科芬案做出裁决之前的三个星期，纽约东区联邦法院裁决了另一起类似的案件：卡利法诺诉戈德法布案。[25] 因此，戈德法布案就在联邦最高法院日程上排在了靠前的位置。

金斯伯格知道自己只能随机应变。她自我安慰，至少案情本身并不复杂，而且负责此案的纳迪娜·陶布做了妥善的工作。陶布毕业于耶鲁大学法学院，现在担任罗格斯大学法学院女权诉讼实践课的负责人。

出生于俄国的列昂·戈德法布是纽约皇后区居民，72岁，他的妻子汉娜生前在公立学校做了25年的秘书工作。妻子去世后，他试图领取社会保障遗属福利金。如果是寡妇申请福利金，政府会自动发放，但戈德法布作为鳏夫申请被拒绝了。他必须证明亡妻的收入占到家庭总收入的3/4（即他本人的收入至少要有一半依赖妻子），但他家的情况并非如此。这一不公正的要求引发了争议。"我们每个月都上缴了社会保障金，（福利金）是我们应得的，"戈德法布说，"不应该有任何附带条件。"[26]

借鉴科芬案的诉状，陶布、佩拉蒂斯和金斯伯格仔细打磨戈德法布案的文书。列昂·戈德法布有一点和埃德加的情况不同，他自己有退休金，金斯伯格担心他可能会被认为是"两头占便宜"，于是她把重点放在了他的亡妻汉娜身上。职业女性与职业男性一样上缴社会保障税，但她们死后，其伴侣却不能像职业男性的伴侣一样领取福利金，讲述这种个人遭遇能让诉状显得更具说服力。[27]

10月5日，金斯伯格再次来到联邦最高法院，上午为克雷格案出庭辩护，下午则是戈德法布案。她后来对秘书说，坐在吉尔伯特身边的她希望这个"兵哥弗雷德"能够"直击要害"。[28] 如她所料，吉尔伯特的口头辩论引发了大法官们阵阵笑声——即使是金斯伯格也拦不住他夸张的表达方式。但无论如何，她坐在律师席本身就证明这起案子的问题远非饮酒这么简单，吉尔伯特也率先承认了这一点。

他在后来的信中写道："亲爱的律政佳人，你坐在我身边带来了强大的心理安慰，再加上你的大家风范和学术贡献，足以能让你获颁'塔尔萨大学法学院男子气概法律社'的'男孩成员奖'。"[29]

"亲爱的（兵哥）弗雷德，"她在回信中写道，"我为你附上奥古斯特·斯特林堡的作品。"多才多艺的瑞典人斯特林堡和异性的交往总是麻烦多多。"他的作品或许能帮你理解，"她写道，"两个（男性）目击者所描述的不一定就是真相。"[30]

* * *

下午戈德法布案开庭时，金斯伯格和法庭书记员都感受到气氛上的变化。[31] 率先发言的是司法部助理副总检察长基思·琼斯。他重申了政府在维森菲尔德案中的立场，那就是国会在立法时对寡妇和鳏夫给予不同待遇是为了弥补女性在经济上的劣势。他说，卡恩案证明法庭一贯支持这样的差别待遇。戈德法布案所挑战的法条也与维森菲尔德案不同，后者拒绝所有单身父亲的福利申请，而前者仅仅是要求男性证明自己在经济上依赖妻子而已。鉴于许多女性经济上依靠丈夫，相反的情况则很少，要求男人提供证明只是为了满足行政便利这个合理诉求而已。换句话说，这满足合宪性所要求的"合理关系"标准。[32]

从 1939 年《社会保障法》修正案颁布开始，经济关系是否已发生剧烈变化,让男性不再是家庭收入的主要来源,女性也不再是家庭主妇了呢?琼斯辩称,如果是这样,那么国会就应该修改法律。但与此同时,如果不再要求鳏夫提供证明而自动发放福利金的话,政府每年需要在社保上额外支出约 4.47 亿美元。琼斯总结道,戈德法布案和克雷格案一样,都是男性在试图搭女权运动的便车,和女性本身无关。

* * *

接下来金斯伯格的发言一如既往地切中要害。她承认,表面上看起来社保自动保证寡妇能获取福利金是有利于女性的,但在实际操作中,职业女性和她们的家人受到了成见的伤害,即男性是家庭主要经济来源,女性在家里依靠男性,或者只能赚一些零用钱。这项立法的相关历史显示,立法者从来都不希望把经济需求当作发放福利金的先决条件;相反,他们是将"寡妇"和"被扶养人"画等号的。卡恩案所涉及的佛罗里达州寡妇的税务豁免并未对女性构成伤害,但社保对男女的区别对待实际上伤害了那些挣工资、缴社保税的女性。[33]

金斯伯格刚开始做陈述,斯图尔特大法官和史蒂文斯大法官(他接替了道格拉斯大法官)就提出了许多有关厌男偏见的问题。金斯伯格承认以性别划界的法律是一把"双刃剑",男女都可能受到伤害。她坚称,许多看起来歧视男性的法律也歧视了女性,因为其反映出伤害女性的刻板印象,汉娜·戈德法布就受到了这样的伤害。史蒂文斯大法官问:对待两性应该采用相同还是不同的合宪性标准?这恰恰是金斯伯格希望回避的问题。如果她正面回答,就可能失去鲍威尔大法官的支持,鲍威尔大法官设想不出如何能做到只在确实有必要的情况下才把性别差异纳入考量范围。[34]

| 第13章 | 在政局变幻中前行

金斯伯格认为，法院采取简便的应对措施是无法解决"深刻存在的歧视问题"的，因而没有给出答案。[35] 她说，任何形式的性别歧视通常都会对女性有害。史蒂文斯大法官追问道："但你的答案总是取决于……找出女性受到的歧视。这好像是你的万金油答案。"金斯伯格回答："我还从未见过不会造成这一后果的法律。""如果有的话，"史蒂文斯继续道，"我认为你又会说它需要符合另一种标准才行。""如果有这样一条法律，"金斯伯格回答，"我需要判断后再作答。但目前我还没有见过这样的法律——"不耐烦的史蒂文斯大法官打断了她，并继续发问。激烈的交锋持续了好一会儿，直到金斯伯格成功把话题带回到戈德法布案本身。

但大法官们并未放她一马。他们问道：那么卡恩案呢？专门让女性获益的法律怎么处理？她回答道卡恩案的目的是对两性中因丧偶而面临巨大压力的那一方提供一个缓冲的余地。大法官们又问：这不也是戈德法布案所挑战的社会保障条款的目的吗？金斯伯格说，为寡妇提供15美元的税务减免（卡恩案涉及的问题）影响力较小，而相比之下社保福利足以影响人们决定由夫妻中的哪个人来养家。[36]

接着，对话进行到该如何纠正《社会保障法》的不足以及相关开销的问题。金斯伯格坚称："不能因为这样做更便宜就说以性别为标准划分福利的做法是合理的。"在总结陈词中，金斯伯格重申了本案最基本的议题："上诉人戈德法布请求联邦最高法院维持（地区法院做出的有利）判决，以此确保在平等保护原则下，职业女性和职业男性上缴给国家的社保具有同等价值。"[37]

* * *

相比戈德法布案本身，媒体对联邦最高法院口头辩论的报道更多地着眼于史蒂文斯大法官的审问和金斯伯格的回答。金斯伯格知道史蒂文斯想要一个统一的标准,她后悔没能引述他本人此前的表态。在回答一个关于种族歧视的问题时,史蒂文斯大法官曾说他会在"某些情况下对不同种族提供不同的补偿措施"。不过,他也说他的判断将始终"视特定案件所披露的事实而定"。[38]金斯伯格知道,这一处理方式也可以被合理运用于性别歧视案。她为什么没有引用史蒂文斯大法官自己的话呢?在当时一连串的追问之下,她一时间没能反应过来。

后见之明和先见之明一样,都是靠不住的。金斯伯格知道,有很多因素都会影响判决结果,卡利法诺诉韦伯斯特案就是一个例子。1974年,威廉·韦伯斯特退休后对一项法规发起挑战,该法规允许以不同的方法计算男女工人退休前的平均月薪,以此为基础决定退休人员能获得多少补贴,这项法规在1972年已经废除。20世纪50年代国会出台这项法律的目的是弥补女性在薪资上的劣势,最初的计算方式允许女性比男性多去掉三年的低工资。纽约东区联邦地区法院由三位法官组成的合议庭做出了对韦伯斯特有利的裁决,判定1972年以前退休的人员也应当适用新法。这样的话政府就需要给大约900万退休男性发放多达170亿美元,于是政府选择上诉。[39]

韦伯斯特案的结果让金斯伯格很担心,她知道卡恩案的影响力仍在。联邦最高法院许多大法官仍难以认清基于性别的区别对待具有恶性和良性之分。多数大法官可能把戈德法布案和韦伯斯特案看作类似的歧视男性的案例,由于两者都涉及社保法,它们可能会被混为一谈。这样一来,高昂的支出可能会让法院在两起案子中都站在政府一边。一开始,金斯伯格试图说明两起案子的差异,以避免这样的情况出现。因为金斯伯格觉得这个问题会分散法院的注意力,最终她成功回避掉了这个问题,但她仍然觉得放心不下。[40]

* * *

口头辩论在10月5日结束，过了几天，联邦最高法院开始合议。首席大法官伯格率先就克雷格案发言。他说，本案是孤立事件，应从程序层面驳回诉讼。因为柯蒂斯·克雷格在联邦最高法院听取本案前就满21岁了，他的诉求已经过时。法庭要考虑的问题是卡罗琳·怀特纳是否具备诉讼资格，伯格大法官认为她并不具备。但如果其他大法官认为她具备资格，伯格倾向做出对怀特纳有利的裁决，前提是多数意见必须狭义地解释法律。[41]

其他法官未达成共识。布莱克门和鲍威尔倾向赞成伯格的意见：以程序为由驳回诉讼，如果其他人认为怀特纳具备诉讼资格，则做出对她有利的裁决。伦奎斯特不出所料地采取了最保守的立场：希望以程序为由驳回诉讼，如果法庭决定做出裁决，则支持俄克拉何马州政府。布伦南、马歇尔、怀特、史蒂文斯和斯图尔特倾向支持克雷格，但弗朗蒂罗案中关于使用哪种审查标准的争议再次浮现。布伦南、马歇尔和怀特仍倾向采取严格审查。史蒂文斯认为，"应该采取比合理基础审查更严格的审查标准"，但他没有具体说明。[42] 布伦南在弗朗蒂罗案中就尽力劝说斯图尔特采纳严格审查，但斯图尔特还没想好是否要放弃合理基础审查。

显然大多数法官支持推翻俄克拉何马州的法律，布伦南作为其中资历最深的大法院自告奋勇起草判决。他本可以写一份狭义的判决书，推翻案子涉及的法律。但两起案子的真正问题都在于审查标准。和金斯伯格一样，布伦南希望达成更大的成果。但是，由于只有三位法官赞同他的立场（即认为怀特纳具备诉讼资格，法院应该支持克雷格，并且应采取严格审查），以建立共识见长的布伦南大法官面临艰巨的挑战。伦奎斯特自然会反对；伯格、布莱克门和鲍威尔虽然认为本案值得裁决，但并不愿意提高审查标准；马歇尔和怀特也想要严格审查。布伦南的判决书能够既让他们满意，同时又能赢得史蒂文斯、斯图尔特的认可，也许再加上一位大法官的支持吗？

几经修改和妥协后，布伦南的意见中提供了金斯伯格之前寻求的"另一种"审查级别——处于合理基础审查和严格审查之间的中度审查。[43] 显然，达成这一结果经历了一些妥协。史蒂文斯实现了自己的愿望，斯图尔特也如期站到布伦南这一边。最令人意外的是，一开始想要驳回克雷格案的鲍威尔和布莱克门在意识到新的审查级别令他们无须否定所有基于性别的划分之后，完全转变了立场。布伦南对怀特纳诉讼资格的支持也为之后的案子铺平了道路。伯格则和伦奎斯特一起提出异议。[44]

布伦南的多数意见承认俄克拉何马州立法的目的是维护交通安全，但认为政府引述的数据并不能说服联邦最高法院支持基于性别的分类，这样的分类与该州的立法目的也并没有足够的关联性，这一点上布伦南采纳了克雷格一方的观点。接下来他开始解决案件的主要问题。多数意见写道："基于性别的分类必须为重要的行政目标服务，并且必须和这些目标的实现具有显著的相关性。"[45] 联邦最高法院实际上从 1971 年的里德案开始就采取过这样的审查力度，但并未做到规范化。克雷格案的协同意见和反对意见也都公开提及新出台的这个"中度"标准。

* * *

当合议进行到戈德法布案时，支持政府方面观点的首席大法官伯格希望推翻地区法院的判决。[46] 布伦南、马歇尔和怀特则把戈德法布案视为维森菲尔德案的自然延伸，他们强烈反对伯格的立场，并支持地区法院的判决。鲍威尔、斯图尔特、史蒂文斯和布莱克门也投票"暂时支持",他们这样做的部分原因是维森菲尔德案的判决刚出炉没多久,他们不想推翻它。由于看起来支持地区法院判决的大法官占多数,布伦南再次要求由他执笔完成多数意见。

但是等其他法官审阅过布伦南的草稿后,支持的人明显不够了。史蒂文斯坚称,案中歧视男性的法律尽管表面上看来是不成立的,但卡恩案能为其提供足够的支持。斯图尔特表示布伦南的草稿虽然"写得很好",但他还是下不了决心。[47]斯图尔特说,有维森菲尔德案的前车之鉴,"几乎无法判断会出现什么结果"。但他又补充道,他对维森菲尔德案的判决"有了一些不同看法",因此他希望读过反对意见后再做抉择。布莱克门也提出要先读伦奎斯特的反对意见。伦奎斯特的意见出来后,伯格马上表示赞同,并且不由分说地表示"平等保护条款最坚定的支持者也应当能被这份意见说服",但事实显然并非如此。布莱克门希望保留卡恩案的裁决,他也站在了伦奎斯特这一边。现在支持和反对的人数比成了4∶3,斯图尔特和史蒂文斯仍未做出决定。随后,史蒂文斯写了一份备忘录,表示他会出具一份协同意见支持多数派,并承认自己曾"犹豫不决"。[48]斯图尔特则加入了反对派,法庭最终以5∶4做出裁决。

1977年3月2日,金斯伯格的担心被一通电话化解。电话那端是戴维·巴雷特,他是马歇尔大法官的助理,也曾是金斯伯格的学生。巴雷特转述了戈德法布案的裁决:布伦南的多数意见裁决,在遗属福利方面,基于性别把成年人分成"男主外,女主内",损害了职业女性的利益。史蒂文斯大法官的协同意见则关注鳏夫受到的歧视,他也表示,这项立法的意图并不包括弥补女性在职场受到的歧视,这一点与政府所说的不同,而将"寡妇"和"被扶养人"画等号导致男性受到伤害只是"对女性的传统看法造就的副产品"。[49]他还指出,政府每年为那些并不曾在经济上依赖亡夫的女性发放

7.5亿美元——这一数字比政府所说的不审核女性的经济状况能够节省出来的开支大得多。

  4位提出异议的法官是伦奎斯特、伯格、布莱克门和斯图尔特。他们认为这一性别划分是无害的，因为这种"男主外，女主内"的模式仍然是大部分家庭的实际情况。而且，自动为寡妇而非鳏夫发放抚恤金，是一种行政便利。[50]

* * *

  当天法庭还出具了一份没有签名的意见书，意见书很简短，裁决威廉·韦伯斯特败诉，这也是金斯伯格热切盼望的。采取对退休女性更有利的方式来计算社会保险，这被看作促进性别平等的做法。女性在工作生涯中往往比同级别男性的工资低，在这个问题上，国会以性别划界是为了弥补女性受到的歧视，这一目的是具体而严格定义的。相关立法达成的补偿性结果符合其立法意图，而且并未损害性别中立和平等对待的普遍规则。[51]

  让金斯伯格十分欣慰的是，联邦最高法院终于能够区分合理的性别划分（如韦伯斯特案）和不合理的性别划分（如戈德法布案）了。如果认同女权主义的律师想要有效利用平权法案倡导女性权利的话，这样的区分是至关重要的。为了庆祝胜利，金斯伯格把马蒂烤的曲奇饼干带到了她讲授性别歧视的课堂上。她后来在写给巴雷特的信中说："在北卡罗来纳州投票反对《平等权利修正案》后，我们需要这样一个消息来振奋人心。"[52]据巴雷特回忆，金斯伯格一开始对戈德法布案获胜的反应更为热情洋溢，他告诉布伦南的助理杰勒德·林奇，金斯伯格说她想要亲吻这位大法官——多年后，她在布伦南临终前去医院探望他，并兑现了这个承诺。林奇在回信中写道，在那之前，"还是先和起草人握个手吧"。[53]

林奇还在来信中附上了他起草的韦伯斯特案意见书。"我希望知道您的看法,"他说,"我尝试将'良性的'歧视限定在比较狭窄的范围里,突出绝对平等,但同时也保留了认定真正的补偿性政策的可能性。"他继续写道,无论如何,"写这份意见书时我没有看过相关文书(本案是通过简易判决完成的,没有文书和口头辩论),我认为只要联邦最高法院真正采信这份意见书,它就可能发挥重要作用"。[54]

金斯伯格马上表达了感谢。她对林奇写道:"韦伯斯特案的意见书为那些真正的补偿性政策留出了余地,同时也不鼓励下级法院一遇到性别分类就抓住卡恩案和巴拉德案不放……即使让我来动笔,我也写不出比这更好的意见书。"[55]

在对美国公民自由联盟和媒体阐述这三起案例的重要性时,金斯伯格强调了中度审查标准。[56]《哈佛法律评论》的高级编辑向金斯伯格约稿谈这几项判决,金斯伯格提出在到访波士顿时与他面谈。她还提到她为劳伦斯·特赖布教授所写的评论。另外,她也忍不住说到女儿的计划,简将进入哈佛大学法学院读书,会在9月初抵达剑桥市。她说简也熟悉这些案子以及之前的相关判例。[57] 任何了解金斯伯格一家餐桌话题的人都会知道她说的是事实。当然,金斯伯格也确实为女儿感到骄傲,她们是哈佛大学法学院历史上第一对校友母女。

* * *

尽管联邦最高法院做出了这些裁决,但女权主义法学正遭遇瓶颈。联邦最高法院虽然有所进步,但分析家们认为"中度审查"最多只不过是女权运动中的一小步。[58] 一项法律是否和"重要的政府利益""显著相关",显然要取决于主观判断。[59] 人们也无从知晓哪些因素会被纳入考虑范围以及如何权衡。著名法学家肯尼思·卡斯特预计，在联邦最高法院做出进一步解释之前，中度审查就只是"一个面具，用于掩盖那些未经说明的裁决过程"。[60] 从理论上来说，《平等权利修正案》应当能够弥补这一不足，但它能不能获批尚无定论。

在 1977 年一年里，《平等权利修正案》只赢下了 1 个州，距离规定的 36 个州还差 3 个。同时，撤回该修正案是否合法也悬而未决。包括金斯伯格在内的支持者成功地将截止日期推迟到了 1982 年 6 月 30 日，但延期也让人质疑修正案的支持者在破坏规则。以微弱的劣势输掉北卡罗来纳州这个关键州似乎预兆了修正案的失败。除了修正案遭遇的困境，平权倡导者在 1976—1977 年度的联邦最高法院还遇到了其他挫折。[61]

对女性孕期面临的歧视问题，联邦最高法院采取了令人失望的"鸵鸟政策"。[62] 1974 年，在戈杜尔迪格诉艾洛案打到联邦最高法院前，女权律师就已经在下级法院推动《民权法案》第七章的诉讼了，其中一起案子就是通用电气公司诉吉尔伯特案。[63] 通用电气公司为员工提供全面的残疾保险，包括输精管结扎和植发都属于报销范围，但怀孕和生育导致的残疾不算在内。下级法院裁决，通用电气公司的行为明显违反了《民权法案》第七章。金斯伯格和休·罗斯一同提交了"法庭之友"意见书。罗斯是 1972 年平等就业机会委员会第一份指导方针的作者。但通用电气公司的律师手里有两张王牌。首先，有一些信件显示 1964 年的国会和 1965 年的平等就业机会委员会都不认为《民权法案》第七章应该保护孕妇。其次，斯图尔特大法官在戈杜尔迪格案的文书中写道，怀孕歧视并不能算作性别歧视，因为它并不包括所有女性（没有怀孕的女性）。联邦最高法院最终裁决怀孕歧视不能算作《民权法案》第七章所保护的性别歧视，提出异议的只有布伦南和马歇尔。[64]

这一判决让女权主义者大失所望，金斯伯格称之为"一场灾难"。[65]《纽约时报》在头版写下"女权运动遭遇重大挫折"。[66] 除了孕期员工，吉尔伯特案在法律上对其他女性也有重大影响。伦奎斯特大法官支持戈杜尔迪格案的裁决也加深了这样的观点，那就是性别歧视只能存在于两性（男人/女人）的语境下。伦奎斯特赞成这一狭义的、形式主义的歧视定义，他对《民权法案》第七章粗略的立法背景给出了错误的解读。法学家卡里·富兰克林明确指出，无论是支持者还是反对者都认为在《民权法案》第七章中加上"性别"一词会改变家庭和公共场域的传统性别分工。伦奎斯特在吉尔伯特案中"发明的传统"，会导致原告方在一些情况下难以提起性别歧视诉讼，比如针对性骚扰这样的阻碍女性就业的职场行为就难以走诉讼途径。[67]

不仅如此，法院还给怀孕的女性带来另一个打击——不像怀孕歧视，这个打击无法通过国会的立法行动来弥补。有两起关系紧密的案子都涉及堕胎议题，联邦最高法院裁决，除非情况极为特殊，否则联邦政府一般不需要给那些有堕胎需求的贫困女性提供医疗补助，这并不违反平等保护原则。正如鲍威尔大法官在马厄案的多数意见中所写的一样，这样的政策"并未给孕妇堕胎设置障碍，无论是绝对的还是相对的障碍都不存在"。[68] 鲍威尔法官的结论与贫困女性的生存现实相距甚远，这让金斯伯格十分震惊，她认为这一判决是"完全不合逻辑的"。她也明白真正的问题出在哪里。

* * *

许多女权倡导者从一开始就意识到，性别平等相关法律的基础是和种族议题的类比构成的，但这种类比是不完全、不完美的。从保利·默里写"简·克劳"的文章开始,女权主义者就用类比的方式来突出种族歧视和性别歧视的相似之处。这两者都是法律中体现出的偏见,都没有正当的理由,并且都限制了弱势群体的能力和自主性。[69]

但这样的类比也有其局限性。社保福利案件相对来说比较好处理,但与怀孕相关的歧视从一开始就遭遇困境。由于种族歧视的基础是对类似群体予以区别对待,在性别歧视案上,法官看的也是两性议题里那些不受生育差异影响的部分。因此,斯图尔特巧妙地把戈杜尔迪格案框定为"怀孕者"和"非怀孕者"(其中包括女性)的议题,这就让多数法官认定怀孕歧视并非性别歧视。[70]同样,平等保护案件也迫使法院把女性和少数族裔遭受的伤害做比较,这揭示了直接对比的不足之处。对中间派的法官而言,卡恩案和戈德法布案的残酷性远不及非裔美国人在吉姆·克劳法之下遭受的对待。

在平权行动相关案件中,律师和法官也难以在种族和性别之间找到适用的相似之处。因为女性和少数族裔在教育和就业方面仍面临深刻的歧视,女权主义者也把平权行动的主张视为另一条实现性别平等的道路。比如在就业方面,全职工作的女性的平均收入只有男性的60%,高级管理职位往往由男性独占。小企业由于希望减少开销,很少会在怀孕、弹性上下班和育儿假方面提供保障。但是除了少数族裔女性,无论是广义上的女性群体还是弱势的种族、民族群体,把他们的困境和平权法案的目标混为一谈都无助于改善他们的状况。

在1975年的文章《性别与宪法》中,金斯伯格敏锐地回应了种族歧视和性别歧视之间的异同。她写道,在教育方面,女性作为一个群体并不需要在入学上受到额外照顾。女性和少数族裔在教育方面的历史背景不同。她建议,大学里纠正性别歧视的政策可以着眼于"消除那些限制和阻碍女性参与的制度"。[71] 此外，就业歧视既影响女性又影响少数族裔，因此应该以同样的方法纠正：在培训、招聘和升职方面设立具体的数字目标。她还补充道，工作和家庭是紧密相关的，这不仅要求父母双方分担工作和家庭的责任，还需要通过立法来建立高质量的育儿设施等。

尽管吉尔伯特案揭示了种族和性别的类比对女权主义者而言是一把"双刃剑"，但金斯伯格知道她不能让这种类比陷入困境。平权行动是她应对职场性别不平等的最大希望，今后的行动取决于巴基案的结果，这一涉及种族问题的平权案件将在1977—1978年度受到联邦最高法院的裁决。[72]

对平权行动的捍卫者来说，巴基案就如同一场噩梦。艾伦·巴基是一名白人男子，在美国国家航空航天局做过工程师，他两次申请加州大学新设立的戴维斯分校医学院都未被录取。戴维斯分校医学院在招生中将16%的名额留给"弱势"申请者，而巴基的分数比他们都高。巴基发起诉讼，称自己受到了"逆向歧视"。他说，学校的双轨制招生政策违反了宪法的平等保护原则，也违反了《民权法案》。他的律师称，严格审查标准既应该用在损害少数族裔的政策上，也应该用在帮助他们的政策上。学校的律师则反驳道，严格审查只适用于那些损害一个"单独而具体的少数群体"利益的政策，对帮助历史上受到排挤的族群的政策并不适用。加州最高法院裁决巴基胜诉后，加州大学上诉到联邦最高法院。

金斯伯格立刻抓住了案件核心的法律问题，那就是在平等保护原则之下，适用于种族分类的严格审查如何与基于种族的平权行动相互协调？如果把性别平等案的经验用于种族平等案，她可以用新兴的性别平等立法为模式，应对种族平权行动的问题。克雷格案提供了一个比严格审查宽松的标准。同时，联邦最高法院在韦伯斯特案中的论证既提供了一个区分良性和恶性分类的途径，也显示出联邦最高法院愿意接受精心设计的弥补方案来纠正普遍存在的歧视。通过借鉴性别平等案的经验，她希望不仅能为巴基案提供一个应对策略，也能提供"更宏大的视角看待歧视的含义、影响和补救措施"，这个视角要包含性别和种族。[73]

布伦南大法官也看到了性别平等案的借鉴意义。在巴基案中，布伦南代表马歇尔、怀特、布莱克门和他自己写了一份意见书，在其中将性别歧视案和平等保护问题对等起来看。中度审查如果用于种族平权行动，就能让精心设计的、用于纠正既有歧视的项目得以存在。布伦南想努力争取鲍威尔的支持，但没能成功。[74]鲍威尔写道："认为种族划分本身就是有害的这种观点，来自漫长而惨痛的（种族歧视）历史，但性别划分并没有这样的历史。"他说，联邦最高法院"在平等保护的议题上从未把基于性别的划分视为天然值得怀疑的，或者是和种族、民族划分具有同等地位的"。[75]

在史蒂文斯的领导下，伯格、伦奎斯特、斯图尔特也同意加州大学戴维斯分校医学院设立明确的种族配额违反了《民权法案》第七章，也就此回避了平等保护原则之下的平权行动究竟应该适用什么审查标准的问题。正如弗朗蒂罗案一样，鲍威尔投下了关键的一票并撰写了意见书。他否定了加州大学戴维斯分校医学院以种族配额优先招收少数族裔的政策，但他的意见书并未获得其他法官的赞同。鲍威尔坚信，所有的种族歧视案都必须受到严格审查，无论是白人还是黑人提出的，即使这种歧视政策是"良性的"（补偿性的）。鲍威尔因此支持巴基入读戴维斯分校医学院。尽管如此，这位来自弗吉尼亚州的温文尔雅的大法官还是部分采纳了布伦南等4人的观点，即允许学校在寻求"多元化"的学生和教职工时，将种族、民族和经济水平纳入众多考量因素之内，以此实现丰富的学术对话和

"具有活力的思想交流"。[76] 一些人认为巴基案中的妥协具有大智慧，让巴基和（某种形式的）平权行动都取得了胜利。但就像所有妥协一样，鲍威尔裁决中有些地方是双方都不同意的。[77]

1978 年的巴基案后，包括金斯伯格在内的许多法律学者和倡导者都在思考，分裂的联邦最高法院做出这个纠结的决定究竟意味着什么。[78] 金斯伯格意识到鲍威尔的种族和性别类比可能会带来麻烦，并立即在当年 8 月美国律师协会的年会和其他会议上提出了她的疑问。"鲍威尔大法官的观点是否意味着，比起针对那些遭受过'漫长而惨痛'歧视历史的少数族裔的优待政策，那些由政府下令给女性提供的优待政策在法律上更能站得住脚？这种看法似乎比较罕见，"金斯伯格表示，"或者鲍威尔大法官的意思是，比起针对少数族裔的制度性歧视，法庭应该对针对女性的制度性歧视采取更宽容的态度？"[79]

其他女权主义者更加不客气地指出鲍威尔大法官在应对性别议题上的不足之处，既包括历史性的不足，也包括分析上的不足。[80] 塞雷娜·马耶里说，鲍威尔保留了旧式的种族和性别类比，"限制了对不平等的认识和补救"。[81] 这与金斯伯格想要的那种更广阔的视角以及布伦南等 4 位大法官的想法背道而驰。

* * *

金斯伯格也敏锐地意识到，许多更广泛的女权主义司法议程仍未完成。在巴基案后，不仅是基于性别的平权行动前途未卜，该如何挑战那些造成差别性影响的法律和政策也一样困难重重，即该如何应对那些看上去不存在性别歧视但实际上对女性造成伤害的法律。在种族方面造成差异性影响的案例中，原告方本来只需要证明一项法律对黑人和白人造成的影响不同就够了，但在 1976 年，联邦最

1977 年夏天，金斯伯格在洛克菲勒基金会意大利贝拉焦研究中心作为驻站学者研究和写作，在这里她得以享受难得的闲暇时光。

照片摄于 1978 年，金斯伯格和瑟古德·马歇尔大法官在加州大学伯克利分校法学院合影，两人在那里担任模拟法庭的法官。当年的春季学期，金斯伯格在斯坦福大学行为科学高级研究中心担任研究员。

高法院提高了门槛。[82] 想要证明一项法律违反平等保护原则，必须证明政府有歧视性的意图。金斯伯格担心，联邦最高法院可能会将动机审查也运用到对两性造成差异性影响的案件中。

刚好此时有一起类似的案子（马萨诸塞州人事部门诉菲尼案）正在进行诉讼。菲尼案涉及的是马萨诸塞州的一项法律，规定退伍军人在申请高级别公务员职位的时候，享受终身的绝对优先。在二战结束后许多年，美国军队仍然保持着女性最多只能占现役军人2%的规定，因此限制了能符合这一优先考量要求的女性人数（而且女性即便满足要求，也只能做那些以女性为主的岗位，比如电话接线员和秘书）。海伦·菲尼没有参过军，但她想要升职，她多次在公务员考试中取得好成绩，却眼看着那些分数比她低得多的男性被录用，这让她非常愤怒。[83]

这样的规定当然对女性的就业机会造成很大伤害，金斯伯格也很支持马萨诸塞州美国公民自由联盟那位帮助菲尼打官司的年轻律师，但对案子的前景她乐观不起来。联邦最高法院近来执着于分析立法意图，加上不愿意承认无意识的偏见，因此很难证明马萨诸塞州政府的意图是用这个看上去公平的法律造成不公平的实际结果。[84]

《平等权利修正案》如果获得批准就能提供明确的宪法支持，但在没有它的情况下，金斯伯格难以预计在1978—1979年度的联邦最高法院就性别相关的各种议题进行平等保护诉讼将获得怎样的结果。那些最明显的歧视性案件在联邦最高法院已经有定论了，一些人因此辩称，金斯伯格在平等保护诉讼上获得的胜利已经让《平等权利修正案》的核准变得没有必要。此外，她最可靠的盟友布伦南大法官的健康出了问题。[85] 更麻烦的是，已经有了巴基案的前车之鉴，如果再加上菲尼案失利（最后确实失利了），就会传递出一个令人灰心的信号。现在联邦最高法院里多数法官都希望严格审查那些旨在弥补少数族裔和女性遭受歧视的政策，同时更保守的大法官们不愿意进行必要的司法审查，以检测具有隐性偏见的、对少数族裔和女性造成歧视的法律。这两起案子的双重打击有可能扭转平等保护原则，进一步扩大而非弥合种族和性别分野。[86]

当然，还有其他法律问题要解决，比如性骚扰问题。金斯伯格相信，女权复兴带来的"社会和经济压力"将继续对决策者产生长期影响。[87]但短期看来，一直在美国社会占据重要地位的保守主义也日渐高涨。随着新的保守势力和所谓的"公益"律师事务所越来越多地发起"争夺法律控制权的战斗"，金斯伯格和她自由进步派司法运动的伙伴们共同推动的宪法解读将遭遇强大的挑战。[88]金斯伯格相信，要想进一步推动平等原则，她必须坐到法官席上去。

第五部分

金斯伯格法官

| 第14章 |

悬　念

　　1976年，佐治亚州前州长吉米·卡特赢得总统大选。一年后不久，《女士》杂志在封面刊登了一张卡特怀孕的画像。[1]这个引人瞩目的封面设计表达了女权主义者对卡特的期望，她们在卡特竞选期间给予了大力支持，现在她们期待卡特像林登·约翰逊支持民权一样回馈女权。作为第39任美国总统，卡特必须履行诺言，任命更多女性和少数族裔担任内阁、联邦机构和司法系统的高级职位。

　　1978年通过的《综合法官议案》再次让人们的注意力集中在女性和少数族裔身上。[2]这部议案酝酿了8年之久，主要目标是将联邦司法机构扩大1/3，以解决联邦法院长期以来的案件积压和拖延问题。在新任命的152名大法官中，大部分（117名）将进入94个地区法院，剩下的（35名）将进入12个巡回法院。除了扩大司法体系来减轻联邦法院的压力，议案还将把资质考量（即候选人的品格和经验）纳入提名过程。更重要的是，议案保证将努力提名合格的女性和少数族裔填补新的职位，卡特对此事非常重视。[3]同年10月，总统在白宫举行的议案签署仪式上指出，联邦法院"几乎完全没有"女性和少数族裔法官（在当时505位联邦法官中，只有11名女法官）。[4]卡特保证在提名中不仅要"象征性地"增加女性和少数族裔的人数，而且要保质保量——候选人必须"致力于法律面前人人平等"。[5]

* * *

卡特一当选，金斯伯格就开始考虑她的职业发展。司法部副总检察长本来是她梦寐以求的工作，但在等待司法部面试期间，她和另一位黑人候选人都知道自己是选不上的。[6] 提名名单上有一长串白人男性，在共和党主政白宫的 8 年里，他们都为在野的民主党服务过。司法部长格里芬·贝尔也不属于进步派，他在交给总统的名单里中规中矩地列出了一些女性和少数族裔候选人，但他本人更喜欢和他一样有大型商业律师事务所工作经验的人。这样的律师事务所从来都不欢迎女性和少数族裔，令这些候选人没有机会获得贝尔想要的工作经验。[7]

金斯伯格夫妇都非常清楚，《综合法官议案》是一个好机会。他们刚刚在加州帕洛阿尔托的斯坦福大学度过了一个学期的时光，这给了他们一些时间为将来做打算。在纽约大学教税法的马蒂这次作为访学教授在斯坦福大学法学院任职，露丝则在行为科学高级研究中心任研究员，回顾自己代理的平等权利诉讼。在写作过程中，她意识到这项事业还有很长的路要走，但鉴于保守主义的复苏，相关工作已经难以为继。马蒂打算从威嘉律师事务所合伙人的位子上离开，去某个学校担任讲席教授，最好是哥伦比亚大学，他也会尽力为妻子争取当法官的机会。同时，他们的女儿简到《哈佛法律评论》担任编辑，这让他俩高兴极了，特别是露丝，她和简是哈佛大学历史上第一对双双进入《哈佛法律评论》工作的母女。现在 23 岁的简已经准备好开启自己的事业了，一向精力旺盛的詹姆斯也即将从道尔顿初中毕业，这正是马蒂和金斯伯格职业转型的好机会。

金斯伯格心之所属是位于纽约福利广场的联邦第二巡回上诉法院，她曾在那里当过帕尔米耶里法官的助理。[8] 1979年1月15日，她向第二巡回法院递交了申请当法官的表格，同时也申请了华盛顿特区巡回上诉法院作为备选。整个过程非常复杂，她还不知道接下来的18个月会多么让人焦虑不安。

* * *

金斯伯格知道，如果没有择优选拔制度，她是不可能有机会当上联邦法官的，也明白自己还有其他东风可以借。1979年，女权主义者已经在卡特政府担任要职，后来政治学家萨莉·肯尼将这些人称为"女权民主党人"。[9] 斯坦福大学法学院第一位女教授芭芭拉·巴布科克是露丝在女权法律界的朋友，她刚刚被提名为司法部助理部长，负责民事部门。巴布科克的任务之一就是提名优秀的女

照片摄于1978年，金斯伯格和女儿简在哈佛大学法学院。她们身后是加州大学伯克利分校法学院院长赫尔马·希尔·凯。金斯伯格和凯应该是到哈佛大学参加一个女性与法律的会议。

| 第14章 | 悬　念　　303

性担任司法职位。但她很快发现，并非没有女性能胜任联邦法官的职位，难的是让她们能得到提名并最终被任命。有一些非常优秀的男性为民主党做过贡献，如果越过他们提拔女性，就等于是"挡了那些名声在外、忠诚而值得信赖的男人的路"。[10] 幸运的是，巴布科克找到了一位强有力的女权盟友，她是白宫副法律顾问玛格丽特·麦克纳。麦克纳的上级罗伯特·利普舒茨也和麦克纳一样致力于推动联邦法院在种族和性别上变得更多元。此外，罗诉韦德案的律师萨拉·韦丁顿在白宫担任女性事务特别助理，总统愿意听取她的意见，也愿意听取精明的第一夫人罗莎琳·卡特的意见。[11]

"内部"的战略知识加上"外部"女权团体有效的游说工作共同创造了一个网络，让美国历史上第一次有机会在司法体系中真正实现种族和性别多元化。[12] 金斯伯格不久前被任命为第二巡回上诉

照片摄于1979年，露丝、简和詹姆斯在加勒比地区的穆斯提克岛度假。

法院"蓝丝带"顾问委员会成员，这也增强了她的信心。她觉得自己和劳伦斯·沃尔什法官关系不错，沃尔什曾担任美国律师协会主席，他现在是顾问委员会和择优选拔委员会的负责人。金斯伯格参加了许多女权和进步组织，特别是那些进行女权诉讼的组织，这些成员自然是她的支持者。美国公民自由联盟主席诺曼·多尔森和其他人为她撰写了强有力的推荐信。[13] 她也相信能够自己证明对宪法了如指掌。但是她在第二巡回法院的遴选委员会进行面试时，遇到了一个意料之外的绊脚石。[14]

沃尔什法官做了介绍后，由男性组成的面试小组开始提问，他们的问题和她预想的不一样。这些人都是商务律师，很快就看出金斯伯格太太对证券法缺乏了解，他们在面试结束前批评金斯伯格缺乏商务经验。后来金斯伯格的朋友、记者尼娜·托滕伯格回忆道，那次面试过去几天后，她俩一起乘坐出租车去哥伦比亚大学，"我还是第一次看到你那么垂头丧气"。[15]

金斯伯格觉得，缺乏证券法经验并非她失利的主要原因。按照她的猜测，失利的原因是"那些不想要我的人和不想要康斯坦丝·贝克·莫特利的人之间存在着某种不正义的同盟"。[16] 莫特利曾是民权倡导者，后来在纽约南区联邦地区法院担任法官，成就斐然，她曾希望升任第二巡回法院的法官，但没能成功。如果说金斯伯格所谓的"不正义同盟"指的是遴选委员会的男人们更希望录取一个有过华尔街商业经验的人当法官，而不是为全美有色人种协进会和美国公民自由联盟工作的人，那么事实证明她没有猜错。正如卡特总统在1979年1月30—31日的日记中所写的："关于金斯伯格太太有些争议。"[17] 有人认为她"太过自由派"。最终，法官的位子给了阿马利娅·L. 基尔斯，她是大型商业律师事务所休斯·哈伯德与里德律师事务所的第一位黑人合伙人，后来金斯伯格说基尔斯获选是理所当然的。[18]

* * *

重整旗鼓后，她把目光投向了华盛顿联邦巡回法院。如果不是收到约瑟夫·泰丁斯的直接邀请，金斯伯格作为一个纽约人原本没有打算申请华盛顿的职位。曾担任联邦参议员的泰丁斯现在是华盛顿巡回法院遴选委员会的主席。哈佛大学法学院的老院长、司法部前副总检察长欧文·格里斯沃尔德也碰巧是委员会成员，她希望老院长能助自己一臂之力。[19] 杰拉尔德·冈瑟也对华盛顿巡回法院很了解，他和金斯伯格在斯坦福大学进行了长时间的交谈，也鼓励她申请。在戴维·L.贝兹伦法官的领导下，华盛顿巡回法院建立了进步主义的名声。贝兹伦法官在保护精神疾病患者权益方面做出过里程碑式的裁决，这让他成为站在科学和法律交会处的前沿人物，也让他和联邦最高法院首席大法官沃伦·伯格矛盾重重。包括斯凯利·赖特在内的其他法官也为华盛顿巡回法院增添了自由主义色彩，来自南方的赖特为促进家乡解除种族隔离做出了重要贡献。华盛顿巡回法院负责审议许多政府部门的决策和法规，这里实际上比第二巡回法院更适合金斯伯格。诚然，行政法并非她的专长，但她刚开始做诉讼的时候也并不擅长宪法，她知道自己可以学习。而且众所周知，一些大法官正是通过华盛顿巡回法院进入联邦最高法院的。

金斯伯格在法律界和女权界的支持者们纷纷行动起来，全国妇女组织的法律辩护基金会、妇女平等行动联盟和全国妇女政治团都表达了支持。[20] 各地的分支机构为她签署请愿书，格里斯沃尔德、帕尔米耶里、冈瑟和韦克斯勒为她写推荐信。哥伦比亚大学执行副校长、法学院前院长迈克尔·索文和现院长阿尔伯特·J.罗森塔尔赞扬了金斯伯格的思想水平和司法品性，特别是她作为辩护人的客观和温和。[21] 包括切斯特菲尔德·史密斯和威廉·斯潘在内的律师协会杰出成员也写信支持金斯伯格。[22]

8位候选人的名字被递交到白宫，进入第二轮筛选的有金斯伯格，还有帕特里夏·沃尔德，她是一位优秀的公益律师，在华盛顿的女权圈子里广受支持，曾在卡特政府担任主管立法事务的司法部助理部长；另一位是阿布纳·米克瓦，他是来自芝加哥的自由派律师，四度连任伊利诺伊州联邦众议员，曾在众议院筹款委员会和司法委员会任职。[23] 名单公布前一晚，泰丁斯致电金斯伯格，说《综合法官议案》新增的两个法官名额给了沃尔德和米克瓦，但他也宽慰道："华盛顿特区巡回法院还会有更多空缺，会轮到你的。"[24]

* * *

6月，联邦最高法院1978—1979年度的开庭期告一段落，这一年里还有裁决对促进性别平等有益。一起是奥尔诉奥尔案，裁决两性都有权获得赡养费；另一起是卡利法诺诉韦斯科特案，裁决女性如果是家庭主要经济来源的话，一旦失业也可以获得和男性同等的补助。尽管金斯伯格在这两起案子中都没有出庭，但她为韦斯科特案的文书提供了深入指导，她的付出得到了回报。"韦斯科特案让我很高兴，"她对冈瑟说，"就连伦奎斯特都没有提出性别歧视问题。"[25] 案子的结果是5∶4。金斯伯格还说："在扩大福利补助方面，票数很接近。"但最终多数大法官同意辛迪·韦斯科特应该获得补助，根据她以往工作的情况，联邦最高法院裁决应该由她而不是她的丈夫来作为失业户主领取补助。金斯伯格还说，至少所有大法官都认为可以"把哈伦大法官在韦尔什案中的立场作为（扩大福利）的起点"。她再次表示，她是听取了冈瑟的意见才把韦尔什案作为基础来说服联邦最高法院扩大福利，涵盖以往被排除在外的性别群体，以此对性别歧视的法律法规加以纠正的。

不过韦斯科特案胜利带来的喜悦还是难以冲淡金斯伯格未能当上法官的失望。她6月初致信芭芭拉·巴布科克，并附上了几封推荐信。

> 迈克尔·索文（的推荐信）指出我"作为民事诉讼法学者享有国际声誉"，还提到我因研究瑞典民事诉讼法而获得隆德大学荣誉学位一事。切斯特菲尔德·史密斯在信中对我称赞有加，并提到我们通过美国律师协会建立的联系。安迪·洛文菲尔德强调我在"联邦主义相关问题上"的学术倾向。艾尔·罗森塔尔和杰克·格林伯格的信则着重谈了思想水平。我略去了大部分在女权组织的头衔。应该还有一些广受尊敬的人愿意表达支持，他们包括欧文·格里斯沃尔德、艾伯特·萨克斯、（费城的）伯纳德·西格尔、（菲尼克斯的）约翰·P. 弗兰克和（亚特兰大的）比尔·斯潘。上个月，拉里·特赖布提到他已向蒂姆·克拉夫特大力推荐我。[26]

一些反对者则认为金斯伯格为人古板、高高在上。法律界精英在推荐信中弱化了她的公益履历，并赞扬她的学术水平和公正的判断力，但这仍然不够，至少不足以让一位美国公民自由联盟先锋女权诉讼律师这样的潜在争议人物脱颖而出。司法部长格里芬·贝尔虽然尽力执行总统有关多元化的指示，但他对优秀的定义很狭隘，对任何形式的游说都不屑一顾。[27] 此外，由于金斯伯格申请第二巡回法院失利，一些人不愿再考虑她。

正如《纽约时报》的观察，政治在新的联邦政府司法提名中仍然扮演重要角色。[28] 两名新提名的华盛顿巡回法院法官候选人（都是自由派）就是例证。沃尔德的职业轨迹和金斯伯格较为相似，履历也很丰富，但不同的是，她曾在约翰逊总统的司法部任过职，并且被卡特任命为负责立法事务的助理部长。沃尔德本人曾一针见血地指出，她在两年的时间里与国会的工作人员密切接触，这"冲淡了我（作为一名公益律师的）自由派空想家的形象"，[29] 同时她也得到了司法部长的信任。至于米克瓦，除了优秀的法律履历和在芝加哥商业律师事务所的执业经验，他还有深厚的政治背景。他曾和联邦最高法院前大法官亚瑟·戈德堡开办律师事务所，担任高级合伙人；先在伊利诺伊州做了 10 年的众议员，又连续多年担任联邦众议员，还获得了大权在握的众议院司法委员会主席彼得·罗迪诺的大力支持。米克瓦非常自信，才能出众，他后来担任过克林顿总统的律师，还当过芝加哥老乡奥巴马的政治导师。[30]

* * *

露丝想要"出趟远门"去散散心，于是她收拾行囊前往台湾。[31]她很喜欢到国外旅行，每年夏天都会出国亲眼看看其他地方的司法制度、授课，还能有机会参加著名的音乐节。台湾之行对马蒂来说也是很好的放松，他刚刚接受了哥伦比亚大学的任命，成为比克曼冠名法学教授。两人都需要暂时摆脱法官提名的压力。

上一年夏天，金斯伯格曾作为美国律师协会考察团的成员到访中国，考察"文化大革命"之后中国法律体制的变迁。[32] 中国的司法体系和美国非常不同，此行还让她结识了像切斯特菲尔德·史密斯这样优秀的伙伴。

1949 年中国共产党接管中国大陆后，蒋介石逃到中国台湾。台湾的西化程度比大陆高，但这里允许平民受到军事法庭的审判，因而存在人权侵犯的可能性。金斯伯格夫妇从台北圆山大饭店出发，

| 第 14 章 | 悬　念　　309

游览了游客常去的景点。

7月中旬回到美国后,金斯伯格迎来了一个令人振奋的消息。国会妇女党团的9名成员代表金斯伯格向卡特和白宫高层官员发起联合呼吁,发声的人包括伊丽莎白·霍尔茨曼、帕特里夏·施罗德、芭芭拉·米库尔斯基、杰拉尔丁·费拉罗。[33] 还有其他位高权重的朋友为她写了推荐信。在司法部任职的芭芭拉·巴布科克致信新任部长本杰明·西维莱蒂,请他认真考虑金斯伯格。"她一定能够胜任上诉法院的工作,她是我认识的最好的写作者和分析家。更重要的是,从政治角度而言,她是女权法律界的象征人物。"巴布科克强调,"(金斯伯格)非常合格,比全国任何女性申请者都更能胜任,也尽到了她应尽的职责,(如果)这样的人选不上,无疑会被看作当头一棒。"[34] 但除非贝兹伦法官决定退休,不然金斯伯格的支持者只能束手无策。巴布科克一直在怂恿贝兹伦法官取得资深身份①,这样就可以给金斯伯格腾出位子。[35]

等贝兹伦取得资深身份后,金斯伯格的支持者就开始从白宫内部推动她的提名,同时全国妇女政治团的苏珊·奈丝从外部号召人们支持她。[36] 但卡特认为法官中最应该增加的是非裔美国人的数量。[37] 12月6日,白宫宣布了接替贝兹伦的人选,并不是金斯伯格,而是黑人法学家哈里·T. 爱德华兹,他是密歇根大学法学院的劳动法和仲裁法专家、美国国家铁路客运公司董事长。这是金斯伯格第三次与提名失之交臂。

---

① 资深身份(senior status)是美国一些法院给予法官的待遇,通常要求法官年满65周岁、工龄与年龄相加满80年才可以申请。取得资深身份的法官可以保留薪水,减少工作量,相当于半退休状态。——译者注

　　　　　　　　　＊　＊　＊

　　等到 11 月末，命运出现了转机。哈罗德·利文撒尔法官在打了一场激烈的网球赛之后突发心脏病逝世。司法部长西维莱蒂、总统的国会联络人弗兰克·穆尔和白宫女性事务特别助理韦丁顿一起在白宫碰头，商讨剩下三个法官席位的提名。据韦丁顿回忆，西维莱蒂并不赞成由金斯伯格接替利文撒尔。既然金斯伯格没能入选第二巡回法院，那么为什么要选她进入华盛顿巡回法院呢？但经过长时间的讨论后，韦丁顿在另外两个提名上做了让步，西维莱蒂最终也对金斯伯格点了头。[38]

　　韦丁顿担心，司法部长的不情愿可能对金斯伯格的提名不利，她要设法让他遵守承诺。韦丁顿相信卡特会支持金斯伯格的提名，她在 12 月 6 日给不安的金斯伯格打了一通电话。韦丁顿说，司法部长还没有与总统会晤并正式建议提名金斯伯格，但她预计等美国

萨拉·韦丁顿是罗诉韦德案的律师、卡特总统的特别助理。金斯伯格能进入华盛顿巡回法院，韦丁顿起了关键作用。

| 第 14 章 | 悬　念　　311

律师协会和联邦调查局例行公事的背景调查一完成,部长马上就会去见总统。挂完电话,她连忙到楼下的椭圆形办公室,告诉总统她已经透露了金斯伯格获得提名的消息。[39] 她和新闻界的关系良好,消息如她所料被透露给了媒体,《华盛顿邮报》在头版刊发报道《女权主义者被提名美国上诉法院》,支持者们反响热烈。[40]

金斯伯格小时候的玩伴、堂兄理查德·巴德现在担任美国莎士比亚剧院的执行主任,他写信祝贺堂妹的成就。保利·默里赞扬道:"太棒了!太好了!好极了!"她写道,这消息让她"喜不自胜,再也没有更合适的人选了"。[41] 杰出的民权律师、耶鲁大学前学者约翰·P.弗兰克也同意,他写道:"对于国家,对于我们都珍视的事业,这是一份多好的圣诞礼物啊。"[42] 哈佛大学的劳伦斯·特赖布也送上祝福:"你的任命是我们所有人的进步。"[43]

美好的祝愿让金斯伯格感到非常欣慰,但韦丁顿还希望总统能听到这些声音。她担心如果不施加压力,西维莱蒂就会拖着不办。结果如她所料,几个星期过去了,金斯伯格的任命迟迟没有动作。总统有其他事要处理,汽油短缺带来的骚乱、飙升的通货膨胀、苏联入侵阿富汗、美国驻伊朗大使馆52名人质的遭遇以及要和他竞争总统宝座的爱德华(泰德)·肯尼迪都让卡特焦头烂额。但总统大选在即,金斯伯格和她的支持者们等不起了。

在全国妇女政治团司法遴选委员会创始主任苏珊·奈丝的推动下,十几位女性组织领导人在1980年1月中旬向白宫发出一封电报,询问为什么金斯伯格的提名还没有下文。"时间不等人,"她们写道,"我们希望和您探讨政府未能迅速果断地推进她的提名所带来的长期负面影响,这很重要。"[44] 电报石沉大海,这些组织的领导者火冒三丈。

* * *

卡特对女性议题的支持是否有所动摇？毕竟，联邦最高法院在马厄诉罗案中允许联邦政府不为堕胎提供资金，总统对此是支持的。此前，白宫助理米奇·科斯坦萨邀请了30位由总统任命的女性官员来抗议卡特在马厄案上的立场，随后与卡特关系最紧密的幕僚对科斯坦萨的工作横加干预，这也得到了总统的首肯。卡特还解雇了全国妇女顾问委员会主席贝拉·阿布朱格，因为她公开反对他制定的预算。全国妇女组织主席埃莉诺·斯米尔最不相信总统对任命女法官的承诺，并声明不再支持卡特连任。斯米尔嘲讽道，把法官中女性的比例增加到5%"没什么了不起的"。[45]

斯米尔的批评让总统动了怒，也让那些更有政治头脑的女权主义者感到失望，她们比斯米尔更明白，在女法官本来就少的情况下，选出合格的候选人有多不容易。[46]苏珊·奈丝和她的同事们担心，这些矛盾会牺牲掉金斯伯格的提名，她们联系韦丁顿寻求帮助，但她也束手无策。[47]

西维莱蒂对韦丁顿未经他允许就把消息透露给金斯伯格感到恼火，要求她收回那些话。[48]2月2日，全美公共广播电台记者尼娜·托滕伯格报道称，司法部长推迟了提名是因为他不满韦丁顿把消息透露给金斯伯格。[49]5天后，西维莱蒂致电金斯伯格，向她保证，等背景调查一结束，她就会获得提名。又过了两个月，总统才正式签字。在这段时间里，保守派的异议在国会共和党人中浮现，他们认为卡特的司法提名具有党派色彩，并对此感到愤怒。尽管法官提名的过程一直都具有党派色彩，但卡特加入"择优录取"的因素无意中让这一过程更具政治性。

媒体已经了解到，南卡罗来纳州极端保守的联邦参议员斯特罗姆·瑟蒙德对金斯伯格颇有微词，他的一名幕僚轻蔑地说金斯伯格是"只在意一个问题的女人"①。[50]俄亥俄州联邦众议员约翰·阿什布鲁克抓住金斯伯格对《平等权利修正案》的支持不放，质疑她作为"好战女权分子"无法公正断案。[51]伊利诺伊州联邦众议员菲利普·克兰宣称，一个在《平等权利修正案》和其他问题上与金斯伯格立场一致的女人担任联邦法官将在全社会"掀起巨大的革命"。[52]在当时《平等权利修正案》的反对者中，这种夸大其词的说法甚为流行。在社会保守派的词典中，"无神女权主义"似乎在取代"无神共产主义"。金斯伯格担心会遭遇最坏的情况。

她知道连米克瓦和沃尔德的提名都在国会引起了争议。全美步枪协会将矛头对准米克瓦，抨击他在伊利诺伊州支持控枪。[53]沃尔德因支持儿童权利而引发"支持家庭"势力的不满，他们指责她"反对家庭"——沃尔德做了10年家庭主妇，养大了5个孩子，听到这样的批评还是头一回。[54]虽然这些指责都没有影响两位法官上任，但右翼组织对进步派的华盛顿巡回法院可能获得第四位自由派法官一事感到警惕，不愿轻易罢休。

著名的法律学者和律师为金斯伯格写的推荐信淡化了她在女权方面做的工作，并强调她在民事诉讼法和比较法方面的专长，但是在法官提名尚未正式确定的情况下，在最后孤注一掷的阶段，这样的保证是否足够呢？[55]金斯伯格试图说服自己别担心，但漫长的等待还是对她产生了影响。有人形容她是"好战女权分子"，说"相关癖好支配着她在法律上的各种立场"，这样的诽谤让她觉得心绪难平。[56]她觉得请受人尊敬的法学家再为她出一封推荐信也许能有帮助，于是她再次拜托赫伯特·韦克斯勒动笔。[57]

---

① 原文是"one-issue waman"，这里借用了对美国政治中的一种现象的表述，即一些选民只专注于某一个问题，不在意其他政治议题或党本身，这样的选民被称为"单一议题选民"（one-issue voter）。——译者注

3月11日，10位获得联邦法院提名的女法官在前驻外大使W.埃夫里尔·哈里曼位于乔治敦的官邸聚会庆祝，金斯伯格并不在列。[58] 到4月8日，西维莱蒂终于打来电话，说总统已签署了她的提名。三天后消息公布出来，金斯伯格的任命有了着落。

* * *

但大戏还没有落幕。首先，必须确定一个时间来进行参议院司法委员会的听证程序，而司法委员会主席泰德·肯尼迪需要时间离开华盛顿到其他地方与卡特竞争民主党党内初选。[59] 最终日期敲定在6月4日，紧锣密鼓的准备工作开始了。[60]

给未来法官打分的美国律师协会为金斯伯格打出了最高分，马蒂很高兴妻子获得这一殊荣，他呼吁有影响力的朋友和客户帮助金斯伯格与司法委员会的主要成员约时间见面。马蒂以前的律师事务所有一名高级合伙人名叫艾拉·米尔斯坦，他认识共和党参议员奥林·哈奇。米尔斯坦致电哈奇，请后者赏光与他和金斯伯格共进午餐。他说，就请带着开放的心态来谈谈。一顿饭吃完，哈奇明白金斯伯格致力于推动性别平等，也相信她是公正的，没有意识形态偏见。[61] 为了到访国会和找房子能方便一些，金斯伯格夫妇在水门公寓租了一个住处，这里离肯尼迪表演艺术中心和乔治敦走读学校都很近，14岁的詹姆斯将在乔治敦开始新的学习生活。作为全国杰出的税法专家之一，马蒂没费什么力气就从哥伦比亚大学转到乔治敦大学法律中心任教。同时，他应邀帮助业务迅速扩张的法朗克律师事务所建立税法部门。[62]

当金斯伯格回到国会参加她的提名确认听证会时，她做了精心的准备，希望淡化她作为活动家的履历。有人问及她作为出庭律师的水平如何，她回答说自己在上诉法院有丰富的辩护经验，作为法

1980年，卡特总统祝贺金斯伯格被提名为华盛顿特区联邦巡回上诉法院法官。

学教授的经验也为她当法官提供了充分的准备。"上诉法院的审判与法学研究有很多相似之处，"金斯伯格说，"有时间进行反思、研究，与同事交流。"[63] 有人问她作为活动家的经历是否会让她不够客观公正，她回答说自己和美国公民自由联盟等组织已经没有联系了。她表示，自己主要把精力放在学术上，并解释道："（学术）工作和思考模式对我来说比活动家的角色来得更自然。"[64] 但是美国家庭联盟的代表桑迪·麦克唐纳在证词中敦促国会选一位更"不偏不倚"的候选人——一个司法立场不会损害家庭关系的人，而不是像金斯伯格这种公开的女权主义者。[65] 这让金斯伯格始料未及。

不过，与针对沃尔德和米克瓦的反对意见相比，麦克唐纳较为温和的证词并没有掀起什么波澜。1980年6月17日，参议院司法委员会以 8 : 1 的票数比赞成金斯伯格担任法官，唯一的反对票来自南卡罗来纳州的保守派斯特罗姆·瑟蒙德。参议院也很快全体投票通过了金斯伯格的任命。金斯伯格在给朋友的信中写道："焦虑盘旋了好几个星期，终于烟消云散。"[66]

6 月底，在华盛顿温暖的阳光下，斯凯利·怀特法官主持了华盛顿巡回法院新晋法官金斯伯格的宣誓就职仪式。冈瑟在发言中谈到金斯伯格给法院注入了司法品格和水准，马蒂听到后欣慰地笑了。金斯伯格年轻时，冈瑟曾说这位内敛的女学生有着"耀眼的微笑"，而随后在 9 月举行的庆祝会上，许多照片都记录下了金斯伯格微笑的瞬间。[67]

* * *

与金斯伯格之前作为法学教授和美国公民自由联盟法律顾问所承受的压力相比，在上诉法院做法官的生活来得平静多了。同事的欢迎也让她更容易适应这份新工作，不只是帕特里夏·沃尔德、阿布纳·米克瓦和哈里·爱德华兹，还有斯凯利·怀特、爱德华·塔姆和马尔科姆·威尔基等资深法官。一开始，工作量似乎令人望而生畏。尽管每起案子都由三名法官共同审理，但金斯伯格很快了解到，每位法官都是单独工作的，只有三名助理帮忙。要说服同组的其他法官并不容易。由于案件种类庞杂，她本人又追求完美，金斯伯格似乎有处理不完的工作——詹姆斯在 1983 年为妈妈写了一首诗，祝贺她 50 岁生日，内容很好地反映了金斯伯格的忙碌。

献给法官的十四行诗

嗨哟，嗨哟，你要出门去工作：

上午 11 点半，准时开启一天。

我不知道，在法庭上你做什么。

一定很有趣吧，因为我们开饭要等到晚上 9 点了。

我们吵啊，求啊，从来不起作用，

总有一份意见书，要等你读完。

我和爸爸耐心等待，百无聊赖。

你一回来，我们赶紧开饭；

用餐完毕，你又进屋加班。

（我们收拾碗筷）

你上楼去了，带着西梅和咖啡。

到早上 7 点，你才会上床小睡。

只睡三个小时的你，并不总是那么有趣。

但没关系，你可爱的儿子依然爱你。[68]

起初，金斯伯格的助理们觉得她不苟言笑，但有时候又出人意料地不拘小节。一位年轻的助理回忆道，他第一次和金斯伯格吃饭是在罗伊·罗杰斯快餐店，店里的客人大多是半醉微醺的卡车司机。很快，金斯伯格身上的其他特质就显露出来：她关注案件的细节和背景，绝不轻易下结论，并坚持从案情本身出发对待每一起案件。她拿出以前对待诉状的态度对待意见书的写作，她会请助理们帮助她，但一开始她常常把助理们写的草稿完全推倒重来，坚持亲自书写、完善她的意见书，直到每一个词都准确表达出她的意图。[69] "她写作一丝不苟，"前助理迈克尔·克拉尔曼回忆道，"我们都从她那里学到了许多写作方面的知识。"[70]

与金斯伯格在美国公民自由联盟的同事和下属一样，她在法院的助理们也努力达到她的高标准，并从中获益良多：她很明白平衡家庭和工作并不容易，会给晚辈提供指导和支持，出去旅行会带着小礼物回来，还会请助理们来家里吃马蒂做的大餐。客人不仅有机会品尝美食，还得以感受主人的妙语连珠。[71]克拉尔曼说，马蒂经常在晚上给妻子办公室打电话，问"伟人"在不在。"他是我认识的最风趣的人，他们的结合非同寻常。她非常坦率、严肃，而他就会让你开怀大笑，他经常开妻子的玩笑（但两人仍深深相爱、尊重彼此）。"[72]

马蒂知道，金斯伯格身上一些与众不同的部分让她在下属眼里有些"不接地气"，其他人也意识到了这一点。有一次，金斯伯格开车撞坏了路闸，马蒂意识到为了保护妻子和其他人的安全，最好由他开车送妻子上班。还有一次，在高尔夫球场上，金斯伯格拿着

1972 年，金斯伯格夫妇在西弗吉尼亚州的格林布赖尔度假村。

| 第 14 章 | 悬 念

1980 年，金斯伯格成为华盛顿特区联邦巡回上诉法院法官。

　　推杆弯腰低头许久，马蒂终于忍不住走过去说："我觉得你还是面朝东方为好。"[73]金斯伯格的秘书回忆起她和金斯伯格的一段对话，那天华盛顿宪法大道上有人游行庆祝红人队赢得"超级碗"冠军。金斯伯格问外面在吵什么，秘书回答："红人队赢了超级碗。"金斯伯格又问："超级碗是什么？"

　　克拉尔曼是狂热的棒球迷，而金斯伯格小时候觉得布鲁克林道奇队的比赛一点意思也没有，他们之间有一段令人难忘的对话。克拉尔曼回忆道："有一次我想请假去巴尔的摩参加棒球赛季的开幕式，以庆祝巴尔的摩金莺队赢了上一年度世界大赛的冠军。她觉得我疯了，我认为我在她心目中的地位也因此下降了。只要我们能完成工作，她就任由我们支配时间，因此她是很好的老板。如果我要去的是歌剧的开幕式，她一定可以理解，但她想不通棒球赛到底好看在哪里。"[74]

华盛顿巡回法院位于宪法大道西北第333号。金斯伯格一心扑在工作上，她做事非常细致，严谨缜密。华盛顿的执业律师艾伦·莫里森发现，她的嗓音清晰，别具一格，每提出一个问题都要经过深思熟虑，"她的提问非常严格，从不会夹枪带棒或漫不经心"。[75]但对思维不够严谨或者试图混淆视听的律师而言，法官席上的金斯伯格可是块难啃的骨头。[76]助理、律师和其他法官一致认为这位美国公民自由联盟前活动家很快成为"法官中的法官"，她思维之缜密让那些与她立场不同的人也非常尊敬她。

不出所料，金斯伯格法官对传统上受到歧视的少数族裔群体和在联邦机构独特的法律框架下运作的劳工组织提出的平等保护诉求非常敏锐。[77]她坚决支持广播自由和信息自由，在一项重要裁决中，她应用了《纽约时报》诉沙利文案确立的原则，即要认定诽谤必须先认定"真实恶意"，还写了一份意见书限制联邦通信委员会对淫秽色情范畴之外的"不雅"言论的管理权。[78]在一起涉及宪法第一修正案的案件中，里根政府禁止为提供堕胎咨询或介绍服务的外国计划生育组织拨款，法院赞成了里根的政策，而金斯伯格则提出了异议。[79]在创造性无暴力社区诉瓦特案中，金斯伯格支持了抗议者的诉求，裁定无家可归者在白宫附近的拉斐特广场"露宿"是充分受到宪法第一修正案保护的行为表达，不过她的裁决后来被联邦最高法院推翻了。[80]她还写了一份措辞强硬的多数意见，对行政部门出于政治原因拒发旅游签证的裁量权加以限制。[81]

在涉及三权分立问题的莫里森诉奥尔森案中，华盛顿巡回法院裁定独立检察官制度违宪，金斯伯格强烈反对。她辩称，相关法律没有违反三权分立原则，相反，它维护了相互制衡的制度，这正是"我们宪法的核心精神"。[82]后来联邦最高法院在审议该案时站在了金斯伯格这一边。[83]

事实证明，在宗教自由和政教分离的议题上，金斯伯格是宗教自由强有力的捍卫者。比如，1984年华盛顿巡回法院的合议庭支持了空军的一项规定，禁止正统犹太教拉比、临床心理学家西姆哈·戈德曼在空军基地的心理健康诊所穿着军装执勤时佩戴圆顶小帽。戈德曼要求全体法官而不仅是由三名法官组成的合议庭来审理他的案子，但遭到了拒绝。金斯伯格和多数法官的意见相左。[84] 不过在奥尔森诉缉毒局案中，金斯伯格并未支持埃塞俄比亚锡安主义科普特教会的成员。卡尔·奥尔森辩称，如果美国原住民能够享受在传统敬拜仪式上使用致幻仙人掌（佩奥特掌）的宗教自由，那么他吸食大麻也应该受到宪法第一修正案的保护。[85] 金斯伯格的意见提出，美国对大麻的需求和滥用比致幻仙人掌严重得多。此外，对美国原住民而言，在敬拜仪式之外使用致幻仙人掌属于渎神行为，但埃塞俄比亚锡安主义科普特教会教导信徒从早到晚都要吸食大麻。

在有关健康、安全和环境的案子中，无论是涉及含铅油漆还是核能问题，只要法律有明文规定，金斯伯格都会主张相关机构遵守法律。[86] 至于搜查和扣押、刑事程序、证据规则和囚犯权利，她就一如既往地读法条、研究判例、适用法律，不考虑意识形态。[87] 在刑法问题上，她对辩护律师提出犀利的问题，但也非常注意确保被告的权利能得到保护。总体而言，她被认为是温和派人物。[88]

* * *

尽管儿子颇有微词，但金斯伯格的生活并非只有工作。在华盛顿巡回法院的最初几年里，她敏锐地意识到社交关系是跨越党派界限的，自那以后她就延续了这一传统。她和爱德华兹夫妇结下了深厚的友谊，两对夫妇会一同听歌剧、打高尔夫球，出国参加司法会议时，他们也会一起购物。在金斯伯格和马蒂所在的一间知名的乡村俱乐部修改了会员章程，不允许身为黑人的爱德华兹夫妇入会之后，金斯伯格夫妇也退出了。[89] 在她自由派的助理们看来，这些都不难理解，但让他们感到迷惑的是金斯伯格与非常保守的安东宁·斯卡利亚成了朋友，同时与罗伯特·伯克父女的关系也不错。

她的助理们当时可能没有意识到，金斯伯格非常热衷于和保守派的法律人展开思想交锋。她也很重视他们对她的思想水平和合作精神的尊重。这样的关系有助于巩固她作为法官为自己建立的声誉。

由于有被第二巡回法院拒之门外的前车之鉴，金斯伯格采取的立场与更倾向自由派的同事们不一样，她对自己的定位比沃尔德、米克瓦和爱德华兹保守。比如在1984年的德罗嫩伯格案中，伯克写了一份用词"蛮横"的判决。[90] 海军士官詹姆斯·德罗嫩伯格因在军中有同性性行为而被海军开除，并且没有拿到先前的薪水。伯克裁定德罗嫩伯格无权争辩海军的决定，因为自愿的同性性行为不受隐私权保护。伯克毫不掩饰他对隐私权的蔑视，合议庭（包括斯卡利亚在内）也没有回应德罗嫩伯格提出的平等保护主张。伯克的意见让华盛顿巡回法院的自由派法官们深感不安，他们认为理应从平等保护的角度严肃审查军队对待同性恋者的政策。法官们投票决定是否要全员重新听取德罗嫩伯格案，金斯伯格站在了伯克、斯卡利亚以及其他保守派成员这一边。他们一致认为，由于联邦最高法院针对地区法院晦涩的判决出具了简要协同意见，这起案子已经得到了适当的裁决。由于金斯伯格倾向遵守既有法律，她很可能觉得任何有利德罗嫩伯格的裁决都会被联邦最高法院推翻。但同性恋权利倡导者们对金斯伯格未能把他们纳入平等保护的法律框架内感到愤愤不平。其他评论人士也注意到，金斯伯格不愿意与联邦最高

1980 年 12 月，金斯伯格一家四口在美属维京群岛的圣托马斯岛度假。

法院和其他同事对着干，在这一点上她和理查德·波斯纳、阿马利亚·吉尔斯和帕特里夏·沃尔德不同。[91]

不管她对德罗嫩伯格案的裁决是出于什么考虑，随着更多里根总统和老布什总统提名的法官加入华盛顿巡回法院，走中间路线显然符合金斯伯格温和的本能，她多年前在两极分化的罗格斯大学法学院教职工队伍中采取的就是这种立场。1988 年的一项调查发现，"她在 94% 的案子中都和里根任命的劳伦斯·H. 西尔贝曼一致——在非全员同意的案子中，他们的立场也有 86% 相同，而金斯伯格与帕特里夏·沃尔德的意见整体上只有 55% 相同，在非全员同意的案子中只有 38% 相同"。[92] 法律分析家杰弗里·罗森认为，金斯伯格作为一名法官似乎认为自己只能做一名"司法传道者"，而非"司法预言家"。[93]但乔尔·克莱因指出了另一个因素,那就是金斯伯格成了这个"分裂的巡回法院中唯一的黏合剂"。[94]她在演讲和文章中都呼吁采取温和、协作的决策方式,一些更具对抗性的法官热衷于进行人身攻击,而金斯伯格不赞成这样做。[95]

不可否认的是,作为一名上诉法院的法官,金斯伯格保持中间派的立场是明智的,她正确地预见到等下一位民主党人入主白宫,对"自由派"法官的要求也将发生变化。1991年,金斯伯格已经在有希望成为联邦最高法院大法官的"中间派领军人物"排行榜中跃居榜首。[96]也许她现在不如以往做诉讼律师的时候那么知名,但她作为法官已经为自己建立了思虑周全、不偏不倚的名声,在司法界以其思想的严谨、慎重以及合作精神闻名。

* * *

同时,在华盛顿的几年时间也是享受家庭时光的机会,特别是一双儿女即将毕业并各自成家。金斯伯格夫妇还住在纽约的时候,简结识了《哈佛法律评论》的执行编辑小乔治·T. 斯佩拉,他以优异的成绩毕业于普林斯顿大学,两人相爱了。简和乔治从哈佛大学法学院毕业后都做了一年的法官助理,随后订了婚,对此金斯伯格夫妇完全支持,并不在意两人有着不同的信仰(斯佩拉是罗马天主教教徒)。金斯伯格很高兴家庭加入新成员,开心地和女儿一起挑选婚纱。很快,简和乔治的孩子保罗和克拉拉降生,露丝和马蒂骄傲地成了外祖父母,同时简也成了哥伦比亚大学法学院的终身教授,还以优异的成绩从巴黎大学获得了法学博士学位。乔治在育儿方面灵活机动,愿意分担责任,让简能够成功地把事业和家庭结合起来,这让露丝和马蒂甚为高兴。[97]保罗和克拉拉管外公外婆叫"塔塔"和"巴布",孩子们来华盛顿看望他们时,马蒂烤的巧克力燕麦饼

1987年，露丝和马蒂抱着他们的外孙保罗。

成了他们最爱的甜品。[98] 马蒂逗他们说，国会大楼穹顶上的雕塑是他本人，孩子们有好几年的时间都信以为真。

与此同时，詹姆斯和妈妈一起看过学校之后，选择了学术要求严格的芝加哥大学，这也是简的母校。大学期间他创立了出版古典乐唱片的软音符唱片公司，大学毕业后，他也进入法学院读书，但在第二年的时候他下决心继续做公司，认为这比追随家人的脚步成为律师更重要。金斯伯格和马蒂记得儿子从7岁起就痴迷于收藏唱片，也了解他对音乐的热爱和水平，而且他们自己也很喜欢歌剧，所以非常支持儿子的决定。[99] 康奈尔大学的老朋友、税务律师卡尔·弗格森曾和金斯伯格夫妇一同在大都会歌剧院马蒂母亲的包厢里看剧，他回忆起马蒂是如何全身心沉浸在音乐之中的："音乐的结构、细微差别、情感和表演的艺术性……对马蒂和露丝来说，音乐就像食物一样是生命的维系。"[100] 詹姆斯和简都应了那句话：有其父（母）必有其子（女）。

马蒂因精通税法而名声在外。1984年，通用汽车收购罗斯·佩罗创立的电子数据系统公司，马蒂在交易中发挥了重要作用。当时佩罗联系到他时，马蒂有些犹豫，因为有好几家电子数据系统公司的竞争对手都是马蒂所在律师事务所的客户。虽然从技术层面而言并不存在利益冲突，但马蒂觉得"这看起来不合适"。可他和佩罗有多年的交情，而且这次并购带来的脑力挑战也让他很感兴趣。

马蒂同意在不收费的情况下代理这起案子。他把佩罗从一场令人恼火的收购中解救出来，并为他节省了一大笔钱，让佩罗甚为满意。两年后，心怀感激的佩罗提出以马蒂的名义捐赠一个税法领域的教授头衔。[101] 露丝和马蒂思虑良久究竟要把这笔钱捐给哪所学校，佩罗开玩笑说他们要是再拿不定主意，这钱可就要归奥罗尔罗伯茨大学①了。一听这话，马蒂立刻建议把钱捐给乔治敦大学，但他补充道，在犹太传统中，人还在世的时候就用他的名字来命名某个事物是不吉利的。因此在马蒂在世期间，这笔捐赠被指定用于为图书馆购书。[102]

同时，马蒂对自己的诸多成就都看得很淡。在总结自己出众的履历时，他轻描淡写地说自己获邀到"暖和的地方"做讲座，写过"成堆的"税法文章。[103] 几年后，美国律师协会的税法部门向他颁发了杰出服务奖。对此他表示，他只在1970年做过"一项杰出服务"，那就是把税务法院关于查尔斯·E. 莫里茨案的判决报告拿给金斯伯格。她成功帮莫里茨案赢得上诉，这让她的职业生涯从"勤奋的学者转变为水平高超、屡战屡胜的上诉律师——最终让她成为上诉法院的法官"。[104]

金斯伯格夫妇的朋友们都知道，等到联邦最高法院出现空缺且

---

① 奥罗尔罗伯茨大学（Ord Roberts University）是通过视听媒介传教的牧师奥罗尔·罗伯茨在1963年建立的基督教学校。——译者注

民主党入主白宫时，马蒂将尽最大努力保证妻子成为候选人。帕特里夏·沃尔德曾用"洗刷"一词描述她从公益律师转型为法官的过程，借用她的话，在华盛顿巡回法院"洗刷"了13年后，金斯伯格也准备好怀着一颗初心继续前进。[105]

| 第 15 章 |

第 107 位大法官

在克林顿入主白宫前，民主党人上一次提名大法官还要追溯到 1967 年，当时约翰逊总统提名瑟古德·马歇尔进入联邦最高法院。克林顿对幕僚表示，他希望自己的提名能"打出一记全垒打"，找出令人叹服的候选人。[1] 但在克林顿执政的第一年里，白宫一度十分混乱，总统决断力不足，共和党处处掣肘，这些问题也影响了克林顿提名新人接替大法官拜伦·怀特的位子。不过，克林顿最终选出了他理想的候选人：在 1993 年 6 月明媚的一天，一位穿着钴蓝色西装、戴着大墨镜的小个子女士陪同克林顿走上白宫玫瑰园的演讲台。

在介绍金斯伯格时，克林顿说她是一位开拓性的律师、倡导者和法官，是"我们国家最好的法官之一，观点进步，决断明智，立场不偏不倚"。[2] 克林顿赞扬金斯伯格开创性地推动了性别平等，并预测她能够帮助联邦最高法院构筑共识，就像她在上诉法院所做的一样。"在未来的几个月和几年里，我们国家将更多地了解露丝·金斯伯格的成就、正直、人性和公正，"他最后补充道，"她不能被归为自由派或保守派，她已经证明了，其思虑之周全是这些标签所无法涵盖的。"

一名高级官员被金斯伯格的发言打动了，他心想，这可比其他

1993年6月14日，金斯伯格接受克林顿总统的联邦最高法院大法官提名。

那些"玫瑰园的垃圾讲话"强多了。[3] 当天晚些时候，克林顿给金斯伯格递了一张纸条，上面写着："您今天的表现非常出色——收看您讲话的美国民众一定和我们一样深受触动……我很高兴我的妻子见过您的外孙女，我要是曾有幸见过令堂就更好了。"[4]

与此同时，媒体也抓住了这个机会。美国广播公司的记者布里·休姆问克林顿能否向公众解释一下，为何"决策过程看起来有诸多反复"。[5] 总统愤怒地反驳道："在听了她刚刚的发言之后，我真不明白你怎么还能问出这样的问题。"说完他转身送金斯伯格回到白宫。年轻的白宫通讯主任乔治·斯特凡诺普洛斯心想："布里只是还不知道总统做了一个多么正确的选择。"[6]《新共和》杂志的编辑们则着眼于结果而非过程，他们表扬道："克林顿应该得到毫不吝啬的赞扬。"[7]

* * *

克林顿 3 月 19 日一得知怀特法官要辞职，就开始着手挑选具有实践经验、为人大度的高素质政治人物。在负责审查内阁人员背景的詹姆斯·汉密尔顿的指导下，一个由 75 名律师组成的外部团队开始搜集相关信息。[8] 总统首先考虑的是连任三届纽约州州长的马里奥·科莫，他是民主党的重要人物，有出色的演说才能。但科莫犹豫再三，最终没有接受总统的邀约。接着，广受尊敬的参议院多数党领袖、曾担任缅因州联邦地区法院法官的乔治·米切尔也谢绝了。南卡罗来纳州前州长、现任教育部长理查德·赖利同样没有接受，他坦诚地说自己作为一个"水平一般的乡村律师"无法胜任联邦最高法院的工作。现在还剩内政部长、亚利桑那州前州长布鲁斯·巴比特和几位联邦法官备选。

到 6 月初，名单进一步缩小，还剩巴比特和三位联邦法官。克林顿首先考虑了第八巡回法院杰出的法官、他的好朋友理查德·阿诺德，但最终没有选他。克林顿担心，再选一位阿肯色州老乡会让外界批评他任人唯亲。接着他想选巴比特，但国会中的民主党同僚以及环保人士极力游说让巴比特继续担任内政部长。克林顿的幕僚也持相同观点，认为总统在西部山区的红州需要这样一位强有力的支持者。此外，参议院司法委员会高级共和党成员奥林·哈奇表示，巴比特的提名恐怕很难通过，因为他推动的环保项目引发了西部各州参议员的不满。克林顿知道，罗伯特·伯克法官建立了"新右派司法遴选监督项目"，旨在监督克林顿的法官提名，选任何一个有党派倾向的人都会引发批评，于是总统转而考虑剩下的两位联邦法官：斯蒂芬·布雷耶和金斯伯格。[9]

布雷耶是一位温和的实用主义者，曾担任波士顿第一巡回法院的首席法官，得到参议员爱德华·肯尼迪的大力支持。他是行政法专家，在负责水门事件相关诉讼的参议院司法委员会中获得了丰富的经验，最近他担任参议院司法委员会的首席顾问，收获哈奇的赞扬。6月10日（星期四），白宫法律顾问办公室的成员飞往波士顿对布雷耶进行深入调查。克林顿请布雷耶到白宫来面试，这并非为了讨论布雷耶对具体案子的裁决，而是希望更全面地了解他的司法理念和观点，听听他打算如何把一个分裂的联邦最高法院团结起来。[10]

布雷耶经常从剑桥的家骑车到波士顿的办公室上班，一天他在路上发生了意外，因此星期四的初步审查不得不在医院进行。车祸让他肋骨骨折，肺部被刺穿，由于身体不适加上星期五乘火车前往华盛顿的长途颠簸，布雷耶在和总统共进午餐时没能拿出最好的表现。另外，此前的背景调查显示布雷耶雇用了一名上了年纪的家政工，但没有缴纳社会保险税。白宫将这一信息披露给了司法委员会的主要成员，他们表示不应该因为这一疏忽就排除布雷耶。[11] 但就在前不久，克林顿的两位司法部长候选人佐薇·贝尔德和金巴·伍德的提名都是因"保姆问题"而断送，白宫幕僚不希望显得前后不一。尽管布雷耶资历出众，但克林顿在星期五晚上对幕僚表示他和布雷耶"不大默契"。[12] 于是讨论转到了金斯伯格身上。

白宫幕僚希望能提名一位较为年轻的大法官，这样能比保守派的克拉伦斯·托马斯在联邦最高法院的位子上坐得更久，他们觉得已经60岁的金斯伯格不大可能当选。金斯伯格的一些同事知道她不喜欢和人闲谈，觉得她看起来可能有些"不接地气，书卷气较重"，也许难以说服其他大法官同意她的意见。[13] 尽管一开始就有人对金斯伯格的性格提出疑问，但不可否认的是，她的裁决充满激情和原则。10天前，白宫法律顾问乔尔·克莱因把关于金斯伯格详尽的调查总结成了一份单倍行距的9页文件，包含她的个人情况和法律背景。克莱因写道，金斯伯格的司法哲学"看起来不同寻常，结合了塑造她生命的种种经历：先锋女律师、性别平等的倡导者、过程理论学者，以及思虑周全的联邦上诉法院法官。"克莱因继续写道，金斯伯格以严谨持重著称，并不因司法能动主义著称，她"处理案子的方式本质上是务实的，对严格而抽象的理论性规则没有太多兴趣"。[14]

克莱因最后总结道，金斯伯格是"卓有成就的倡导者、广受尊敬的学者和杰出的法学家，因其深邃的思想和对法律的奉献备受赞扬"。她在20世纪70年代的法律倡导工作"在法律规则和美国社会中都留下了持久的印记"，克莱因还提到金斯伯格因对罗诉韦德案的判决提出异议而被女权组织批评，他说金斯伯格在20世纪70年代的成功如今看来是理所当然的，"这可能反映出了我们的进步"。他继续写道，在20世纪80年代和90年代，"金斯伯格的不偏不倚以及对案件的细致关注让她成为华盛顿巡回法院有影响力而受人尊敬的'中间派'。在宪法裁决方面，金斯伯格主张联邦司法机构谨慎行事，但也不要忽略诉讼产生的环境"。[15]

1992年，金斯伯格在麦迪逊讲座中表达了对罗诉韦德案的保留意见；在德罗嫩伯格案中，她投票拒绝重新审理。克莱因承认，这两件事可能会让女权组织和同性恋权益组织对金斯伯格产生负面看法，他们希望总统可以提名一位坚决支持罗案和隐私权的大法官。但提名金斯伯格可以满足"联邦最高法院急需的宗教和性别多元"，而且"会被各方视为打破了主要由意识形态决定大法官提名的惯例"。作为一个能够建立共识的人，金斯伯格的"严谨和思想水平可能是说服起决定性作用的中间派大法官所必需的"。[16]

当天，参议员帕特里克·莫伊尼汉送来了两份文件，让总统印象深刻。这两份文件已经放在金斯伯格的资料中了，但莫伊尼汉希望克林顿当天一定要看到它们。第一份是哥伦比亚大学校长迈克尔·索文写给莫伊尼汉的信,信中强烈推荐金斯伯格。索文还随信附上了一张便笺,上面写着:"帕特,她是真的了不起。"[17] 另一份是司法部前副总检察长欧文·格里斯沃尔德1985年在联邦最高法院大楼奠基50周年仪式上发表的一段讲话,讲话中提到了三位对改变法律做出突出贡献的律师,他们是全美有色人种协进会的查尔斯·休斯顿和瑟古德·马歇尔,以及美国公民自由联盟的露丝·巴德·金斯伯格。在提名即将出炉前,克莱因总结了白宫法律顾问办公室的意见:"金斯伯格法官的经历反映出克林顿总统高度重视的人性关怀,也不大会引发某些选民的担忧。"[18] 6月12日(星期六)晚,布雷耶法官尚未启程返回波士顿,正在佛蒙特州参加婚礼的金斯伯格就收到了来自白宫的面试要求。

从佛蒙特州赶回华盛顿的金斯伯格还穿着便服,她希望换了正装再去见总统,但白宫法律顾问伯纳德·努斯鲍姆请她别担心:总统刚去打过高尔夫球,也会穿得很休闲。结果这个星期日总统刚好去了教会,金斯伯格窘迫地看着克林顿穿着深蓝色的西装、衬衣,打着领带出现在她面前。[19]

尽管衣着上出了差错,但金斯伯格把原本30分钟的面试变成了90分钟的愉快交流。金斯伯格后来说,她和克林顿谈了各种各样的问题,"有时候两个人就是会很投缘,我非常喜欢他。我谈到我的童年、我教宪法的经历,以及妇女权利诉讼"。克林顿也是有备而来,他询问了金斯伯格做过的许多案子——几起商业案子、一些她在美国公民自由联盟代理的案子,以及她在与多数法官意见相左的情况下支持犹太军官执勤期间佩戴宗教头饰的案子。克林顿说,"我就是想要听她多说说",以便摸清她的想法。[20] 金斯伯格早年的人生经历与她在美国公民自由联盟的工作以及给别人的生活带来的改变紧密结合在一起,同时她为人非常谦卑,这让总统格外印象深刻。[21] 克林顿说，这位候选人让他非常欣赏。他总结道，金斯伯格很有原则，智慧非凡，对普罗大众有同理心，这一点他格外看重，"是一个懂得从影响人民生活的角度来看待政府的人"。[22]

克林顿也明白，她能得到共和党关键人物的支持——这是非常必要的，作为一位野心勃勃但也脚踏实地的年轻总统，他知道自己只赢得了43%的普选票，而且他还想要通过一项医保法案。1991年11月，《美国律师》杂志将金斯伯格评为全国中间派法官的领军人物。[23] 确实，在华盛顿巡回法院任职期间，金斯伯格在监管问题上的立场更接近共和党人而非民主党人提名的法官。[24] 她坚守过程法理学的训练，被认为是"司法克制的典范人物"，[25] 也就是说，她倾向以狭义的程序为基础来解决问题，宁可采取小规模、渐进式的方式，而不愿大胆主张司法权力，以此保证结果的合法性。克林顿知道，联邦最高法院的保守派活动家们正在努力推翻进步派的立法，司法最小主义在当时被认为能最有效地给保守派的行为按下暂停键。此外，司法最小主义也鼓励法官就事论事，以免在立法方面和民选机关与公众过于脱节。

克林顿正确地预见到，他没能提名马歇尔或布伦南式的人物会让一些自由主义者深感失望。保守派在法律界发起运动，打击法律自由主义，克林顿作为耶鲁大学法学院的毕业生很理解自由派的不满。[26] 和他们一样，他自己也担心联邦最高法院对公民权利和公民自由的承诺会受到打压，但他相信选择金斯伯格是非常正确的。金斯伯格被认为是具有自由主义倾向的中间派，她强调法官应该通过合作的方式断案，总统本人也愿意妥协，并且在意识形态上处于中间派，在这些方面两人十分契合。[27] 克林顿相信，金斯伯格会根据案件本身的是非曲直做出判断，在可能的情况下与保守派合作，也能"在必要的时候站出来反对他们"。[28]

星期日傍晚，克林顿把自己的决定告诉了伯纳德·努斯鲍姆、乔尔·克莱因和其他主要的白宫法律顾问。接着克林顿参加了白宫记者团的烧烤活动，并观看芝加哥公牛队和菲尼克斯太阳队的篮球比赛。比赛三度进入加时赛后，他晚上 11 点半从白宫的厨房拨通了金斯伯格的电话，但白宫接线员的线路信号不好，他只好请她挂断，又亲自从卧室拨通金斯伯格的电话，他说："既然我打算做出这个提议，那最好找个信号好一点的线路。我打算明天请你接受这一任命，我有很好的预感。"金斯伯格听得目瞪口呆，回想起两人之前的谈话，她说："我还有很多话想说，我觉得自己好像什么都没表达出来。"克林顿安慰道："你已经做得很好了，明天只要说出你的心声和想法就可以了。"[29] 午夜时分，总统致电布雷耶，说联邦最高法院再出现空缺的时候，他将是有力的竞争者。克林顿还和巴比特聊了几句。接着，他打给了几位主要的参议员——米切尔、约瑟夫·拜登、哈奇、肯尼迪和莫伊尼汉，还试着联系鲍勃·多尔，但没能接通。

星期日上午，一名白宫幕僚到访金斯伯格夫妇在水门公寓的住处。在调查小组开始工作之前，马蒂先为他们准备了托斯卡纳式的午餐，包括白腰豆、金枪鱼罐头和柠檬汁。吃完午餐，政府的会计师和马蒂上楼去查看他精心整理的税务文件，记录显示这对夫妇的净资产为 320 万~670 万美元。他们还确保这对夫妇没有雇用无证移民做家政工，并且按时为家政工缴纳社保。在楼下客厅里，努斯鲍姆和金斯伯格厘清了个人生活和法务方面的问题。[30] 白宫副法律顾问罗恩·克莱因在职业生涯中一共为 100 多位法官做过背景调查，他表示金斯伯格夫妇是他见过的准备得最充分的。"马蒂把什么都准备齐了。"克莱因说。但实际上，整理家庭财务记录是金斯伯格负责的。[31]

与此同时，金斯伯格获得提名的消息已经登上《纽约时报》头版头条，报道称这是一个"出人意料的选择"，说总统的决定"让律师、法学家甚至许多政府官员都深感意外"，他们前两天还以为布雷耶会胜出。[32]《纽约邮报》则起了个耸人听闻的标题：《帕特在联邦最高法院人选中起了关键作用》。报道还称，一个布鲁克林女孩获得了胜利。第二天，《纽约邮报》又说金斯伯格和莫伊尼汉聊到过布鲁克林道奇队。[33]

* * *

在争取提名的过程中，金斯伯格忠实的爱人马蒂也提供了许多帮助。尽管人们知道克林顿当选时怀特和布莱克门大法官都在考虑退休，但一名潜在的候选人并不能显得自己好像在紧盯着怀特的位子不放，公开这样自我推销会显得不礼貌。联邦法院希望在公众面前保持一个形象，那就是法官提名的过程不存在任何竞选的成分，联邦最高法院当然也是如此。马蒂知道自己必须迅速采取行动，于是选择低调出击。他也明白，联邦法官的知名度不如像科莫和巴比特这样的政治人物。更重要的是，马蒂知道如果没有支持者的幕后努力，一个人是不可能得到联邦最高法院提名的。

马蒂决定，要从妻子忠实的支持者开始争取，也就是曾带头支持她担任华盛顿巡回法院法官的女权组织。但在和几个著名的女权组织负责人见过面后，马蒂发现她们明显不热情，他意识到这条路走不通。马蒂认为个中原因是金斯伯格三年前参与的一项裁决，当时负责为少数群体争取教育机会的妇女权益行动联盟发起了一项诉讼，被金斯伯格驳回了。[34]她曾在妇女权益行动联盟咨询委员会任职4年，在该组织忠实的支持者看来，金斯伯格的裁决违背了她的承诺。但问题其实不只是这一起案子那么简单，甚至也不只是因为她之前对一个海军军人反抗同性恋禁令做出的裁决，而是另有原因。[35]

两年前金斯伯格在纽约大学麦迪逊讲座上的发言引发了堕胎权拥护者的强烈批评，这也影响了她在女权主义者心中的形象。金斯伯格在发言中再次表示反对从隐私而非平等的角度定义堕胎权，她也质疑罗诉韦德案步子迈得太大，主张用"一步一个脚印"的方式改变法律，而不是"一下子推倒重来"（这样的改变并不稳定）。[36]她表示，如果联邦最高法院只裁决得克萨斯州那条较为极端的法律，给各州一些时间来放宽限制，也许就可以避免引发某些反弹。

金斯伯格的讲话让人们有机会了解她作为潜在的大法官候选人对相关法律问题的看法，但她对罗案的相关分析确实值得商榷。法律历史学家戴维·加罗指出，在罗案之前，天主教教徒就已经在主导反堕胎改革运动了，而且罗案和多伊案打到联邦最高法院的时候，各州的堕胎改革已渐渐式微。[37]此外，福音派新教徒直到差不多20年后才加入反堕胎运动。[38]（连克林顿总统都强调自己和金斯伯格对堕胎改革反弹的看法不同，但他同时也强调金斯伯格坚定支持生殖权利。[39]）

马蒂也觉得之前的裁决是有问题的，但即使是这些问题再加上麦迪逊讲座在堕胎权支持者中引发的巨大争议，也不足以解释女权组织领袖给出的负面反馈。马蒂也许没能充分认识到，从金斯伯格希望转型当法官至今这15年里，女权主义群体内部也发生了变化。

和整个女权运动一样，女权主义法律群体在20世纪70年代末经历了分裂，金斯伯格竭力维持的战略和战术的一致性也随之瓦解。关于怀孕是该被纳入平等的框架内，还是需要特殊对待，女权主义法律人士内部出现了分歧。支持平等框架的女权主义者主导起草了1978年的《反怀孕歧视法》，但到1987年，在一起关于加州要求妇女休产假的案子里，双方在口头辩论时各执一词。支持平等的女权主义者认为，应该让男人也休陪产假。[40]

在公益活动和学术交织在一起的法学界，新一代女权学者对前辈提出了批评，就像女儿对母亲提出批评一样，但增加了意识形态的色彩。[41] 关于平等法律理论的局限性，更具洞察力的批评者们承认金斯伯格当年面对很多限制，也承认她在应对这些限制时表现出了相当了不起的战术技巧。但有的人就没有这么客气了，他们把金斯伯格本人和联邦最高法院对平等的观点混为一谈。许多学术界的新人声称，金斯伯格的诉讼目标是同化主义的，认为她坚持要形式上的平等，不足以带来能让大多数女性获益的法律改革；他们说，从平等的角度倡导女权，能帮到的只是那些有足够的资源、能按照男人的规则行事的女人。他们还批评金斯伯格在诉讼中让男性当原告，反对她把精力放在那些对男女都造成负担的法律上面。[42]

在金斯伯格当法官的20世纪80年代，女权主义者加紧探索新的视角。一些法律理论家认为，心理学家卡罗尔·吉利根对于人际关系的理论提供了一条思路。她对青少年道德观念的形成做了非常有影响力的研究，强调女性在养育孩子、同理心和维持关系方面的出色才能。[43] 以此为基础，文化女权主义者仔细审视了司法体系中反映出的男性价值观和他们认为重要的事务。[44] 其中罗宾·韦斯特的观点最为激进，她认为现代法律理论从本质上而言就是男性化的，这是不可逆转的，因为现代法律认为自由和自主是有价值的，但人与人之间的联结是没有价值的。[45] 批评者则很快指出韦斯特观点背后的生物本质论。文化女权主义差一点就回到了维多利亚时代那种男女分离的意识形态，而这种突出性别属性的思想正是金斯伯格反对的。也有批评者从其他角度反对平等女权主义。[46]

凯瑟琳·A.麦金农1979年出版的图书《职场女性面临的性骚扰》从法律上将性骚扰纳入性别歧视的范畴，系统性地解释了女性的法律地位源自性和男性统治，这样的观点可能为法院所采纳。关于在男性主导的等级制度之下如何实现实质性的平等，麦金农给出了清晰而有说服力的阐释，让人们从新的角度理解性暴力为何普遍存在，女性的从属地位为何得不到改善，以及平等政策为什么不足以矫正性别歧视。麦金农指出，法律意义上的平等意味着以同样的方式对待同样的人，只有处境相似的人才有权受到平等对待。因此，男女在生理或社会现实层面出现差异的时候，就不能主张平等。她认为，法院的重点不应该放在相关法律的基础到底是实实在在的（还是基于成见的）性别差异，相反，重点应该去审查法律是否延续了女性的从属地位（这也是金斯伯格1971年在斯特拉克案中采取的立场）。[47]

麦金农还对形式上的平等和其他自由主义的主流观点提出了非常有力的批评，如隐私权和同意权，她指出这些权利并未保护女性免受性暴力。其他女权主义法律理论家则着眼于少数族裔女性，反对把白人中产异性恋女性的情况套用在所有女性身上（包括那些最无权无势的女性）。金伯利·克伦肖等少数族裔女权主义者认为，女性的从属地位还涉及交叉性的问题，也就是说种族、民族、阶级、性别和性取向、宗教和国籍等多种形式的压迫交织在一起，彼此加剧。[48]

法学界出现了许多这样充满活力和多样性的新方法论，比如文化、等级和交叉性的视角，让人们关注不同的议题，比如性、性暴力和色情制品。有新的理论认为法律结构本身也是造成性别不平等的制度的一部分，这让女权主义法律人面临更艰巨的挑战。虽然这些发展都不能否定金斯伯格开创性的成就，[49]但加在一起，这些批评少说也暂时削弱了金斯伯格对法学家关于自由法律主义价值讨论的贡献。[50]

金斯伯格自己也是这么认为的。她私下里一直是一个直言不讳的人,最初她只把尖锐的批评说给亲密的朋友听。当她第一次在《国家》杂志上读到凯莎·波利特对吉利根和其他差异女权主义者的批评时,她条件反射般地给波利特写了一封信赞扬她。[51]但在那之前,她已经在1988年芝加哥大学"法律中的女权主义"研讨会上发表过主旨演讲,直接回应了对她的批评。她先在发言中表示最近女权法律理论愈加丰富,这可喜可贺,接着她提醒观众,在1971年美国公民自由联盟女性权利项目刚刚建立的时候,除了宪法第十九修正案,"对那些想要在法律上实现男女平等的人而言,宪法仍是一张白纸"。[52]她逐一列举了"一些观察人士"对她的诉讼提出的批评,并回应道:"这种评价在我看来是不公平的。20世纪70年代的诉讼帮助打破了男女分属不同领域的老观念,从而为在政治领域持续提升女性的机遇和地位添砖加瓦。"她说,"不应该对那个年代的诉讼有更高的期待"。[53]

尽管语气很温和,但金斯伯格在结束前还是明确地说,她认为女权主义法律人对性别和法律的深入研究中有两个方面是不可接受的:"(当前)有人倾向于认为自己所认同的女权主义才是唯一正确的女权主义,并对别人做出的贡献加以诋毁而非珍惜。"[54]

在里根和老布什年代,女权组织的领导者面对急剧变化的政治环境不得不防守反击,因此学界以外的女权组织也发生了变化。除了《平等权利修正案》未能获批,美国参议院也没有批准卡特总统签署的联合国《消除对妇女一切形式歧视公约》,而到1981年全世界已经有21个国家批准了这一公约,这让美国的女权主义者更加失望。里根政府还减少了担任政府高级职位的女性人数,让女权主义组织无法再像卡特时代那样在政府内外通力合作。政府的做法还引发了其他倒退:禁止教育领域性别歧视的《教育修正案》第九章得不到严格执行，教育部基本上取消了女性教育行动项目，同工同酬遭到打压，政府不再给提供堕胎服务的海外卫生组织拨款，平权行动的相关规则得不到执行，联邦和州政府都在削减为女性提供援助的部门预算。[55]

政策的转变也反映在流行文化上。关于20世纪80年代女权主义遭遇的明枪暗箭，《华尔街日报》记者苏珊·法吕迪在1991年出版的《反挫》(Backlash)中给出了翔实的记录。在保守派政治家和媒体机构看来，女性获得了更多机遇，导致男性地位下降。这些说法明显是被夸大的，但感到不满的人开始着手反击。他们用各种说辞劝女人相信慢性健康问题、孤独寂寞、酒精成瘾等问题的根源都是女权主义，女权主义才是女人最大的敌人。[56]针对堕胎诊所的残忍袭击最能反映对性别和性领域变革的敌意，许多堕胎诊所是女权主义群体建立的。执法机构估计："截至1990年，全国各地堕胎诊所共经历过8起爆炸袭击、28起纵火，另有28起爆炸或纵火未遂，还有170起打砸事件。"[57]女权组织估计的数字则更高。

因此，在一些法学家和行动者看来，金斯伯格虽然在20世纪70年代曾作为战略家和诉讼律师中的先驱人物与性别歧视做斗争，但到1993年她已经落伍了，开始支持形式上的平等，认为她高居庙堂，远离了一线。

其实金斯伯格在华盛顿巡回法院任职期间还在做剪报记录女权法律界的观点和性别议题，如果马蒂接触到的女权组织领导者看过金斯伯格的剪报，也许就会相信她仍然致力于实现实质性的平等。但这也难说，毕竟她担任法官后与斯卡利亚和伯克等保守派大人物交好。[58]马蒂只能认为经济学家约翰·肯尼斯·加尔布雷思说得有理："在政治领域，最令人钦佩的品质就是忘性大。"[59]但这只是一句玩笑话，马蒂需要的是实际的建议。

马蒂以前的客户、纽约金融家和慈善家利昂·利维伸出了援手，斯蒂芬·赫斯和威廉·约瑟夫森也帮了大忙。斯蒂芬·赫斯是金斯伯格的表妹贝丝·阿姆斯特的丈夫，他是艾森豪威尔和尼克松政府的资深幕僚，也是福特和卡特总统的顾问，现在在乔治敦大学担任媒体和公共事务方面的研究教授。赫斯在媒体界和白宫幕僚老同事中都有很好的人脉，特别是和参议员莫伊尼汉熟识。约瑟夫森是法朗克律师事务所的退休合伙人，马蒂搬来华盛顿后就为这家律师事务所工作，约瑟夫森和萨金特·施赖弗是多年的朋友和伙伴，1972年施赖弗作为乔治·麦戈文的副总统参加竞选时，约瑟夫森是团队负责人。[60]

4月，马蒂联系了参议院财政委员会主席莫伊尼汉。莫伊尼汉很钦佩露丝在性别平等方面取得的开创性成就。她被提名为华盛顿巡回法院法官后，莫伊尼汉第一个致电祝贺，还提出愿做她的担保人，不过最终他把这个机会让给了来自纽约的高级参议员雅各布·贾维茨。但这回莫伊尼汉有些犹豫不决。接着马蒂联系了斯图尔特·艾森施塔特，他曾做过卡特总统的首席内政顾问。艾森斯塔特建议，白宫应该希望看到来自法学界的推荐信，这也是金斯伯格的另一群忠实支持者。[61]马蒂立刻开始联系那些曾支持金斯伯格担任上诉法院法官的人，包括曾教过她的杰拉尔德·冈瑟、赫伯特·韦克斯勒，哥伦比亚大学校长迈克尔·索文，以及其他支持过她的美国律师协会杰出成员，比如切斯特菲尔德·史密斯，还有曾和她一同担任美国公民自由联盟法律顾问的诺曼·多尔森。[62]其他耳熟能详的名字还包括法学界的女教授们：哥伦比亚大学的维维安·伯杰，加州大学伯克利分校的赫尔马·希尔·凯，斯坦福大学的芭芭拉·巴布科克，纽约大学的西尔维娅·劳，乔治敦大学的帕特里夏·金、休·德勒·罗斯和温迪·威廉斯，罗格斯大学的纳迪娜·陶布。凯瑟琳·佩拉蒂斯和珍妮特·本舒夫也包括在内。[63]

本舒夫是一位很适合的人选，她是《国家法律杂志》评出的"美国最具影响力的百名律师"之一，是麦克阿瑟天才奖得主，也是生殖法律与政策中心的创始主任。本舒夫为金斯伯格写了一封热情洋溢的推荐信，证明她长期致力于推动生殖自由。有14名听过金斯伯格麦迪逊讲座的纽约大学法学院教职人员也写了信，表示他们"对金斯伯格在纽约大学的发言被误解为反堕胎和反女权而深感忧虑"。[64] 4—5月，包括得克萨斯州州长安·理查兹在内的34位知名人士都写了信，请白宫继续考虑金斯伯格。司法部长珍妮特·雷诺也强烈建议总统选一位女性大法官。

到4月底，马蒂意外地接到参议员莫伊尼汉的电话。莫伊尼汉说，在和总统乘坐空军一号飞往纽约的途中，总统追问他应该由谁来填补联邦最高法院的空缺，他提了金斯伯格的名字，总统却说："妇女们都反对她。"莫伊尼汉告诉马蒂，"你最好能摆平这件事"，然后挂了电话。[65]

马蒂一开始试探女权组织的口风时，以为对方只是比较冷淡，现在他意识到女权组织实际上是持反对意见的。他给白宫法律顾问伯纳德·努斯鲍姆打了电话，努斯鲍姆是纽约法律圈子里的老熟人，是哥伦比亚大学和哈佛大学的校友，他与文斯·福斯特和罗恩·克莱因一起在遴选过程中肩负重任。[66]努斯鲍姆说，全国妇女组织的法律辩护基金会和全国堕胎权利行动联盟等三个女权组织的领导人确实在5月19日给白宫寄了一封联名信，他把这封信用传真发给了马蒂。[67]信中表示，三个组织希望澄清自己的立场，"在目前这个阶段，我们尚未下定决心支持或反对任何一位候选人"。[68]信中说，不少卓有成就的女性都有资格成为联邦最高法院候选人，但没有写明其中是否包括金斯伯格这位当代最杰出的律师和法官之一。

马蒂很明白,"华盛顿是很容易遗忘一个人的",他立刻忙碌起来。[69] 马蒂联系了斯蒂芬·赫斯,告诉他金斯伯格并不在名单上,还附上了她在麦迪逊讲座上的发言。赫斯把信息传递给了有影响力的媒体人,并承认他和金斯伯格有姻亲关系。[70]《纽约时报》法律评论员安东尼·刘易斯写了一篇评论文章《不选择的艺术》,表示自己既不支持金斯伯格,也不反对她。他为金斯伯格在麦迪逊讲座中表达的立场提出辩护,还特别指出一些女权组织不假思索地反对一位曾经为反抗性别歧视赢下许多重要案件的倡导者,这让他感到失望。[71] 接着,杰弗里·罗森为《新共和》5月刊写文章评价潜在的联邦最高法院候选人,他将金斯伯格排在第一位,认为她在自由派和保守派两边都得到强力支持。[72]

华盛顿大学法学院宪法学教授芭芭拉·弗拉格曾担任金斯伯格法官的助理,在与马蒂交换意见后,她于5月21日给哈丽雅特·伍兹写了一封4页的信,伍兹两度担任全国妇女政治团主席,领导着克林顿政府的"妇女任命联盟"。弗拉格敦促全国妇女政治团支持金斯伯格,她写道:

> 我听说有人担心她对受到宪法保护的隐私权的看法,特别是隐私权如何适用于同性恋和堕胎权。我是一名法律教授,是一名女同性恋者,也曾担任金斯伯格法官的助理……我想向您保证,我对她在这两个问题上的立场完全放心、信任……我相信,如果她能够成为(大法官),我们的权利将比现在更有保障。[73]

位于宾夕法尼亚大道1600号的白宫源源不断地收到支持金斯伯格提名的推荐信,最后终于喊马蒂收手。[74] 但在最后关头,莫伊尼汉参议员告诉赫斯，他的工作人员找不到格里斯沃尔德在联邦最高法院赞扬金斯伯格倡导工作的讲话了，还是马蒂提供了联邦最高法院相关人员的名字，让莫伊尼汉得以收到讲话稿的副本，并迅速转交给白宫。[75]

在提名公布后的几天里，许多媒体都做了关于金斯伯格的报道，其中《华盛顿邮报》《纽约时报》《国家法律杂志》专门报道了马蒂对妻子的支持。[76]马蒂解释了请别人写信的前因后果，并淡化了自己的角色。他说自己是在金斯伯格不知情的情况下行动的，尽管金斯伯格肯定对相关工作有一些了解。她显然读过弗拉格写给伍兹的信，确保事实层面是准确的。金斯伯格夫妇的亲友也证实，马蒂努力为妻子晋升铺平道路就是他们两人关系的真实写照。他们说，马蒂一直都是金斯伯格最忠实的支持者。赫斯补充说："这是个伟大的爱情故事。"[77]事实确实如此，而且这个故事还带有女权主义色彩——这还是第一次由一个男人带头为他的伴侣争取联邦最高法院席位。

由于金斯伯格获得了美国律师协会的最高评级，并且不存在其他有力的竞争者，三天的听证过程估计能够顺利完成，这和1987年让参议院分裂并最终导致罗伯特·伯克出局的党争形成鲜明对比。[78]更轰动一时的要数两年前克拉伦斯·托马斯的听证会，当时安妮塔·希尔在会前指控托马斯对她进行了性骚扰，电视媒体对听证会非常关注。[79]特拉华州的民主党人约瑟夫·拜登是司法委员会的主席，在会后，委员会的表现饱受批评，最终委员会增添了席位，加入两名女性：民主党参议员黛安娜·范斯坦和卡萝尔·莫斯利·布朗。尽管如此，白宫和金斯伯格的担保人莫伊尼汉还是决定小心行事。

金斯伯格获得提名后，莫伊尼汉致电以前的学生罗伯特·A.卡茨曼，卡茨曼是一名很出色的法律学者。莫伊尼汉问他愿不愿意做无偿顾问，帮金斯伯格准备听证会，并带她去各位参议员的办公室拜访，卡茨曼马上同意了。莫伊尼汉补充道："请让她展示出真实的自我。"[80]这句提点被证明是多余的，正如金斯伯格在华盛顿巡回法院的同事哈里·爱德华兹法官观察到的一样，"不管在哪儿遇见她，金斯伯格都是老样子。她从不会在家人、朋友、熟人和旁观者面前摆出不同的姿态"。[81]卡茨曼眼见为实，金斯伯格在参议员面前也是老样子。她明确说自己不打算疏远美国公民自由联盟或其他工作过的机构。[82]

金斯伯格和她的"团队"（包括白宫法律顾问办公室的罗恩·克莱因、乔尔·克莱因和卡茨曼）拜访了一众国会议员，在每次会面前，团队都会为她详细介绍即将见面的这位参议员对什么感兴趣、关注哪些问题。有崇拜她的游客认出了她，并且立刻围拢过来，以女性为主——参议员们也适时注意到这一点，并开始安排摄影师拍照。这位亲切的候选人同意出席由共和党参议员查尔斯·格拉斯利的选民在国会大楼举办的冰激凌聚会。莫伊尼汉虽然忙于主持财政委员会的工作，但每天都要听取卡茨曼的汇报。然后他会在参议院会议上与相关同事交谈，重申他对金斯伯格的强烈支持。马蒂也继续出谋划策。卡茨曼还要每天向马蒂报告，他很赞赏马蒂的聪明才智，说他"既能把握大局也能看到细节，有很强的判断力"。[83]同时，罗恩·克莱因、乔尔·克莱因和卡茨曼在白宫旁边的老行政楼帮金斯伯格为听证会做准备，进行了全方位的辅导，包括模拟某些参议员可能提出的问题。[84]

7月20日，参议院司法委员会开启了为期三天的听证会。金斯伯格在亲友的陪同下出席，包括她7岁的外孙保罗和3岁的外孙女克拉拉，在场的还有维森菲尔德案中的原告斯蒂芬·维森菲尔德。金斯伯格和莫伊尼汉一同落座，平静而自信。她首先介绍了自己的

1993年，金斯伯格在听证会前和参议员拜登一起拜访参议院重要成员。

家庭，向大家展示了保罗的手工书《我的外婆很特别》，接着简要回顾了自己的童年，《纽约时报》记者尼尔·刘易斯称之为"打弗拉特布什牌"。[85] 金斯伯格说，她今天希望"作为一名法官而非活动家接受审视"。[86] 前大法官奥利弗·温德尔·霍姆斯曾说："法官最神圣的职责之一就是解读宪法时必须超越个人的局限。"金斯伯格保证自己将以霍姆斯为榜样，她说法官必须牢记自己在社会里扮演的角色，并表示自己不会带领联邦最高法院偏离公众意见。

在接受质询时，金斯伯格显然对听证会的规则一清二楚。三天的听证会中，如果提出的问题她曾经写文章探讨过，她就毫无保留地回答，而对那些今后可能要等着联邦最高法院裁决的问题，她就回避。在被问及堕胎议题时，她以苏珊·斯特拉克上尉的遭遇为例强调，究竟要足月生产还是终止妊娠的决定权是女性"生命、幸福和尊严"的核心。[87] 在支持隐私权的同时，她表示自己更希望以平等保护原则以及包含在正当程序中的个人自主权为依据来裁定罗诉韦德案，而不仅仅是以正当程序本身为依据。有人问：在平等保护的框架下，孩子的父亲在堕胎问题上是否也有同样的发言权？她回答："这是女人的身体和生命，从这个角度而言，男人的处境并不相似，他们并不能孕育孩子。"[88] 在性别平等的问题上，她认为联邦最高法院虽然取得了一些进步，但在宪法中明确反对性别歧视仍然很重要，因为联邦最高法院没有规定具体的审查力度。[89]

由于未来可能要裁决相关案件，她没有回答关于学券制的合宪性和同性恋权利的问题，只是发声谴责了性取向歧视。[90] 当参议员们追问她死刑议题时，她坚定地表示："对于一个我尚未发表过意见的问题，我在此不会反对任何一种立场……我从未裁决过死刑案。"金斯伯格说，她个人的想法与此无关，她会"在宪法的基础上严格适用法律"。[91] 但在刑法的其他问题上，比如关于强制刑期和被告的"米兰达权利"①等问题，她都没有回避。在言论自由、宗教自由、三权分立、司法解释和宪法写明的权利方面，金斯伯格也毫不犹豫地表达了自己的看法。

在为期三天的听证会上，金斯伯格说明了自己是如何思考问题并做出裁决的，但她拒绝在意识形态上选边站队。司法委员会的顾问埃琳娜·卡根表示，金斯伯格做证时非常有分寸，她"兵分两路"的战术效果很好。[92] 当她想要回避某个问题的时候，她就会拒绝作答，说："这个问题……有可能再次摆在联邦最高法院面前……我在此不应置评。"或者她会回答，这个问题太抽象了，必

---

① "米兰达权利"是指美国刑事诉讼中的犯罪嫌疑人、被告人在被讯问时有保持沉默和拒绝回答的权利，起源于1966年沃伦大法官为米兰达诉亚利桑那州案所撰写的判决书。——编者注

须给她一个具体的案例,包括完整的诉状和论证过程。拜登一上来就问她是如何从一个充满热情的活动家变成"法官中的法官"的,她并没有正面回答。正如法律分析人士莱尔·丹尼斯顿指出的,委员会再三追问她都回避了。在听证会进行到一半时,代表缅因州的共和党参议员威廉·科恩直截了当地向金斯伯格抛出了这个疑问:"有些人怀疑……你其实是一位政治活动家,只是在当上诉法官期间自我克制,等坐到更高的位子上,就无须再克制了。"[93]

她做证时"惜字如金",回避了拜登的问题,这引发了一些不满,还有人猜测她是否会被更为活跃的斯卡利亚大法官影响,但金斯伯格还是得到了司法委员会的一致支持。[94]民主党占多数的参议院也很快以 96∶3 的压倒性优势投出赞成票,[95]这要归功于金斯伯格出色的表现和莫伊尼汉勤勉有力的帮助。更重要的是,当时参议

1993 年 8 月 10 日,金斯伯格和克林顿总统、马蒂以及伦奎斯特大法官进行宣誓仪式。

院的司法提名过程尚未被党派斗争搞得四分五裂。[96]

8月10日,在白宫的东厅,满面春风的马蒂手捧《圣经》帮助妻子宣誓,站在一旁的克林顿总统看起来心满意足。[97]一些同事、家人和朋友也到场见证。[98]随后,联邦最高法院为金斯伯格举行了就职仪式和招待会,这是她首次正式和8位同事见面。

20世纪70年代和她进行过口头辩论的大法官只有布莱克门、史蒂文斯和伦奎斯特这三位还在联邦最高法院工作。84岁的布莱克门现在是联邦最高法院中立场最自由的大法官,他快要退休了。金斯伯格记得史蒂文斯大法官在戈德法布案中的犀利提问,他仍然坚持司法克制,个性独立。史蒂文斯满头银发,常打一个领结。他仍认为自己是传统意义上的保守派,坚持根据根深蒂固的先例判案,但在他漫长的任期里,联邦最高法院整体变得非常保守,让他反而成了自由派。伦奎斯特是这三人中最保守的,他执掌联邦最高法院的技巧以及他的智慧和亲和力让他在同事中广受好评。[99]

金斯伯格的新同事还有桑德拉·戴·奥康纳,她是伦奎斯特在斯坦福大学法学院的同学。金斯伯格和奥康纳曾与一个法学家代表团一同到访巴黎。奥康纳接替了波特·斯图尔特,她懂得战略妥协,这让她在联邦最高法院裁决中起到决定性作用。她为人耿直、精力充沛,是天生的中间派,她和金斯伯格属于同一代精英法学院的女学生,在初入职场时,性别歧视成了她们的绊脚石。在一家大型律师事务所吃了闭门羹后,奥康纳先在私营领域执业,接着进入政坛,成为亚利桑那州参议院第一位女性多数党领袖,后来又成为州法院的法官,直到1981年被里根总统提名为联邦最高法院大法官。奥康纳因其人生选择成了女性进步的象征,但她对性别平等的认同远没有金斯伯格那么坚定。[100]

但金斯伯格还是很感谢奥康纳的热情欢迎,奥康纳还答应给她讲讲联邦最高法院的繁文缛节和礼仪规则，以及每位大法官都是什么个性。比如，联邦最高法院最新的成员在合议的时候有特殊工作要做。如果是接电话、倒咖啡、开门、传口信这种事，金斯伯格相信自己能做好，但一想到她需要统计数百起上诉案件的投票情况，这位新晋大法官就觉得十分紧张，好像回到了她在哈佛大学法学院第一次参加模拟考试的时候。

照片摄于1993年金斯伯格大法官宣誓仪式之后。金斯伯格牵着外孙女克拉拉和外孙保罗。站在她身后的从左至右是乔治·斯佩拉、简、马蒂和詹姆斯。

其中两位大法官斯卡利亚和托马斯是金斯伯格在华盛顿巡回法院的老相识，不过托马斯和她只有短暂交集。斯卡利亚还是一如既往地争强好胜，是焦点人物，他和金斯伯格一样喜欢听歌剧、读美文，也喜欢纽约跨年夜的庆祝活动。金斯伯格虽然欣赏斯卡利亚的风趣和聪明才智，但并不赞同他在反对意见中表现出太强的个人风格，也不赞同他从原旨主义的角度理解宪法。原旨主义认为宪法的含义在1787年费城制宪时就固定下来、不再改变了，瑟古德·马歇尔就不同意这种看法，金斯伯格也认为宪法一开始制定时是有缺陷的，但在不断发展。[101] 不过斯卡利亚后来承认，和克拉伦斯·托马斯比起来，他自己"可算不上什么坚定的原旨主义者"。[102] 托马斯坚决拥护原旨主义，如果某些早就确立的判例与他对这部18世纪写成的宪法的理解有出入的话，他比斯卡利亚更愿意推翻那些先例。[103]

剩下两位大法官是安东尼·肯尼迪和戴维·苏特。肯尼迪尽管偏向保守，但把个人自由看得很重，因此他反对神职人员在公立学校的毕业仪式上带领学生祈祷，后来还撰写判决书推翻了得克萨斯州的性悖轨法① 和肯塔基州对未成年人适用死刑的规定。但肯尼迪的立场也复杂多变，在保守的时候，肯尼迪也会高谈阔论地支持那些在温和派同事看来简直"不合常识"的观点。[104] 来自东北部新英格兰地区的苏特就属于温和派，他富有智慧，诙谐机智不形于色，为人温和又乐于助人，金斯伯格很欣赏他。金斯伯格偶尔能说服低调的苏特参加社交活动，也因此发现他博览群书，讲起故事来很吸引人。[105] 他是被共和党人提名接替布伦南大法官的，却和布伦南成了好朋友。苏特尊重判决先例，包括罗诉韦德案。[106]

在二度宣誓后，金斯伯格穿上了大法官的黑色长袍。和奥康纳

---

① 性悖轨法是一种把特定性行为定位为性犯罪的法律，有时其定义会被扩大到不能生殖的性行为。——编者注

一样，她也用蕾丝边装饰给长袍增添了一丝温柔的气息。接着，联邦最高法院按照资历排序为她安排了座位。她在仪式之后的致辞中说："作为法官，我对自己的犹太身份感到很自豪，对正义的追求贯穿于整个犹太传统之中。我希望自己在担任联邦最高法院大法官期间，能够有力量和勇气一以贯之地服务于这一追求。"[107]

* * *

和她在司法委员会的证词一样，金斯伯格对办公室的选择和布置也体现出她的性格。她没有选择克拉伦斯·托马斯即将腾出的位于一楼的办公室，而是选择了二楼一个较为偏僻的区域，合并了几间以往供退休大法官使用的房间。在这里，她能够和助理们密切协作，并且不会被外面示威的噪声打扰。她也没有用同事们用的那种巨大的办公桌，而是选择了一张较小的桌子，更适合她这种身高刚过5英尺（约1.55米）、体重不到100磅（80多斤）的女士。她办公室门上挂着《托拉》里的戒律："正义，你必须追求正义。"窗户上悬挂着通透的窗帘，屋内的陈设都是现代艺术品，这也让她的办公室与众不同。墙上还挂着一幅从美国国家艺术博物馆借来的约瑟夫·阿伯斯的画作，抽象的图案成了灰色墙壁的点缀。

周围的书柜中摆满了法律书籍和几本关于女性与性别议题的图书，以及她精心挑选的鲁契亚诺·帕瓦罗蒂等歌剧明星的签名照和家庭合影。有一张是她和马歇尔大法官在1978年的合影，当时两人在加州大学伯克利分校法学院担任模拟法庭的法官，照片承载着美好回忆。还有一张她和卡特总统的合影。书桌上最显眼的位置上摆着她妈妈西莉亚的照片，书桌正对面靠近书柜的地方摆着一个自由女神像的复制品，是外孙保罗亲手用白板做的。沙发后面的书柜上摆着另一张照片，是她的女婿乔治·斯佩拉抱着襁褓中的保罗。

那些了解金斯伯格对分担家务和家庭责任持什么态度的访客，一眼就能看出这张照片除了一般意义上对孙辈的疼爱，还传递出更重要的信息。[108]

与此同时，案子源源不断地涌了进来。联邦最高法院已经安排好46起案件的口头辩论，大法官们必须在10月4日秋季开庭前熟悉这些案子。此外，大约有1 619起新的上诉案件需要审阅，还有夏季休庭期间积攒的一些管辖权声明要处理。[109]助理们准备的备忘录能提供一些帮助，但大法官仍然需要仔细阅读每一份备忘录，有疑问的时候还要核对原始文件。[110]

联邦最高法院秋季正式开庭后，在奥康纳的帮助下，金斯伯格感到得心应手了一些。奥康纳是联邦最高法院的向心力，开朗外向的她扮演着一个"大姐大"的角色，就像当年在罗格斯大学的伊娃·汉克斯一样。尽管奥康纳与金斯伯格的背景、性格和外形都各不相同，但她们走得很近。[111]奥康纳只比金斯伯格大三岁，两人以前有过共同的助理，也常在华盛顿国家歌剧院看演出时碰到对方。两人的孩子都已长大成人，伴侣都卓有成就，都住在高档社区，都热爱旅行，也都会直面那些她们认为重要的问题。[112]

联邦最高法院的出庭律师们经常口误，把两个人都叫成"奥康纳大法官"，甚至是金斯伯格多年的老友也未能幸免，包括哈佛大学法学院教授劳伦斯·特赖布和美国公民自由联盟的布鲁斯·恩尼斯。这促使全国女法官协会在金斯伯格上任后不久就给两位大法官送了文化衫，一件写着"我是桑德拉，不是露丝"，另一件写着"我是露丝，不是桑德拉"。[113]尽管在两人共同担任大法官的时间里不断有人犯错，但金斯伯格没有放在心上。帕特里夏·沃尔德法官比她早几年进入华盛顿巡回法院，在两人共事的最初几年里，律师们也经常把她们搞混。[114]

不过，联邦最高法院还是要进行一些改变。比如，大法官的更衣室必须做出调整。尽管奥康纳已经当了12年的大法官，但直到金斯伯格加入后联邦最高法院才修建了第一个女卫生间。[115] 同时，就像所有新晋大法官一样，金斯伯格还有很多地方需要学习。

| 第 16 章 |

军校之母

　　10月联邦最高法院正式开庭,金斯伯格热切期盼着她的第一项写作任务。作为新上任的大法官,她以为会接到一项没有什么争议的、一致的裁决。结果让她大失所望,派给她的第一起案子错综复杂、困难重重,联邦最高法院的票数比是 6∶3。金斯伯格向奥康纳征求意见,奥康纳说:"你就去写吧,如果可以的话,在下一拨任务出来之前把草稿转给大家看看。不然你可能又会收到一起单调乏味的案子。"[1] 奥康纳直截了当的建议让金斯伯格获益良多。在联邦最高法院公布裁决时,奥康纳递了一张纸条给金斯伯格,上面写着:"这是你在联邦最高法院的第一个意见,写得很好,我期待你的更多作品。"心怀感激的金斯伯格后来说,奥康纳"是最乐于助人的那种大姐姐"。[2] 两度担任金斯伯格助理的休·巴克斯特感到金斯伯格和奥康纳比其他大法官走得更近,这不足为奇。[3]

　　要适应联邦最高法院的工作,不只是布置自己的办公室和学习新成员的职责这么简单。每一次人事变动都会改变联邦最高法院的动态,新人要想从立场不同的同事那里得到支持,就必须弄明白其中的利害关系。金斯伯格以她一贯的谨慎态度着手学习,这一过程通常需要三四年的时间。[4] 除了奥康纳,马蒂也在尽全力帮助妻子更好地过渡。在参加联邦最高法院的各种社交活动（比如为大法官伴侣办的午餐会）时，马蒂充分展示出他非凡的热情、幽默和烹饪技巧，从而强化了金斯伯格愿意与人通力合作的名声。不过，金斯伯格在联邦最高法院最初几年里打下的法律烙印仍是属于她自己的，反映出她在美国公民自由联盟任职伊始就一直关心的事情。

联邦最高法院的工作非常重要。尽管罗斯福新政建立的秩序已逐渐衰落，自由市场资本主义兴起，共和党人提名的大法官越来越多，但伦奎斯特法院并没有像右派期待的那样成为保守主义的传声筒。联邦最高法院的裁决加强了对财产权的保护，抵抗联邦监管，对刑事案中的被告缺乏同情，对具有种族意识的政策和推动其出台的民事诉讼心怀疑虑。但联邦最高法院在意识形态和法理上的分歧巨大，特别是涉及重要的社会问题时，首席大法官也无法按照他自己的保守观点一锤定音。

事实证明，奥康纳大法官和肯尼迪大法官都比提名他们的总统所期待的要难以预测，苏特大法官更是如此。[5] 奥康纳在亚利桑那州立法机构工作时，政治事务和政治议价把她磨炼得八面玲珑，她在裁决时以事实为基础，具体情况具体分析，善于变通，不墨守成规。她对公众舆论也非常敏感，这让她更倾向保持中立。肯尼迪认为个人自由包罗万象，他从道德角度解读宪法，愿意接受新政带来的社会、经济和法律变革，这让他的意识形态在那些坚定的保守派人士看来显得前后不一。此外，肯尼迪经常出国旅行，接触到的欧洲宪法专家可能也为他的立场注入了自由派的元素。来自新罕布什尔州的苏特常常与自由派大法官意见一致，这正是因为他坚持传统，对他来说最重要的传统就是尊重判例。在苏特看来，坚持罗案和巴基案等判决并不意味着前人的结论总是对的，而是因为这样做更有利于稳定和可预测性。正如法学家马克·图什内特指出的，这三位中间派大法官都代表着渐渐式微的共和党温和派,而不是受制于右派的当代共和党。

在计划生育联合会诉凯茜案中,正是苏特、奥康纳和肯尼迪一同撰写了长达 61 页的意见书,有限度地保留了堕胎权,他们三位大法官加上史蒂文斯和布莱克门组成了多数,这并不让人意外。伦奎斯特平和地接受了失败,但斯卡利亚没有。斯卡利亚一直希望能亲手改写罗案,他发表了一份尖刻的反对意见,并获得了托马斯的支持。[6]

在严重分裂的联邦最高法院,金斯伯格再度把自己放在了中间的位置。她在口头辩论中积极提问,在投票时倾向温和派,写反对

照片摄于 1993 年 12 月 3 日,是联邦最高法院公布的一张非正式的大法官群像。前排两位坐着的大法官,左边是约翰·保罗·史蒂文斯,右边是哈里·布莱克门。后排站着的从左至右是克拉伦斯·托马斯、安东宁·斯卡利亚、威廉·伦奎斯特、桑德拉·戴·奥康纳、安东尼·肯尼迪、戴维·苏特和露丝·巴德·金斯伯格。

意见和协同意见时就事论事，并尽可能地和多数派站在一起。她没有跟随布莱克门和史蒂文斯这两位自由派大法官，而是更多地和苏特与肯尼迪持相同意见。其实，在涉及公民自由和公民权利的案子中，最初苏特的立场比金斯伯格更倾向自由派。在刑事问题上，金斯伯格是支持加州死刑规定的8名大法官之一——她和其他大法官都很重视这个问题。她还要求助理们到附近的弗吉尼亚州费尔法克斯县去参观洛顿监狱，用这种方式让他们明白死刑问题的严肃性。

金斯伯格还投票允许联邦地区法官下令推迟死刑处决，直到犯人能在律师的帮助下申请人身保护令。外界可能以为她会在性别问题上表现出特别坚定的立场，但她大多数时候和联邦最高法院的主流保持一致，只有一起案子例外。[7]

这起案子（1993年的哈里斯诉叉车公司案）涉及性骚扰问题。特雷莎·哈里斯是叉车公司的经理，她根据《民权法案》第七章状告男性上司对她进行性骚扰。哈里斯认为，上司的行为不当且令人反感，形成了一个不友好的、虐待性的工作环境。金斯伯格在意见书中暗示她希望重新考虑性别歧视案适用的审查标准，她引用了一些判例，证明联邦最高法院必须要求基于性别的分类满足"非常有说服力的理由"，至于"基于性别的区别对待是否天然值得怀疑"则仍然"悬而未决"。[8]

多年来中度审查的应用一直很宽松，各级法院都有很多回旋余地，这导致判决结果前后不一、无法预测，联邦最高法院的状况也是如此，直到奥康纳成为大法官后才有所改善。但应该如何制定更严格的标准呢？

按照以往的规则，如果适用严格审查，就等于将性别划分视为天然可疑，但是在巴基案后，严格审查也出现了问题。在里根和老布什时代，保守派对20世纪70年代中期开始实行的平权行动深感

金斯伯格和奥康纳。

在金斯伯格效仿奥康纳的做法在法袍领子上佩戴蕾丝边后，不甘落后于女同事的首席大法官伦奎斯特从 1995 年开始在袖子上添加了几道金边。2005 年约翰·罗伯茨成为首席大法官后并未延续这一做法。

愤怒，他们大力推动废除20世纪60年代以来的民权政策，声称所有将种族因素纳入考虑范围的立法都应该适用严格审查。[9]他们对旨在遵守《投票权法案》的选区重划提出诉讼，让这些选区划分被判无效。[10]到1995年，保守派在一起涉及就业平权行动的案子中占了上风。多数法官采纳了鲍威尔在巴基案中的立场，认为严格审查适用于所有基于种族、旨在弥补过往歧视的政策，州和联邦政策都包括在内。务实的奥康纳为多数派执笔，她表示愿意允许满足严格审查的种族划分存在，因此在这起案子上她失去了更为保守的伦奎斯特、斯卡利亚和托马斯的支持。[11]实际上，这起案子破除了人们以为适用严格审查"一定会导致相关法律被推翻"的传统观念。[12]

美国的种族歧视和不平等现象仍然根深蒂固，这个5∶4的判决结果造成的负面影响让金斯伯格感到震惊。她与史蒂文斯、苏特和布雷耶一起提出了措辞强烈的反对意见，有些政策的目的是纠正过往和现行政策中那些不利于平等的部分，4位法官质疑多数派没能对这样的政策适用较为宽松的审查标准。她签署了苏特法官的另一份反对意见，同时自己单独写了一份。她礼节性地赞扬了奥康纳对严格审查的阐述，即严格审查并不"一定会推翻那些给社会中受到歧视的群体造成压迫的分类"。金斯伯格写道："多数派恰当地呼吁实行严格审查，以便找出那些看起来无伤大雅但实际上造成恶劣影响的分类。"[13]这最后一句话让人想起作为活动家的金斯伯格，显示出她作为大法官仍然在平等保护案件中寻求合适的审查标准，既足够灵活，能够维护民权抗争特别是平权行动的果实，又能够做到一以贯之的严谨缜密，揭示出那些被中度审查漏掉的性别歧视。很快，有一个机会摆在她面前。

弗吉尼亚军事学院正在进行一场广为人知的平等保护诉讼，现在案子打到了弗吉尼亚州联邦法院。表面上看，弗吉尼亚军事学院收不收女生好像没那么重要，毕竟女性在21世纪前夕面临的主要问题是广泛的经济矛盾和普遍的性暴力，但这起特殊的案子暴露出一系列问题：性别的社会建构、下级法院的狭隘，以及社会改变带来的心理阵痛。如果一切顺利，合众国诉弗吉尼亚州案将会证明金斯伯格确实是一位合格的倡导者。[14]

* * *

1996年，弗吉尼亚军事学院只收男生的问题终于摆在了联邦最高法院面前。合众国诉弗吉尼亚州案充满了地方象征主义，包括南方骑士精神之下的性别体系、军队的习惯、增强男性之间凝聚力的传统方式，以及"败局命定"①的叛逆情结，这些都让这起案子显得与时代格格不入。到1976年，美国大部分高校已实行男女同校，按照现代化要求规范师生举止和课程设置，无论公立院校还是私立院校、普通院校还是军事院校都是一样，英国的牛津大学和剑桥大学也是如此。[15]剩下的那些由政府资助的单一性别院校就成了人们的眼中钉。

* * *

弗吉尼亚军事学院位于弗吉尼亚州列克星敦镇，教学楼是一栋5层高的新哥特式建筑，由灰色石材建成，令人望而生畏。楼前竖立着有"石墙"之称的南方将领托马斯·乔纳森·杰克逊的塑像。[16]小小的大学城里还有另一所学校，也与知名的邦联将领有关，那就

---

① 败局命定（Lost Cause）是美国内战后南方兴起的一种思潮，指的是南方不敌北方并非因为军队战斗力不足，而是因为寡不敌众，从一开始就注定要失败。这种思潮对南方战前的社会秩序、文化以及南方军队的将领赋予浪漫化的想象，认为南方与北方开战的主要目的是维护自己的文化和生活方式，而非维护奴隶制。——译者注

是华盛顿与李大学，学校的楼宇是用砖和白色立柱建成的，看起来比军事学院要温和一些。南方将领罗伯特·李曾当过这所学校的校长。弗吉尼亚军事学院自1839年成立以来，一直以培养公民士兵为办学宗旨。学校里年轻男生们的着装类似内战前的军事学员，他们接受训练，列队上下课，学习军事科学、人文科学和工程学。与普通的大学不同，这里要求学员通过站岗放哨学会忍受寂寞，营房没有隐私可言，学校还要求新学员通过名为"鼠线"的集训，集训因其严苛的要求而名声在外。[17]

新生在这里被称为"老鼠"（意为"最低级的生命"），必须听命于学长，而学长几乎不受监督，可以随时闯进一个房间或者公共浴室，觉得哪个新生犯了错，就对他们大喊、辱骂，或体罚他们做俯卧撑。设立这种制度是为了剥夺学员的个性，先让他们崩溃，再让他们共渡难关，以此灌输全新的荣誉、责任和纪律的价值观。[18]

7个月后，一年级新生要经历他们作为"老鼠"的最后一步，叫作"突围"。首先，他们要一起爬过25~30码（23~27米）的冰冷的深泥坑，泥坑里的水由列克星敦消防局提供。接着，他们要冒着严寒爬上一个陡峭而光滑的山坡，在这个过程中，学长会用脚踢他们，往他们的眼睛、耳朵和嘴里灌泥浆。筋疲力尽的"老鼠"必须不断地向上爬，直到有人伸出援手，把他们拉上山顶。

近几年的数据显示，有大约25%的学员会被淘汰，通过考验的人也许在第一年里会对学校的严苛抱有怨言，但是在150多年的校史里，每个毕业班都对这个将他们变为"弗吉尼亚军事学院男儿"的地方忠心耿耿。在这支庞大的队伍中，人们彼此之间都是兄弟，他们认为忠诚就意味着把他们在学校的体验原汁原味地保留下来。正如1995—2003年担任校长的乔赛亚·邦廷三世所言："我们相信将学校在1890年和1930年的做法放在今天仍然奏效。"[19]

尽管弗吉尼亚军事学院严格遵循传统，但还是不可避免地要做出一些改变。1968年，学校在联邦政府的压力之下开始招收黑人学员。然而，种族融合进行得并不顺利。以往每年都有一个新生仪式，要求新学员重演一遍1864年的老学长们在弗吉尼亚州纽马基特镇上的一段经历。1972年，黑人学员们拒绝参加这个仪式。[20]

仪式要求学员们在象征"败局命定"的邦联旗下表演冲锋陷阵，同时乐队会演奏内战歌曲《迪克西》作为伴奏。其中的象征意义让一些黑人学员接受不了，仪式中表现出的那种南方白人的优越感、对内战原因的歪曲和对奴隶制的抹杀都让黑人学员心里不是滋味。学员们以微弱的优势投票决定仪式上不再举邦联旗（他们的前辈在历史上也并没有举邦联旗），但这一变革被校委员会全票否决了。按照弗吉尼亚州的法律，委员会17名成员中必须有12名是弗吉尼亚军事学院校友。到20世纪70年代中期，管理层已经设法逐步取消邦联的相关标识，并且把这个仪式的时间从秋季推迟到毕业后再举行，允许学员自愿参加。[21]

但有一件事是校友、行政人员和学员都一致认为不能改变的。他们认为，这所学校传承着杰克逊、巴顿和马歇尔将军的精神，如果招收女生，就不再是原来的学校了。他们还认为，只有在一个极度男性化的世界中，在巨大的身心压力之下，男孩才能变成男人。

如果女学员也能成功，那"弗吉尼亚军事学院男儿"的"优越性"又体现在哪儿呢？在诉讼过程中，弗吉尼亚军事学院提出了许多校规，比如绅士要怎么对待女士，以及学校的制度如何广受赞誉，但诉讼里很少提及校园的阴暗面，那就是用下流的语言贬低女人以及任何被认为是女性化的事物。[22] 在成长为"弗吉尼亚军事学院男儿"的过程中，女人是"她者"，男生必须把自己和女人区别开来。尽管学校近年只有少数毕业生（约15%）入伍或成为学校敬重的将军，但学校的校友网络在一些男性主导的领域仍然有强大的势力和充足的资金，比如工程、商业和政治领域。建立这样的关系网很有好处，特别是在弗吉尼亚州，这些军校男儿对母校的人均捐赠数额是全国最高的，这体现了他们的成功与忠诚。[23]

在《美国新闻与世界报道》杂志公布的大学排名中，这所学校作为公立文理学院名列前茅，因此不难理解一些年轻的女生为什么想要来这里读书。[24]尽管军校的性别融合并不顺利，但美国陆军、海军和空军学院近20年来都开始培养女学员入伍服役。1991年，有3万~4万名女性被派往伊拉克实施"沙漠风暴"行动。

到1989年，该来的终于来了。一名来自弗吉尼亚北部的高中女生（她的名字仍未公开）向司法部民权司投诉，投诉信落在了诉讼律师朱迪丝·基思的手里，基思关注弗吉尼亚军事学院的情况已经有一段时间了。[25]很快，司法部的诉讼部门就向弗吉尼亚军事学院发出了调查函，要求其对招生政策做出解释。信中提醒道，性别歧视违反了《民权法案》第六章和宪法第十四修正案的平等保护条款。

很快，弗吉尼亚州就掀起了一场风暴，州长杰拉尔德·L.巴莱尔斯和他的继任者、非裔美国人道格拉斯·怀尔德都感到左右为难（怀尔德本人在20世纪50年代因黑人身份而被弗吉尼亚州的法学院拒之门外）。两人都认为弗吉尼亚军事学院应当遵守宪法和弗吉尼亚州的反歧视规定，但他们又都不愿失去弗吉尼亚军事学院这个强大的政治靠山。弗吉尼亚州的公共舆论和学校教师队伍也出现了分歧，但广大校友的想法非常一致。1864年，联邦军队沿着谢南多厄河谷南下，在校园纵火把建筑烧为灰烬，差点就毁了这所学校。校友们认为坚决不能再向联邦政府低头，牺牲这所男校傲人的传统。《华盛顿邮报》报道，学校新校长和学员们的态度是"宁死不接受男女同校"。[26]

这段争议引发全国关注后，弗吉尼亚军事学院基金会在1990年雇用了司法部前部长格里芬·贝尔做法律团队的顾问，团队负责人是校友小罗伯特·H. 帕特森。[27] 贝尔表示，他认为学校能够放手和政府一搏，于是帕特森和他的团队提起诉讼"防止联邦政府强迫弗吉尼亚州政府资助的高等教育做到不必要的整齐划一"，并要求法院裁定学校的招生政策符合宪法要求。[28]

选择主动出击后，弗吉尼亚军事学院的律师还精心挑选了他们的战场。他们在位于小城罗阿诺克的西区联邦地区法院提起诉讼，这里离列克星敦不远，相比与首都华盛顿一水之隔的阿灵顿地区法院而言，罗阿诺克以往的判决记录对学校更有利。

弗吉尼亚州并没有提起诉讼。司法部在收到弗吉尼亚军事学院的诉状之后做出如下回应：作为政府资助的学校，弗吉尼亚军事学院在招生中将女性排除在外，但学校的各类项目，比如剃头、欺凌仪式和缺乏隐私的"鼠线"体系，女生都可以充分参与；同时，弗吉尼亚州也没能为女生提供类似的项目作为代替。[29] 总而言之，将女性排除在外的招生政策并不具备"非常有说服力的理由"能够服务于"重要的行政目的"——这些词句引自奥康纳大法官为密西西比女子大学诉霍根案撰写的多数意见。[30]

在弗吉尼亚军事学院的律师看来，华盛顿的激进分子们被"政治正确"洗了脑，不仅要摧毁一所广受尊敬的南方高校，还要在全国范围内剔除单一性别教育。在弗吉尼亚西区联邦地区法院，由里根总统任命的杰克逊·L. 凯泽法官也持相同观点，他在以往的判决中拒绝将性别歧视认定为可诉理由。[31] 凯泽法官把军校与联邦政府的对垒比作内战时的军校生和北方军队作战，他表示弗吉尼亚军事学院的存在让弗吉尼亚州的教育更加多元，从而满足了政府在教育方面的重要目标。他认为学校只招男性并没有剥夺女性学习具体学科的权利,因为弗吉尼亚理工大学提供工程课也允许学生选修军事训练,这些课程是对男女都开放的。凯泽法官认为,弗吉尼亚军事学院如果招收女生,会"分散男生学习的精力",削弱"对抗性"教学方法的效力,降低体能要求,还需要改建营房以加强隐私。而且,一旦女生入校,男生本来想要的那种经历就不复存在了。"弗吉尼亚军事学院确实有一套自己的模式,"法官写道,"我允许这种模式保留下来。"[32]

司法部的律师们提出上诉,但估计非常保守的第四巡回法院并不会支持他们。保罗·V. 尼迈耶为合议庭撰写了裁决,将案子发回凯泽法官手里,给弗吉尼亚州三个选择:要么要求弗吉尼亚军事学院招收女生,要么将其转成私立学校,要么单独给女生再建一所学校并降低体能方面的要求。尼迈耶法官没有详细解释这第三个选择要怎么实现,只说要避免性别成见,避免将两性差异一概而论。[33]

州政府最终选择在玛丽鲍尔温学院建立一个弗吉尼亚女性领导力学院。玛丽鲍尔温学院是一所私立文理学院,本来只招收弗吉尼亚州精英家庭的女孩子,但在男女同校后,有些女生就另择高就了。

随着兴建弗吉尼亚女性领导力学院的计划向前推进,玛丽鲍尔温学院的学生威胁要罢课,觉得学校受人利用,损害性别平等。教职工也不希望看到校园变得军事化。而且,对那些希望到弗吉尼亚军事学院接受教育的女生而言,弗吉尼亚女性领导力学院也提供不了她们想要的东西。这些争议要放到1994年2月的庭审中解决。[34]

司法部的律师们把重点放在弗吉尼亚军事学院最知名的两个领域,通常是指培养军事能力和领导力。他们让玛丽鲍尔温学院的校长亲口承认这所学校并没有培养军事领导力的传统,也未曾想办法培养这样的能力。这里提供的所谓军事训练,就只有每星期2~4小时的预备役军官训练而已。参与的学生需要乘车到30英里以外的弗吉尼亚军事学院去军训、参加新成立的弗吉尼亚军校学生团，而这个团体基本就是用来摆摆样子而已。学院设立自信心培养项目，教学生如何自我保护和坚持自己的主张，不开设工程和物理课程，也不发理科毕业证。另外，玛丽鲍尔温学院的教职工拥有博士学位的比例不如弗吉尼亚军事学院高，工资水平低于全国80%的学校，学生的SAT（学术能力评估测试）成绩比弗吉尼亚军事学院低100分。学院的财政前景也并不明朗。

然而，负责审议男女分设课程是否合宪的凯泽法官似乎并不觉得这些差异有什么问题。在他看来，第四巡回法院的裁决只规定必须开设一个项目招收女生，并没有规定新项目必须和男生的项目平等。更重要的是，正如弗吉尼亚军事学院的专家证人所言，女生在学习需求和学习方式上本来就与男生不一样。凯泽法官和学校的律师团队都没有否认，一些女生有可能在弗吉尼亚军事学院的体制下取得成功，但他们和上诉法院都没有考虑的问题是，这种已经被西点军校摒弃的极度男性化的教育方式对培养未来的男性领袖来说是不是最合适的呢？法官认为，弗吉尼亚女性领导力学院才能满足女生的需要。他判定，这两所学校之间的差异"并非基于成见，从教学上而言是合理的"。"如果说弗吉尼亚军事学院是踩着鼓点前进，那么玛丽鲍尔温学院就是跟着笛声走，"他总结道，"两者殊途同归。"[35]

联邦第四巡回法院赞成这一裁决，人们的反应可想而知。弗吉尼亚军事学院的支持者和整个弗吉尼亚州政坛建制派都欢欣鼓舞，而司法部则决定上诉。

* * *

联邦最高法院受理此案后，克林顿政府提交了一份文书，要求对所有性别划分采取严格审查。这个决定是司法部副总检察长德鲁·戴斯做出的，他的助理科妮莉亚·皮亚尔起草了文书。[36] 文书显然是写给金斯伯格看的。弗吉尼亚军事学院的律师提出，政府突然要求严格审查，"就等于承认弗吉尼亚军事学院和弗吉尼亚女性领导力学院的设置'符合中度审查的要求'"。[37]

"法庭之友"意见书随之而来。女权法律组织和相关民权组织支持联邦政府的立场，还有26所私立女子学院也站在政府这一边，这些学校表示联邦最高法院判当局胜诉并不会威胁到单一性别学校的生存。[38]

被告玛丽鲍尔温学院也提交了一份"法庭之友"意见书作为回应，还有几所小型学院也一样，据说这些学校的董事会成员包括弗吉尼亚军事学院的毕业生。[39] 有7位杰出的教育家做证支持弗吉尼亚女性领导力学院提供的教育机会，以及单一性别教育的好处。[40] 还有自称支持家庭价值观的保守派团体也加入讨论，比如菲利丝·施拉夫利带领的"鹰论坛"。他们把针对《平等权利修正案》的指控旧事重提，表示如果联邦最高法院在严格审查的问题上满足政府的要求，就意味着洗手间和学校的体育队都要男女合并，还意味着政府会资助堕胎和同性婚姻。[41]

最吸引媒体和联邦最高法院关注的一份"法庭之友"意见书来自18名现役和退役高级女军官。这些女军官中有人在洲际弹道导弹的发射地和军队驻扎地从事过指挥工作，有人在伊拉克服役期间受过伤，还押送过囚犯。她们在意见书中引述亲身经历，愤而驳斥了弗吉尼亚军事学院不收女生的种种理由。[42]

* * *

1996年1月17日清晨，联邦最高法院门前的街道上排满了希望入场聆听口头辩论的人，还有已经定好位子的媒体记者。担任司法部助理副总检察长的保罗·本德是金斯伯格的高中同学，同样以优秀的成绩毕业于哈佛大学法学院，他代表政府出庭。代表弗吉尼亚军事学院和弗吉尼亚女性领导力学院出庭的是保守派法律界巨擘西奥多·B. 奥尔森。[43] 两人都是联邦最高法院的资深诉讼律师，但在这起案子上，面对大法官们提出的难题，两位都没能给出很好的答案。尽管斯卡利亚在提问中赞同了奥尔森关于单一性别教育的论述，但奥康纳和其他大法官似乎都没有被说服。奥康纳提醒奥尔森："我们要裁决的是……弗吉尼亚州能不能只对一种性别即男性提供教育。"[44]

口头辩论中最具戏剧性的一幕是斯卡利亚追问本德，联邦政府为什么认为建立弗吉尼亚女性领导力学院这个补救措施并不完善。本德的回答令联邦最高法院陷入沉默，他说：

> 假设一个州在1839年建了一所州立法学院，当时只有男人才能做律师，所以学校只招男生。在接下来的150年里，这所法学院发展出一套极具对抗性的教学方法，采用最严厉的苏格拉底式问答法，考试时间非常紧张，授课方式极具攻击性，学生之间存在残酷的竞争，学校以此闻名。人们知道，想在这里脱颖而出很不容易，第一年大约有1/3的人被淘汰，而顶住压力从这里毕业的人能够成为全州甚至全国著名的专家级律师和法官。接着，随着女性进入法律界，女生开始申请这所学校，要求它改变招生政策，而学校认为大多数女生无法适应这个环境，教授难以用对待男生的方式在课上对女生进行交叉质证，男生也很难和女生同场竞技，所以还是不招女生为好。我们要做的是再建一所女子法学院，不使用苏格拉底式教学法。女子

法学院将提供一个更温和、更包容的环境，不要求学生上人数很多、压力很大的课。学校会开设小班研讨课，考试难度不高，会让学生写论文之类的（笑）。女生想学法律就去这所学校，这里不招男生，而原来的法学院也不招女生。我想我们都能理解，这样做绝不能为女性提供平等进入法律界的机会。[45]

本德给出了一个很有说服力的比喻。大法官们这个年纪的人都记得，在他们学法律的时候，法律界对女性怀有非常强烈的成见和偏见。两位女大法官奥康纳和金斯伯格都在顶尖法学院取得了优异的成绩，但在毕业时找不到律师事务所愿意雇用她们。

* * *

大法官们合议时，伦奎斯特首先表示支持下级法院的裁决。他倾向同意第四巡回法院所说的，弗吉尼亚女性领导力学院更适合女生。斯卡利亚也支持，而史蒂文斯和其他人都持反对意见，不过肯尼迪表示自己可能要再考虑考虑。尽管联邦最高法院并未讨论这个问题，但严格审查显然已经成了一把"双刃剑"。托马斯因儿子在弗吉尼亚军事学院上学而自我回避了。最初的投票结果是6：2，反对下级法院的裁决。由于首席大法官伦奎斯特的立场属于少数派，史蒂文斯想把写判决书的任务交给奥康纳，但奥康纳谢绝了，她坚持把这个任务交给金斯伯格。[46]

金斯伯格马上着手准备，她安排助理们把材料交给莉萨·贝蒂，贝蒂之前负责阅读所有的文书且在口头辩论期间做记录。她将参考金斯伯格写的一份备忘录，并负责起草判决书。两人都认为案子的重点在于公共机构中的性别平等，而不是单一性别教育的前途。政府方面的律师并没有质疑一个建立在令人反感的性别规范基础上的机构是否应该得到政府的资助，因此判决书没必要提这个问题，也没必要提严格审查，因为奥康纳和肯尼迪都会反对，而且严格审查已经给平权行动带来了不少麻烦。相反，判决书的草案将主要借用奥康纳大法官在霍根案中的措辞，以及为了确保能够得到肯尼迪大法官的支持，还借用了肯尼迪在 J. E. B. 诉亚拉巴马州案中的协同意见，他在这份意见中表示联邦最高法院在早前的判决里已设立了"强有力的推定，认为以性别分类是无效的"。[47]草稿还会引用史蒂文斯大法官为卡里法诺诉戈德法布案撰写的协同意见，他对将性别差异一概而论的做法提出了批评。贝蒂的草稿将提出，联邦最高法院应当对政府剥夺某一性别的权利和机会的政策进行"怀疑性"审查。[48]

贝蒂的草稿经过再三修改后，肯尼迪暂且同意，但又进一步提出了修改意见。金斯伯格后来回忆道，为了照顾同事们的意见，她差不多修改了 14 遍。[49]有几份草稿的"结尾我很欣赏，但因为肯尼迪大法官不喜欢，我们就改掉了"。[50]让她高兴的是，伦奎斯特最终改变主意和他们站在了一起，并写了一份协同意见，这下只剩斯卡利亚这一位孤独而愤怒的反对者了。

* * *

1996 年 6 月 26 日，联邦最高法院里人头攒动，金斯伯格部分宣读了意见书，这起案子被称为"联邦最高法院多年来最重要的性别歧视案件之一"。[51]金斯伯格指出，弗吉尼亚军事学院培养了许多领导者，也承认大多数女性并不会选择来这所学校住简陋的营房，随时忍受被人监视和"对抗性"的体制，但这并不是重点。"一概而论地说'女人是什么样的'，怎么做才能满足大多数女性的需求，这些已经不再能够作为把拥有超凡天赋和能力的女性拒之门外的理由。"[52] 联邦最高法院此前已明确指出，权利属于个人而非群体。金斯伯格写道，在诉讼之前的两年，有347名女性给弗吉尼亚军事学院去信但均未收到回复。"弗吉尼亚州有义务为女性提供切实的平等保护，因此不能够要求那些有意愿且有资格来弗吉尼亚军事学院接受教育的女生退而求其次。"[53] "不管这个项目为弗吉尼亚州之子提供了多么优越的条件，"她写道，"它都没有给弗吉尼亚州之女留下一席之地。"[54]

她承认，玛丽鲍尔温学院提供的替代方案对想要这个方案的同学来说可能有其价值。但她不同意下级法院所说的，即弗吉尼亚女性领导力学院和弗吉尼亚军事学院"足够类似"，能满足平等保护的要求。1946年，得克萨斯州为了不让黑人学生入读质量上佳的得克萨斯大学奥斯汀分校，在几间地下室里建了一所学校，让希曼·马里昂·斯韦特等黑人法学生入读。同样，弗吉尼亚州的所作所为在宪法上也是不可接受的。弗吉尼亚军事学院和弗吉尼亚女性领导力学院之间在资金、军事训练、课程设置和教职工待遇方面的具体差异并不是问题的重点，金斯伯格引述了联邦最高法院在1950年的斯韦特诉佩因特案中的论述，并强调：

> 比外在特征更重要的……是"那些难以客观衡量却让（一所学校）出类拔萃的品质"，包括"教职工的声誉、行政管理的经验、校友的地位和影响力、社会地位，以及传统和声望"。由于斯韦特案中反映出明显的差异，联邦最高法院一致裁定得克萨斯州没能证明其在"（隔离的）教育中实现了实质性的平等"。[55]

金斯伯格总结道，弗吉尼亚州的补救措施创造了一个弗吉尼亚军事学院的"仿冒品","并没有对那些有意愿也有资格在弗吉尼亚军事学院受教育却被剥夺机会和优势的女性给出任何解决方案"。[56] 对第四巡回法院提出的观点,即让男女一起入读弗吉尼亚军事学院会造成毁灭性的影响,金斯伯格认为这与把女性挡在医疗、法律等行业门外的"古老而熟悉的恫吓"如出一辙。[57] 她指出,美国陆军学院和美国海军学院均有女学员以优异的成绩毕业,也有优秀的女军人为军队服役,因此弗吉尼亚州对于弗吉尼亚军事学院未来的担忧"并没有牢固的根据"。[58]

法律要求,如果政府要区别对待男女,就必须提出"非常有说服力的理由"。金斯伯格在判决书中提出的最尖锐的批评就是针对第四巡回法院没能正确运用这一要求。从里德案到克雷格案,再到密西西比女子大学诉霍根案和最近的 J. E. B. 诉亚拉巴马州案,金斯伯格追溯了这一标准的发展过程。[59] 她写道,在"今天的怀疑性审查"之下,基于性别的划分必须是"切实的,不能是假定的或者是为了应诉而事后提出的,也不能依赖对男性和女性在天赋、能力或偏好方面的概述"。这种划分也不能被自说自话的"足够具有可比性"之类的标准代替。[60]

金斯伯格最重要的贡献可能就是她澄清了州政府应该如何规范男女之间的"固有差异"。[61] 各州可以采取措施把那些未能充分获得平等公民地位的群体纳入国家生活,但不能采取措施延续成见和歧视。

伦奎斯特在协同意见中对金斯伯格所说的"怀疑性审查"提出了疑问,担心这种新的表述会给性别歧视的分析带来不确定因素。斯卡利亚写了一份长达40页的反对意见,批评多数意见对平等保护的解读是在搞"发明创造",责备同事们让弗吉尼亚军事学院关门大吉(他们并没有这样做),并预言全国范围内的公立单一性别学校"行将就木"。[62]

然而，金斯伯格在起草意见的时候其实是非常谨慎的，她明确表示这一决定并不影响私立单一性别学校。"单一性别教育，"她写道，"至少给一些学生的学习带来了益处。"[63]她不遗余力地把弗吉尼亚州的相关歧视放入女权诉讼和女性历史的漫长叙述中。她充分利用了以往人们为了不让女性入读男校提出的种种荒谬理论，明确指出弗吉尼亚州的主张并没有说服力。她写道，"性别划分可以用来弥补女性'受到的具体的经济损失'……促进平等就业的机会"，以及"促进我国人民的全面发展，但这样的划分不能和以前一样……用于创造或延续女性在法律、社会和经济地位上的劣势"。[64]

*　*　*

联邦最高法院的这一裁决在舆论界引发了一系列解读，它收获

1998年，梅根·史密斯在弗吉尼亚军事学院进行"鼠线"训练。

了妇女平等倡导者们的赞扬，也受到了弗吉尼亚军事学院支持者的批评。[65] 法律学者们试图理解"怀疑性审查"的含义，它是如政府要求的一样，将标准提高到了严格审查，还是只是换汤不换药的中度审查？下级法院会如何理解它？联邦最高法院本身是否会坚持采用更严格的标准？[66] 对弗吉尼亚军事学院来说，联邦最高法院的意见还有一个问题没解决：学校要做出哪些改变才能吸引到足够数量的女性？[67]

有一点是毋庸置疑的，那就是金斯伯格的大作充满了奥康纳所保留下来的、她本人付出巨大努力而建立的判例。马蒂剪下了《华盛顿邮报》刊登的大标题《联邦最高法院裁定弗吉尼亚军事学院拒招女性的政策无效》，裱好后悬挂在他乔治敦大学法学院的办公室门外，挂了好几年的时间。[68] 评论家们赞赏金斯伯格的立场，并指出合众国诉弗吉尼亚州案改变了审查标准，打破性别歧视的壁垒录取女性，让金斯伯格重回女权主义的圣殿。一位敏锐的评论家表示："比起金斯伯格担任大法官的任命本身，这一判决可能更是她的人生巅峰。"[69]

金斯伯格也欣然承认自己的喜悦。她相信，联邦最高法院的裁决实现了《平等权利修正案》本可以实现的一切。[70] 而且，这也是她想给以前的当事人苏珊·沃希海默争取的结果，她说："对我而言，这就像是时隔20年赢得沃希海默案一样。"[71] 尽管费城（男子）中心高中并不是军校，但本质是一样的。她没有透露的是，她的裁决也与她在康奈尔大学做的一个决定相呼应。当时马蒂考虑申请只招男生的哈佛商学院，而金斯伯格不想去刚刚在拉德克利夫学院成立的管理培训项目读书，这个项目当时是给女生建立的替代品。她当时的想法和斯韦特案的裁决很相似，那就是这两所学校在师资、声望和校友网络等方面都不在同一水平。

1998 年，米娅·乌茨长官在弗吉尼亚军事学院训练新生。

除了这些迟来的满足感，最让金斯伯格感到欣慰的要数一位弗吉尼亚军事学院男校友的来信。信中写道："我于 1967 年从弗吉尼亚军事学院毕业，我今天认识的一些年轻女性在体能、思想和情感上都比 30 年前的我更坚强。如果我当时能坚持下来，她们今天也能做到。我本无须赘述对您和其他让弗吉尼亚军事学院开放的大法官的感谢之情，你们只是做了显然必须做的事，但我还是要说一声谢谢。"[72] 1997 年 4 月 13 日，他又寄来一封信，还附上了一份礼物——一枚 1967 届毕业生的母亲们在毕业典礼上获颁的纪念胸针。"这枚胸针是我母亲的，"他解释道，"她已经过世了，我希望把它交给您。从某些角度来说，您会成为弗吉尼亚军事学院第一批优秀的女毕业生的'母亲'，这枚胸针等于接纳您成为弗尼吉亚军事学院大家庭的成员。我相信，我母亲如果知道胸针交到了您的手里也会感到骄傲的。"

金斯伯格十分珍惜这份礼物。2001年弗吉尼亚军事学院培养出了第一批女毕业生，作为毕业生的"母亲"，她为埃琳·克朗奇和肯德拉·拉塞尔这些女生感到非常骄傲。到第三个学年末，克朗奇在298名学生中排在第15位，以高于男生平均分的成绩通过了体能测试，并获得了见习旅长的头衔，这是军校学员能获得的第二高的荣誉。[73]

虽然允许女生进入弗吉尼亚军事学院是一种进步，但这个步子迈得也许并没有当时人们所认为的那么大。判决书中没有评价以极度男性化的传统以及旧式惯例为前提的教学方法，以及它如何积极建构出女性低人一等的地位。[74]事实上，金斯伯格对这所学校教学标准的判断几乎完全是根据表面现象做出的。"远离弗吉尼亚军事学院对抗性训练的压力、危险和建立情感联结的经历，"她写道，"弗吉尼亚女性领导力学院的学生将无法体会军事学院优秀学员普遍拥有的那种'巨大的成就感'。"[75]肯德拉·拉塞尔和埃琳·克朗奇都体会过这种成就感，但拉塞尔在毕业那天敏锐地指出："这仍然是一个男生更衣室一样的环境。"[76]

弗吉尼亚军事学院决定在过渡到男女同校的过程中尽可能地少做调整，这也说明拉塞尔所说的确实一针见血。由于政府资金占到学校预算的30%，监事会才勉强同意招女生，而且这个决定还是以一票之差险胜的。许多学生和校友都非常看不惯任何一点点可能让学校变得"女性化"的改变，有些人甚至寄出带有仇恨言论的信件。[77]

同时，司法部做得也不到位。有关"对抗性"教学方法和其中包含的对女性的轻视，司法部的律师从头到尾都没有质疑。弗吉尼亚军事学院说男女有很大差异，所以招收女性会改变学校独特的优势。从一开始，政府就把重点放在反驳这种说法上。指出弗吉尼亚军事学院是出于没有根据的成见而拒收女生的,这确实有一些道理,但同时也模糊掉了另一个问题,那就是学校的教学方法是贬低女性的。在口头辩论之中,几位大法官随口发表的评论显示他们也许不那么认同弗吉尼亚军事学院的"对抗性"教学方法,但由于提出的论述很狭隘,大法官们没能充分了解到这种教学策略的阴暗面。[78]

出于这些原因,弗吉尼亚军事学院没能利用这个机会自我重塑,成为一个更适合培养当代领导者的机构,这也是意料之中的事。金斯伯格的助理科妮莉亚·皮亚尔指出,更糟糕的是,"诉讼把学校的'对抗性'教学方式说成是有价值的、与众不同的,甚至连司法部和联邦最高法院都持赞同态度,没有质疑,这让女生在成为学校的一分子之后更难让学校回应她们的诉求"。[79]

对联邦最高法院赞成弗吉尼亚军事学院教学方法的批评之中还蕴含对金斯伯格本人的批评,那就是有了入门的机会不等于有了平等。在撰写多数意见时,金斯伯格的稿子改了14遍,显然经历了一系列的战略考量和妥协。她当然知道只保证女性能够入门是不够的,还需要制度性的变革,但由于诉讼记录有限,她选择将希望寄托在弗吉尼亚军事学院的女学员身上来实现积极的改变,就像20世纪60年代那些勇敢而坚定的女生改变了不愿合作的法学院一样。[80]显然,最重要的是能获得多数大法官的支持,以及保留她对更为严格的审查标准的阐述。金斯伯格在判决书中所说的"怀疑性审查"如果能够谨慎地运用于涉及其他法律领域的平等保护案件,就可能让美国各地的更多女性获益。

联邦最高法院刚刚认可了这一标准,能不能坚持下去还是未知数。金斯伯格和奥康纳显然希望新标准能得到沿用。时间会证明一切。

第17章

"我不同意"

对金斯伯格夫妇来说，千禧年似乎开局不利。1999年夏天，他们在希腊的克里特岛教书，离开的时候，金斯伯格的身体出了问题，接着她被诊断出患有结肠癌，并接受了手术。手术后她恢复得很好，10月联邦最高法院开庭时她已经可以上班了。可怕的癌症夺去了她妈妈的生命，还差点夺去了马蒂的生命，金斯伯格一家人对此非常重视。[1]

金斯伯格最胖的时候也就刚刚100磅（不到100斤）而已。放疗和大剂量的化疗让她变得更瘦弱了，好像一阵风就能把她吹上天。马蒂为她准备美食，首席大法官伦奎斯特也减轻了她的工作量。奥康纳大法官在1988—1989年曾成功战胜了乳腺癌，她在化疗时间的安排方面给出了很有用的建议，帮助金斯伯格不至于在需要出庭的时候面对最严重的副作用。得益于奥康纳的建议和她自己坚强的意志，金斯伯格一边经受化疗的严峻考验，一边坚持参加联邦最高法院的每一场会议。她为自己能够在忍受住恶心、不适和深深的疲倦的同时完成联邦最高法院的工作而感到自豪。

到11月，金斯伯格大法官的官方照片就要揭幕了，照片会被挂在联邦最高法院里。这张照片比她在哥伦比亚大学法学院拍的那张好多了，她已经请哥伦比亚大学把原来的照片取下来另外留存。照片揭幕仪式将在华盛顿巡回法院举行，她所有助理都会到场，一些朋友也获邀发言，仪式给了大家一个再聚首的机会。以往她和马蒂出席使馆晚宴的礼服都是马蒂帮忙挑选的，这次金斯伯格没有穿那些礼服，也没有穿她日常穿着的精心剪裁的西装，而是选择了更合适刚刚做过手术的病人的打扮——一件宽松的长款毛衣和一双平底系带鞋。

仪式的主持人是她的好朋友和老同事哈里·爱德华兹法官。首先发言的是斯卡利亚，他风趣而亲切地说，自己是最不可能向金斯伯格致敬的那种人，"她永远不可能把我变成女权主义者"，但他紧接着赞扬了金斯伯格。他常说，如果自己被丢在一个荒岛上，他最希望金斯伯格能和他做伴。他幽默而富有魅力的赞美之词掀起了仪式的高潮。接着，德博拉·梅里特代表那些坐在前排中间的助理发表了讲话，热情而掷地有声。金斯伯格从伯克利赶来的老朋友、与她合著过文章的赫尔马·希尔·凯很好地概括了金斯伯格的职业生涯。[2]

在美国公民自由联盟和金斯伯格并肩作战的凯瑟琳·佩拉蒂斯介绍了作为女性权利项目领军人的金斯伯格，以及犹太教在她身上留下的深刻道德印记。[3]尽管金斯伯格本人表示不大同意佩拉蒂斯过于强调犹太教的作用，但这次庆祝活动还是让她心情舒畅。然而，性别平等的进展却令她高兴不起来。

* * *

长期以来，种族和性别正义都是紧密相连的。20世纪70年代中期，社会开始右转，争取种族和性别正义的斗争变得喜忧参半。也是在这个时期，联邦最高法院裁决想要证明某项在种族或性别方面看起来是中立的法律法规违反了平等保护原则，必须证明它具有歧视性的意图。一位杰出的法律学者指出："对女性来说，结果就是许多州法中'一直存在'的性别歧视问题得不到解决。"[4] 克林顿时期提出了两项立法倡议，旨在消除那些阻碍女性平等竞争的障碍。现在，其中一项变得岌岌可危。[5]

《反针对女性暴力法》能够出台是费了一番工夫的。20世纪70年代，激进女权主义者把性暴力从一个人们羞于谈论的私人问题转变为公共政策问题，比如强奸、殴妻和乱伦等。年轻的女权主义者搜集证据表明这些行为并不是色欲或醉酒引发的孤立事件，而是反映出权力关系，在不同国家、阶级、种族和民族里都存在，必须认真对待。[6] 尽管女权主义者做了诸多努力，仍难以改变固有的文化氛围。到20世纪80年代末，美国的统计数据令人震惊：每15秒就有一名女性遭到丈夫或男友的殴打；每6分钟就有一名女性遭受暴力强奸；1/5~1/2的女性小时候遭受过性虐待，其中大多数施害者是年长的男性亲属；每8位成年女性中就有1位（也就是至少1 210万人）是暴力强奸的受害者。女大学生尤其容易受害，甚至直到2014年，仍然有1/4的女大学生在毕业前被性侵，1/7遭到强奸，可见情况并没有好转。[7] 从1974年起，强奸率上升的速度几乎是全国犯罪率的4倍。尽管20世纪70—80年代修订了强奸法，但与强奸案相关的报案率、逮捕率和定罪率并没有明显的提升。针对女性的袭击和其他暴力犯罪率也急剧上升，而针对男性的同类型犯罪则下降了。同样，针对65岁及以上女性的谋杀率上升了10%，而针对同龄男性的谋杀率则下降了4%。[8]

尽管男人和男孩也会受到性暴力侵害，但数据显示女人和女孩正是因为她们的性别才成为某些暴力的目标的。因此，数以百万计的女性没有足够的人身安全和自由能支持她们在经济领域平等竞争，而她们在成年后的大部分时间里要靠挣工资生活，也往往要作为单亲妈妈养家。

* * *

对参议员约瑟夫·拜登来说，这个问题让他全情投入。他的妻子吉尔在读研究生夜校时，有一次拜登为了妻子的安全建议她把车停在一个不允许停车的地方，作为女人不得不时刻担心自己会遭受暴力，这让吉尔愤怒极了。[9]在那之后不久，加拿大蒙特利尔有一名男子拿着一把猎枪走进一所大学的教室，命令男女分开站，大喊道女人是"一群女权主义者"，并杀害了14名女性。[10]这时罗恩·克莱因已经从白宫法律顾问的位子上调任拜登幕僚长，他知道拜登对

参议员约瑟夫·拜登1994年起草了一项法律将针对女性的暴力纳入联邦犯罪之中。

这种不必要的悲剧深有感触，于是把一篇《洛杉矶时报》的文章拿给拜登看，文章把蒙特利尔对"女权主义者"的谋杀和美国法律中的一个漏洞联系了起来。联邦法律只针对"受害者的种族、民族、宗教和性取向"统计仇恨犯罪，因此，"如果一名女子因她的性别而遭到殴打、强奸或杀害，这并不算是仇恨犯罪"。[11] 这种法律漏洞"只能让厌恶女性者受益"。

拜登觉得很有道理，他很快派手下年轻的律师维多利亚·诺斯到国会图书馆查阅资料，看国会有什么能做的。他告诉诺斯，先从婚内强奸查起，10年前拜登就希望能够为解决这个社会问题做些什么，但没能成功。诺斯查到的信息让两人都很震惊：有些州，比如特拉华州，已经将婚内强奸的豁免权扩大到约会强奸，如果受害女性是男性的"自愿社交伴侣"，政府就会把强奸指控降级。[12] 这一政策转变让拜登非常不满，因为他和妻子就是在特拉华州抚养他们的小女儿的。拜登认为州一级的行动是不够的，于是他联系了女权主义团体和全国妇女组织的首席律师萨莉·戈德法布，戈德法布又联系了凯瑟琳·麦金农。"如果拜登想要为女性做点什么，"麦金农说，"他就应该把强奸和殴打纳入联邦法律规定的性别歧视。"[13]

按照麦金农的建议，诺斯花了好几个星期的时间从1871年和1875年的《民权法案》中寻找灵感。这两项法案的目的都是减少三K党的暴力，减少刚解放的奴隶受到的民权侵犯，法案授权联邦政府对侵犯他人权利的个人提起诉讼。尽管大部分的立法后来被保守的联邦最高法院废除了，但1871年的法案中还是有一个部分保留了下来：受害者可以在联邦法院起诉施害者。诺斯知道该怎么办了：可以允许受害者对施害者提起民事诉讼，以此来打击性别暴力。[14]

＊＊＊

1990年6月19日，在各州检察长压倒性的支持下，第一部《反针对女性暴力法》交到了参议院手中。一些心怀感激的妇女在街上拦住拜登，对他讲述她们的故事。但让拜登和他的幕僚感到非常意外的是，这份民权倡议几乎一提出来就受到首席大法官的抵制。作为联邦法院系统的领导者，伦奎斯特大法官要求评估新提案的潜在成本。研究估计法案出台后会有很多女性提起诉讼，并据此声称联邦案件量将会增加14 000多起，成本会是1991年《民权法案》相关诉讼的三倍那么多。[15]

1991年，伦奎斯特进一步表明了自己的立场，他任命了一个由两男两女四名法官组成的委员会来评估《反针对女性暴力法》，并报告给美国司法会议，而他自己作为首席大法官，在美国司法会议上坐头把交椅。在与诺斯和拜登商议之后，委员会表示他们将共同努力收紧法案中的民权部分，以保证能更准确地评估法案的影响，但这显然不是伦奎斯特希望看到的。约翰·F.格里法官表示，委员会的任务是说服国会该法案会给联邦法院带来更重的案件负担。格里法官个人认为，《反针对女性暴力法》会造成"混乱"，让联邦法院变成专门处理家暴案的法院。

这一评估似乎和拜登向委员会做出的保证大相径庭，但事实证明，格里法官正确理解了伦奎斯特的意图。伦奎斯特在交给司法会议的年终总结中表示，除非"对于满足重要的国家利益至关重要"，否则就反对国会增加联邦法院的工作量。[16]在他看来，打击女性一直以来遭受的暴力显然并不算在内。在对美国律师协会的一次演讲中，伦奎斯特承认他正在游说国会不要通过《反针对女性暴力法》。他还敦促美国律师协会重新考虑这项措施。[17]

拜登担心如果伦奎斯特能够说动美国律师协会的话，国会对这项法案的支持也会消失殆尽。在拜登看来,他作为提案的发起人已经明确表达法案的目的并非让联邦法院代替州法院裁决家庭关系案件,在这样的情况下,别人再去揣测法案另有意图是很不应该的。在国会两院尚未进行充分辩论的情况下就做出这样的揣测,拜登觉得完全不能接受。

直言不讳的拜登在众议院犯罪与刑事司法小组委员会上进行了反击,他直接指责伦奎斯特误解了法案中涉及民权的部分是在鼓励女性向法院大量提起诉讼。拜登抗议道:"在这项法案之下,一个人不能凭着一句'我是女人,我身上有淤青,我可以提起民权诉讼'就去告状,并不是大法官说的那么回事。"[18]拜登接着反驳了法案第三章的民权补偿措施中包含随机犯罪的说法,他指出相关规定只适用于以性别为动机的犯罪。

为了搬救兵,戈德法布和女权伙伴们向全国女法官协会求助。[19]协会成员大多是温和派人士,她们清楚地知道性别歧视、家暴和性暴力的问题。[20]戈德法布找到了一位最为合适的联络人,她是林恩·赫克特·沙夫兰。沙夫兰是全国妇女组织的法务机构"法律攻势"的高级官员,也是金斯伯格的优秀门生。沙夫兰得知全国女法官协会没能说服美国律师协会的司法行政部门不要反对这一提案,她想到律师协会理事会里有一位女性成员可能说得上话。[21]

布鲁克斯利·博恩是坚定的女权主义者,也是阿诺德与波特律师事务所的合伙人,对美国律师协会的内部政治了如指掌。[22]在得知其他理事(都是男性)支持行政部门的报告,不赞成《反针对女性暴力法》后,她将此事提交到律师协会全体代表大会上讨论。她解释说,如果大会通过行政部门的决议,律师协会就会公开站在一项民权立法的对立面,这是史无前例的。她继续说,针对女性的暴力是普遍存在的,律师协会绝不能让受害者在联邦法院求告无门。[23]

她的办法取得了成功。

虽然在美国律师协会取得了这一小小的胜利，但男性占绝大多数的美国司法会议仍然持反对意见。幸运的是，美国司法会议的性别议题委员会刚刚有了一位新主席，他是斯坦利·马库斯法官。马库斯毕业于哈佛大学法学院，曾在佛罗里达州任检察官，他从玛丽·施罗德和朱迪丝·雷斯尼克那里听取了关于该法案的详细汇报。施罗德是第九巡回上诉法院的法官，雷斯尼克则是法学教授，她们与诺斯和戈德法布合作，修订了法案中与民权有关的章节，令司法会议放心法案不会造成联邦法院负担过重。她们担心"基于性别的暴力犯罪"这一说法过于宽泛，于是听从麦金农的建议，将表述修改为"令人反感的歧视性敌意"，这取自1871年《三K党法案》中的一条规定，允许获得解放的奴隶起诉袭击他们的白人，条件是他们要证明袭击的动机是"在某种程度上基于种族或是阶级的令人反感的歧视性敌意"。[24] 用"敌意"（animus）这个词（意思是极端偏见）能够把《反针对女性暴力法》和内战重建时期的民权语言以及宪法第十四修正案中的保障联系起来。[25]

* * *

提案经过了9次听证会讨论、一系列的参议院司法委员会调查报告，其间还经历了司法机关对立法权的僭越，终于在1994年再次摆在了参议院面前。它将强奸和家暴定为联邦犯罪，还为地方政府提供数亿美元的资金，帮助执行当地的性侵害法律、给受害者提供援助。名为"妇女公民权"的提案允许以性别为动机的暴力犯罪的受害者（男性和女性都包括在内）在联邦法院起诉施害者要求赔偿，包括惩罚性赔偿，无论相关犯罪是否受到刑事指控、起诉和定罪。提案还规定，联邦法院对离婚和家庭关系案件并无管辖权，这也是拜登从一开始就向批评者保证过的。并非所有性犯罪的受害者都能采用民权补救措施，只有联邦或州法规定的重罪的受害者才有资格，这是一个重大的限制。原告必须证明犯罪至少在某种程度上是基于性别的敌意所导致的。

* * *

对克里斯蒂·布宗卡拉来说，1994年9月通过的《反针对女性暴力法》恰逢其时。那年秋天，刚满18岁的布宗卡拉入读弗吉尼亚理工大学。新生见面会刚结束，两名校橄榄球队的男生安东尼奥·莫里森和詹姆斯·克劳福德就进入她的宿舍。他们不顾她的抗拒，将她按倒在地强奸了她——莫里森施暴两次，克劳福德一次。布宗卡拉感到自己就像是灵魂"被撕碎了"一样，她不再去上课，还试图自杀。[26]一名学校的注册心理医生给她开了抗抑郁的药物，但除此之外校方并没有人详细询问她为什么需要心理治疗。她中途退了学，直到1995年年初返回学校才提出指控。在一次纪律听证会上，莫里森承认他不顾布宗卡拉的抗拒与她发生了性接触。莫里森还在宿舍餐厅吹嘘自己"喜欢把女生灌醉，这样就可以干得她们死去活来"。[27]学校的司法委员会认定莫里森性侵，令他停学两个学期，并无罪释放了克劳福德，但对布宗卡拉来说，这场噩梦还远未结束。

莫里森表示他要反击学校的裁决，部分原因是1994年的学生手册中并未包含性侵相关政策。尽管学校之前已经赢过类似的案子，但两名女员工还是在1995年夏天驱车4小时前往布宗卡拉家，说服她在技术层面有必要根据现行的虐待行为政策举行听证。支持布宗卡拉的学生证人们在暑假期间四散各地，更为棘手的是，学校不让她接触录音带和其他记录，却没有给莫里森的律师设置任何限制。

结果莫里森再次因为不当行为被判停学两个学期，这次的说法是"使用侮辱性语言"。弗吉尼亚理工大学的高级官员在收到莫里森的上诉后未能通知布宗卡拉。教务长认为，相比其他案子而言，莫里森的判决过重了，并宣布判决无效，因而莫里森得以在橄榄球赛季之前回到学校，并保留全额体育奖学金，就像他的教练所希望的一样（弗吉尼亚理工大学的橄榄球队在1995年排名全国第八）。布宗卡拉在报纸上读到莫里森要回学校的消息后再次退了学。

在整个过程中，学校不曾把布宗卡拉的指控报告给警方。事实上，弗吉尼亚理工大学会自动上报所有暴力重罪，只有强奸除外。尽管布宗卡拉最终对莫里森和克劳福德提出了指控，但蒙哥马利县的大陪审团并没有起诉这两个人。因此在1995年12月，作为学生运动员入学的布宗卡拉起诉学校违反了《教育法》第九章性别歧视相关规定，法律要求大学的体育部门等接受联邦资金的教育机构必须给予男女平等待遇。她还根据《反针对女性暴力法》起诉了莫里森和克劳福德。[28]

* * *

女权主义团体和司法部的律师在罗阿诺克的联邦地区法院提起这两项诉讼，两起案子都落在了杰克逊·L.凯泽法官的办公桌上。这位法官是支持州权的保守派，为了让弗吉尼亚军事学院可以只招男生做了诸多努力，现在他要裁决布宗卡拉案了。不出所料，凯泽法官驳回了针对学校的诉讼。他裁定，大学希望莫里森回到成绩优异的橄榄球校队并不算性别歧视，没有把强奸指控报告给警察也不算性别歧视。在凯泽法官看来，学校没有采取行动可能更多的是出于考虑强奸受害者的感受，而不是因为有偏见。布宗卡拉声称学校的制度性环境是敌对的，凯泽法官没有采信这个说法。他似乎认为布宗卡拉是在担心环境"今后有可能会变得敌对"。[29]在他看来,她在诉状中甚至并没有提出性别歧视的问题。

然而,当凯泽法官开始审理布宗卡拉诉莫里森和克劳福德案时,他自己也吃了一惊。考虑到莫里森事前并不认识受害者,还轻蔑地说她最好没什么"该死的疾病",凯泽裁定这是轮奸。这符合《反针对女性暴力法》民权条款的规定。

但他接着分析相关法律是否符合宪法的要求。首先,凯泽引用了1995年的合众国诉洛佩斯案。在这起案子里,小阿方索·洛佩斯携带隐匿武器进入他就学的圣安东尼奥高中,联邦最高法院裁决不能根据《枪械免入校园区域法》定他的罪,因为国会没有权力根据商业条款制定这项法律。[30]借用联邦最高法院在洛佩斯案中的推理,凯泽法官裁决如果在校区禁枪的规定超出了国会监管商贸的权力的话,那么强奸案自然也超出了商业条款管理的范畴。最近的伯尼市诉弗洛里斯案还引入了新的标准,以决定国会是否超越了宪法第十四修正案第五款所规定的执行平等保护条款的权力。按照凯泽的观点,在弗洛里斯案的裁决出炉后,就不能再根据国会执行宪法第十四修正案的权力来支持《反针对女性暴力法》了。布宗卡拉的案子未经审判就被驳回,她追求正义的脚步被挡在了法院门外。[31]

布宗卡拉、莫里森和克劳福德都提出上诉。递交给第四巡回法院的支持上诉的文书显示出双方的博弈。挑战《反针对女性暴力法》合宪性的组织包括美国国家刑事辩护律师协会和保守派法律团体如克莱蒙特研究所、个人权利中心、菲利丝·施拉夫利领导的鹰论坛法律辩护基金会、自由意志主义的凯托研究所。递交文书的法案支持者包括司法部副总检察长、美国36个州以及美属波多黎各的检察长、参议员拜登、自由派法律学者、国际法学者、人权专家、劳工组织和许多女性组织。[32]

| 第17章 | "我不同意"

第四巡回法院的裁决让布宗卡拉短暂享受了一番胜利的喜悦。三位法官中有两位认为，强奸本身就构成了"敌对环境"，认定她针对学校的诉讼以及针对莫里森和克劳福德的诉讼都是有效的。他们还裁定《反针对女性暴力法》是有效的，认为国会已经充分证明性别犯罪对州际贸易有切实的影响，包括工作、生产力和流动性方面的损失，以及医疗和其他费用的增加。但在第三位法官迈克尔·卢蒂格表示强烈反对之后，保守的第四巡回法院投票决定由全体11位法官一同审理此案。[33]

这一次布宗卡拉败诉了。多数法官认为，尽管国会有一些余地采取行动，但这项法案越权了。第四巡回法院并不认为女性是劳动市场的积极参与者，表示针对女性的暴力"和州际贸易之间只有微弱而间接的联系"（退学对布宗卡拉未来收入的影响也不在考虑范围内）。[34]多数法官更为关心的是《反针对女性暴力法》的立法理由，它有可能在其他领域把原本属于各州的管辖权交给联邦政府。整个裁决明显反映出，问题不只是州权那么简单，而是联邦政府把手伸进家庭领域的问题——施拉夫利在反对《平等权利修正案》的运动中就使出了这套说辞，近100年前反对女性拥有投票权的人们也是一样。

代理布宗卡拉案的是全国妇女组织的法律辩护基金会，律师决定上诉，克林顿政府也决定上诉。当联邦最高法院同意接下这起案子时，它已经变成了热门话题。

* * *

金斯伯格感到很不安。虽然《反针对女性暴力法》在其他联邦法院都经受住了考验，但伦奎斯特和斯卡利亚在洛佩斯案中都提出，国会是在用管制"暴力犯罪"的幌子来管控"家庭关系"，凯泽法官也引用了这起案子。³⁵ 尽管少数派给出了措辞强硬的反对意见，但洛佩斯案还是标志着国会在商业条款下的立法权发生了180度的转变。³⁶ 联邦最高法院较为保守的大法官们在其他问题上也取得了进展，为各州划出了新的豁免权以限制联邦权力。³⁷ 由于弗洛雷斯案的裁决削弱了《反针对女性暴力法》的两项宪法基础，金斯伯格知道，奥康纳的一票将决定法案的命运。³⁸ 奥康纳在其他的性别议题上都和金斯伯格一条心，但曾在亚利桑那州担任过议员的她是坚定的新联邦主义者，认为国会不应该插手那些能够由各州摸索解决的社会问题。³⁹

* * *

1月的一天，人们冒着严寒从黎明前就在联邦最高法院门口排起长龙，等着10点联邦最高法院开门。几名律师则从侧门进去，其中包括全国妇女组织的朱莉·戈德沙伊德，她将率先为《反针对女性暴力法》辩护，还有萨莉·戈德法布、维多利亚·诺斯、耶鲁大学法学院的朱迪丝·雷斯尼克。⁴⁰ 雷斯尼克和施罗德法官一道为斯坦利·马库斯法官提供支持，让马库斯得以挽救法案中的民权条款。还有参议员拜登，他的座位差不多正对着伦奎斯特。

戈德沙伊德率先登场，她有10分钟的时间。戈德沙伊德辩称国会正在应对的是"让妇女充分实现平等和自由参与经济活动的最顽固的障碍之一"。⁴¹ 斯卡利亚马上插话，并主导了提问。他问道：如果《反针对女性暴力法》如她所说是合宪的，那么谁能阻止国会制定关于谋杀、强奸和抢劫等一般犯罪的法律，以取代州法呢？戈德沙伊德重申：《反针对女性暴力法》是对州权的补充而非篡夺；来自36个州的检察长都要求联邦提供帮助；民权补救措施是针对歧视做出的，这在传统上也是联邦层面的问题；法律明确规定，离婚、儿童监护、公平财产分配等传统上由州政府解决的问题并不受干扰。

奥康纳说："那么，按照你的说法，国会是不是也能在这些领域立法呢？如果存在针对女性的偏见，而她们拿不到足够的赡养费，或者在州法院得不到执行，那么就会对州际贸易产生影响，对吗？"戈德沙伊德刚要回答，金斯伯格就帮她解了围。"就把它看作已有的法庭的补充好了。你可以在州法院或联邦法院提起财产分配的诉讼……但婚姻财产分配的问题其实也和歧视相关，也就是说，有立法记录表明女性在婚姻财产分配中处于劣势。"[42]但金斯伯格的表态并没有说服奥康纳。司法部副总检察长塞思·韦克斯曼强调防止家暴的施害者越过州界或者违反州保护令很重要，但这也没有说服奥康纳。同时，斯卡利亚也丝毫没有让步。

接着轮到保守派机构个人权利中心的诉讼律师迈克尔·E. 罗斯曼出场，他也将重点放在贸易条款上。罗斯曼坚称，洛佩斯案的裁决说明对任何非经济行为的监管都是站不住脚的，并认为《反针对女性暴力法》的民权条款缺乏宪法支持。感到恼火的金斯伯格问罗斯曼，他是不是在质疑国会提出的证据，即暴力让女性无法从事某些工作，也限制了女性在一天中可以工作的时间，从而减小了她们在市场中的流动性。他回答道："我不确定国会是根据什么得出这样的结论的。"[43]苏特再三追问，希望罗斯曼承认在医疗费用和工资损失给经济造成的30亿美元缺口中，有某些部分可以归结于因敌意而起的暴力，但罗斯曼就是不松口。他坚称，人与人之间的暴力问题一直都是由各州来处理的——这一主张让人想起奴隶制曾经也被当作人际关系问题，不该由联邦插手。

在联邦最高法院外，全国妇女组织法律辩护机构的总部旁，记者们围着瑟瑟发抖的布宗卡拉和她的律师玛莎·戴维斯。有记者说一名施暴嫌疑人的律师表示布宗卡拉是出于种族原因指控这名嫌疑人的，布宗卡拉坚决否认。她说："当一个女人被强奸时，她眼里根本看不到肤色。"[44]

所有人都心知肚明，当大法官们合议的时候，奥康纳手中的票将起决定性作用。首席大法官打了一通电话，希望得到他这位老朋友和法学院同学的支持。[45]对曾担任亚利桑那州议员的奥康纳来说，州权最终还是高于女权。

伦奎斯特撰写了多数意见。他下笔宽泛，论证过程有时候让人难以理解，他裁定国会所依赖的两个宪法权力来源都不成立。伦奎斯特在意见书中写道，布宗卡拉声称遭受了"残酷的攻击"。[46]除了这一处，意见书中再没有提到过女性。在对攻击进行描述的时候，伦奎斯特略过了莫里森表达敌意的语言——大概是因为这些词过于下流，不该出现在联邦最高法院的意见书中。判决写道，如果布宗卡拉应该得到补偿的话，这种补偿"必须由弗吉尼亚州提供"。但是，布宗卡拉已经尝试了她在州层面能够尝试的所有途径，持反对意见的大法官们也指出了裁决中这处不合理的地方。

* * *

用苏特大法官的话说，国会搜集了"海量数据"来证明暴力对州际贸易的影响（这是洛佩斯案涉及的控枪法案所没有做到的），但伦奎斯特完全忽略了这一点，他还忽略了另一个20世纪60年代的民权案例，联邦最高法院在裁决中根据贸易条款禁止了政府公共设施的种族歧视。[47]反对派指出，当时那起案子的相关证据主要来自个案。伦奎斯特则警告称，如果法院没有在经济活动和非经济活动之间划出严格的界限，国会就还可以针对其他暴力犯罪颁布立法。他认为，这样一来，联邦刑法和各州治安权之间的界限就会被抹去，

图为克里斯蒂·布宗卡拉和她的律师玛莎·戴维斯，摄于2000年合众国诉莫里森案的口头辩论之后。

各州对家庭法的控制权也会不复存在。

但是这种滑坡谬误式的论述有很多地方都没有解释清楚。一项联邦法律得到了36个州的支持，并未与任何州法雷同，向各州提供联邦资金帮助各州执法，这只是在对州一级的刑法不会构成影响的前提下提供了一条民事诉讼的途径而已，怎么能说这样的法律威胁到了州权呢？

伦奎斯特接下来谈到宪法第十四修正案第五款关于国会有权执行该修正案相关保障的规定。他回溯到一个已经广受批判的重建时期的判例，当时国会在种族问题上更具平等意识，而保守的联邦最高法院挫败了国会的一项立法。伦奎斯特就此认定宪法第十四修正案只适用于国家行为,并总结道,如果是州政府官员犯了错,那么可以用《反针对女性暴力法》让他们负责。[48]

* * *

鉴于伦奎斯特和其他多数派大法官完全不尊重国会,莫里森案的结果几乎是不可避免的。[49]苏特大法官在反对意见中指责道,越权的是联邦最高法院多数派,而不是国会。法院的工作只是判断国会的行动是否有合理依据。苏特在反对意见中用满满三页的笔墨来强调国会的调查结果,证明国会的行动是有合理依据的。他从未否认联邦主义原则的重要性,但他引经据典、运用法律逻辑来驳斥多数人的理论。布雷耶也写了一份反对意见,指出多数派对第五款的理解有重大偏差。他问道:"为什么国会不能针对私人行为提供补偿措施呢?"[50]尽管宪法第十四修正案的文本提到的是各州,但颁布该修正案的国会显然希望能通过该修正案保证联邦立法的合宪性,这些立法是针对私人以及各州基于种族偏见剥夺公民平等权利的行为而制定的。

研究重建时期的学者对布雷耶的观点表示强烈支持。事实上,推动宪法第十四修正案出台的因素正是曾经的奴隶在获得自由后遭受的那种赤裸裸的暴力,受害者既有黑人女性也有黑人男性,而这种暴力很大程度上是与性相关的。1886年,多名白人男子脱光了一名黑人女子罗达·安·蔡尔兹的衣服,把她绑起来,用手枪残忍地侵犯了她,原因就是她的丈夫曾为北方联邦军队服役。[51]就像那些袭击佐治亚州黑人共和党领袖的妻女的人一样,这些人也是为了报复黑人女性的伴侣才袭击她们的。造成这些暴力的并非当局政府。为了处理前邦联州没能妥善解决的问题,国会在1871年和1875年的《民权法案》中制定了相关立法。但随着南北方的白人公民在内战后的10年中逐渐转向地区和解①以及白人至上主义，联邦最高法院推翻了《民权法案》和其他想要在一定程度上保证种族平等的法律。[52]通过削减宪法第十四修正案第五款赋予国会的权力，立法规范公民平等的权力再度归于各州，不允许联邦政府将这一权力交给受伤害的个人，让他们通过民事诉讼来实现。[53]伦奎斯特在判决中引述19世纪80年代而非19世纪70年代的判例，这并非偶然。

* * *

按照哈佛大学教授劳伦斯·特赖布等杰出法学家的观点，这一裁决充分体现了司法至上的思想。"法院用自己的一套标准来评判立法记录，"特赖布在一次采访中解释道，"如果接受相关结果会威胁到（联邦最高法院）对州权以及对我国体制的看法，那么（联邦最高法院）就不在乎结果是什么。"[54]即使"各州自觉自愿不去干预"，联邦最高法院的这套标准仍然适用。拜登补充道，联邦最高法院的裁决"实际上是关于权力的，那就是法院和国会究竟谁来掌权"。[55]

凯瑟琳·麦金农等人对这种新联邦主义还有更深的担忧，那就是它是如何为根深蒂固的种族主义和性恐怖主义服务的。麦金农在种族征服和联邦主义的历史框架下对联邦最高法院的裁决进行了有力的剖析，她指出，各州在保护黑人的自由和公民权方面做得太少了，让各州成为女性争取平等的唯一渠道等于是在重蹈覆辙。但这一次，被法院抛弃的不只是获得自由的奴隶，而是所有女性。麦金农表示，莫里森案是女性争取平等的重要战役，是一场关于国家结

---

① 地区和解（sectional reconciliation）指的是美国内战后的一种思潮，认为美国应该尽快走出内战阴影，建立共识。这种思潮受到一些黑人思想家的反对，他们认为在追求和解前应该先完成重建，保障黑人的权利不受侵犯。——译者注

凯瑟琳·麦金农是著名的女权主义者、法学家和战略家，她在1979年确立了性骚扰是性别歧视的法律主张。

构和两性在公民社会中的地位的战斗。它涉及的是公民权最为基本的东西，那就是人身安全，以及女性作为人的最基本的东西，那就是性的不可侵犯性。"这场斗争的关键在于女性到底是不是完全的公民和完整的人、能不能获得平等。"[56]

麦金农以其一贯的聪明才智将本案重新聚焦于恢复女性的充分公民权上，这才是女性应有的地位，她批评少数派没能实现这一点。按照麦金农的说法，"没有一位大法官指出《反针对女性暴力法》在平等保护的框架下是符合宪法的"。[57]她还提出并回答了一个最基本的问题：多数大法官所说的联邦主义究竟是为哪些人的利益服务的？

在一场史无前例的总统选举中，这个问题将承载历史性的意义。

* * *

　　2000年总统选举的两位主要候选人是得克萨斯州州长小布什和时任副总统阿尔·戈尔，两人都没能在选民中引发太大的热情。很多选民对政客普遍感到失望。[58] 关于要提名什么样的人进入联邦最高法院，两人立场截然不同：小布什保证会提名与斯卡利亚和托马斯一脉相承的大法官，而戈尔则要提名布伦南和马歇尔那样的人。尽管如此，有些选民（包括一些自由派人士）仍然觉得他们两人太相似了，连姓氏都分不清。但坚定的共和党人则非常关心大选，距离共和党上一次入主白宫已经过去8年时间了，从才干和缺陷都很突出的克林顿夫妇抵达首都华盛顿的那一天起，共和党人就很不喜欢他们。弹劾克林顿失败给保守派带来的挫败感在选举日当天更加显露出来。在佛罗里达州，州长是小布什的弟弟杰布，州议会也是共和党人占多数。这里的选举结果太接近了，无法判断谁胜谁负。

　　在投票日过去两天之后，按照佛罗里达州法律规定进行机器重新计票，小布什微弱的领先优势被逐渐缩小。全美有色人种协进会报告称，尽管有1965年的《投票权法案》坐镇，但在与亚拉巴马州和佐治亚州接壤的北部诸县还是出现了选民恐吓和其他违规行为。由于佛罗里达州的票数统计一波三折，媒体的眼睛都盯着首府塔拉哈西的动作。

　　选票设计的问题是争议的焦点。在棕榈滩县的选票上，候选人的名字和投票时要打的孔之间没有对齐，而且以往的选票一直是共和党候选人排第一，民主党候选人排第二，然后才是其他党派的候选人，但这次选票小布什排第一，独立候选人帕特里克·布坎南排第二，戈尔排第三。一些戈尔的选民不小心把孔打在了布坎南的位置上。布坎南是前总统里根的顾问，在右翼媒体担任评论员，却在民主党的大本营棕榈滩县赢了3 700张选票，这比他在佛罗里达州其他任何地方赢的票数都多,连他自己都觉得不对劲。棕榈滩县的选民搞不清楚选票是怎么设计的,有人因打了不止一个孔而被视作"过度投票"。在其他地方,选票上有"挂着的纸片"(选民本应该把这张长方形的小纸片推进投票机里),或者是"有凹陷的"纸片(用金属触笔标记过的长方形),用当时的术语来说这叫"投票不足"。[59]

一共有大约17.5万张选票存在争议,两位候选人的律师团队在塔拉哈西开启了令人眼花缭乱的法庭交锋。11月9日,戈尔要求在4个县由人工进行重新计票。两天后,小布什的律师急于保护小布什微弱的领先优势不致瓦解,申请迈阿密的联邦地区法院发出紧急禁令,停止人工计票。他们提出,只在4个县重新计票的话,会令一些选票的价值高于其他选票,从而违反平等保护条款。小布什的请求没有获得佛罗里达州法院的支持,他选择向联邦最高法院上诉。当上诉过程正在联邦法院进行时,在佛罗里达州担任小布什竞选团队共同主席的共和党人、佛罗里达州州务卿凯瑟琳·哈里斯介入并要求各地按照原定时间在11月14日提交选举结果,不允许人工计票。

戈尔希望通过重新计票赢得这4个县,他和县政府的官员一起对哈里斯的决定提起诉讼。11月17日,佛罗里达州最高法院裁定哈里斯败诉,并把计票截止日期推迟到11月26日。小布什的律师认为这一裁决侵犯了哈里斯作为州务卿确认选举结果的权力,于是再次向联邦最高法院上诉。他们辩称佛罗里达州最高法院下令延期12天缺乏法律依据。小布什竞选团队和众议院共和党领袖对佛罗里达州最高法院发起了全面攻击。感恩节前的11月22日,小布什发起的两项诉讼摆在了联邦最高法院面前。

一开始,人们觉得联邦最高法院不大可能会介入一起基于州法裁决的政治性案件，但第二天，联邦最高法院宣布审理小布什诉棕榈滩县票务委员会案，也就是对佛罗里达州法院在4个县延长人工计票时间裁定的上诉案件。因为亚特兰大的上诉法院尚未做出裁决，小布什的第二项上诉被暂时驳回。由于联邦最高法院只需要有4名大法官同意即可受理一起案子，目前还无从判断是否所有的大法官都觉得佛罗里达州的情况出了问题。

同时，两个竞选团队的博弈还在继续。11月26日计票截止，戈尔在布劳沃德县多得了567票，在棕榈滩县的票数也有所增加，但是因为报告时间晚了90分钟，没有被采用。迈阿密-戴德县仍在计票，还有1万多张选票等待核准。这时，哈里斯正式宣布小布什以537票的优势赢得佛罗里达州。戈尔的律师提起诉讼，他们也知道希望不大，但还是要进行最后一搏。然而，在佛罗里达州法院还没做出裁决的时候，联邦最高法院就介入了。

在小布什诉棕榈滩县票务委员会案的口头辩论中，大法官们看起来有些分歧。但在三天后的12月4日，联邦最高法院一致裁定佛罗里达州把原定于11月14日的截止日期推迟12天是不合法的，并要求州法院更详细地解释延期理由。州法院能够证明自己确实考虑到与联邦选举相关的法律和宪法规定了吗？小布什在诉状中说这起案子涉及宪法第十四修正案，虽然联邦最高法院并未就这个说法表态，但裁定确实涉及美国宪法中一个晦涩的规定：根据宪法第二条第五款，总统大选中的选举人要由各州"按照立法机关指示的方式"任命。随着戈尔针对选举计票的诉讼逐步打到佛罗里达州最高法院，这个极具争议的规定最终成为案子的核心问题。[60]

12月8日，全部由民主党人组成的佛罗里达州最高法院宣布了一项全面的、精心设计的裁决，旨在符合联邦最高法院的标准。还有几十个县仍在继续计票。佛罗里达州法律规定"只要选民明确表达出意图",那么任何一张票都不应该被忽视,按照这条规定,佛罗里达州最高法院以4:3的票数比裁定票务委员会的计票过程是有缺陷的。仅在迈阿密-戴德县,就有9 000张选票无法通过投票机读出是投给哪位候选人的,而这些票还没有经过人工统计。佛罗里达州最高法院多数意见裁定:"有争议的选票属于选举过程中的证据,只有通过检查这些选票才能做出有意义的最终决定。"[61]

但是按照什么标准来查票呢?法院并没有说明。和其他州一样,这些问题通常都是由各地自己解决的。小布什的律师也注意到法院没有说明标准,当天晚上他们就提出上诉,要求紧急停止重新计票,声称重新计票会给小布什带来不可挽回的伤害。在这场愈加激烈的竞争中,双方都亮出了底牌。

* * *

对习惯以更稳健的速度行事的联邦最高法院来说,这么紧张的时间让接下来的两天显得很不真实。案子已经变成了小布什诉戈尔案,大法官们在12月9日(星期六)的早晨进行合议,探讨是否要暂停计票,以及如何处理上诉的问题,但与此同时,佛罗里达州重新计票的工作已经开始了。在自由派大法官们看来,联邦最高法院上个周末做出的一致裁决是将将躲过了一劫。伦奎斯特、斯卡利亚、托马斯、奥康纳和肯尼迪都投票支持暂缓计票,这让自由派目瞪口呆。双方无法达成任何妥协。史蒂文斯给出了一份措辞尖锐的反对意见,苏特、金斯伯格和布雷耶很快签署了。史蒂文斯写道,裁定停止计算合法的选票,"多数派今天背离了……联邦最高法院历史上一贯尊重的司法克制原则"。他还写道:"统计每一张合法投下的选票是不可能构成无法挽回的伤害的。""另一方面,暂缓计票则可能(给戈尔和民主党人)造成无法挽回的伤害,更重要的是,也会给公众造成这样的伤害,因为下令暂缓计票就意味着做出了有利于申请人的裁决。"史蒂文斯严肃地结案陈词,"阻止重新计票一定会让这次选举的合法性蒙上一层阴影。"[62]

史蒂文斯一反常态地把反对意见公之于众,让人们首次得以窥见联邦最高法院内部的分歧。但斯卡利亚为停止计票的辩护更引发了人们对党派偏见的质疑,他说,重新计票必须停止,因为它可能会给小布什"宣称的自己选举的合法性蒙上一层阴影",从而给小布什造成"无法挽回的伤害"。[63]

在投票之后,大法官们通常都会回到自己的办公室,但这次他们没有。根据《纽约时报》法律事务分析师琳达·格林豪斯得到的消息,自由派人士"情绪震动、士气低落",他们彼此沟通,担心

2000年12月12日,小布什和戈尔的支持者在联邦最高法院外对峙。

这个看起来已成定局的结果会对联邦最高法院和国家造成怎样的伤害。[64]认为自己擅长说服别人的布雷耶希望能想出办法来说服肯尼迪甚至奥康纳改变主意。

小布什案相关文书中的平等保护论述可谓花样翻新。问题不再是只重新计算某些县的选票是否合宪,而是当各县的计票标准不同时,佛罗里达州最高法院下令重新计票是否侵犯了小布什的平等保护权。布雷耶和苏特想,如果能够说服肯尼迪同意采取统一标准计票来解决这个问题,那么他们就有可能获得足够的支持让重新计票工作得以继续进行。

到星期一早晨大法官们落座听取口头辩论时,法庭里的气氛已经从上次辩论时的那种充满期待变得闷闷不乐。[65]在莫里森案中坚持州权至上、对平等保护概念给出狭义解读的5位大法官现在要转变立场了。

首都华盛顿的著名律师西奥多·奥尔森开始了他的论证。他说,根据宪法第二条,应该由各州的立法机构制定总统选举规则,而不是由州法院制定。肯尼迪大法官指出,法院要对法律的行文措辞做出解释。奥尔森又辩称联邦法律禁止佛罗里达州在选票投出后再修改计票规则。肯尼迪回应道:"我以为你刚才说的是,相关过程违反平等保护条款的原因是它没有固定标准。"奥尔森的回答给了布雷耶追问的机会,他问道:"标准应该是什么呢?"奥尔森继续闪烁其词。[66]

当轮到奥尔森反驳对方律师时,金斯伯格一针见血地说:"奥尔森先生,我有一事不明:各县的选票本身就是不一样的,有机器选票,有光学扫描选票,还有各种各样的选票,有我们知道的蝴蝶式选票,还有其他种类的卡片式选票。有这么多种不同的选票,你怎么能用同一个标准来统计呢?"[67]这问到了奥尔森所说的平等保护问题的核心，但时间已经到了。

最终一切都没有改变。5∶4 的投票结果说明，联邦最高法院多数派无论如何都不打算让佛罗里达州最高法院监督重新计票。判决结果实际上为选举画上了句号。

联邦最高法院外，电视媒体在门前竖起长杆，上面安装了明亮的灯光设备，将大楼团团围住；联邦最高法院内，大法官们加班到凌晨起草意见书。伦奎斯特很快写好了一份草稿，斯卡利亚和托马斯签了名。判决写道，佛罗里达州最高法院要求重新计票，等于取代了州立法机关的职责，违反了美国宪法第二条的规定。但布雷耶仍然乐观地坚持他的办法：把案子发回佛罗里达州最高法院，并要求他们制定一个全州范围内的计票标准。布雷耶和苏特同意应该由佛罗里达州法院裁决各县是否应该在 12 月 18 日选举人团会议之前完成重新计票工作。

面对如此两极分化的立场，肯尼迪和奥康纳写出了一份只有寥寥 12 页的判决意见，意见获得了伦奎斯特、斯卡利亚和托马斯的赞同，由此形成多数。[68]意见几乎没有解释为什么佛罗里达州最高法院的裁决违反了平等保护条款，但其中包括这样一个很不寻常的段落："我们的考量仅仅是根据目前的情况做出的，因为选举过程中的平等保护问题往往包含许多错综复杂的方面。"[69]

金斯伯格眼看着多数派法官之间的博弈，对平等保护理论被这样曲解感到厌恶极了。联邦最高法院之前从未裁定过选举标准违反平等保护原则。[70]如果确有违反，对象又是谁呢？考虑到之前媒体报道过黑人选民遭受的暴力和恐吓，金斯伯格写道，如果有任何违反平等保护条款的行为，那么更可能是地方和州政府做的，而不是佛罗里达州最高法院所为。[71]斯卡利亚读完她的反对意见草案之后，写了一份备忘录，指责她对选举采用了"阿尔·沙普顿"①式的策略。[72]她的这位好朋友可能很少让她这么火冒三丈，[73]但以她一贯的克制，金斯伯格选择不去回击，而是在意见中删去了种族的部分。[74]

但作为一个曾经教过"法律的冲突和联邦管辖权"课程的人，金斯伯格毫不讳言地指出伦奎斯特、斯卡利亚和托马斯在联邦主义上的虚伪。她写道："本院很少会断然否定一个州的最高法院对自己州法的解释。"[75]但那三位大法官在裁定佛罗里达州最高法院违反了美国宪法第二条规定的时候就等于是下了这个结论。金斯伯格辩称，尽管三位大法官不同意佛罗里达州最高法院对本州法律的解释，但这种不同意见"并不意味着佛罗里达州最高法院的法官有越权立法的行为。并没有理由认为佛罗里达州最高法院的法官们没有'尽最大努力履行他们的誓言'，也没有理由否定他们对佛罗里达州法律的合理解释"。金斯伯格援引先例指出，传统上联邦最高法院是尊重联邦机构对法律的解释的，除非相关机构违背了国会明确表达的意图。金斯伯格写道："宪法并没有要求我们针对联邦行政机构对联邦法律的解释给予比各州最高法院对其本州法律的解释更高的尊重。"[76]

联邦最高法院在本案中不尊重州权的做法也削弱了多数派在平等保护裁决上的说服力。金斯伯格认为，鉴于投票机制和机器计票普遍存在问题，尽管佛罗里达州最高法院采取的重新计票方法可能不完美，但它并不比此前的结果认定"更不公平或更不准确"。[77]联邦最高法院不应该要求佛罗里达州达到没有几个州能达到的那种完美程度，而是应该尊重佛罗里达州最高法院的合理尝试，在不强加12月12日这个最后期限的情况下尽可能准确地计算选票。设立

---

① 阿尔·沙普顿（Al sharpton）是美国著名的民权活动家、基督教牧师和电视节目主持人。——译者注

最后期限会导致无法通过有序的司法审查来处理可能出现的争议，损害了佛罗里达州为大多数人的平等保护所做的努力。[78]

80岁高龄的史蒂文斯大法官用词更加尖锐，他的反对意见是所有意见书中最广受引用的。他写道，多数人的立场"只能让人更愿意对全国法官的工作进行冷嘲热讽"，"我们也许永远无法确定今年总统大选的赢家到底是谁，但输家的身份一目了然，那就是全国上下对法官作为法治不偏不倚的捍卫者的信心已无"。[79]

* * *

自从身患结肠癌的金斯伯格从希腊回到美国后，这一年半的时间过得很不容易。在手术和化疗之后，马蒂让她找个健身教练，说她"看起来就像从奥斯威辛集中营里幸存下来的人"。[80]她和联邦最高法院健身房的一名教练一起训练，逐步恢复体力，但她急需在联邦最高法院休庭后的假期里好好休整一番。接下来的8年可能都要由小布什和切尼政府掌权，这对她所珍视的价值观和事业来说可不是什么好消息。

第六部分

坚 守

| 第18章 |

咬定青山

小布什和切尼会把国家带向何方？金斯伯格颇感忧虑，而现实比她的担忧更甚。2001年9月11日之后，"反恐战争"打响。从许多方面来看，这个国家都将永久改变。

塔利班是一个压迫性的伊斯兰宗教激进主义团体，与基地组织有联系。在阿富汗，针对塔利班的轰炸带来了一些成果。一些基地组织的领导人被逮捕或消灭，这削弱了基地组织行动的有效性。但本·拉登仍然无迹可寻，而且十分危险。2003年，美国当局又草率地入侵伊拉克，让美国人在接下来的9年里深陷战争泥潭。战争导致约4 488名年轻的军人丧生，他们的棺木上覆盖着国旗，被运回家乡。另有超过3 226人受伤。

反恐战争在生命和金钱上均付出了高昂的代价，永久地改变了无数男女军人的生活。此外，小布什政府将反恐战争作为扩大行政权力和推进保守派议程的手段，这影响到法院、国会和军队的运转。[1]在保守主义政策下，美国政府放松了对环保、卫生、工作场所安全标准和抵押贷款市场的管制，新的税收政策减轻了高收入者的税务负担，军中儿女的福利也进一步受到侵蚀。[2]

压力之下，金斯伯格的身体健康似乎受到了影响，她的头向前探，整个人看起来弱不禁风。不过，如果单看她的外表，人们总是会小瞧她。她强大的头脑和战略意识一如既往，也继续坚持建国原则，如三权分立、制约平衡，以及人身保护权——她对这些原则的理解和小布什政府大相径庭。随着小布什-切尼时代的到来，联邦最高法院的组成发生了变化，而马蒂的身体也每况愈下。奥康纳退休后，金斯伯格成了唯一的女大法官，她看起来羸弱而孤独。但是，每当人们觉得法律已沦为权力的工具，人道主义被搁置一旁的时候，她的反对意见都更显锐利与分量。[3]

* * *

在联邦最高法院工作的前 10 年里，金斯伯格一直致力于扩大民众的权利。对她来说，小布什的第一个任期里有两起重要的平等保护案涉及性别议题，其中只有一起取得了短暂的胜利。第一起案件涉及一对父子，他们是约瑟夫·布莱和阮俊英，美国法律中关于公民的非婚生子女能否享有公民权问题有着复杂的规定，这对父子就遇到了这种麻烦。根据《美国法典》第 8 章第 1409 节，如果一位女性公民在海外诞下非婚生子女，那么她只需要在生育前在美国本土或海外领地居住满一年，就可以把公民身份传给孩子。但在同样的情况下，如果只有孩子的父亲是美国公民的话，就必须满足额外的条件才能让孩子从出生起就拥有美国国籍。[4] 阮案将会检验联邦最高法院多数大法官能否沿用弗吉尼亚军事学院案中针对性别问题所确立的怀疑性审查。

约瑟夫·布莱是美国公民，也是退伍军人，他于 1969 年和一名越南公民阮虹氏生了一个孩子。因为一开始不确定让孩子移民美国可不可行，布莱把孩子留在了越南。1975 年，父子俩在休斯敦团聚。由于孩子是在 6 岁时以难民身份进入美国的，布莱从未正式为儿子申请美国国籍，孩子自己也没有在满21周岁之前提出申请，而法律规定，如果要正式确立父子关系，必须在孩子满21周岁前完成。

阮俊英在22岁时承认犯下了性侵重罪，国籍问题随之浮出水面。被定罪后的阮俊英面临被驱逐出境的命运，[5]他向移民上诉委员会提出上诉，并用DNA（脱氧核糖核酸）证明了亲子关系，但由于当时他已经超龄了，上诉随之被驳回。随后父子俩在第五巡回法院质疑移民上诉委员会的决定，指出《美国法典》第1409（a）节违反了平等保护原则。上诉法院并没有采纳他们的请求，于是他们上诉到联邦最高法院。金斯伯格立刻意识到，这条规定反映出的是旧式家庭关系法律（比如关于私生子和"妻从夫权"的规定）和种族特权的阴影，以及根据性别划分育儿责任对女性造成的伤害。她认为，第1409（a）小节这样的法律在当代宪政民主国家是不应该存在的。[6]

然而，当案子摆在联邦最高法院面前时，金斯伯格发现自己的意见并不占优。肯尼迪同意斯卡利亚、托马斯、伦奎斯特和史蒂文斯的看法，认为第1409（a）节符合平等保护原则。在肯尼迪执笔的多数意见中，他表示在这个问题上给两性制定不同的标准是合理的，因为对公民父亲必须提出更严格的要求。肯尼迪认为母亲和孩子之间有着天然的联结，母亲拥有孕育孩子的"独特"经历，这种经历让母亲有可能和孩子发展出有意义的联系，而非婚生子的父亲则没有这种"独特"经历，[7]给他们制定不同的规则，是为了保证他们和孩子之间存在切实的联结，必须存在这种联结才能把公民身份传递给孩子。[8]

奥康纳写了一份强硬的反对意见（金斯伯格做了幕后贡献），其中好几处都反驳了多数派的预设立场。奥康纳告诫称，认为母亲把孩子生出来就意味着她"有机会"和孩子建立"切实的、日常的联结",而父亲因为在孩子出生时不在场就没有这种联结,产生这种看法的原因是对两性的过度概括。[9] 多数派助长了这样一种观念,那就是男人无法和女人一样"自然而然地"与孩子建立起切实而持久的联系,这样更强化了一种有害而错误的成见。[10] 因此,多数派没能按照弗吉尼亚军事学院案的要求,对移民局所说的政府利益和实现这种利益所必需的性别划分进行严密的审查,这是不尊重联邦最高法院关于性别歧视判例的"深刻性与生命力"。[11] 联邦最高法院没能坚持使用怀疑性审查,这让金斯伯格深感失望,但她还对即将到来的另一起案子有所希冀,该案将再次检验国会通过立法来规范平等含义的权力。

* * *

内华达州人力资源部诉希布斯案的争议焦点在于《家事与医疗休假法》(FMLA)是否符合宪法要求。这部法律是1993年出台的,目的是缓解家庭成员在工作和家庭责任中面临的矛盾——通常是针对女性,但也绝不仅限于女性。法案规定,达到一定规模的雇主必须为符合条件的员工提供无薪假期,保留岗位,帮助员工应对符合条件的医疗和家庭紧急情况。在8年的时间里,草案几经修改,两次被老布什总统否决,但最终仍在一定程度上帮助职场妈妈能够在不丢工作,不影响年资、福利和晋升的情况下孕育下一代,这是20世纪70年代女权主义者的核心目标。[12] 法案把女权主义者对平等公民权的追求与里根和老布什时代的家庭观念结合了起来。

与《反针对女性暴力法》一样,《家事与医疗休假法》的宪法基础也是贸易条款和宪法第十四修正案第五款。至于《家事与医疗休假法》有哪些弱点,任何熟悉莫里森案和伦奎斯特法院对第五款的判例的人都看得出来。在联邦法院中有 8 项针对《家事与医疗休假法》的诉讼,[13] 其中 7 项的裁决都认定,国会制定该法案允许私人起诉各州剥夺了各州原本享有的豁免权;法院认为这是没有法律依据的,国会并没有合法行使宪法第五章赋予的权力。只有第九巡回法院的自由派法官裁决,威廉·希布斯作为个人可以起诉内华达州,要求政府赔偿因未能完全遵守法规给希布斯带来的损失。[14]

在希布斯为内华达州人力资源部工作期间,他的妻子黛安娜在一场车祸中遭受重伤。为了照顾妻子,希布斯根据《家事与医疗休假法》请了 12 个星期的假。在申请尚未获批时,他了解到自己还可能有资格根据内华达州的重大事故休假项目获得带薪假,但他当时不知道,他的雇主打算把这些带薪假的时间算在《家事与医疗休假法》的假期里。等老板通知他回去上班时,希布斯拒绝了,他认为自己还有《家事与医疗休假法》规定的无薪假没有休完。老板要解雇他,他随即提出诉讼。[15]

这起案子事关重大。除了有将近 500 万州政府雇员会受到影响,如果联邦最高法院根据宪法第十四修正案的执行条款(即第五款)裁定《家事与医疗休假法》"不合适"的话,就意味着国会定义的平等保护遭到了联邦最高法院的否定。著名法律学者罗伯特·波斯特指出:"这将是美国政治中有重大象征意义的转变。"[16] 司法部副总检察长还警告称,如果联邦最高法院支持州政府的豁免权,就会对民权相关规定的执行产生广泛影响。[17]

内华达州检察长相信,鉴于伦奎斯特代表的多数派对新联邦主义的认同,联邦最高法院将做出有利于州权的裁决。但联邦最高法院最终以 6∶3 支持了第九巡回法院,让人大跌眼镜。[18] 可以说,从性别平等的角度而言,这一裁决比莫里森案和其他最近的一些案子有所进步。不过,伦奎斯特在撰写多数意见时谨慎地将希布斯案和之前的案件区别开来。他说，《家事与医疗休假法》是"专门针对家庭和工作之间的界限制定的——这正是基于性别的过度泛化最为严重的领域"。[19] 他写道，在家庭成员生病或有紧急情况的时候提供12个星期的无薪假，这是和国会的目标"一致而相称"的补救措施。[20] 它确保"人们不会再把家庭护理假当作女员工对雇主的过度消耗，而雇主也不能再通过雇用男性来避免员工休假"。他继续写道，"（国会的职能）并不局限于'制定和宪法第十四修正案的语句一模一样的立法'，而是可以禁止'更为宽泛的行为，包括那些宪法第十四修正案并未明文禁止的行为'"。

伦奎斯特给出如此宽泛的解读让人们大感意外。在金斯伯格为美国公民自由联盟工作的那些年里，伦奎斯特属于那种"怎么也劝不动"的大法官。在金斯伯格进入联邦最高法院后，伦奎斯特还曾经问过她，斯蒂芬·维森菲尔德是不是真的待在家里照顾孩子。但毫无疑问，这次伦奎斯特终于被说动了。在希布斯案的裁决中，伦奎斯特说在弗朗蒂罗案之后的35年里，有许多持续的、制度性问题违背了宪法的要求，其中反映出的是对母亲和准妈妈的成见。在裁决中，关于什么样的差别能够被算作"真正的性别差异"，进而允许政策中的区别对待，伦奎斯特在以往联邦最高法院规定的基础上进一步缩小这种差别的范围。[21]

这一判决中处处体现着金斯伯格的影响，马蒂在读完后甚至问道："露丝，这是由你代笔的吗？这太不可思议了。"[22] 判决自然并非由她代笔，但也不能因此否定她的说服力，这一裁决确实体现出她一贯倡导的思想。

* * *

2005年的夏天开局不利。前一年的10月，伦奎斯特被确诊患

2003 年的金斯伯格夫妇。

2005 年 7 月 10 日,病中的伦奎斯特和女儿珍妮特在一起。

有严重的甲状腺癌。接下来他进行了几个月的放疗和化疗。在做完气管切开术后，他可以通过脖子上的一个洞说话了。到3月，他开始积极参与联邦最高法院的工作。人们原以为他会辞职，但他希望再坚持一年。不过，奥康纳大法官觉得自己无法继续工作了，因为她丈夫约翰的阿尔茨海默病变得越来越严重。7月，她突然宣布要退休，让其他大法官和总统都深感意外。[23]

奥康纳在许多重大问题上投出过关键一票，包括堕胎、平权行动和死刑议题，人们纷纷向这位大法官致敬。金斯伯格也开始接受这个令人不快的现实，那就是她自己要成为联邦最高法院大法官席上唯一的女性了。她和奥康纳一起工作了12年，尽管只有52%的判决达成一致，但两人有着共同的志趣，包括一同努力让联邦最高法院的工作环境更有利于家庭，而且两人也非常乐于让人们看到女大法官并不都是同一种人，她俩一个曾是女牛仔名人堂的成员，另一个则痴迷于歌剧。[24]

尽管奥康纳常说"富有智慧的老男人和老女人往往有同样的看法"，但她在联邦最高法院工作本身就实实在在地影响了男同事在性别议题上的敏感度。[25]在性别歧视案中，有4位男性大法官对原告的支持率提高了26%之多。[26]1993年金斯伯格上任后，她和奥康纳形成了牢固的伙伴关系，妇女权益相关案件的判决书大多由她们执笔。在许多根据《民权法案》第七章或1972年《教育修正案》第九章提起的性骚扰案件中，两人都站在同一阵营。在合众国诉弗吉尼亚州案中，金斯伯格以奥康纳对霍根案的裁决为基础，致敬奥康纳这位在20世纪80年代挽救了性别歧视法理学的大法官，而且奥康纳还把撰写和宣布弗吉尼亚军事学院案裁决的机会交给了金斯伯格。在阮俊英案中，奥康纳署名的反对意见也是由两人密切合作完成的。[27]在个人层面，金斯伯格1999年患结肠癌期间，奥康纳

联邦最高法院大法官步行离开联邦最高法院大楼，前去参加前首席大法官威廉·伦奎斯特的葬礼。按照从前往后的顺序，他们是约翰·保罗·史蒂文斯、桑德拉·戴·奥康纳、安东宁·斯卡利亚、威廉·肯尼迪、戴维·苏特、克拉伦斯·托马斯、斯蒂芬·布雷耶、露丝·巴德·金斯伯格。

给予的支持令她铭记于心。[28]

两个月后，未满 81 岁的伦奎斯特逝世，这加剧了金斯伯格的失落感。9 月 7 日伦奎斯特遗体下葬前，他的灵柩被安放在联邦最高法院的大厅里，许多名人前来吊唁，聆听小布什总统和奥康纳大法官致辞。伦奎斯特夫妇和奥康纳夫妇在亚利桑那州就成了朋友，甚至曾一起度假。

对奥康纳而言，伦奎斯特的离去和她自己的退休都让她心情沉重。在华盛顿的圣玛窦主教座堂，大法官们逐级而下，金斯伯格悲痛地低下了头。她知道,一个时代结束了。尽管联邦最高法院内部存在严重的分歧,但在过去 11 年中联邦最高法院的组成都没有变化,这是十分难得的,同事之间已经形成了家一般的氛围。他们一致认为,应该铭记伦奎斯特卓越的领导才能、敏锐的头脑、善于解嘲的幽默感、玩扑克牌的技巧以及对业余戏剧表演的热爱。[29]

让金斯伯格感受最深的是在她患癌期间伦奎斯特表现出的人性光辉——他的妻子也是因癌症离世的。他本人在与癌症抗争的过程中,也用勇气和决心做出了表率,告诉人们如何顶住巨大的压力高效地生活和工作。[30] 金斯伯格倍感失落。她常常提到自己对"老首席"的爱戴之情。[31] 两年以后,她也坦率承认自己有多么思念奥康纳,并表示自己心里还是空落落的。

* * *

要填补联邦最高法院的两个空缺,小布什政府迅速行动起来。总统原计划让约翰·罗伯茨法官接替奥康纳,但随后收回了这一决定,改为提名他担任首席大法官。罗伯茨在政治上偏右,曾在里根和老布什行政当局任职。他被认为是"同代人中最好的联邦最高法院辩护律师",以杰出的法律水平、战略头脑和出色的写作为人所知。[32] 因为他担任联邦法官仅有两年时间,反对者从他的判决记录中找不出什么能攻击他的地方,但支持堕胎的活动家们还是注意到他和妻子都是罗马天主教教徒。在听证会上,他显得富有魅力、博学多才,他保证支持司法最低限度主义、克制、就事论事。罗伯茨赢得了许多民主党人的支持。虽然奥巴马、拜登、查尔斯·舒默和芭芭拉·米库尔斯基投了反对票,罗伯茨还是成功通过了参议院的审议。自 1801 年约翰·马歇尔被提名以来,罗伯茨是最年轻的首席大法官。2005 年 10 月,罗伯茨上任。记者们预测,直到 2040

大法官萨穆埃尔·阿利托和首席大法官约翰·罗伯茨,他们接替了桑德拉·戴·奥康纳和威廉·伦奎斯特。

年联邦最高法院的工作都可能由罗伯茨来主持。[33]

2006年1月,萨穆埃尔·A.阿利托也加入了联邦最高法院。阿利托是意大利裔,保守派,曾担任检察官,支持"法律与秩序"。阿利托不认为罗诉韦德案是"既定法律",他尊重总统的权力,总是站在企业那一边,这让民主党人和美国公民自由联盟深感担忧。[34]但面对一位如此高素质的法官,民主党拉不到足够的票数来否决对他的提名。[35]

与侃侃而谈、享受聚光灯的斯卡利亚不同,这位新晋大法官以安静低调著称,但金斯伯格估计,阿利托的加入会让联邦最高法院更加右倾。[36]她让自己做好心理准备在罗伯茨带领的联邦最高法院继续工作。[37]但到10月,马蒂癌症复发,这让金斯伯格倍受打击。祸不单行,最具争议性的问题也再次回到联邦最高法院面前:堕胎权。

| 第18章 | 咬定青山   421

＊＊＊

1995年，罗诉韦德案的原告诺尔玛·麦科维皈依了宗教（罗这个名字就是麦科维的化名）。在得克萨斯州加兰县一栋房子的游泳池中，麦科维接受了原教旨主义牧师、反堕胎组织"救援行动"的全国主任弗利普·贝纳姆的洗礼，成为重生派基督徒和坚定的反堕胎活动家。[38]

贝纳姆还帮她和正义基金会建立了联系，这个由得克萨斯州医生和企业家詹姆斯·莱宁格尔资助的保守派法律基金会帮助麦科维发起诉讼，试图推翻罗诉韦德案。为了支持麦科维的诉讼，莱宁格尔资助的反堕胎组织"呐喊行动"从堕过胎的女性那里搜集了1 000多份宣誓书，证明她们在堕胎后有过内疚、抑郁和自我伤害的经历。[39]麦科维的诉讼败诉了，科学和医学文献中也提出越来越多的反面证据，但是反堕胎的论述从20世纪80年代和90年代初就在积蓄影响力，追随者众。[40]

为麦科维搜集的宣誓书最终落在一些支持堕胎的议员手里，包括南卡罗来纳州、俄亥俄州、路易斯安那州、密西西比州、亚拉巴马州的议员，还有国会的议员。到1996年，反堕胎活动家、作家戴维·里尔顿想出了一个使用这些资料的制胜策略。他建议，反堕胎势力应当提出"选择自由"和"生殖自由"。[41]他说，把女权纳入反堕胎的论点中，将有助于说服"占大多数的中间派"相信反堕胎运动才是真正在捍卫女性的权利，让她们在知情的情况下选择生育，而不用担心在自己不情愿的情况下被迫堕胎。[42]

里尔顿提出基于性别重新规划反堕胎运动，利用女性堕胎后遭受心理创伤的宣誓书，加之以可怕的图片展示给公众。在美国，晚期堕胎只占堕胎总数的1.2%。[43]但有一种医疗手段叫作"完整式宫颈扩张与清宫术"，被用来进行所谓的"半生产堕胎"，反对者们抓住机会用血淋淋的语言描述这种手术。做这种手术需要扩张女性的子宫颈，让胎儿大部分身体完整地进入阴道，而不是用钳子或其他工具在子宫内肢解胎儿。医生们指出，对一些有特殊健康问题的女性来说，这种手术有它的好处。批评者则说这是杀婴行为。反堕胎活动家和议员们现在有了一个强有力的武器，可以用来推动美国至今最严苛的堕胎禁令。[44]

克林顿曾两次否决一项具有争议的联邦堕胎禁令，因为它没有规定保护孕妇健康的豁免权。但现在一位反堕胎的总统入主白宫，国会也被共和党控制，随着政党制度变得越来越具有意识形态特征，这种一票否决渐渐成为民主党政府的标志。2003年，在没有医学共识的情况下，《禁止部分分娩堕胎法》出台。[45] 法律规定，如果在进行堕胎手术时，"胎儿的整个头部……或……肚脐以上的躯干部分露出母体之外，手术人明知手术会杀死部分分娩的活体胎儿"，那么医生就可能面临最高两年的监禁。[46]

在这一禁令中，有健康问题的孕妇也得不到豁免，立法者称这种豁免没有必要——这让相关诉讼很快进入联邦最高法院，而联邦最高法院在三年前刚刚推翻了内布拉斯加州类似的法律。[47] 勒罗伊·卡哈特医生和其他进行晚期堕胎手术的医生发起诉讼，希望阻止该法案生效。卡哈特医生认为把国家置于医生和病人之间是"对医疗的侮辱"。他还记得，在罗诉韦德案裁决之前，他在费城综合医院进行轮换，看到几十位妇女因流产失败而遭受严重感染，其中一些人是自己给自己堕胎的。[48] 当原告在下级法院获胜后，司法部长阿尔韦托·冈萨雷斯提出上诉。[49]

* * *

在联邦最高法院准备审理冈萨雷斯诉卡哈特案时，金斯伯格担心会出现最坏的情况。多年来，联邦最高法院对堕胎问题的判例已经发生变化，越来越关注所谓由堕胎引发的心理后果，也更多地怀疑那些寻求堕胎的女性的决策能力。1983年，联邦最高法院否定了俄亥俄州阿克伦市的"知情同意"法规，认为它"并非旨在让女性能够知情同意，而是为了说服她干脆不做"。[50] 在近10年后的计划生育联合会诉凯茜案中，联邦最高法院再次肯定了女性在决定其生命历程方面的自主权。但是现在，联邦最高法院的平衡已经发生了变化。

对于限制堕胎的规定，联邦最高法院用更为宽松的"不当负担"标准取代了严格审查。立法机关可以出于各种目的对堕胎进行监管，只要它的目的不是对妇女造成不当负担就可以了。多数派说："我们认为没有理由不允许各州要求医生告诉想堕胎的妇女，有相关资料让她了解堕胎给胎儿带来的后果，就算那些后果与她本人的健康没有直接关系。"[51] 根据凯茜案多数派的意见，知情同意、24小时等待期和心理咨询服务的要求都促进了"这一合理目的，即减少女性选择堕胎后发现自己未做到充分知情并因此承受毁灭性的心理后果的可能性"。堕胎议题中就这样种下了保护妇女这一论述的种子，这与其他所有医疗决定都形成鲜明对比。在其他医疗问题中，人们都认为决定权应该属于病人本人，而且病人一般也有能力为自己做决定。[52]

在2000年的一起案子（施滕贝格诉卡哈特案）中，联邦最高法院以微弱的优势推翻了内布拉斯加州的相关堕胎规定，但大法官之间产生了激烈的分歧。[53] 由于奥康纳和苏特投票推翻禁令，在堕胎问题上一直拿不定主意的肯尼迪大法官认为奥康纳和苏特背叛了他们三人在凯茜案中达成的妥协。[54] 肯尼迪写了一份强硬的反对意见，称"凯茜案保障各州在促进尊重生命方面有重要的宪法地位"，

2000年6月28日，发起诉讼挑战《禁止部分分娩堕胎法》的勒罗伊·卡哈特医生走出联邦最高法院。

而本案的裁决与这种保障自相矛盾。作为支持凯茜案的三位中间派中最不坚定的一位，肯尼迪认为完整式宫颈扩张与清宫术在道德上"面目可憎"，他不大可能软化立场，而阿利托和他接替的奥康纳的立场也不相同。[55]

* * *

冈萨雷斯诉卡哈特案以5∶4告终，坐实了金斯伯格的担忧。30年来，联邦最高法院从未偏离过罗诉韦德案中对胎儿地位的中立立场，但这一裁决颠覆了这30年的历史。[56] 此外，它禁止了一种具

堕胎权的支持者和反对者在联邦最高法院大楼外对峙。

体的堕胎手术，并将孕妇健康豁免排除在法律之外。罗伯茨、阿利托、肯尼迪、斯卡利亚和托马斯投票支持《禁止部分分娩堕胎法》，而媒体也很快指出，这几位大法官都是天主教教徒。[57] 多数意见由肯尼迪执笔，他写道，与内布拉斯加州的禁令不同，《禁止部分分娩堕胎法》并不具有模糊性。在内布拉斯加案中，多数意见认为应该设立孕妇健康豁免，但在《禁止部分分娩堕胎法》中，国会并不需要加入这一豁免，因为这种手术究竟是否必要，在医学上仍有争议。这一禁令也没有给在胎儿能够独立存活之前寻求晚期堕胎的妇女带来违宪的"不当负担"。如果孕妇和医生决定在这种情况下堕胎，他们可以向法院申请"特事特办"。这种解决方案是金斯伯格反对的。[58]

肯尼迪认为，该法案只是表达了"对人类生命尊严的尊重"。[59] 它还保护妇女不必使用她们可能不够了解的方法来终止妊娠，之后再后悔莫及。他不无夸张地写道："对人类生命的尊重在母爱的纽带中得到终极体现……不言而喻，当一个母亲后悔选择堕胎时，当她事后才得知她允许一名医生刺穿了未出生的、正在变成人形的孩子的头骨，将孩子快速发育的大脑吸出时，她一定会在深深的悲痛和哀伤中挣扎。"

肯尼迪强调伦理和道德，他在行文措辞中选择用"母亲"和"孩子"而非"孕妇"和"胎儿"，认为女人真正的本性就是做母亲，觉得女人缺乏决策能力，需要国家的保护。这一切，甚至包括《禁止部分分娩堕胎法》的名字本身，都完全来自反堕胎运动的战略蓝本。金斯伯格、史蒂文斯、苏特和布雷耶提出了坚决反对。在20世纪70年代，金斯伯格就反对在陪审团义务和工作场所的相关规定上以保护女性为名，行限制女性自由和自主权之实。她可不打算就此罢休。

联邦最高法院宣布裁决时，金斯伯格做了一个不同寻常的决定，她在法庭上朗读了自己的反对意见。这是她与公众直接沟通的方式，让"我们人民"能够参与讨论这个她认为"极其"错误的裁决。[60] 和她通常写的那种客气的反对意见不同，这份意见充满了非同寻常的怒气。她逐字逐句读着，坚毅又尖锐，力求造成最大的影响：

> 今天的裁决令人担忧。它没有认真对待凯茜案和施滕贝格案的先例。它容忍甚至可以说是赞扬通过联邦干预在全国范围内禁止一种美国妇产科医生协会（ACOG）认为在某些情况下必要而适当的手术。它模糊了在凯茜案中明确划定的界限，即

以胎儿脱离母体能否独立生存为界,而且这是联邦最高法院在罗案以后首次批准一个不给孕妇健康豁免权的禁令。[61]

她指出,在下级法院完整的庭审中,卓有成就的专家提出了非常广泛的医学和科学证据,说明完整式宫颈扩张与清宫术的安全性和必要性。这些结论显示,对有某些健康问题的女性而言,这种手术确实是最佳选择,对此金斯伯格给出了具体的说明。"今天的判决没有说明为什么要否定这些结论",只不过是"把这些结论掩盖起来",提出"一眼就能看穿的、站不住脚的理由来支持在全国范围内禁止实施完整式宫颈扩张与清宫术,而且不提供任何豁免来保证妇女的健康"。[62]

接着,在禁令是否符合政府在保护和促进胎儿生命方面的利益这一核心问题上,金斯伯格揭露了多数派意见中巨大的漏洞。法律并没有拯救任何一个胎儿的生命,因为它所针对的只是"堕胎的一种方法",而这种方法不比在子宫内肢解胎儿更残忍。[63] 联邦最高法院引入的道德关切"和任何真正符合政府保护生命利益的理由都无关",走上了一条滑坡谬误的道路,最终可能导致法律禁止所有形式的堕胎。金斯伯格指出,"我们的职责是界定所有人的自由,而不是把我们自己的道德准则强加于人",这是对肯尼迪的直接批评。

对于联邦最高法院在"没有可靠证据"的情况下套用"旧式反堕胎辞令",金斯伯格毫不掩饰地表达了她的失望:

> 有些女人堕胎后对自己的决定感到后悔,并因此经历"严重的抑郁、丧失自尊"。联邦最高法院担心,由于女性脆弱的情绪状态和"母爱的纽带",医生可能不会准确而充分地告知

她们完整式宫颈扩张与清宫术的性质。而在联邦最高法院看来，正确的解决方法不是要求医生准确而充分地告知女性不同手术的性质及其相关风险，反而是剥夺女性做出自主选择的权利，不惜为此牺牲她们的安全。这种思维模式反映出的是，在古老的观念里女性在家庭和宪法下居于什么样的地位，而这些观念早就被否定了。[64]

金斯伯格继续写道，联邦最高法院允许个别女性或她的医生提出异议，"这危害了女性的健康，也让医生站不住脚"，因为医疗紧急情况是无法提前预计的，一名训练有素的医生在看过相关健康记录后可能会得出结论，认为完整式宫颈扩张与清宫术是最安全的选择。[65]

她直截了当地总结道："简言之，认为《禁止部分分娩堕胎法》能促进任何合理的政府利益的想法都是站不住脚的。联邦最高法院对该法规的辩护也没有说清楚它的合理之处。坦率地说，无论从哪种角度去理解，该法案以及联邦最高法院对它的辩护都是对堕胎权的侵蚀，而联邦最高法院已经多次裁决过且越来越清楚堕胎权对女性生命的重要性。"[66]

如果还有人对金斯伯格是否致力于维护罗诉韦德案心存怀疑，那么她这次的表态可以打消这些疑虑了。她不仅捍卫了妇女的生殖权利，还将这种权利根植于性别平等的原则中，引用了平等保护的判例——包括她自己曾参与的诉讼或是亲自撰写的裁决。

* * *

但在短期内，金斯伯格不大可能改写罗案的裁决。反堕胎势力因卡哈特案的胜利而欢欣鼓舞，他们加紧立法举措，说服共和党控制的各州以保护女性为名通过限制堕胎自由的法案。[67]有些法律要求堕胎前必须通知孕妇的父母，要等待最多72个小时，要先做侵入性的阴道超声检查；有的地方对堕胎诊所施加在宪法上不一定站得住脚的限制，禁止私企和政府提供的医疗保险为堕胎报销。这些措施产生了效果，到2011年，美国有87%的县都没有堕胎诊所。[68]

在随后的几年里，随着反堕胎立法者以保护女性为名对诊所施加相关限制，有堕胎诊所的县越来越少。[69]在俄克拉何马州、得克萨斯州、路易斯安那州、密西西比州、亚拉巴马州和北卡罗来纳州，许多诊所都被迫关闭。有540万育龄女性生活在得克萨斯州，由于这里许多诊所被关门，住在里奥格兰德河谷的女性如果需要堕胎，只能选择去240英里外的圣安东尼奥市，或者去墨西哥。[70]生育上的沉重负担引人关注。卡里姆·阿卜杜勒-贾巴尔为《时代》周刊撰写了一篇强有力的文章："关闭诊所和攻击计划生育联合会相当于打击贫困妇女的医疗选择，特别是黑人和棕种人女性。"[71]等到2016年，一个挑战得克萨斯州关闭堕胎诊所政策的诉讼打到联邦最高法院的时候，谷歌搜索数据表明，在得克萨斯州和其他15个颁布严格禁令的州，人们对私下里自行堕胎的需求仿佛回到了罗诉韦德案以前的时代。[72]

面对这样的情况，金斯伯格更多地利用夏季演讲的机会，鼓励年轻女性多关心生殖权利，不要将其视为理所当然的事情。

* * *

金斯伯格在卡哈特案中宣读了她的不同意见，希望通过这种表达异议的方式告诉公众，多数派的裁决不仅仅是犯个小毛病，而是"严重的大错"。[73]在联邦最高法院这个年期结束之前，她不大可能再用一次同样的办法。但罗伯茨担任首席大法官的第一年里那种短暂的和谐气氛已经消失殆尽。尽管肯尼迪的思想不一定与斯卡利亚和托马斯一致，但他在一些议题上还是和保守派站在一起，投下他们所需的第五张票，不只是限制堕胎，在学校的种族融合、死刑、宗教相关的项目和薪资公平方面也是一样。[74] 2007年5月27日，金斯伯格再一次在法官席上朗读了反对意见，让莉莉·莱德贝特的名字成了女性面对职场性别歧视的代名词。

莱德贝特在亚拉巴马州加兹登市的一家固特异轮胎和橡胶厂当了19年的经理，其间她的工资一直比同级别的男性要低——多年来她虽然有所怀疑，但并没有相关证据。莱德贝特是厂里唯一的女经理，有人在她退休前匿名交给她一张写着薪资信息的纸条，上面显示她每个月的收入是3 727美元，而同部门同级别的男性收入最少的也有4 286美元。1998年3月，她向平等就业机会委员会提交了一份调查问卷。一直以来，委员会都裁决如果雇主不整改歧视性的薪资，那么每发一次工资就算作给歧视添了新证据。委员会批准莱德贝特起诉。1999年11月，她根据《民权法案》第七章和《同工同酬法》发起诉讼。[75]

在庭审中，固特异公司辩称莱德贝特的薪资较低是所谓的中立评优制度造成的。公司说在1997年和1998年没有推荐她加薪是因为她表现不佳，但实际上，她在1996年曾获颁"最佳表现奖"。莱德贝特的律师提供的资料显示，她的薪资有时候甚至都没达到固特异为她的职位定下的最低工资标准。工厂的其他女员工也提交了充分的证据，显示工厂存在普遍的性别歧视。[76] 莱德贝特做证说，工厂的管理者表现出歧视性的态度。地区法院裁决莱德贝特胜诉，并要求公司支付她330万美元作为补发工资和惩罚性赔偿。联邦第十一巡回上诉法院推翻了这一裁决，认为她没有理由胜诉，因为她无法证明在她向平等就业机会委员会提出申诉前的6个月里最后一次确定薪酬的时候遭受了蓄意歧视。[77]

当莱德贝特的律师提出上诉时，小布什政府否定了平等就业机会委员会的裁决，并代表固特异公司介入此案。由于其他联邦上诉法院已经采纳了平等就业机会委员会更为宽松的规定，联邦最高法院同意进行审理。现在问题取决于联邦最高法院对1964年《民权法案》第七章的要求做何解释。[78] 如果薪酬差异是在180天的法定期限之前发生的，那么原告是否还有权提起薪资歧视的诉讼？在什么情况下可以提起？员工是否必须在受到歧视的时候马上提起诉讼？如果没有新的蓄意歧视行为，那么随着时间的流逝，过去的薪资歧视是否应该被一笔勾销？同时，联邦最高法院必须考虑大量的先例，这也让本案变得更加复杂，很多判例都发生在20世纪80年代，对莱德贝特的索赔请求不大有利。[79]

* * *

在口头辩论开始时，斯坦福大学法学院联邦最高法院诉讼实践课的指导老师凯文·罗素试图辩称，一个人可能需要好几年的时间才能发现她的工资明显低于在资历和水平上与她差不多的同事。金斯伯格插话替他解释道，"罗素先生，我觉得你的意思是说……工资差异是逐步体现出来的。当你第一年发现自己没有加薪的时候，可能会觉得'好吧，那就算了'，但是……你并没有理由认为其中存在不平等。"[80]

首席大法官罗伯茨展示出他多年作为商业律师的经验，他代表固特异公司介入，阿利托大法官也一样。罗伯茨表示，按照原告的说法，企业需要为过去的行为负责。他说："我想人们只需要提出，在过去某个时候，可能是15年前，也可能是40年前，对吗？就说那个时候有过一个歧视性的行为，比如在某个半年一次的薪资调整中，我本应该被加薪，却没有。"金斯伯格答复道，这样说是不对的，"如果她起诉说，自己加薪2%，一个男同事加薪3%，那她是很难获胜的"。[81] 接着肯尼迪指出，从指控中所说的遭受歧视的时间到诉讼之间，公司可能已经被出售了。[82]

很明显，在罗伯茨、阿利托和肯尼迪大法官看来，法律运作中的实际问题应该是裁决的主要因素。他们表示，如果原告在诉讼中提交贯穿其职业生涯的证据，那么雇主是很难应对的。但同样明显的是，如果雇员没有渠道去解决职业生涯早期因为性别遭受过薪资歧视，在金斯伯格、布雷耶、史蒂文斯和苏特大法官看来很难接受。[83]

斯卡利亚和托马斯毫不意外地站在罗伯茨那一边，于是手握5张票的罗伯茨得到了他想要的结果：在针对企业的民事诉讼中，法院能够以程序性理由驳回原告的索赔主张。这样的裁决让律师（和潜在的客户）在提起诉讼前须三思而后行，从而减少今后可能选择起诉的人数。[84] 这样一来，企业等于是不战而屈人之兵。要进一步限制《民权法案》第七章，接下来要做的就是限制原告联合起来以集体诉讼的方式起诉。[85] 在之后的一起案子中，沃尔玛150万女员工对这家以低薪、性别歧视、不规律的上班时间和非法解雇闻名的公司发起大型集体诉讼。联邦最高法院以5：4裁决，这上百万女员工没有足够的共同点，不能满足集体诉讼的要求，罗伯茨和其他保守派大法官赢得了胜利。[86] 这一裁决受到商业团体的赞扬，它释放了一个明确的信号：公司越大，其工作方式越多样化，就越难以用种族、性别或其他因素对其发起集体诉讼。[87]

* * *

莱德贝特案的多数意见由阿利托大法官执笔。和所有优秀的

| 第18章 | 咬定青山　433

律师一样，他精心挑选了支持其观点的先例。阿利托写道，"我们按照文本来适用相关法律"，在莱德贝特提出指控之前的180天内，并没有任何体现蓄意歧视的"孤立行为"。至于原告声称此前多年来薪资歧视日积月累，导致她的加薪幅度比男同事小，薪水本身也明显低于男同事，阿利托认为这些指控都与本案无关，"不能因如今的结果而返回头让之前那些没有提出过的歧视指控成立"。[88]

史蒂文斯大法官很赞同金斯伯格在卡哈特案中对多数意见的一一反驳，他请金斯伯格执笔莱德贝特案的反对意见。[89] 在法官席上，她再次朗读了她的异议："第七章的目的是规范现实世界的雇佣行为，而今天联邦最高法院所忽视的正是现实本身。"[90]

接着，她清楚地解释了与其他适用180天规定的歧视性行为相比，薪酬差异的不同体现在哪些地方。拒绝雇用、解雇或者不提拔某人，这些都是孤立的行为，员工可以进行调查并及时提出异议。但薪资差异往往是逐步体现出来的，不会让人立刻怀疑相关差异是歧视引起的，就像莱德贝特的情况一样。

> 薪资差异的信息……员工往往是接触不到的……最初的小差异可能不一定符合联邦诉讼的要求，而且如果员工本人希望在一个特殊的环境里取得成功的话，往往不愿意惹是生非……只有当差距变得明显而客观的时候（比如通过当前工资的百分比计算今后的薪资涨幅），像莱德贝特这种情况的员工才会认识到自己的遭遇，进而选择起诉。不能因为她一开始愿意把雇主往好处想，之后就不再允许她质疑当下和持续的薪资歧视。[91]

金斯伯格接着谈到判例的问题，她指出多数派引述的判例是不正确的。[92]进一步仔细理解国会在修订《民权法案》第七章时的意图就能看出"国会从未打算给那些没能在180天内提告的薪资歧视案以永久的豁免权"。[93]此外，上诉法院曾多次裁决"如果雇主没有按照非歧视性制度发工资，那么每发一次工资"就等于再次违反了第七章规定。[94]

她还认真批驳了联邦最高法院关于"孤立行为"的主张，即想要让雇主不用为很久以前的雇佣决定所导致的诉讼进行辩护的话，就必须把薪资歧视当作一种孤立行为，按照每一次薪酬制定的具体情况来分析。"莱德贝特诉称的歧视，"金斯伯格指出，"并非早已过去。"[95]相反，每一次发工资都加剧了这种歧视。她坚称，允许雇员对长期存在的歧视提出异议，这并不会让雇主毫无还手之力，她列举了雇主可以采取的种种措施。她明确指出"联邦最高法院已经远远偏离了以忠于法案核心目标的方式来解读第七章的做法"，并在最后呼吁国会像1991年所做的一样，纠正"联邦最高法院狭隘的解读"。

* * *

自然，判决结果让美国最大的企业游说团体"美国商会"欢欣鼓舞。小布什领导下的劳工部已经减少了工资与工时司的执行工作，还试图废除克林顿政府提出的同工同酬倡议。[96]而且，随着小布什提名的大法官进入联邦最高法院，2006—2007年度一共有4起涉及劳动和就业的案件，联邦最高法院全部站在企业那一边。[97]在不到两年的时间里，联邦法院在大约300起涉及第七章、第九章和宪法第八修正案的案子里都适用了莱德贝特案的裁决，让雇主免于承担歧视的后果。[98]

年近70岁的莱德贝特感到深深的失望。她输掉了官司，也拿不到陪审团最初判给她的赔偿了。在走出联邦最高法院时，她对记者说："我辛苦工作许多年，却没能和男人获得一样的报酬，这将会影响我今后每一天的生活。"[99]因为她退休后的福利也会相应地比同级的男同事少。一些人对她的失望感同身受，称这一裁决是"女性和公民权利的挫折"。[100]职场专家们也同意这一判断，他们预计，该裁决将产生广泛的负面效应，减少所有工人的法律选择（金斯伯格在反对意见中也指出，那些因种族、宗教、年龄、原籍国或者残疾而遭受工资歧视的人同样难以获得赔偿）。[101]

金斯伯格的反对意见是有分量的。法律评论人士、作家杰弗里·图宾指出："在联邦最高法院的历史上，很少有哪位大法官如此直接地呼吁政府的另一个部门来否定同事们做出的裁决，何况这种反对意见还是在法官席上直接念出来的。"[102]她的文字平实，让公众对莱德贝特的遭遇感同身受，这也正是她想要的效果。裁决公布后不到几小时，纽约州联邦参议员希拉里就宣布她会向参议院递交一项提案修订第七章的规定。[103]媒体也报道了莱德贝特的故事，《纽约时报》《洛杉矶时报》《华盛顿邮报》和其他全国各地的报纸很快撰写社论支持国会的行动。[104]刹那间，原本大失所望的原告莱德贝特受到民主党人热捧。

* * *

2007年夏季休庭期后，联邦最高法院再次有机会纠正反恐战争在自由与安全之间造成的不平衡。国内数据搜集工作已大大加强，这违反了宪法第四修正案隐私权的先例，包括未经法院授权的窃听和网络拦截。把俘获的塔利班和基地组织成员关押在古巴关塔那摩湾，这剥夺了宪法给予他们（其中有美国公民）的保障，包括申请人身保护令的权利这一百年传统。

被关押在古巴关塔那摩湾"X射线营地"的塔利班和基地组织成员。

2004年，在拉苏尔案和哈姆迪案的口头辩论中，金斯伯格曾问司法部副部长保罗·克莱门特，当局是否对关塔那摩湾在押人员实施酷刑。克莱门特回答："我们不这样做。"[105] 就在第二天，媒体铺天盖地报道了美国控制下的伊拉克阿布格莱布监狱发生的暴行。联邦最高法院2006年在哈姆丹案中再次试图提醒当局注意制衡、分权、对未经审判的人给予人身保护和司法审查等基本原则。尽管联邦最高法院明确指出，人身保护令为关塔那摩湾在押人员的正当程序提供了几乎绝对的保障，只有国会在应对叛乱或入侵的时候才能做出暂停人身保护令的决定，但在当局眼里，这一判决只不过是小事一桩。

接下来，小布什政府试图通过立法让军事法院代替联邦最高法院进行相关审判，这基本上是弃《日内瓦公约》和美国军事法院适

一等兵琳迪·R.英格兰在阿布格莱布监狱用皮带牵着一名囚犯的照片在国际上引发了关于虐待和酷刑的争议。包括英格兰在内的11名士兵最终被判刑入狱,并被开除军籍。

用的规定于不顾。联邦最高法院和政府要再次对垒了。尽管金斯伯格、布雷耶和苏特很希望尽快开始,但联邦最高法院还是一拖再拖。直到2008年6月12日,也是夏季休庭前的最后一天,联邦最高法院才在哈姆迪诉拉姆斯菲尔德案中向小布什明确表示,人身保护令适用于关塔那摩美军基地的囚犯。肯尼迪写道:"政治机关……(不能够)任意启用或停用宪法。"[106]但在这之前有很多东西已经丧失了,比如对总统的问责、宪法自由和道德领导力。最重要的是,美国在"9·11"事件后享有的国际支持已挥霍殆尽。[107]

＊＊＊

过去的10年，特别是小布什政府执政的8年，金斯伯格过得很不容易。她承受了许多艰辛，包括自己患癌，马蒂癌症复发，奥康纳退休，伦奎斯特逝世，她作为联邦最高法院唯一的女性还要孤军奋战。那些在她看来损害平等的错误裁决尤其令她难以接受，比如阮案、卡哈特案和莱德贝特案等，但她一如既往地迎难而上，过程中也不乏开心的时刻。[108]

2008年11月1日，她打开办公室的门，发现81岁的传奇女中音歌唱家利昂坦·普赖斯在她面前单膝跪地。金斯伯格喜上眉梢，

照片摄于2008年。后排从左至右是斯卡利亚、金斯伯格和肯尼迪大法官，以及美国全国艺术基金会主席达纳·焦亚。前排从左至右是全国艺术基金会歌剧荣誉奖获得者卡莱尔·弗洛伊德、利昂坦·普赖斯和理查德·加兹。

| 第18章 | 咬定青山　439

紧紧握住普赖斯的手说:"这真让人惊喜呀!"[109] 她与斯卡利亚和肯尼迪一起在联邦最高法院主持了一场午餐会,在午餐会上她对普赖斯说,1961年普赖斯在大都会歌剧院首演《游吟诗人》,她和马蒂在现场观看了她的精彩表演,普赖斯在那场演出后收获了42分钟的掌声,也是大都会歌剧院历史上最长的掌声之一。金斯伯格回忆道,在幕间休息的时候,现场介绍了普赖斯的父母,她父亲是做木工活的手艺人,母亲是助产士,他们生活在密西西比州劳雷尔市这个以黑人为主的城市,早年历尽艰辛。当聚光灯打在他们身上的时候,这对黑人夫妇一定骄傲极了。和普赖斯一同来参加联邦最高法院午餐会的还有她的弟弟,他是一位退伍将军。普赖斯为金斯伯格的讲话所感动,坦言道:"我不想流泪的,但我的眼妆都要晕开了。"[110]

在午餐会上,一个四人弦乐队从普契尼《蝴蝶夫人》中的选段《美好的一天》开始,演奏了一系列咏叹调。《蝴蝶夫人》的女主角巧巧桑是一个悲剧性的人物,也是普赖斯扮演过的最伟大的角色之一。普赖斯坐在钢琴旁,一开始跟着轻轻哼唱,后来声音愈加饱满,唱到了降B大调的高音。人们停止交谈,仔细倾听她那"优美而熟悉的歌声"。[111] 在场有人看到肯尼迪大法官抬起眼镜的一角拭泪。

* * *

三天后,CNN(美国有线电视新闻网)宣布奥巴马在总统大选中获胜。奥巴马的母亲是来自堪萨斯州的白人,父亲是来自肯尼亚的黑人,他的童年在印度尼西亚和夏威夷度过,现在他赢得了2008年美国总统大选。在芝加哥的格兰特公园和周围的街道上,超过24万人在欢呼尖叫、手舞足蹈,和陌生人相拥而泣。有铜管乐队在演奏《快乐的日子又来了》,密歇根大道上汽车的喇叭声此起彼伏。[112]

在欢呼雀跃的人群中,《纽约时报》的记者采访了几位等待奥巴马做胜选演说的路人。有一位年轻的女性来自居民以黑人为主的芝加哥南区,她说:"无论你是不是黑人,经历了这次(大选),都会有一些改变。"一位来自北区的年轻白人男子说:"这就好比是我这一代人选出了一位同性恋总统一样。"一名西班牙语裔中年妇女说:"这不仅仅是跨越了种族的障碍。他也许有着黑人的肤色……但他的思想与种族无关。"[113]

在一个渴望拥有一个新起点的国家,巴拉克·侯赛因·奥巴马成了追求变革的化身。

| 第 19 章 |

和爱人告别，带领少数派前进

寒冬 1 月的一天，阳光明媚，人们涌入首都华盛顿参加第 44 任总统的就职典礼，200 多万人从国会大厦一直排到华盛顿纪念碑。奥巴马的母亲来自堪萨斯州，父亲来自肯尼亚，同母异父的妹妹来自印度尼西亚。个头高大、身材修长的非裔美国人奥巴马手按林肯总统在 1861 年就职典礼上用的那本《圣经》宣誓，其中的象征意义让一些人不禁希望他的当选能代表一种后民族、多种族的社会秩序的来临。[1] 自由主义政治传统塑造了民主党，人们最想要的莫过于有一位认同这种传统的新总统，并且能为它注入新的内涵。

金斯伯格也很激动。口才极佳的奥巴马在从政前曾是社区组织者，2004 年当选联邦参议员。在那之前，金斯伯格的儿子詹姆斯就对她提起过奥巴马的名字。后来联邦最高法院难得一见地为参议员们举办晚餐会，金斯伯格就请奥巴马夫妇和她坐在同一桌。[2] 认识了奥巴马夫妇后，她表示自己对这位有智慧又务实的温和派参议员 "很有好感"（sympathique）——她用了这个法语单词来表达最高的赞美。[3] 然而，在奥巴马竞选期间，有人质疑他的公民身份，说他出生于肯尼亚，是个穆斯林，还是 "社会主义者"，并坚信他带来的威胁比之前的民主党总统卡特和克林顿更甚。[4]

* * *

奥巴马政府面临错综复杂的挑战。一场经济危机令许多人的存款耗尽，1 500万人失业，经济陷入衰退。房地产市场和全球银行业崩盘，收入不平等愈演愈烈，必须采取应对措施。[5]医疗保健体系出了毛病，气候相关的灾难越来越频繁，这些问题都亟待解决。人民对国际局势漠不关心，但他们厌倦战争，希望从阿富汗和伊拉克撤军，同时恐怖主义威胁又让战争持续不断。至于美国的"原罪"——种族主义，尽管一些白人坚称种族主义已经被消灭，但它的能量仍不可小觑。[6]

作为一名老练的政策制定者，奥巴马在民主党人控制国会的情况下希望能够实现两党合作，但遭到共和党的反对。在众议院，纽特·金里奇和克林顿总统的冲突就加剧了两党矛盾；现在，随着选民变得更加意识形态化，对另一个党派的成员越来越不信任，这种矛盾也蔓延到了参议院。[7]大选结束后几天的工夫，参议院少数党领袖、共和党人米奇·麦康奈尔就召集他的党团制定战略，利用一切机会阻挠和破坏新总统的计划。[8]在保守派利益集团、智库、右翼媒体和互联网的煽动下，麦康奈尔成功利用参议院的规则，阻止奥巴马政府的大小举措。[9]

共和党里反对奥巴马政府的也不只是建制派。极右派草根活动家们认为小布什政府斥巨资救助银行，背叛了他们的支持。[10]这些右翼活动家感到愤愤不平，他们认为政治阶层对"普通美国人"不负责任，没有遵守承诺缩小政府规模、减少国债，他们担心奥巴马会继续实施经济刺激计划和其他高成本的政策，包括新的医保项目。中老年白人中产阶级还认为，有些福利是对社会有用的公民应得的，不应该发给少数族裔，特别是移民。[11]

这些心怀不满的反对派人士呼吁团结起来"夺回国家"，他们考虑的不仅仅是政府的规模和财政政策的迫切要求。[12] 现在，一个黑人自由派知识分子成了美国三军总司令，还任命了一个和他一样的司法部长；一个女人担任众议院多数党领袖；一个犹太人、公开的同性恋者是握有实权的众议院金融服务委员会的主席，负责为救助华尔街的工作拨款；加州选出了一名38岁的拉丁裔女众议员，她大着肚子，而且是未婚先孕；即将进入联邦最高法院的一名女性大法官来自波多黎各移民家庭。更引人瞩目的是，到2011年，少数族裔的出生率将超过白人。而一些人认为美国仍然属于异性恋白人基督徒，在这里男人说了算，从属群体就应该安于现状。对他们来说，美国的这些变化可不是茶党人想要的那种改变。[13]

在这种草根运动的基础上，"自由事业"和"美国繁荣协会"等由专业人士运营的右翼倡导团体也加入其中，称其与草根运动在意识形态上关系密切。在亿万富豪的资助下，他们推进自己的议程，呼吁减少政府监管，将社保和医保私有化，给企业和富人减税。在右翼媒体同盟的帮助下，茶党运动发展壮大。他们与共和党合作，在2010年人口普查后采用先进的技术重新划分选区，将保守的白人划入共和党的范围。[14] 奥巴马当选后仅两年，"红图"行动（REDMAP）的胜利就让共和党从民主党手里夺回了众议院，迫使总统放弃进一步的经济刺激计划，从而使经济复苏变得更为缓慢。

极端的党派对立在多大程度上是由种族关系激发的，这无从判断。美国人现在普遍都不认同民权运动之前的那种摆在台面上的种族歧视，但美国第一位黑人总统提出的每一项重大立法都遭到共和党人一心一意的反对，这说明不仅仅是政策或党派分歧在起作用。2008年的选举在许多保守白人心中很大程度上被种族化了，并表

2009年1月20日，奥巴马宣誓成为第44任美国总统。

现在党派分野上，后来发生的事件和学术研究已经充分证明了这一点。[15] 种族外溢强化了一些人对重要政策的敌意，包括经济刺激计划、医保、税收政策，最终受到奥巴马支持的同性婚姻都牵涉其中。明确说来，并非所有反对奥巴马及其政策的人都是种族主义者，而是说在2008年以后，政治分歧更多地受到种族因素的影响，大众政治也是一样。[16] 其结果不仅让奥巴马面临更艰巨的挑战，而且共和党极端的党派偏见加上保守派对政府的不信任、白人民族主义和排外心理，最终促成特朗普上台。

在奥巴马执政的最初几年里，金斯伯格也感觉举步维艰。尽管她与斯卡利亚和苏特的关系很好，但奥康纳的离开仍然深深影响着她。[17] 作为联邦最高法院中唯一的女性，她曾抱怨男同事们表达问题的方式似乎又回到了电视剧《广告狂人》里刻画的那种女权时代之前的风格。[18]

在 2009 年 4 月萨福德联合学区诉雷丁案的口头辩论中,金斯伯格的这种感受尤为强烈。萨福德中学有一名学生举报称,其 13 岁的同学萨万娜·雷丁违反规定携带布洛芬药品上学,于是学校的管理员搜查了她的书包。接着,两名女员工在没有征得雷丁母亲同意的情况下,对雷丁进行了脱衣搜查,但都没有搜出任何违禁品。雷丁的母亲对学区提起诉讼,称宪法第四修正案规定人们可以免受无理搜查和扣押,她认为学校的第二次搜查侵犯了女儿的权利。

在口头辩论中,男性大法官没能站在年轻女孩子的角度想问题,他们说她的经历就像是换游泳衣或者运动衣一样。[19] 金斯伯格徒劳无功地试图让同事们不要把这件事说得这么简单,她指出,这位年轻的女孩子被迫"抖动(她的)胸罩,还要拽开裤腰抖动",这不能与上体育课换衣服相提并论。[20] 布雷耶没有理解金斯伯格的意思,

2014 年 9 月 19 日的一幅政治漫画,反映出那些右翼奥巴马恐惧症患者的种族主义。

他提到自己在学校更衣室的经历，说往内衣里塞东西"并非常人不会做的事情"。[21]

法官席上的男法官没有意识到金斯伯格的恼怒，但联邦最高法院的记者们意识到了。尼娜·托滕伯格指出："联邦最高法院唯一的女法官怒气冲冲，怒火在她眼睛里闪烁。"琼·比斯库皮克则说金斯伯格的"恼火写在脸上"。[22] 在随后的一次采访中，金斯伯格解释道："也许一个13岁的男孩子在更衣室里对自己的身体有不同的感受……但对一个女孩来说，这是非常敏感的年龄。我觉得有些同事并不是很理解这一点。"

由于媒体的报道，金斯伯格的男同事们理解了这层意思，最终以压倒性的优势裁决雷丁胜诉，认定学校侵犯了她受宪法第四修正案保护的权利。[23] 但金斯伯格仍坚称，联邦最高法院还需要一个女人的声音。她说，自己一个瘦小的女人，加上"8个膀大腰圆的男人"，很难激励那些希望追随她和奥康纳脚步的女孩子。[24]

金斯伯格最担心的还是马蒂的健康。他的忠诚、聪明和风趣幽默都已成为她生命的一部分。他在哈佛大学法学院读三年级的时候就和癌症搏斗过，到2006年，疾病复发了——这次他的脊椎附近长了一个肿瘤，到后来他连站着做饭都很难完成。[25] 不过晚餐时间还是夫妻俩一天里少有的能够坐下来，在美食美酒的陪伴下探讨法律问题的时光。两人都清楚地知道，该来的总会来的，医生也延缓不了多久。

* * *

2009年联邦最高法院夏季休庭前，苏特提出了退休的打算。他非常厌恶罗伯茨法院——"不尊重先例，紧抓保守主义不放松，而且咄咄逼人地追求实现政治目的"。[26] 罗伯茨在竞选资金相关案件的运作中，大胆提出了一些案子并未涉及也没有必要解决的问题，这让苏特下定决心离开。[27]

金斯伯格理解苏特深深的沮丧。罗伯茨法院认为企业也有权行使宪法第一修正案的权利，认为企业花在政治竞选上的钱属于言论表达，用竞选资金法约束公司的捐款行为是不合宪的，这样的立场将对政治程序造成严重的破坏。金斯伯格认为联合公民案损害了民主的基本原则，在当前这个最富有的那0.1%的人所掌握的财富比90%的人都要多的时代更是如此。[28] 还有一个关键的问题是公共教育领域的种族隔离问题，这个现象从20世纪80年代开始变得越发严重，而对先例不屑一顾的保守派多数并没有应对这个问题。种族隔离问题对西雅图和路易维尔的公立学校整合计划产生了显而易见的影响。她在相关裁决中支持了布雷耶撰写的强硬的反对意见。[29] 另外在赫勒案中，联邦最高法院扩大了个人持枪权，这一裁定和所有联邦下级法院对于宪法第二修正案的看法都是矛盾的，却受到步枪协会及其右翼支持者的欢迎。[30]

雪上加霜的是，金斯伯格在2009年1月得知自己再次患上癌症。不过由于发现得很早，肿瘤还很小，只有1厘米左右，这是不幸中的万幸。[31] 但即使是胰腺癌早期，切除后通常也需要做放化疗，恢复过程十分艰辛。

2月初，金斯伯格在纽约纪念斯隆-凯特林癌症中心进行了手术。[32] 手术后回到华盛顿，她又一次坚持参加了春季每一场口头辩论。最近她的女儿简因在国际上对知识产权法的贡献而获得了荣誉，金斯伯格为女儿高兴，但她自己癌症治疗的副作用和马蒂的身体状况还是让她心力交瘁。[33] 两人都要与癌症作战，金斯伯格感到筋疲力尽，她有再强大的意志力也好像难以支撑。

不久后，金斯伯格接到伟大的女中音歌唱家玛丽莲·霍恩打来的电话，霍恩也患过胰腺癌，当她得知自己的病情时，霍恩对自己说："我会活下去的。不是我希望自己活下去，而是我一定会活下去。"[34]这通电话让金斯伯格精神振奋，"活下去"这三个字深深刻在了她的脑海中。在接下来的几个月里，这三个字成了一句座右铭，马蒂也不断强化这个信念。

奥巴马总统也给金斯伯格以激励。与民主党国会一起上台后，他签署的第一项法案就是2009年的《莉莉·莱德贝特公平薪酬法案》，法案让工人能够更容易地提起诉讼，对抗非法工资歧视，延长了180天的诉讼时效，规定每发一次工资都相当于是最初工资歧视的延续。奥巴马还亲笔签署了一份法案的副本，挂在金斯伯格的办公室。[35]接着总统选择了女法官索尼娅·索托马约尔接替苏特，他认为她懂得"世界如何运作，普通人如何生活"。[36]

2009年，奥巴马总统在议员和莉莉·莱德贝特的簇拥下，签署了《莉莉·莱德贝特公平薪酬法案》。

| 第19章 | 和爱人告别，带领少数派前进

* * *

索托马约尔的人生故事非常引人瞩目，和金斯伯格的经历也有几分相似。索托马约尔9岁丧父，她汲取了母亲的信念，相信教育改变命运。在平权行动的助力下，她得以从纽约的布朗克斯区进入常春藤联盟读书。在普林斯顿大学的几年里，她表现出非凡的聪慧，以最优异的成绩毕业后进入耶鲁大学法学院就读。之后她担任过曼哈顿的助理检察官、企业诉讼律师，在纽约南区联邦地区法院担任了6年法官，然后进入联邦第二巡回法院。[37]

但索托马约尔出色的背景也无法保证她一定能顺利通过确认程序。2001年，她在伯克利的一次演讲中说"一个富有智慧的拉丁裔女性"可能比"一个没有经历过那种生活的白人男性"做出更好的判断。[38]反对者抓住她这段话大肆渲染。一些共和党人说，她是一个条件反射式的自由主义者，依照同理心做决定，而不看法律本身。但最终索托马约尔作为法官重视事实和先例的记录还是胜过了这些说辞。[39]

2009年8月6日，索托马约尔的提名获得确认，她受到金斯伯格的热烈欢迎。金斯伯格觉得炒作"富有智慧的拉丁裔女性"那段话非常可笑。她说，所有法官都会受到其自身生活经历的影响，她自己也是一样。她预测，这位新晋大法官也一定会坚持自我。[40]

* * *

不到一年后，年届90岁但仍然精力充沛、思维敏捷的史蒂文斯大法官宣布退休，他已经在联邦最高法院大法官的位子上坐了35年。司法部副总检察长埃琳娜·卡根成为这个位子的有力竞争者。她在曼哈顿上西区长大。她的母亲是一名小学老师，给了女儿严格的教育，培养出了一位富有智慧的思想者，而她的父亲培养了女儿

2009年9月8日,史蒂文斯大法官(右二)与总统奥巴马(左一)、苏特大法官、肯尼迪大法官一起庆祝退休。

对歌剧和法律的热爱。[41] 先后在普林斯顿大学、牛津大学和哈佛大学法学院学习后,卡根在华盛顿巡回上诉法院做过阿布纳·米克瓦法官的助理,接着又在联邦最高法院为瑟古德·马歇尔大法官工作。

在芝加哥大学法学院短暂任教后,卡根进入了白宫,一开始担任克林顿政府白宫法律顾问办公室成员,后来成为国内政策重要顾问。克林顿曾提名她做华盛顿巡回法院的法官,但在共和党人的阻挠下没能实现。之后她回到学术界,高超的教学能力、灵敏的政治嗅觉和外向的性格让她在哈佛大学的工作风生水起,并成为哈佛大学法学院历史上第一位女院长。[42] 同为哈佛大学校友的奥巴马将卡根请回了华盛顿,任命她为历史上第一位女性司法部副总检察长。[43]

卡根在知识界的成就和她谨慎的政治表达让她有可能通过确认程序,但听证会进行得并不顺利。一些民主党人不喜欢她对行政权力的支持,而共和党人认为她没有做好准备进入联邦最高法院,因为她没有当法官的经验。支持者则指出，她当过司法部副总检察长，这一职位素有"第十位大法官"之称，让她对联邦最高法院的工作有深刻的了解。此外，在她担任法学院院长期间，因为军队对同性恋采用"不问、不说"政策①，违反了哈佛的反歧视规定，卡根禁止军队前往哈佛大学法学院招聘，这也引起共和党人的不满。尽管存在这些争议，到 8 月，参议院还是以 63 票对 37 票确认了卡根的提名。[44]

* * *

这两项提名让金斯伯格非常高兴。[45]她和这两位女士以前就认识，知道她们都不是胆小怕事的人。[46]索托马约尔在口头辩论中很强硬，很有常识，对不公正非常敏感，特别是刑事司法系统中的不公正。卡根非常聪明，有良好的判断力和幽默感，擅长和观点不同的人建立联系，这些品质让她成为联邦最高法院不可忽视的力量。[47]卡根着眼于大局，在思想层面是与罗伯茨旗鼓相当的对手。[48]奥巴马问金斯伯格对新姐妹满不满意，金斯伯格回答，要是再给她 4 个姐妹，她会更高兴的。[49]

虽然两位新晋大法官给联邦最高法院的少数派增添了活力，但联邦最高法院的意识形态平衡仍未改变。关于怎样平衡州权和联邦权力，如何更好地追求平等，怎样解释宪法，以及联邦最高法院在民主体制中发挥什么样的作用，5 位共和党人和 4 位民主党人将继续角力。[50]

---

① "不问，不说"（Don't Ask, Don't Tell）是克林顿总统任内提出的针对同性恋军人的政策，在 1994—2011 年施行。当时军队不允许公开性倾向的同性恋者服役。"不问"指的是长官不得询问军人的性取向，"不说"指的是同性恋军人不得公开自己的性取向。2011 年，奥巴马当局废除了这项政策。——译者注

索尼娅·索托马约尔、露丝·巴德·金斯伯格和埃琳娜·卡根在卡根的就职仪式上合影。

史蒂文斯大法官的退休还带来一个重大变化，那就是金斯伯格成了少数派里资历最深的大法官。在首席大法官的意见占少数的情况下，或者在4名自由派大法官要提出异议时，金斯伯格要负责分配由谁来撰写意见。怎样从合作和思想层面驾驭这一职责，史蒂文斯树立了很好的榜样。在2003年的劳伦斯诉得克萨斯州案中，史蒂文斯从战略角度履行自己的职责，说服奥康纳和肯尼迪与他站在一起，以尽力争取到5票。他把撰写多数意见的机会给了肯尼迪，该案裁决政府不能禁止自愿的同性性行为，是一个具有里程碑意义的裁决。在其他案子里，史蒂文斯为了保证得到肯尼迪的支持，会亲自撰写意见。而小布什诉戈尔案和联合公民案都证明，当史蒂文斯身处少数派时，他也不吝于提出强硬的异议。[51]

资深联邦最高法院分析人士杰弗里·图宾认为，在一些人眼里独来独往的金斯伯格能否和史蒂文斯一样争取到肯尼迪的支持,还要打一个问号。[52] 奥康纳在手握摇摆票的那些年里,一贯善于妥协,是个渐进主义者;与奥康纳不同,肯尼迪在一些领域变得更偏向于那些急切冒进的保守派,包括涉及生殖权利的案子。图宾说肯尼迪的判决书写得"花里胡哨、不着边际、辞藻华丽",和金斯伯格就事论事、往往有些沉闷的写作风格形成鲜明对比,他认为这两位大法官在脾气秉性上就不太搭调。[53] 在卡哈特案中,肯尼迪支持了《禁止部分分娩堕胎法》,也因此把以克制和礼貌著称的金斯伯格逼到了愤怒的边缘。

但就算肯尼迪的立场难以捉摸,金斯伯格也可以用其他方式说动联邦最高法院和公众。她的资历、深刻的思想和对法律细致入微的理解都将起到很大的作用。莱德贝特案的反对意见就体现出金斯伯格的天赋,她能把联邦最高法院裁决带来的复杂影响用简单的语言表达出来,从而对更广泛的公众产生激励作用。[54]

金斯伯格认为,最伟大的异议能够通过变成联邦最高法院的裁决而"向未来喊话",最终随着时间的推移逐渐变成主流观点。[55] 因此,她将试图说服布雷耶、索托马约尔和卡根,如果他们愿意把自己的不同意见用同一个声音表达出来,那么异议就会更有力量。她还决心要公平地分配任务,要比史蒂文斯更多地把机会让给别人。[56] 但作为联邦最高法院自由派大法官中的主力,在那些受到密切关注的案件中,她也会亲自动笔。

* * *

但是在眼下,由于马蒂的病情进一步恶化,联邦最高法院秋季开庭后的计划不得不暂时往后放一放。2010 年 6 月,马蒂在约翰斯·霍普金斯医学中心住院,医生说已经没有别的办法了,但马蒂还是努力坚持到了他们的第56个结婚纪念日。6月25日，金斯伯格到医院接马蒂回家的时候，拉开病床边的抽屉，发现里面有一个黄色的垫子，上面放着一张手写的纸条。[57]

6/7/10

我最亲爱的露丝——

　　你是我一生中唯一爱过的人，就暂且不算父母、孩子和孙辈吧。大约56年前，差不多从我们在康奈尔大学第一次碰面开始，我就欣赏你、爱慕你。

　　看着你一步步走上法律界的巅峰，这是多么不一般的体验啊。

　　我应该会在约翰斯·霍普金斯医学中心住到6月25日，也就是星期五。从现在起到那一天，我将认真思考我还拥有的健康和生命，要做出权衡，是该坚持下去还是离开这个世界，因为生活质量的下降已让我感到难以承受。

　　我希望你能支持我的决定，但如果你不愿意，我也理解。我对你的爱不会因此减少一分一毫。

马蒂

* * *

在接下来的星期日，也就是6月27日，马蒂因为癌症转移引起的并发症在家中去世。他逝世的日子几乎正好是金斯伯格的母亲西莉亚死于癌症后的60年整，这不禁引人唏嘘。他最终没有让妻子承受做这个决定的负担，这是他给妻子最后的保护。

第二天早上是联邦最高法院休庭前的最后一天，面色苍白的金斯伯格坐在法官席上，宣布她对基督教法律协会诉马丁内斯案的裁

| 第19章 |　和爱人告别，带领少数派前进　　455

决。[58]裁决称，公立法学院的基督教社团不能拒收同性恋学生。她相信，马蒂也会希望看到她坐在法庭上。[59]史蒂文斯要退休了，同事们为他写了一封信，由罗伯茨当众宣读。史蒂文斯对同事们表示感谢，也谢谢"每个人的爱人，无论是在世的还是已经离去的，感谢你们温暖而持久的友谊"——这里说的是马蒂，罗伯茨在宣布裁决前就公布了马蒂离开的消息。[60]金斯伯格忍住了眼泪，但斯卡利亚没能克制住。

马蒂在阿灵顿国家公墓举行的一个私人仪式后被安葬。

* * *

在随后的几个星期里，金斯伯格不仅按时完成了她自己的每一场演讲，还替马蒂完成了他的部分。和马蒂久病期间一样，金斯伯格表现出非凡的情感克制力。悲伤之余，她也明白两人能够相伴这么多年已然十分幸运。她在哥伦比亚大学的老同事亨利·莫纳汉教授也赞叹两人之间的感情："在他们的举手投足之间……人们都看在眼里！"[61]

家庭一直是金斯伯格欢乐的源泉，现在家人们也帮助她减轻悲伤。简不仅继承了马蒂的烹饪技巧，还写出了比父亲更多的法律案例书。她每个月从纽约到华盛顿给妈妈做饭，放在小盒子里冻起来。她担心，如若不然，妈妈又会和以前一样靠吃果冻和奶酪过日子。[62]母女俩对法律和家庭都有着共同的热爱。简的儿子保罗从耶鲁大学戏剧学院毕业后，又在法国国家高等戏剧艺术学院深造，现在他正在巴黎开启职业演员的生涯。

保罗的妹妹克拉拉充满活力、善于表达。在被提名为大法官的时候，金斯伯格曾告诉大家克拉拉是她家里第一个见过希拉里的人，这让人们记忆犹新。克拉拉追随了妈妈的脚步，在妈妈的母校布里尔利学校和芝加哥大学读书，主修罗曼语和文学，同时利用暑假做了各种各样的实习工作。两年后，她以优异的成绩毕业，并前往剑桥大学读了两个硕士学位，一个是性别研究，一个是欧洲文学与文化。接着她回到美国，入读哈佛大学法学院。[63]

金斯伯格知道，她的外孙和外孙女熟悉法国并非偶然。简小时候曾在安纳西湖附近和一个法国家庭共度暑期时光，以代替她不甚感冒的夏令营活动，第一个夏天她就爱上了法国。她总是对保罗和克拉拉说法语，等他们长大一些，她也把他们送去和法国家庭共度暑假。詹姆斯也让两个女儿米米和艾比参加类似的活动。这是金斯伯格的教育方法传递给孙辈的一种方式。

詹姆斯也为母亲带来了很多快乐。他即将和帕特里斯·迈克尔斯结婚，这也让母亲尤为欣喜。帕特里斯是一名优秀的女高音歌唱家，曾是芝加哥歌剧院的独唱演员，在国内外演出之余还在芝加哥大学做讲师和声乐研究主任。老金斯伯格夫妇知道詹姆斯的上一段婚姻并不幸福，他们对帕特里斯的评价很高，认为儿子终于找到了他值得拥有的爱人。[64] 他们觉得帕特里斯也能帮助詹姆斯经营他获过格莱美奖的软音符唱片公司。

这个新组合的家庭里有詹姆斯的两个女儿米兰达（米米）和阿比盖尔（艾比），以及帕特里斯的两个儿子哈金德（哈基）·贝迪和萨丁德（萨特南）·贝迪，都是他们和以前的爱人所生。这个大家庭需要一栋新房子住。马蒂知道自己所剩的时间不多了，就在芝加哥为儿子儿媳买了一栋新房。他以自己的父母为榜样，在孩子们需要的时候提供经济上的帮助。马蒂的纪念仪式在9月3日举行，第二天，金斯伯格为詹姆斯主持了婚礼。[65] 她也因此有了两个英俊的继孙，他们和生父一样，都是锡克教教徒。新家庭还包括德雷尔·阿孔，他是帕特里斯在威斯康星州劳伦斯大学任教时的门生，

2013 年，金斯伯格在圣菲歌剧节前和外孙保罗·斯佩拉及其友人奥德丽·巴斯蒂安合影。

从小在底特律最乱的社区长大。阿孔正在辛辛那提大学音乐学院深造，他是帕特里斯家庭的一部分，也将成为金斯伯格家庭的一部分。

多年来，金斯伯格和马蒂总会在 8 月到新墨西哥州参加圣菲歌剧节。今年，乔治·斯佩拉打来电话说他和詹姆斯会陪金斯伯格一起去。帕特里斯想带上德雷尔一起，艾比也坚决要求跟着。好在斯卡利亚的一位邻居把他在圣菲附近特苏基的一间房子借给他们住，房子有三间半卧室，离歌剧节的地方不远，能住下金斯伯格一大家子人，以后他们也可以在此歇脚，圣菲就成了金斯伯格一家人每年聚会的地方。她热爱这里的音乐、博物馆、画廊和周边环境，也很高兴自己的社交圈子越来越大。[66]

金斯伯格与圣菲歌剧院的许多歌唱家和工作人员都有过交流，总导演查尔斯·麦凯说，人们都知道金斯伯格不仅是一位"有眼光、有头脑的歌剧爱好者",还对"新增的、不寻常的剧目很感兴趣",她喜欢新的作曲家。[67]金斯伯格总是在美国法警的陪同下来看演出,麦凯通常会护送她坐到管弦乐队附近的座位上去。她入场时,在场的一些人常常会自发鼓掌。在尊重她私人空间的同时,一些观众有时候会上前对她做的某项裁决或是提出的某项反对意见表达谢意。

同年8月底,金斯伯格在科罗拉多州斯普林斯市短暂停留,参加第十巡回法院法官和律师的司法会议,与会者包括加拿大最高法院的首席大法官贝弗利·麦克拉克林。在正式发言和晚餐之后,两位大法官上台就他们的职业生涯进行了一场"炉边谈话"。[68]金斯伯格的坦率和幽默引发观众阵阵笑声,她谈到了她对克雷格案的参与,以及她作为一名职场妈妈在学术界面临的挑战。

接着金斯伯格回到华盛顿参加马蒂的追悼会和儿子的婚礼。她知道自己可以通过辛勤工作来填补失去马蒂带来的空虚,特别是现在,她是4位自由派大法官的领头人了。她的每一天都安排得井井有条。金斯伯格以前的助理在到访华盛顿时经常邀请她共进晚餐。尽管大法官们之间经常有严重的分歧,而且每个人的办公室都是独立运转的,但面对困难时,他们还是会像一家人一样携手共渡难关。联邦最高法院开庭时,他们会一起用午餐,吃饭时不讨论案子,也不聊有争议的话题,而是谈博物馆展览、文化活动或者是体育赛事。聊到音乐和戏剧时,金斯伯格会热情参与,但聊到体育她就会沉默下来,正如她的前助理迈克尔·克拉尔曼所说的一样。索托马约尔则毫不掩饰自己对纽约扬基队(也叫布朗克斯轰炸机)的热情,这一点和金斯伯格形成鲜明对比。

联邦最高法院的成员们也会一起过生日。不过,金斯伯格开玩笑地指出,很多同事唱"生日快乐"时都不在调上。[69]让她特别感动的是,其他大法官的太太在玛莎-安·阿利托的带领下,搜集了

| 第19章 | 和爱人告别,带领少数派前进   459

马蒂最喜欢的菜谱（这是在简的帮助下完成的）。在马蒂的追悼会后，她们把这些菜谱与金斯伯格的孩子和好友的照片合在一起，并配上纪念文字，出了一本书。书名也很贴切，叫作《最高大厨》(*Chef Supreme*)。

在马蒂去世前的最后几年里，金斯伯格一直在与深深的疲惫做斗争，而现在她开始更多地社交和旅行。金斯伯格还在美国公民自由联盟工作的时候，就和国家公共广播电台的法律记者尼娜·托滕伯格成了朋友。托滕伯格注意到，如今没有了性格外向的马蒂做依

2010 年，金斯伯格一家人在詹姆斯·金斯伯格和帕特里斯·迈克尔斯婚礼后合影。后排站着的从左至右分别是乔治·斯佩拉、克拉拉·斯佩拉、保罗·斯佩拉和简·金斯伯格，中间坐着的是萨丁德·贝迪、金斯伯格大法官、詹姆斯·金斯伯格、帕特里斯·迈克尔斯和哈金德·贝迪，前排坐在地上的是阿比盖尔·金斯伯格和米兰达·金斯伯格。

靠，金斯伯格在交流中变得更主动，即使聊的话题和法律无关，她也愿意参与。[70] 金斯伯格真心欣赏奥巴马，她也是奥巴马最喜欢的大法官，因此她同意在 2011 年 12 月到白宫参加光明节庆祝活动。[71]

一个月后，在联邦最高法院 1 月休庭期间，金斯伯格在简的陪同下飞往埃及，在穆巴拉克下台后帮助埃及法院向宪政民主进行过渡。[72] 接着她又到访突尼斯，这是阿拉伯之春开始的地方。最后她回到美国，在联邦最高法院春季开庭后参与审理几起重要的刑事案件。

金斯伯格一如既往地利用她在民事诉讼法方面的专业知识，以及她对事实和背景的密切关注，维护刑事被告的合法权利。在司法监督不足的情况下，刑事被告往往因缺乏资深联邦最高法院律师的代理而受到警方和检方不当行为的伤害，约翰·汤普森就是这样一个例子。汤普森在新奥尔良受到错误检控，被判处死刑，在等待行刑 14 年后，人们发现当年的检察官隐瞒了证据，于是推翻了汤普森的定罪。下级法院裁决汤普森应获得赔偿，但联邦最高法院又推翻了这一裁决。金斯伯格、布雷耶、索托马约尔和卡根大法官发表了一份很有说服力的反对意见。[73] 让金斯伯格觉得值得警惕的是，她的另外 5 位同事更关心怎么保护各市政府免受民事诉讼，而不是保护汤普森和其他同样不幸的人。[74]

* * *

到 2012 年秋季末，金斯伯格在联邦最高法院担任大法官就满 20 年了。在此前的相关纪念活动上，法律学者们通过研讨会的形式纪念她对平等保护理论、民事诉讼法、比较法和国际法的诸多贡献。[75]

在她担任大法官的 20 年里，她独特的法学思想并没有发生什么变化。但是随着联邦最高法院变得右倾，加上金斯伯格成为联邦最高法院自由主义少数派的领袖，这位素来以司法谦抑与合作著称的法官变成了最高调的异议者。那些熟知她在卡哈特案和莱德贝特案的反对意见中表现出的激情、活力和权威的人猜测，她"内心深处的自由主义"可能已经取代了她对"中间路线"的坚持。[76]

金斯伯格本人很快否定了这种猜测，而且给出了充分的理由。尽管作为自由派律师中的先锋，金斯伯格呼吁对法律法规进行重大变革，但她也很赞同本杰明·卡多佐大法官的话："疾风骤雨无法带来正义，它需要一步一步实现。"[77]在法律的道路上一步一个脚印地渐进也能带来实际的好处，金斯伯格把这称为"铺路石"。她一直坚信，"有节制的行动"可以确保法律的创新不会过于领先公众舆论，以致引起太大反弹，无法遏制。[78]

金斯伯格对法官工作的看法起初受到过程法理学的影响，后来在上诉法院得到磨炼，至今她的看法也未曾改变。从她在哈佛大学法学院读书开始，她就相信保护正当权利最可靠的方式是对诉讼规则的忠诚。她也仍然认为联邦法院是宪法权利的保护者。在处理种族和性别歧视问题，或者是用成见来框定、限制某个群体的案子时，她很少掩饰自己的强烈观点。[79]

如果多数派无视具有约束力的先例，得出过于宽泛的结论，或者是未能对政府的另一个部门或下级法院给予适当的尊重，金斯伯格也从不怯于提出异议。但在伦奎斯特时期，她小心谨慎地进行裁决，巩固了自己渴望促进共识的司法温和派的声誉。她的异议和她的裁决书一样，始终推理清晰，语言通常都是克制、中立的，没有华丽的辞藻、情绪化的呼吁，也不对同事的意见提出尖刻的批评。[80]

* * *

至于金斯伯格在联邦最高法院工作的第二个10年里所经历的

改变，除了联邦最高法院人事变动的影响，还有她对保守派继续控制联邦最高法院一事愈加失望。从尼克松时代以来，联邦最高法院尚未有过自由派明显占优的时候。如果说一开始自由派还希望能够在平等议题上说动罗伯茨和阿利托的话，在2007年几起涉及学校种族融合的案件后，这种希望就破灭了。[81]保守派完全无视实际情况，坚持采用不分种族的办法，令种族隔离实际上变得更加严重。布雷耶在西雅图学区案中用20分钟的时间愤然宣读了反对意见，史蒂文斯对罗伯茨改写里程碑式的布朗案裁决提出了尖锐批评，这些都揭示了联邦最高法院两派的离心。[82]

除了民权案原告频频失利，金斯伯格还担忧法院把针对普通人的门槛提高到前所未有的程度。在20世纪90年代，消费者通过集体诉讼有效揭露了烟草和石棉的危害，但在2011年沃尔玛诉杜克斯案中，罗伯茨领导的多数派在程序上设置了障碍，断送了这种集体诉讼的出路。[83]在沃尔玛案中，金斯伯格再次援引先例提出异议。她知道，最终的输家不仅仅是沃尔玛的女员工（其中许多人是低收入的少数族裔），还有许多美国民众。由于缺乏足够资源与企业和雇主打官司，普通人不再有机会与那些可能损害了他们利益的企业和老板当庭对质。[84]

在宪法第一修正案的问题上，司法对人民自由的保护也遭受挫折。在联合公民案后，罗伯茨法院认定公司也享有宪法第一修正案的保护，因此被誉为言论自由的绝对捍卫者。但仔细看看接下来的案件就会发现情况并非如此。在霍尔德诉人道主义法律项目案中，政府声称这个人权组织支持恐怖主义，必须对其采取审查。罗伯茨没有要求政府提供事实证据，多数派仅凭政府的指控就站在了政府那一边。这一判例释放了一个明确的信号："当政府对言论禁令进行辩护时，法官必须服从再服从。"[85]在这个政府不断强化监控的时代，布雷耶、金斯伯格和索托马约尔认为这是一个危险的信号，布雷耶在强有力的反对意见中也明确表达了这一点。[86] 在随后的案件中，联邦最高法院还给囚犯、政府雇员和学生的宪法第一修正案权利施加限制。[87] 史蒂文斯（和金斯伯格）指出，多数派"简单粗暴的处理方式"让言论自由要么全有（如联合公民案），要么全无（如人道主义法律项目案、比尔德案、加塞蒂案和莫尔斯案）。

早在金斯伯格成为事实上的少数派领袖之前，她的耐心就已经消磨得差不多了。她不愿意再去拼凑出一个违反她原则的中间派妥协方案，也不愿意再用她在伦奎斯特时代常用的那种中立、冷静的语言表达异议。[88] 渐渐地，她的司法意见变得更具权威、激情，更加锐利。

由于她更多地在法庭上朗读自己的异议，这种变化更明显了。记者亚当·利普塔克指出，把反对意见朗读出来"让论述不再干巴巴地留在纸面上，而是由讽刺、遗憾、愤怒和鄙视来加强"，这有可能影响到"同事关系和礼节"。[89] 在她当大法官的第一个10年里，金斯伯格只在6起案子中使用过这个重磅武器；[90] 2006年以后，人们更多地看到这位瘦小的大法官从座位上站起来，穿着黑色长袍，戴着她表达异议专用的"乌黑而冷峻"的假领，紧紧攥着文书朗读意见——2006—2015年，她13次宣读反对意见。[91] 2012年联邦最高法院庭审期结束前，她打破了口头表达异议的纪录。在一天之内，她三度发言，每次都是为了平等权利发声。[92] 其他占少数的自由派大法官也更多地发表意见。在罗伯茨法院，大法官越来越多地在法官席上宣读异议。[93]

由于联邦最高法院口头辩论的录音要到下一个年度才会公开，公众必须依靠法庭记者和评论员来了解联邦最高法院正在发生的事及其影响。在这一过程中，法官席上发出的异议会被放大，法庭肖像师也会画出相关肖像。[94]与曾经的首席大法官沃伦和伦奎斯特等人一样,金斯伯格也和法律记者保持着良好的关系,其中一些记者是她最亲密的朋友。她树立了一个自由派女英雄的形象——《纽约时报》对每位大法官的裁决记录做了统计,也佐证了这一点。[95]

有人问史蒂文斯怎么看待自己作为自由主义者的声誉,他想到了布伦南和马歇尔。在福特总统1975年提名史蒂文斯上任的时候,那两位就已经是大法官了。史蒂文斯坚称,自己温和的立场并没有改变。现在他被贴上了自由派的标签,只能说明随着后来几位新的首席大法官走马上任,联邦最高法院的立场已经右倾到了什么程度。[96]鉴于现在保守派占多数,金斯伯格可能也有类似的想法。罗伯茨法院往往连最温和的改革都不愿意让步,给宪法大打折扣,并弱化了法院作为人民权利和自由的保护者的角色。但不可否认的是,金斯伯格确实乐于看到自己最近的异议被广泛报道。她今后还将获得更多荣誉,这显然证明了这些异议也将作为她的一部分流传于世。

* * *

2012年10月,耶鲁大学法学院举行研讨会,题为"平等的边界",以纪念金斯伯格担任大法官20年,许多杰出的法学家出席庆祝金斯伯格对平等保护法学的贡献,其中包括研究宪法学的吉野贤治,他是纽约大学厄尔·沃伦首席大法官宪法学教授。吉野贤治在发言的最后对金斯伯格给予了最高的赞誉,他说:"我认为她是'性别平等法理学之父',至于她本人更希望被称为'性别平等法理学之母',还是'性别平等法理学之家长',抑或干脆叫奠基人,我还要尊重她的意思,但我一定要把马歇尔大法官说给国父们的话献给她:'没有什么赞美能超过你本来的功绩。'"[97]金斯伯格以其标志性的谦逊做出回应,她也致敬了20世纪20年代以来争取妇女平

2011年3月26日，普拉西多·多明戈和金斯伯格在哈佛大学获颁荣誉学位，在仪式上多明戈为金斯伯格唱了一段小夜曲。

等权利的前辈们，其中就包括耶鲁大学校友保利·默里。[98]

  金斯伯格很感谢耶鲁大学办的研讨会，前一年5月的一个活动也让她尤为珍惜。1973年，在她出色地完成弗朗蒂罗案的辩护后，司法部副总检察长欧文·格里斯沃尔德，也就是当年那位不同意将她在哥伦比亚大学完成的学业计入哈佛大学学位的老院长，显然希望促成哈佛大学法学院授予她学位，但条件是她必须把哥伦比亚大学的学位退还回去。她婉言谢绝后，马蒂建议她等着哈佛给大学她颁发荣誉学位。2011年5月26日，哈佛大学法学院授予金斯伯格荣誉法学博士学位。[99]更让人高兴的是，当时获得这项哈佛大学最高荣誉的七人之一是世界著名歌唱家普拉西多·多明戈，他曾在金斯伯格75岁生日上为她演唱《生日快乐歌》。金斯伯格上台接受学位时，他再次为她一展歌喉。"离那个美妙的声音咫尺之遥，"她回忆道，"让我有种触电般的感觉。"[100]两人同台的时刻被拍了下来，她给照片起名叫《狂喜中的女子》，并把它摆在了办公室中。

虽然马蒂不在了，但生活还是有美好的时刻，她的影响也继续为人称道。未来可期。

| 第 20 章 |

种 族

奥巴马执政时期种族议题突出。2013年,最具争议的两项具有种族意识的措施摆在联邦最高法院面前——平权行动和投票权。联邦最高法院保守派似乎铁了心不给少数族裔平等保护权,而年届80岁的金斯伯格也再次证明她能从法律角度把对手批驳得体无完肤。

* * *

实际上,10年前处理两起涉及高等教育平权行动的案子时,她就已经提出了反对。这两起案子都起源于密歇根大学。密歇根大学是州里首屈一指的学校,学校在20世纪90年代积极追求多元化,为黑人、西班牙语裔和美国原住民学生提供奖学金,设立少数族裔研究项目,以提升比例不足的少数族裔学生人数。学校的努力取得了成功,但也引发白人家长不满,因为他们的孩子被拒之门外。特别是在有人通过《信息自由法》申请公开密歇根大学的平权政策之后,白人家长更加愤怒了。[1]

密歇根大学安娜堡分校的法学院很有名气,格鲁特尔诉博林杰案质疑的就是这所法学院的招生政策,而格拉茨诉博林杰案针对的则是本科文理学院的招生政策。[2] 奥康纳在格鲁特尔案中和自由派站在了一起，这让金斯伯格松了一口气。商界和军队的领导者在"法庭之友"意见书中也支持这种前瞻性的招生政策，相关政策会继续施行。[3] 奥康纳写道，法学院可以继续采取有针对性的、把种族纳入考量的招生政策。构建一个"多元而学术水平突出"的学生群体有多种影响因素，少数族裔身份只是其中之一。培养来自不同种族、社会和经济背景的未来领袖能够促进"重要的国家利益"。[4]

虽然自由派在格鲁特尔案中以微弱优势取胜，但金斯伯格估计，格拉茨案很难复制这一胜利。密歇根大学本科生院招生办根据申请人的高中成绩和5项额外因素给每个人打分，这5项因素是申请人高中就读的学校水平、课程强度、申请人在生活中是否经历过不寻常的情况、申请人的居住地，以及校友关系。这些分数被绘制在4个独立的网格上：州内非少数族裔申请人、州外非少数族裔申请人、州内少数族裔申请人、州外少数族裔申请人。争议的焦点在于学校对少数族裔申请者放宽了标准。两个资历相同的人申请结果可能不同：非少数族裔学生会被拒绝，而学校偏爱的少数族裔学生会被录取。[5]

案子原告名叫珍妮弗·格拉茨，她是一名警察的女儿。1997年，格拉茨和其他13 500名高中生一起申请密歇根大学。学校只能录取其中4 000名学生，仅占申请人数的29.6%。格拉茨的申请遭到拒绝后，她在保守派机构个人权利中心的帮助下状告学校实行逆向歧视。[6]

1998年，密歇根大学已经不再使用网格式的招生系统了，取而代之的是"选择指数"体系。为了能招到多元的新生，学校采取了一种打分制度，从高中成绩、标准化考试成绩、高中学校的水平、课程强度、居住地、校友关系、个人品质、申请文书的质量、社会经济背景、体育水平和族裔这几个方面给申请人打分。[7]

满分150分，学校为了录取足够多的少数族裔学生，会给代表性不足的少数族裔申请者自动加 20 分。虽然少数族裔学生的比例每年都不同，但必须达到足够的比例以避免造成象征主义，也避免让学生感到被孤立。[8] 正如金斯伯格指出的一样，一个在其他方面得分很高的非少数族裔申请者可以很容易超过少数族裔申请者。[9] 但在联邦最高法院保守派看来，这种加分政策是不可取的。

在格拉茨案的口头辩论中，奥康纳对学校程式化的招生制度持否定态度。肯尼迪也一样，他说这看起来就像"变相的配额制"。[10] 多数派认为，本科生院并未像法学院一样对每一份申请进行个体化的考量，这样的录取政策针对性不足。伦奎斯特写道，自动给代表性不足的少数族裔申请人加 20 分，让"种族因素……变成了决定性因素"，违反了严格审查标准。[11]

金斯伯格很失望，她撰写的反对意见后来被奉为经典，也收获了苏特法官的赞同。她对联邦最高法院坚持用相同的审查标准评判所有的种族分类提出了异议，把多数派批驳得体无完肤。"坚持所谓的一致性，"她写道，"如果我们国家不存在被法律强化的等级歧视的残余，那么这种坚持是恰当的……但是我们距离公然歧视的过去并不遥远，几个世纪以来，获得法律支持的不平等所造成的影响在我们的社会里仍然非常显著。"金斯伯格指出，在就业、收入、医疗保健和教育机会方面，不同种族之间仍存在巨大差异，她引用数据表明，几乎 3/4 的非裔和拉丁裔儿童就读的是"财务拮据、成绩落后的学校……'如果这个国家在法律上和实践中要真正做到机会平等、没有歧视的话……那么有意识和无意识的偏见……就必须减少'"。[12]

金斯伯格坚称，根据平等保护的要求，应当允许政府决策者"恰当地区分排斥性和包容性政策"。那些"旨在给长期被剥夺完全公民地位的群体造成负担的行动"和"为尽快消除根深蒂固的歧视及其后果而采取的措施……"不是一回事,"假装……(巴基案)涉及的问题和(布朗案)一样,就等于是在假装历史从未发生,现实并不存在"。[13]

金斯伯格承认,"仅仅提出一个值得称赞的行政目的……不能让一个具有种族意识的措施免于受到仔细的司法审查",但她强调了密歇根大学本科招生的三个方面。首先,她指出,学校特殊考虑的种族和民族群体"在历史上受到法律和社会习俗的打压,低人一等,这些群体的成员直到今天仍然在经历阶级歧视"。其次,没有迹象表明学校采取现行政策是为了限制任何特定的种族或族裔,也没有根据种族保留名额。最后,没有证据表明学校的招生政策不恰当地限制了那些没能得到种族加分的学生的入学机会。"几代人的种族压迫所造成的污点在我们的社会中仍然清晰可见,"她总结道,"人们仍必须坚定致力于加快消除这种污点。"[14]

* * *

自从罗伯茨和阿利托加入联邦最高法院后,金斯伯格更难以维护将种族纳入考量的补救措施。在里根政府时期,罗伯茨和阿利托都是反对平权行动的"马前卒",他们对种族相关案件的态度也反映出这一点。[15]罗伯茨有一句名言:"平等保护条款的全部意义就是排除种族问题。"[16]相比4位保守派同事,肯尼迪不那么反感把少数族裔的利益纳入考量的政策,但他不赞成奥康纳在格鲁特尔案中放松严格审查的做法。他坚称,必须施行严格审查来保证申请过程对多数人来说是公正的。[17]

约有5位大法官都反对平权行动,而且3/4的美国民众似乎也持相同的想法,保守派倡导团体迅速采取行动,其中最有效的莫过于"公平代表项目"。[18]这是一个由爱德华·布卢姆独立运营的组织,布卢姆曾是得克萨斯州的一名股票经纪人，后来发现自己真正热爱的事业就是发起诉讼反对种族平权政策。[19]格鲁特尔案后不久，布卢姆就在自己的母校得克萨斯大学找到了诉讼机会。

* * *

和其他南方大学一样，得克萨斯大学到1950年年末仍然拒收黑人学生，直到联邦最高法院命令得克萨斯大学法学院招收希曼·马里昂·斯韦特才改变了这一状况。[20]到20世纪70年代，平权政策随之而来。然而，随着更多人相信招生政策应该对不同种族都保持"一致"，到1996年，位于新奥尔良的保守的第五巡回法院不再允许得克萨斯大学在招生中把种族纳入考量。随后，学生中黑人的比例从5%下降至2%。作为回应，州立法机构制定了一项表面上种族中立的政策，规定各高中排名前10%的学生可以自动升入一所州立大学学习，但不一定是他们最想去的那所。[21]

在这一政策之下，得克萨斯大学最优秀的校区奥斯汀分校录取的黑人学生大多来自以黑人为主的贫困学校和社区。学校内部的调查显示，许多黑人学生感到孤立无援。他们常是班级中唯一的黑人学生，这让他们感到不满。2003年格鲁特尔案之后，得克萨斯大学的管理层认为可以做一些改善，并在一年后修改了招生规则。新政策的目标是录取社会经济背景更优越的黑人学生，以便在黑人学生之中创造更多元的体验，并且为得克萨斯州培养更多未来领袖。[22]

而在州内新生中，80%~90%仍然来自各高中排名前10%的学生。对于剩下的那些名额，招生人员会单独审阅每份申请，计算出两项分数。第一项分数是根据高中成绩和SAT成绩计算的；第二项分数叫作个人成就指数，根据两篇申请文书、活动、公益服务和"特殊情况"来打分。[23]在新政策之下，学生中黑人的比例重新攀升至5%，这也是学校以前采用平权政策时的比例。学校还保证每 5 年进行一次自我评估，来确定是否要继续把少数族裔身份纳入考量。[24]

但在布卢姆和他的金主看来，招生时只要考虑种族就是不对的。在寻找合适的原告时，布卢姆得知朋友的女儿阿比盖尔·费希尔申请在 2004 年入读得克萨斯大学奥斯汀分校遭到了拒绝。费希尔长着一头金红色的头发，她的高中位于休斯敦城郊的舒格兰市，这里非常富裕，发展迅速。费希尔的成绩没能排到前 10%。她在视频网站 YouTube 上发布了一个视频（是布卢姆替她上传的），声称成绩比她差的学生获得了录取。她说："我们之间唯一的差别就是肤色不同。"[25]

但实际上，学校一共给 47 名高中成绩和标准化考试分数不如费希尔的学生发出了有附加条件的录取信，其中只有 5 人是非裔或拉丁裔。她的支持者们没有提到的是，得克萨斯大学还拒绝了 168 名成绩和费希尔一样，或者比她成绩更好的非裔和拉丁裔学生。另外，只要她能够在另一所得克萨斯州学校取得 3.2 分及以上的绩点，就可以在大二转学到奥斯汀分校。[26]

可是布卢姆仍然认为自己找到了合适的原告。很快，他联系到律师伯特·赖因，赖因供职于华盛顿优秀的威利赖因律师事务所，布卢姆请赖因代表费希尔对得克萨斯大学提起平等保护诉讼。地区法院和第五巡回法院都裁决费希尔败诉后，她于 2011 年上诉到联邦最高法院。[27] 学校提出费希尔不具备诉讼资格，因为她已经从路易斯安那州的一所学校毕业了，在本案中不再具有利害关系。

联邦最高法院保守派同意审理这起案子，这让金斯伯格很失望。联邦最高法院对费希尔遭受的伤害如此关心，同时却拒绝审理有关警察在工作中进行种族形象定性的案子（这种做法每天都在对少数族裔产生不利影响），这再次证明了右倾的联邦最高法院多数派在

| 第20章 | 种 族　473

牺牲黑人和拉丁裔的利益来维护保守主义议程。[28]

口头辩论定于2012年10月进行。已退休的奥康纳和史蒂文斯大法官也出现在了听众席上，这彰显出案子的重要性。[29] 十分显眼的是，卡根缺席了当天的庭审。她在担任司法部副总检察长的时候曾经处理过这起案子，认为自己应该回避。剩下的自由派大法官是金斯伯格、索托马约尔和布雷耶，他们开始对赖因提问。得克萨斯大学目前的政策到底有哪些地方不符合格鲁特尔案的要求？赖因表示，他对不考虑种族、自动录取前10%的学生没有异议，但是他认为奥斯汀校区没有必要采用个人成就指数。他坚称，种族已经成为一个"独立的附加因素"。[30] 肯尼迪基本同意，他问赖因："你的意思是说，一般不应该为了这么一丁点好处就造成这样的伤害，对吗？"

替得克萨斯大学发言的是在老布什执政时期担任司法部副总检察长的格雷戈里·加雷，他刚一起身回应，罗伯茨和斯卡利亚就立即提出一连串的问题，目的就是让学校希望增强多元性的想法显得荒谬不堪。罗伯茨问："一个有1/4西班牙语裔血统的人应该算是西班牙语裔还是其他族裔？"他又问道："那1/8呢？"斯卡利亚也跟着发起追问。阿利托回到了"足够数量"的问题上，他问道：黑人学生要达到多少比例才算数？加雷避开了这个陷阱，他知道给出任何一个数字都会被认为是在采取配额制，这是违法的。[31] 辩论进行了一个小时，在结束的时候明显能看出有4~5位大法官希望找机会废除或推翻格鲁特尔案，以此完全否定平权行动。

* * *

9个月过去了，案子的裁决还没有消息，人们猜测联邦最高法院一定有激烈的分歧。索托马约尔写了一份慷慨激昂的反对意见，金斯伯格也完全支持，这份草案交给其他大法官审阅后，肯尼迪重新思考了他希望在多大程度上推翻格鲁特尔案。[32] 联邦最高法院开庭期就快结束了，大法官们终于达成了一个让索托马约尔和托马斯都能接受的妥协方案。（托马斯和索托马约尔一样都是平权行动的受益者，但两人对这个政策的价值有着截然不同的看法。[33]）

多数派没有给出布卢姆和其他反对者想要的决定性的胜利，而是投票加强了法院对相关问题施加的审查力度，并把费希尔案发回下级法院重新审理。[34] 7名大法官的多数意见由肯尼迪执笔，他写道，大学在把种族纳入考量范畴之前，必须先证明"已有的、可用的种族中立方案"并不能满足要求。[35] 审查平权行动项目的法院还必须进行"仔细的司法调查，了解大学能否在不使用种族分类的情况下实现多元化"。他简短的意见没有就如何操作给出具体指导。

布雷耶认为，联邦最高法院的少数派躲过一劫，事实上也是如此。但金斯伯格没能说服联邦最高法院坦诚讨论歧视的多种形式，

在联邦最高法院外的阿比盖尔·费希尔和爱德华·布卢姆。照片摄于2012年10月费希尔诉得克萨斯州案的口头辩论之后。

| 第20章 | 种　族　475

她对此深感失望。她单独发表了一份反对意见，批评肯尼迪允许高校重视种族多元但又进一步收紧相关审查是"心口不一"。[36] 金斯伯格认为，奥斯汀分校的招生政策与哈佛大学相符，而鲍威尔大法官在巴基案中把哈佛大学的政策奉为典范；同时，奥斯汀分校的政策也与格鲁特尔案中密歇根大学法学院的政策相符，因此联邦最高法院从一开始就不应该受理这起案子。她还抨击了原告和律师的诡辩，他们说学校能够采取的其他政策就只有得克萨斯大学不分种族的"前10%政策"和在不看种族的情况下对每个申请人进行全面考量这两种。[37] "我以前就说过，在此我还要重申，只有鸵鸟才会把这些所谓种族中立的替代方案说成是不具有种族意识的。正如苏特大法官在格拉茨案的反对意见中指出的，这些被抬高的替代方案是在'故意混淆视听'。"金斯伯格直接引用了得克萨斯州立法机构对"前10%政策"的分析，指出该政策就是为了"种族隔离的社区和学校"出台的。[38]

休庭前，金斯伯格在法庭上宣读了她的反对意见，强调她对联邦最高法院进一步限制把种族纳入考量范围的补救措施感到失望。随后，第五巡回法院再次裁决得克萨斯大学胜诉，赖因也再次提出上诉。保守派大法官们投票决定2016年再次审理费希尔案，他们认为这次能够在肯尼迪的帮助下获得足够的票数。[39] 如果他们胜利了，就意味着美国几乎所有精英高校的本科和研究生项目中，非裔和拉丁裔学生的人数都会减少，而白人和亚裔学生将取代他们的位子。

同样悬而未决的还有历史性的《投票权法案》的命运。

* * *

具有里程碑意义的《投票权法案》能够出台，很大程度上归功于那些参与民权运动的无名英雄和前总统林登·约翰逊的领导。在《投票权法案》出台近一个世纪以前，1870年通过的宪法第十五修正案给予黑人男性（其中许多曾是奴隶）选举权，同时也让他们有了担任政治职务的机会。然而，事实证明黑人的政治参与只是昙花一现。共和党总统提名人拉瑟福德·海斯为了换取佛罗里达州、南卡罗来纳州和路易斯安那州的支持，同意在1877年将联邦军队撤出南方。北方就此失去了管理前邦联州的道德优势和政治意愿。

当时联邦最高法院的保守派紧跟公众舆论，推翻了许多旨在保护那些刚获得自由的奴隶的法案。尽管废除了祖父条款（该条款将当前选民限制在其祖父为在南北战争前有投票权的人），但联邦最高法院对其他剥夺公民权的重要手段视而不见。[40] 到二战时期，联邦最高法院逐渐更加同情那些发起宪法第十五修正案诉讼的原告，但对那些被剥夺投票权的黑人来说，无论是经济、身体还是心理层面，都很少有人能够承担长期法律诉讼的代价。[41]

在联邦最高法院、白宫和国会都放任不管的情况下，南方白人精英一心想要保障自己的政治、社会和经济控制权，他们动用恐吓、暴力和种种法律手段，让黑人公民失去了政治权力，比如设置文化考试、人头税，只让白人参加初选，等等。[42] 尽管民权活动家努力推动黑人选民注册登记工作，但在1965年亚拉巴马州的塞尔马市，在15 000名达到投票年龄的黑人公民中只有335名成为注册选民。[43]

1965年3月7日在历史上被称为"血色星期日"，学生非暴力协调委员会的负责人约翰·刘易斯、南方基督教领袖会议的霍齐亚·威廉斯和塞尔马人民一起创造了历史。从塞尔马到蒙哥马利，他们进行了为期5天的投票权游行，其间遭到州警殴打、踩踏，其中一些警察还骑着马。游行者遭受的残暴对待被全国的电视媒体报道，让争取投票权变成了全国性的事业。[44]

| 第20章 | 种　族

约翰逊总统个人很支持黑人投票权运动，他知道恢复黑人的投票权等于是开展内战后的第二个重建时期，将考验他应对国会的政治技巧。[45]他也知道自己别无选择。国会在1957年和1964年的《民权法案》中都试图加入强有力的投票条款，但是支持种族隔离的民主党人一直在淡化这些条款，并保留了人头税和文化考试的要求。

为了争取选票，约翰逊需要温和派共和党人的帮助，这些人不用担心在自己的选民中遇到阻力。面对国会联席会议和全国7 000万电视观众，约翰逊总统慷慨激昂地呼吁采取行动。"剥夺任何一位美国同胞的投票权都是错误的，是致命的错误，"约翰逊说，"我们每个人都必须克服偏见和不公遗留下来的伤疤，我们也一定能够克服。"[46]

面对南方民主党和保守派共和党的强大联盟，民主党和温和派共和党组成跨党派团体，在白宫的大力支持下，用4个月的时间通过了《投票权法案》，约翰逊称之为美国自由历史上最具里程碑意义的法律。[47]著名自由派法学家帕梅拉·卡兰后来指出，这项法律试图让南方黑人成为"治理过程的积极参与者"。[48]代议制民主中的投票权必须具有工具性价值，让少数族裔有公平的机会来决定他们的政策偏好，保证他们的利益得到保护。[49]

1965年的《投票权法案》希望通过几种方式实现这一目标。法案的第二款基本沿用了宪法第十五修正案的语言，在全国范围内禁止歧视性投票办法，包括禁止歧视性的选区重划、全票选举和选民登记制度。第三款授权联邦法院将各州和政治分支的投票办法置于联邦监督之下。第四款建立了一个"覆盖公式"，制定法律标准来判断具体的辖区是否受到第五款相关规定的约束，而第五款则规定了一个"预审要求"，根据这一要求，各辖区（主要是南方）想要改革投票办法必须先交给司法部长审批。[50]针对投票办法的诉讼必须直接提交给首都华盛顿的联邦法院，以判断相关改变是否具有歧视性的意图或者压制性的效果。

* * *

法案大大加强了联邦监督，一开始就得到联邦最高法院的支持，后来在国会不断完善，并先后获得尼克松、福特、里根总统的签署。《投票权法案》更大的目标是通过增强少数族裔在政治上的代表来建立一个更具包容性的民主体制，但这一目标从一开始就受到攻击。尼克松和里根急于在南方扩大共和党的影响力，他们暗地里都在促成法案失效。[51] 共和党提名的大法官（伦奎斯特、奥康纳、斯卡利亚、托马斯和肯尼迪）坚持要求司法部在诉讼中必须证明相关投票办法不仅造成了限制少数族裔投票的效果，还要证明它从意图上来说就是歧视性的，从而进一步削弱了《投票权法案》的影响力。[52] 尽管反对派长期以来对此举提出严厉抨击，国会还是在1975年给法案加入了新条款，给少数族裔提供语言方面的帮助，并且在1982年再度将法案延长25年。

小布什继承了共和党前辈的传统。他的司法部长约翰·阿什克罗夫特在民权司任命的人员致力于阻碍《投票权法案》。他还聘请了汉斯·冯·斯帕科夫斯基作为民权司特别顾问，此人特别关注所谓选民欺诈（而非选举欺诈）问题。在共和党控制的各州，冯·斯帕科夫斯基说服共和党官员跟进选民身份识别法，减少提前投票和当天登记，以及其他对少数族裔、学生和老年人格外不利的措施。[53] 但《投票权法案》的过期时间刚好在2008年大选前一年，小布什和共和党需要黑人的选票，因而不想要承担法案过期的责任。2006年，国会共和党领袖宣布支持法案延期。

两党的领袖都知道分歧仍在。自由派长期以来认为《投票权法案》对防止侵犯选举权方面的保障不够完善，而保守派则认为已经过分了。1965年，美国社会在人口结构等方面都经历了许多变化。在南方部分地区，特别是城市中心，两党之间竞争激烈。在少数族裔人数较多的州，各级政府都有一定数量的黑人民选官员。[54]

虽然修订《投票权法案》势在必行，但推动修法的政治意愿有些跟不上。在漫长的伊拉克战争期间，公众并不特别关注民权议题。南方曾是民主党的基本盘，如今共和党上位，因此共和党虽然原则上反对《投票权法案》，但实际上从中受益。[55] 最重要的是，谁想要扩大覆盖公式，谁的选区就会被认为更具种族主义色彩，从而损害了支持《投票权法案》的两党联盟。[56]

人们对联邦最高法院会做何反应感到担忧，这也加剧了政治惰性。1982年起，联邦最高法院开始限制国会执行内战后出台的几项修正案的权力，而这些修正案是《投票权法案》第五款的宪法基础。[57] 在保守派占多数的联邦最高法院，最大的特点就是坚持联邦主义，以及共和党所谓的不对肤色加以考虑的做法，这表明联邦最高法院很可能更在意各州的平等和尊严，而不是个人特别是有色人种能否得到有效的代表、拥有平等保护的权利。[58]

接下来，参众两院的司法委员会举行了深入的听证会，之后还在参众两院全体会议上进行辩论。[59] 结果显示存在着许多侵犯投票权的行为，比如一所历史上以黑人为主的大学的学生受到威胁，称如果他们胆敢注册投票就会受到起诉；制定法规给登记增加难度；转移投票地点，让非裔和西班牙语裔选民不得不前往位置偏僻或环境恶劣的地方投票；在非裔和西班牙语裔候选人即将占据一个政府机构多数席位的时候取消选举或撤销相关机构。[60]

在研究了15 000多页的立法记录后，国会得出结论认为《投票权法案》在消除最初的选举障碍方面取得了重大进步。但是，"为阻止少数族裔充分参与选举而设置的第二代障碍"仍然存在，在相关辖区的选举中，种族极化的投票现象也仍然没有得到解决。[61] 实际上，在 2006 年以前大多数胜诉的选民歧视案发生在受第四款管辖的地区。

一些来自南方的共和党议员递交了一项严重限制投票权的修正案，但最终未获通过。尽管有这些反对声音，众议院最终还是以压倒性多数重新授权了《投票权法案》，这看起来体现了两党合作精神。[62] 2006 年 7 月 20 日，法案获得参议院全票通过。一个星期后，法案由小布什总统签署生效。[63]

但实际情况并没有看起来这么一团和气。正如预期的一样，重新授权的过程是一个典型的"政治回避"的过程。[64] 新的版本保留了老法案的大部分条款，仍然包括原有的区域，预审制度中给司法部保留了特殊地位，一个地区如果记录良好也仍然可以通过同样的程序获得"豁免"。法案本身要到 2031 年才到期，但第五款每 15 年就要重新评估一次。

无论如何，经过几个月的激烈辩论，这个民权运动的桂冠似乎保住了。宪法学者指出，关于《投票权法案》含义的分歧仍未得到解决，特别是在参议院司法委员会内部，这是新法案可能出问题的地方。[65] 由于联邦最高法院占多数的保守派专注于在选区划分中减少种族考量，人们估计联邦最高法院也会出台新的规定。[66] 但谁都没料到奥巴马会当选，也想不到这一历史性的事件会再度引发怎样的风暴。

* * *

在一些人看来，奥巴马当选意味着种族已经没有意义，《投票权法案》也没有必要了。毋庸置疑，许多非裔美国人和其他少数族裔在2008年投出了选票。此外,《投票权法案》为促成这些选票起到了关键作用。全美有色人种协进会法律辩护和教育基金会前任主席西奥多·M.肖指出:"如果没有《投票权法案》,奥巴马就当不上总统。"[67]肖认为,尽管选出了第一位非裔美国人总统,但不能因为一次总统选举就不再保留联邦监督。墨西哥裔美国人法律辩护和教育基金会的拉丁裔领导人也心怀警惕,他们非常同意肖的看法。[68]但一直以来反对《投票权法案》的人们可不赞成,他们认为奥巴马是在政治上的"自由竞争"中取得胜利的,联邦保护已不再必要。[69]

到目前为止,法案第五款的合宪性并没有遭到挑战。但是在重新授权完成后,爱德华·布卢姆马上决定用一起很不起眼的公用事业区的案子来试水。当西北奥斯汀市政公用事业一号区诉霍尔德案在2009年打到联邦最高法院时,金斯伯格敲响了警钟。她知道首席大法官非常善于在看似微不足道的案子里种下重大变革的种子,她说这"可能是本年度最重要的"案子。[70]

1982年,在里根总统的司法部任职的罗伯茨曾努力阻止《投票权法案》延期。2009年,他在口头辩论中咄咄逼人地质问司法部助理副总检察长尼尔·库马尔·卡蒂奥,这说明尽管他在提名后的听证会上做了表态,但实际立场并没有软化。[71]

大法官们在合议时分歧严重。最终罗伯茨几乎说服了所有人一致做出有利于公用事业公司的狭义裁决。在正式意见中,罗伯茨首先致敬了《投票权法案》的成就。他也承认,进步可能"还不到位,而且法案规定的预审在现状下仍然有必要"。[72]接着他谈到更大的问题,并警告道:"法案施加的负担是当下的,因此必须根据当下的需要进行论证。第五款想要解决的弊病可能已经不再集中于被挑选出来进行预审的辖区。法案规定的覆盖公式是依据35年以前的数据制定的,有很多证据表明它并没有考虑到当下的政治情况。"[73]

罗伯茨继续说，法案规定一些辖区必须先通过联邦预审才能改变选举办法，在不更新这些辖区的情况下扩大法案第五款"在宪法上有很大的问题"，即在南方已经取得进步的情况下，一项1965年出台的法案究竟还有没有必要继续实行。

罗伯茨说《投票权法案》对各州进行区别对待，"但是按照我们的传统，各州都应享有平等的主权"。他的说法相当于对平等主权原则做出了全新的解释。以往人们认为平等主权原则说的是各州加入联邦的条件是平等的，与如何应对加入联邦后可能出现的地方弊病无关。他还说，"要偏离平等主权的基本原则，必须证明法案对不同地域给出区别对待和它针对的问题本身有足够的联系"，这也给法案的反对者提供了法律指导。[74]

罗伯茨认为，第四款的覆盖公式让某些州承受了沉重的负担，但"第五款针对的弊病并不一定仍然集中于这些州"，法律界显然听到了他的质疑。[75]亚当·利普塔克重申了金斯伯格已经看出来的问题：首席大法官是"一位精明的战略家，他在为那些可能让联邦最高法院右转的大胆变革奠定基础"。[76]法学家理查德·哈森也赞同，他指出西北奥斯汀案就是"预期性否决"①的一大力证。[77]哥伦比亚大学法学院教授贾马勒·格林准确预料到罗伯茨多数派会利用西北奥斯汀案作为推翻第四款的起点，他敦促道："如果有一天这个宪法问题再回到联邦最高法院，请记住这句话（'法案……必须根据当下的需要进行论证'）。"[78]

* * *

国会未能采取行动，而敢为人先的布卢姆已经准备好了，他有

---

① 预期性否决（anticipatory overruling）指的是法院在一次裁决中并未推翻某个判例，但表达了今后准备推翻的意图。——译者注

另一个官司要打。[79] 司法部民权司否决了亚拉巴马州卡莱拉镇的选区划分，镇子位于伯明翰的城郊，以白人为主，在谢尔比县的西南角，距离塞尔马只有 56 英里。[80] 卡莱拉镇被称为"迪克西的心脏"，多年来数次违反《投票权法案》，最近一次违规是在 2008 年。

2010 年 4 月，曾代理费希尔案的律师伯特·赖因在华盛顿地区法院提起谢尔比县诉霍尔德案的诉讼。地区法院裁决他败诉后，他上诉到首都华盛顿联邦巡回法院。[81] 巡回法院在有分歧的情况下再次判决他败诉，随后他向联邦最高法院上诉。[82]

面对两起挑战第五款合宪性的案件，联邦最高法院同意审理谢尔比县案。大法官们要裁决的问题是，国会 2006 年在第四款的覆盖公式不变的情况下重新授权《投票权法案》第五款，是否超越了宪法第十四和第十五修正案规定的权力。[83] 这起案子受到许多关注，定于 2013 年 2 月 27 日对簿公堂，结果将取决于联邦最高法院保守派的大法官们如何看待国会执行这两项内战后制定的修正案的权力。

* * *

2 月一个寒冷的早晨，距奥巴马连任仅过去一个月，游客们在国会山附近散步，两个对比鲜明的活动映入他们的眼帘。国会大楼正在进行一座雕像的揭幕仪式，雕像刻画的是把一生献给民权活动的罗莎·帕克斯，是她开启了蒙哥马利公交车抵制运动，奥巴马在这个庆祝场合发表讲话。[84] 在马路对面，非裔美国人手持写有"保护我的选票"的标语，静静站在联邦最高法院门前。联邦最高法院的大门缓缓打开，排队的人们鱼贯而入。

法庭上，赖因提出南方已经发生变化，预审制给相关各州的"平等尊严"带来负担，而索托马约尔、金斯伯格和卡根提出了反驳。"想想你所代表的这个州，"卡根说，"亚拉巴马州 1/4 的人是黑人，但全州一个黑人民选官员都没有。如果你采取第五款规定的标准，亚拉巴马州又会榜上有名了。采用国会制定的任何标准，都会把亚拉巴马州算进去。"[85]

接着肯尼迪插话了，他要赖因表态说预审制度不仅区别对待各个州，还侵犯了州的主权和"平等地位原则"。金斯伯格提出异议，她说在之前的判决中，联邦最高法院不仅支持了《投票权法案》，而且否定了"平等地位原则"。[86]但肯尼迪不让步，他说如果国会要针对某些州的话，就应该指名道姓地做，而不是仅仅重新启用现有的覆盖公式。阿利托同意肯尼迪的意见，他质疑道：歧视问题是不是"在弗吉尼亚州比田纳西州更严重？或者在亚利桑那州比在内华达州更严重呢"？[87]

当司法部副总检察长小唐纳德·B. 韦里利为重新授权辩护时，

在联邦最高法院审理谢尔比县诉霍尔德案前，活动家们在门口示威。

罗伯茨再次回到他在西北奥斯汀案中提出的问题："政府是否认为南方公民比北方公民的种族歧视思想更严重？"[88] 韦里利说，政府并没有提出这样的观点，而是国会认为《投票权法案》第五款在相关辖区仍有必要，而且在预审制度下提出的选举改革中，只有很少一部分被司法部否决。

罗伯茨和阿利托仍然没有被说服。肯尼迪虽然有时表现出矛盾的态度，但也对政府的论述越来越怀疑。当天庭审中最让人震惊的评论来自斯卡利亚，他说重新授权是"种族特权的延续"。[89] 托马斯如往常一样一言不发，但他此前也表达了推翻该法案的意图。

司法部副总检察长发言后，时间交给赖因进行简短的反驳。赖因重申了他的观点，即亚拉巴马州和其他相关各州已经取得了长足进步，有理由充分恢复它们的主权。索托马约尔和卡根则进一步追问这一关键问题：这个决定究竟该由谁做出，是国会还是联邦最高法院？[90]

《华盛顿邮报》的记者罗伯特·巴恩斯指出，这起案子极大地暴露出联邦最高法院尖锐的意识形态对立。[91] 他的观察中所隐含的问题是，保守派对民权运动的反应在多大程度上将南方精神注入共和党，进而又如何影响了联邦最高法院。反对布朗案不只是在南方大行其道，白人对种族进步的抵制是全国性的现象。那篇题为《为什么（白人）南方必须获胜》的文章并非发表于《伯明翰新闻》或《亚特兰大日报》上，而是发表于总部位于曼哈顿的报刊《国家评论》上，这份报刊是1955年由保守派知识分子小威廉·巴克利创办的。[92] 对巴克利和其他保守派来说，问题可不只是学校种族融合这么简单。民权运动提出的愿景是民主政府积极追求社会正义，而右倾人士认为这是新政及其平均主义的延伸。[93]

为了削弱联邦政府的监督权，当务之急是再次发起一场代表各州权利的政治运动。尼克松赢得南方选票的重要战略之一就是再次提出"州权"这个听起来温和的说辞。1980年，保守主义运动的新星里根开启总统竞选，他提出"把政府从我们的背上甩下去"，还到访密西西比州尼肖巴县的集会。尼肖巴县是白人至上主义的大本营，1964年三名年轻的民权抗争者安德鲁·古德曼、迈克尔·施韦尔纳和詹姆斯·钱尼在这里被谋杀。一些同谋者至今仍在这里受到庇护。里根曾反对具有里程碑意义的《民权法案》，他在这里对着热情洋溢的人群发表了关于"州权"的讲话，对听众和媒体表态，他和他的政党将站在白人这一边。[94] 布什父子也追随里根的步伐，推动"不分种族"的政策——这种政策没有追求平等那么进步，但在南北方城郊的选民看来，它比他们所反对的极端主义要体面些。布什父子提名支持不分种族的共和党人进联邦最高法院，让联邦最高法院多数派愿意把"州主权"提升到基本原则的高度。[95] 谢尔比县案不仅标志着共和党这个曾经的林肯政党的蜕变，还是保守派行动的一部分，旨在粉碎那些希望保护和扩大民主的改革。

* * *

2013年6月25日，联邦最高法院终于宣布了谢尔比县诉霍尔德案的裁决。5位保守派把几十年来指导联邦最高法院审查《投票权法案》的法律搁置一旁，推翻了第四款的覆盖公式，这个公式是用来决定哪些地方要受到联邦监督的。尽管第五款名义上仍然有效，但没了第四款，它实际上就毫无意义了。迄今为止，这是联邦最高法院运用合理基础审查所推翻的最重要的国会法案。[96]

不出所料，罗伯茨执笔的多数意见引述了西北奥斯汀案的表述："法案施加的负担是当下的，必须根据当下的需要进行论证。"[97] 在2006年，他写道，国会表现得"就好像什么改变都没发生过"。实际上，人口普查记录显示，在法案最初涵盖的6个州里，有5个州的黑人选民投票率都超过了白人，第六个州的差距也不到0.5%。罗伯茨说，根据该法案采取的执法行动很少，这进一步显示了对相关区域的严格监督和当前的实际情况是脱节的。他表示，由于国会未能对这样一个严重偏离各州享有"平等主权的基本原则"的法案进行修订，联邦最高法院别无选择，只能裁定第四款无效。"我们的决定丝毫不影响第二款在全国范围内永久禁止选举中的种族歧视的规定，"罗伯茨继续说，"我们也没有对第五款本身做出裁决，而只是对覆盖公式做出裁决。国会可以根据当前的情况制定另一套公式。"[98]

金斯伯格清楚地知道，一个因激烈的党争而困于僵局的国会是不大可能制定出另一套公式的。就算能制定出来，也不能保证新方案不会被推翻。她在强有力的反对意见中毫不讳言地指出这一点，并获得了布雷耶、索托马约尔和卡根的支持。她提醒保守派的同事们，最重要的是，《投票权法案》该不该继续全面生效应该由国会来决定。它与内战后制定的修正案一样，应该得到联邦最高法院的尊重。[99]

其次，争取选举公平的斗争还远未结束。金斯伯格强调，《投票权法案》的目的不仅仅是结束1965年阻碍投票的各种手段，这一点和多数派的理解似乎有所出入，相反，"该法案的宏伟目标是保证我们国家所有人都具有平等的公民地位，都能够在我们的民主制度中发声，不受种族的限制"[100]。这意味着不仅要化解歧视的新招数，还要保持联邦监督的水平，防止相关地区出现退步。

金斯伯格指出，保守派大法官们说根据第五款采取的执法行动少，所以那些按照规定需要预审的区域已经不再需要这个法案。多数派还认为登记和投票就是问题的全部，忽视了国会根据立法听证会进行的仔细评估，也没有考虑相关地区仍然存在的歧视现象。此外，金斯伯格指出，多数派没有认识到两极化的投票现象仍然存在，这意味着少数族裔在选举中可能系统性地失利，他们的利益在州立法机构中得不到充分的代表。金斯伯格认为，如果联邦最高法院和国会一样认真研究相关记录，多数派就会意识到国会决定维持对相关地区的监督是有道理的。而且，自1965年以来已经有一些辖区得到"豁免"，可以在不经联邦批准的情况下改革投票办法，这也显示出多数派认为法案一成不变是说不通的。[101]

让金斯伯格最不满的不仅仅是联邦最高法院没能担起责任，而是保守派多数看起来根本没有理解他们的职责所在。她指出，联邦最高法院的责任并不是去裁决国会选择的补救措施是否完美，相反，它应该看"国会是否理性地选择了与合理目标相符的手段"。[102] 她还指出其他令人不安的谬误：联邦最高法院没有说明审查力度，也没有应对谢尔比县主张字面违宪的权利。① 在许多证据都显示亚拉巴马州仍存在许多违法现象的情况下，"一贯克制的联邦最高法院怎么能去处理谢尔比县对《投票权法案》提出的字面违宪主张呢"？"（联邦最高法院）不去考虑对谢尔比县适用《投票权法案》是不是合宪，甚至都没有考虑法案有相关豁免规定，就这样急于解决谢尔比县发起的字面违宪主张，很难说联邦最高法院做到了克制与温和决策，"金斯伯格指责道，"恰恰相反，用傲慢来形容联邦最高法院今天破坏《投票权法案》的决定再合适不过了。"

金斯伯格说，平等主权原则的适用范围是接纳新的州进入联邦，而多数派史无前例地扩大了这一原则，也体现出傲慢之情。[103] "可

---

① 在美国法院提出违宪主张时，通常有两种方式：字面上的违宪主张（facial challenge）和适用上的违宪主张（as applied challenge）。前者的意思是法律在制定上就是违宪的，无论实际上如何操作都不具有合宪性。——译者注

| 第20章 | 种 族　489

悲的是，今日判决的讽刺之处在于，"金斯伯格总结道，"它完全没有理解为什么《投票权法案》被证明有效。联邦最高法院似乎认为，法案既然已经成功消除 1965 年存在的具体的办法，那就意味着预审制度已经不再必要了。由于这种想法及其催生的论述，历史重蹈覆辙。"

在夏季休庭前的 6 月 25 日，法庭上的气氛阴郁而沉默，金斯伯格在法官席用 9 分钟的时间总结了她对谢尔比县案的反对意见。她略微修改了书面版本的结论，着重强调了联邦最高法院两派之间对道德和法学理解的巨大差异。她引用马丁·路德·金的话说："道德之路不管多么漫长，最终是通往正义的。"然后又补充了一个条件："只要对实现这一愿景矢志不渝。"她总结道："而今天的裁决损害了这一承诺。"[104]

这是这个国家第二次因缺乏道德优势和政治意愿而无法保障"重建"的进行，也是第二次，保守派多数对联邦最高法院权力的认知，变成了那些不再愿意关心历史上受排挤的群体的人手中的武器。[105] 正如金斯伯格预测的那样，历史确实会重演。

得克萨斯州马上宣布，此前因歧视性影响而被搁置的一项严格的选民身份识别法以及重新划分的选区地图将不会再交予联邦批准。[106] 在北卡罗来纳州，共和党人自 1877 年来首次同时控制了州长位子和参众两院，立法者也采取了与得克萨斯州类似的行动。他们通过了新的选区规划和选民身份识别法，还削减了提前投票和当天登记。这对奔波劳动的穷人和组织人们"用灵魂投票"的黑人教会来说是重大打击。除了少数族裔，还有其他族群的权利受到限制。老年公民往往没有能证明身份的驾照。大学生倾向于支持民主党，但投票站将不再接受学生证。[107]

罗萨内尔·伊顿说："这太龌龊了。"这位北卡罗来纳州的 94

岁老人当年需要通过文化考试才能投票，她为了通过测试背诵了宪法的序言。与她年龄相仿的亨利·弗赖伊也表示赞同："和很久以前的情况不同了，现在更复杂了。"[108] 随着其他8个南方州出台类似规定，伊顿和弗赖伊都能够认同威廉·福克纳的名言："过去从未消亡，它甚至从未过去。"[109]

* * *

一直以来，种族等级制和政治权力都在美国社会中深深交织在一起，并不局限于预审制度所涵盖的原邦联州。甚至在谢尔比县案之前，中西部和北方由共和党控制的州就已经在收紧投票资格。小布什任内的司法部有关人员散播关于选民欺诈的谎言，在这些说法的刺激下，2010年中期选举后有越来越多共和党控制的州出台种种限制，试图压制少数族裔选民投票。[110] 到2016年，一共有14个州对投票权施加限制，美国因此成为世界上所有成熟的民主国家中唯一一个增加公民投票难度的国家。[111]

| 第 21 章 |

该做的事

费希尔案和谢尔比县案结束后两个月，金斯伯格穿上一袭华服与华盛顿最具影响力的艺术赞助人和慈善家一起在肯尼迪中心出席活动。活动与音乐无关，而是一场婚礼，由金斯伯格主持——大法官们经常为亲密的朋友、亲人和前助理主持婚礼。当天的两位新人是她的好友、肯尼迪中心的主席迈克尔·凯泽和经济学家约翰·罗伯茨。仪式很简单，金斯伯格也因此成为有史以来第一位主持同性婚礼的大法官。当时许多州仍然规定只有异性才可以结婚，而金斯伯格作为联邦最高法院大法官主持这场婚礼，对这两位同性爱人在法律上的平等地位提供了有力支持。[1]

* * *

婚姻制度成为男女同性恋者极为关注的民权议题，这在以前几乎是不可想象的。短短 60 年前，人们还谴责同性恋是"堕落""性变态""猥亵儿童的人"。在官方猎巫行动和民间暴力的驱使下，大多数同性恋者被迫隐藏性取向。[2] 这个受到歧视的少数群体不懈努力，希望获得基本的公民权利，他们用许多年的时间进行了缓慢而艰难的斗争。[3]

20世纪70年代以来，保守的宗教势力一直是反对同性恋权利的排头兵，他们展开攻势，大大加强了反对派的水平、强度和政治复杂性，对共和党施加了重大影响。[4]一些人坚信同性恋者与异性恋者有着本质区别，认为只有一男一女的结合才是合法的婚姻，这些人本能地排斥同性婚姻，害怕同性婚姻将污染社会。[5]

因此，想要说服联邦最高法院将同性婚姻纳入平等保护的框架内，需要在文化、政治和法律方面进行彻底的变革。这是一个关于包容的故事，它再次反映出社会运动和公众舆论携手并进能如何让人们从新的角度理解宪法的含义，即使争议尚未完全消失。2015年，两位年轻的同性恋者和金斯伯格的画像照了一张合影来庆祝胜利，这个故事也就此画上了一个恰如其分的句号。金斯伯格从法律的角度为促进性别中立的伴侣角色做了不懈努力，为同性伴侣"完全有能力实现婚姻的目的"这一论述奠定了基础。[6]当联邦最高法院第一次听取关于同性婚姻的口头辩论时，金斯伯格毫不掩饰地表明了自己的立场。

* * *

1969年的石墙事件开启了同性恋解放运动。相对而言，婚姻平等是一项新的议程。女同性恋女权主义者认为婚姻制度是具有压迫性的，男同性恋者中在性方面追求冒险的人对拥有终身伴侣也并不感冒；一些有固定伴侣的人则认为，婚姻以外的结合形式让他们在性别角色方面更具灵活性；政治上的激进主义者觉得，光是想破除那些性别、种族、阶级和性取向方面根深蒂固的特权就已经够不容易的了。[7]

20世纪80年代的艾滋病肆虐后，这种对婚姻平等的抵触情绪有所软化。[8]当时艾滋病席卷同性恋社群，导致15万男同性恋者死亡，让无数人面对失去爱人和朋友的痛苦。政府机构、医院、殡仪馆、保险公司甚至遗产法院都拒绝尊重同性伴侣的意愿，并且往往拒绝承认他们在经济上的贡献，这让同性恋社群在悲伤之余更感到耻辱。因此不难理解，同性恋社群中有一些人因此改变主意，想要争取国家赋予婚姻伴侣的法律利益。[9]

20世纪80年代末和90年代，更多同性恋者开始养育小孩，这也进一步促使人们重新考虑同性婚姻。在更多同性恋者开始收养孩子的同时，数据显示同性恋父母和异性恋父母养育的小孩同样出色。与此同时，更多人开始使用捐精者的精子受孕，或者通过精子库和代孕来孕育下一代，这让同性伴侣中的单方或双方都能够拥有一个有血缘和情感联系的家庭。养育孩子的责任也反过来促使人们更加需要婚姻带来的更多法律保护。[10]

在过去的200年里，婚姻作为一种法律和社会行为也发生了变化：法院和各州的立法者重新评估了婚姻的标准；已婚妇女不再受丈夫支配；离婚得到允许，并变得越来越自由；不同种族的人可以通婚。20世纪70年代初，美国有75%的成年人处于婚姻关系之中，而到20世纪90年代末，这个比例下降至56%。在所有工业化国家，生育对于婚姻的重要性显然在降低，而长期的幸福和承诺则变得越来越重要。政治和宗教联系不那么紧密的西方民主国家统统出现了这些变化，这意味着同性恋和婚姻这两个曾被认为水火不容的概念正在联系起来。[11]

但是在这场社会革命中，每个组织和个人都有各自的战略和想法，说服同性恋者把婚姻权当作重中之重并不容易。[12]一些人担心，把运动"主流化"会削弱激进带来的优势。也有人认为转移焦点可能会影响打击就业和住房歧视方面的重要努力。同性恋者平权行动中的法律人士认为，法院还没有准备好对寻求婚姻平等的诉讼做出有利裁决。联邦最高法院直到 2003 年才在劳伦斯诉得克萨斯州案中推翻了州层面禁止同性性行为的性悖轨法，而在许多州和几乎所有工业化国家，同性性行为去罪化早已实现。[13]

然而劳伦斯案仍然是一个分水岭。它第一次把成年人私下同意进行的同性恋行为明确纳入宪法规定的权利框架中。肯尼迪大法官在发人深省的多数意见中写道，"自由的前提是自主性"，它在"决定如何处理与性相关的私生活方面为成年人提供了实质性的保护"。[14] 无论是支持者还是反对者都坚信劳伦斯案将带来婚姻平等。[15]

1993 年，夏威夷州的一位法官裁决将婚姻限制在男女之间构成了违宪的性别分类，美国本土的保守派组织认为这个裁决敲响了警钟。[16] 1996 年，刚刚通过《禁止部分分娩堕胎法》的国会又通过了《捍卫婚姻法》，让婚姻在美国第一次成为受联邦监管的问题，这是宗教和社会保守派梦寐以求的。[17]

《捍卫婚姻法》规定，任何州都不需要充分认可或考量另一个州承认同性婚姻的法律或司法判决。法律还规定，婚姻只能是一男一女的结合。[18] 国会听证会上的证词说传统的婚姻定义是"文明的基石"，证词里还提到"享乐主义、自恋、堕落……和罪恶"这些词汇。[19]

克林顿总统在当时可以说是为争取同性恋权利做得最多的一位总统，他私下里是反对《捍卫婚姻法》的，但是他想解除军队对同性恋的禁令未能成功，政治上受到严重打击。在否决《禁止部分分娩堕胎法》后，面对一个共和党占多数的国会，他觉得自己已经不能再使用否决权了。[20] 国会通过《捍卫婚姻法》的那年，也是克林顿再次面临连选连任的一年，他如果不签署这部法律，就可能无法连任——投票支持该法案的民主党人也普遍有同样的感觉。[21]

接着在 2003 年，美国东北部新英格兰地区的同性恋权利法律倡导者玛丽·博瑙图在马萨诸塞州最高法院为婚姻平权争取到了第一次重大胜利，马萨诸塞州首席大法官玛格丽特·马歇尔为古德里奇诉公共卫生部案撰写的意见书感人至深。2003年11月18日，马萨诸塞州最高法院下令在180天内开始向同性伴侣发放结婚证。[22]

2004年，反对婚姻平等的人一股脑地提出相关提案让选民投票，他们的目的是通过修改州宪法将婚姻定义为男女之间的结合，从而让法院和立法机构在这个问题上束手无策。[23] 又过了将近10年，奥巴马总统才发出婚姻平等的号召，把同性恋者平权行动与民权和女权运动相提并论。他在连任后的就职典礼上说："直到我们的同性恋兄弟姐妹在法律上得到和其他人一样的待遇，我们的旅程才算结束，因为如果我们真正生而平等，那么我们对彼此的爱也必须是平等的。"[24]

* * *

在奥巴马的核心圈子看来，总统没有早一些发声并不奇怪。1996年，奥巴马还在伊利诺伊州当参议员的时候就在一份调查问卷上表示他支持同性婚姻。但在2008年，他作为民主党总统候选人不能领先公众舆论太远。对于LGBT（同性恋者、双性恋者和跨性别者）选民在意的其他议题，奥巴马都公开表示支持，却没有公开支持婚姻平等，这让基层活动家感到很丧气。[25] 但奥巴马真诚地相信，想要让历史上被边缘化的群体能够享受平等的公民地位，全体人民在这场社会变革中都扮演着重要的角色，包括运动积极分子、法律战略家和充满热情的公众。[26]

幸运的是，同性恋者平权行动在流行文化、民主党政治和企业界掀起海啸般的势头，很快就让总统能够放开手脚做事。[27] "木屋共和党人"这个组织从20世纪70年代末就开始为同性恋权利进行游说，到2012年，包括劳拉·布什和迪克·切尼在内的一些知名共和党人也一起开始推动婚姻平权。[28] 全美有 30 个州制定了反歧视法，9 个州允许同性婚姻。[29] 全国性的民意调查一直显示大多数美国人特别是年轻人支持婚姻平等。[30] 有其他国家走在美国前面，联邦最高法院也可能跟进。[31] 在奥巴马连任的 5 个月前，他措辞谨慎地表达了对婚姻平等的支持，当时有两起案子已经进入联邦最高法院的审理程序。[32]

* * *

联邦最高法院在 2013 年裁决的霍林斯沃思诉佩里案被人视为 21 世纪的同性恋权利大审判。2008 年，在加州的第八号提案①通过后一个月，华盛顿著名律师西奥多·奥尔森和戴维·博伊斯联手控告加州禁止同性婚姻违反了联邦宪法（此前奥尔森和博伊斯曾在小布什诉戈尔案中对垒）。一些同性恋权利法律倡导者更倾向于一个州一个州地解决问题，对这两位律师的大胆举措感到担忧。[33] 如果联邦最高法院做出不利裁决，就可能在可预见的未来阻碍 50 个州的进步。还有人提出反对，因为他们觉得这些和运动毫无关系的律师是在"出风头"。但奥尔森在联邦最高法院一共打过 45 场官司，赢了其中的 44 场，他可"没有时间也没有耐心"举棋不定，他要做第一个把相关联邦诉讼打到联邦最高法院的人。[34]

奥尔森告诉好莱坞的进步派支持者们，名声在外的自由派诉讼律师戴维·博伊斯会和他一起处理这起案子。得到他们的支持后，事情进展迅速。两人联系到两对感情稳定的同性恋伴侣，他们认为第八号提案侵犯了自己的平等保护和正当程序权利。两位律师强强联手，向加州北区联邦地区法院申请了执行禁令。加州州长阿诺

---

① 该提案将婚姻权界定为仅限于一男一女的婚姻，使加州同性恋社群丧失了本已获得的合法婚姻权。——编者注

德·施瓦辛格和检察长杰里·布朗都不愿为第八号提案辩护，提案的支持者们因此请来了著名的庭审和上诉律师查尔斯·库珀提出反诉。[35]

双方律师都希望直接向联邦最高法院提告来加快进度，避免庭审费时费钱。但施瓦辛格州长表示反对，他对2004年的那场混乱记忆犹新，当时旧金山市长加文·纽森单方面允许向同性伴侣发放结婚证，结果加州最高法院以违反州法为由宣布这些婚姻无效。[36] 到2008年5月，加州最高法院裁决相关法律违宪，约有4 000名欣喜若狂的同性伴侣再次赶到法院领取结婚证，但仅过了5个月，第八号提案就在州宪法中重新定义了婚姻，粉碎了他们的愿望。[37]

佩里诉施瓦辛格案在2009年进入加州北区联邦地区法院，由法官沃恩·R. 沃克负责审理。[38] 沃克是老布什提名的法官，他聪明独立，立场强硬，有自由意志主义倾向，他决定对双方提出的事实指控进行严格的交叉质证，得出确凿的证据，并以此断案。他否决了执行禁令，指示双方为庭审做好准备。他要求律师们提供支持第八号提案的理由，说明提案对同性伴侣及其家庭以及已婚异性伴侣及其家庭的影响。沃克法官还要求提供证据说明"婚姻权"的性质——这是联邦最高法院在多项裁决中都支持的基本宪法权利，比如洛文诉弗吉尼亚案。[39] 此外，他还要求双方说明在平等保护条款之下，性取向相关法律应该受到什么级别的审查。[40]

* * *

经过三个星期的证词和简要论证，庭审于6月16日结束——在为期12天的庭审中，法院把事实和观点分门别类，做了出色的工作。律师二人组很满意，在交叉质证的过程中，他们请来的学术专家比对方表现得好很多，这既说明他们挑对了人，也说明博伊斯在交叉质证方面技巧高超。在审判过程中,他们还引用了金斯伯格之前的一句判词,案子涉及公立学校中的基督教学生组织拒收同性恋成员的问题。金斯伯格的这句话是:"我们在裁决中决定,在这种背景下不应把身份和行为分开来看。"[41] 正如记者亚当·利普塔克指出的,背景是很重要的,金斯伯格当时说的正是影响同性恋者的法律。就像当年布伦南大法官的同事所形容的一样,金斯伯格在判决中加入这句话无异于一颗"定时炸弹"——看似随口一说,却可能在以后的案子中被加以利用,最终达到其目的。利普塔克解释道,说性取向是一种"身份"就意味着同性恋并非一种选择,而在平等保护的框架下,一个群体的特征如果是不可改变的,就更容易受到法院的保护。[42]

2010年8月4日,沃克法官公布了裁决,判定原告胜诉,驳回第八号提案,理由是它基于性取向和性别侵犯了正当程序和平等保护权。沃克对提案的作用和选民的意愿给予了应有的尊重,但他指出,选民的决定不能建立在"猜测、推断或恐惧之上",特别是涉及对人的划分时。"仅仅在道德上对一个群体或阶层的公民提出非难当然也是不够的,无论这种非难收获了多少人的赞同。证据表明,第八号提案能够得到支持完全是因为这种道德非难。"因此他总结道:"第八号提案超出了选民和代表们的宪法权力。"同样令人印象深刻的是,沃克撰写的长篇裁决中包含了大量信息,其中事实部分就占了整整52页。[43]

受到判决结果的激励,同性恋者及其支持者在全州庆祝胜利。第八号提案的支持者的反应也同样激烈,他们谴责这一裁决是对人民意志的否定。库珀随即提出上诉。

在两年后的2012年,自由派的第九巡回法院一个合议庭做出的裁决,让第八号提案的支持者再受打击。[44] 斯蒂芬·R. 莱因哈特法官给出了一份就事论事的裁决，奥尔森和博伊斯本来希望第九巡回法院能在沃克法官裁决的基础上给出判决，但结果裁决依赖的是肯尼迪大法官为罗默诉埃文斯案撰写的多数意见，该案涉及的是科罗拉多州通过的一项州宪法修正案，禁止法律保护同性恋，而联邦最高法院推翻了这项修正案。让两位律师更加失望的是，莱因哈特法官的裁决只适用于加州，而非第九巡回法院管辖的所有州。裁决还回避了第八号提案有没有针对可疑阶层，或者是否剥夺了一项基本权利的问题。[45] 更糟糕的是，对方律师要求由第九巡回法院全体法官对案子进行重审。法院驳回了重审的要求，库珀于 2012 年 7 月向联邦最高法院提出上诉，当时第二巡回法院两起挑战《捍卫婚姻法》的案子也在上诉过程中，其中一起就是合众国诉温莎案，它将和佩里案一样声名远播。[46]

* * *

伊迪丝（伊迪）·温莎和她的伴侣西娅·斯派尔多年来一直保持着稳定的关系。直到西娅逝世后，伊迪突发心脏病住院治疗。2009 年 2 月，伊迪从医院回到家。她们从 20 世纪 60 年代起一起住在纽约曼哈顿格林威治村的一所公寓里，1993 年纽约市在法律上承认家庭伴侣关系后，两人在长岛购买了一座海滨别墅。2007 年，两人在多伦多登记结婚。后来斯派尔健康状况恶化，两人飞往多伦多治病。在斯派尔去世后，根据《捍卫婚姻法》的规定，温莎作为唯一的继承人没有资格享受无限的遗产税务减免。相反，她必须向联邦政府和纽约州分别支付 363 053 美元和 275 528 美元的遗产税。[47]

温莎为了支付遗产税几乎用尽了全部积蓄，随后，她向兰布达法律组织和其他同性恋权利组织求助，看能不能起诉美国政府把钱要回来。因为没有律师愿意接这起案子，她转而求助罗伯塔·卡普兰，她是一位优秀的企业诉讼律师，曾在纽约州一起有关婚姻平等的案件中担任联合律师，但未能胜诉。[48]

卡普兰知道，纽约法院从 2008 年开始承认在外州合法注册的同性婚姻，她觉得温莎的故事确实很有说服力，就同意无偿代理她的案子。卡普兰接下来和玛丽·博纳图建立了密切的合作关系，博纳图在马萨诸塞州和佛蒙特州制定了战略帮助挑战《捍卫婚姻法》的案子获胜。卡普兰还说服美国公民自由联盟的 LGBT 和艾滋病项目主任詹姆斯·埃塞克斯担任案子的联合律师。

他们在诉讼文书中明确指出，法官不必裁决婚姻平等中更大的宪法问题。《捍卫婚姻法》允许各州拒绝承认在其他地方注册的同性婚姻，但案子要挑战的并不是这项条款。相反，温莎是以平等保护为由，要求政府退还她支付的遗产税。显然，《捍卫婚姻法》对待同性婚姻伴侣的方式与异性婚姻伴侣不同。卡普兰还要求法院适用严格审查或中度审查，就像准备里德案诉讼的金斯伯格一样，法院选择哪种级别的审查她都愿意接受。[49]

2010 年 11 月 9 日，卡普兰提起诉讼。她知道，虽然政府已经建议废除《捍卫婚姻法》，但司法部仍然必须为国会通过的法案进行辩护。然而，司法部长埃里克·霍尔德和副部长托尼·韦斯特都不愿意再支持《捍卫婚姻法》。作为非裔美国人，他们知道自己的同胞为争取平等权利所进行的历史性斗争和同性恋权利斗争之间有太多相似之处。霍尔德已经在司法部内部成立了一个工作小组，在不考虑判例的情况下重新评估《捍卫婚姻法》。工作小组的结论是，同性恋肯定符合平等保护的法律标准，而如果对性取向适用严格审查，《捍卫婚姻法》一定是违宪的。但是《捍卫婚姻法》第三款明文规定，婚姻只能是异性之间的结合，司法部如果不为这条法律辩护，能保证不损害它作为一个政府部门的信誉吗？部里一些顶尖的律师认为这是行不通的，司法部代理副总检察长尼尔·库马尔·卡蒂奥就持这个意见。康涅狄格州和纽约州在第二巡回法院针对《捍卫婚姻法》的诉讼迫在眉睫，霍尔德知道不能再拖下去了。[50]

2011年2月6日是"超级碗"星期日。奥巴马夫妇邀请一些朋友到白宫来观看比赛，霍尔德夫妇也在其中。霍尔德想出了一个主意，要看总统是否批准。在走廊里的肯尼迪总统画像附近，奥巴马孑然而立，霍尔德便走了过去。奥巴马开了一个话头，他说他认为政府在第三款的问题上不应该是现在的立场，还说他已经想好了，《捍卫婚姻法》应该受到严格审查。两人都认为这是"该做的事"，接着他们就回房间继续看比赛了。[51]

* * *

2011年2月23日，司法部在电话里通知卡普兰，虽然政府会继续执行《捍卫婚姻法》，但不会再在法庭上为这个区别对待已婚同性伴侣的联邦法律辩护了。[52] 如果卡普兰能在地区法院帮当事人赢下诉讼（4个月后他们确实赢了），她接着就要在第二巡回法院对垒美国众议院两党法律顾问团的律师，后者会为第三款的合宪性进行辩护。[53] 由三名法官组成的合议庭在2012年9月27日听取口头辩论后，温莎很快就等来了好消息。卡普兰在电话里告诉她，第二巡回法院适用中度审查，三位法官以2：1的票数比裁定《捍卫婚姻法》违反了平等保护。温莎非常高兴，但她知道，想要拿回她的税款，还要等联邦最高法院做出裁决。[54]

* * *

2012年12月7日，大法官们开会表决是否要审理佩里案（即涉及加州第八号提案的案子）和温莎案。据信，4位自由派大法官和肯尼迪都提出不要审理这两起婚姻平等案件。全国在这个问题上的分歧仍然很大。只有8个州和首都华盛顿允许或即将允许同性婚姻。[55]应该等到更多的州出台这样的政策后，联邦最高法院再介入。但正如斯卡利亚后来透露的那样，4位保守派大法官认为时不我待。奥巴马已经连任了，并且上述8个州中有5个州和首都华盛顿都是在不久前允许同性婚姻的，这意味着他们如果想要叫停婚姻平等的势头，现在就是最佳时机。最后投票支持听取这两起案子的应该包括托马斯和阿利托，再加上罗伯茨或者肯尼迪。[56]

联邦最高法院的决定让双方都既憧憬又焦虑。在批准审理的时候，大法官们显然给自己留了许多后路。他们要求律师做好准备说明这个问题：既然加州政府未对第九巡回法院的裁决提出上诉，那么第八号提案的支持者是否仍有立场来捍卫这一政策？同样的问题也适用于为《捍卫婚姻法》辩护的众议院共和党人。两起案件都有可能因为程序问题被驳回。[57]

即使能克服程序上的障碍，多数派也有可能支持第九巡回法院对佩里案的裁决，不改变加州以外的其他州对同性婚姻的禁令。鉴于金斯伯格曾广为人知地批评联邦最高法院对罗诉韦德案的裁决涵盖面太广，佩里案的裁决很可能就事论事，给各州更多的时间采取行动。

法律专家认为，相比之下温莎案的结论问题不大。从传统上来看，应该由各州而不是联邦政府为婚姻下定义。肯尼迪在意州权，在温莎案上他有可能和认为《捍卫婚姻法》违反平等保护的自由派大法官们立场一致。毫无疑问，肯尼迪作为罗默案和劳伦斯案判决书的起草人，他的态度至关重要。[58]

公众对这两起案子非常关注，联邦最高法院门口的人行道在口头辩论前4天就排起长龙，大家冒着寒冷潮湿的天气，睡在湿漉漉的睡袋里，或者在防水棚下支起塑料躺椅，渴望获得法庭的入场券。[59]

2013年3月26日，联邦最高法院开庭听取佩里案，5位大法官明确对库珀表示，他们对第八号提案的支持者是否具备诉讼资格表示怀疑。在谈到案情时，库珀从头到尾都在强调这个问题：如果允许同性婚姻会带来什么后果？肯尼迪似乎对这个问题感到心绪不宁，但后来他反思道："加州约有4万名儿童与同性伴侣组成的家庭共同生活……他们希望自己的家长能够得到充分的承认，获得充分的地位。这些孩子的愿望对本案非常重要。"[60]

当说回案件本身的是非曲直时，库珀说婚姻的重点是生育，布雷耶则指出一个明显的事实：许多已婚夫妇都没有孩子。卡根问道，

照片摄于2013年3月26日（星期二），当时加州第八号提案刚刚在首都华盛顿的联邦最高法院进行口头辩论。左一和右一是原告律师戴维·博伊斯和西奥多·奥尔森。几位原告和两位律师一起走出联邦最高法院，从左至右分别是桑迪·施蒂尔、克里斯·佩里、杰夫·扎里洛、保罗·卡塔米。

允许同性伴侣结婚为什么会伤害异性伴侣？库珀没有正面回答，反而说卡根的问题没有问到点子上。肯尼迪说，他认为卡根的问题应该得到回应。库珀随即承认道："谁也无法准确预见这会带来哪些现实的后果。"[61]

当轮到奥尔森提出平等保护的论述时，保守派大法官们对着他火力全开。奥尔森试图表达婚姻对于同性伴侣意味着什么，而罗伯茨把这种情况说成是强迫一个孩子和别人做朋友。罗伯茨说："你可以逼一个孩子说'这是我的朋友'，但这就丧失'朋友'原本的含义了。"[62]

唐纳德·韦里利进行了 10 分钟的发言，他说迟迟不让同性伴侣结婚，令他们和他们的孩子付出了"实实在在的代价"。罗伯茨说，如果政府愿意提出必须在全国范围内允许同性婚姻的话，政府的立场才会更加有力。但司法部副总检察长和联邦最高法院似乎都没准备好走到那一步。[63]

* * *

第二天开庭时，联邦最高法院对温莎案的诉讼资格提出了一连串的问题，应对这些问题的是小布什任内的司法部副总检察长保罗·克莱门特，他代表众议院共和党人出庭。谈到《捍卫婚姻法》的是非曲直时，克莱门特表示国会应对夏威夷法院初审判决的方式是给婚姻下了一个固定的定义。他采取了历史修正主义的立场，声称立法的目标之一是确保税收的一致性。

肯尼迪及时指出，"你很可能要违背一直以来人们所认为的（国家权力的）本质"，那就是管理结婚、离婚和监护权。[64] 4 位自由派大法官马上加入讨论，他们没有纠缠于联邦主义的问题，而是就平等保护原则向克莱门特发起追问。克莱门特坚称，是各州在以不同的方式对待同性伴侣，而联邦政府只是"帮助"各州，当"婚姻"一词在联邦法律中出现时就采用相关定义并执行《捍卫婚姻法》。肯尼迪和金斯伯格都注意到克莱门特的说法和那些允许同性婚姻的州的情况并不相符，他们紧追不舍。

"并不是说'联邦'有自己一个小小的范围，这也不只是一个税收问题，"金斯伯格插话说，"正如肯尼迪大法官所言，这1 100条法规影响生活的方方面面。"金斯伯格说，《捍卫婚姻法》实际上造成了"两种婚姻，一种是完整的婚姻，另一种就是这样兑了水的婚姻"。[65] 卡根则表示，1996年国会通过《捍卫婚姻法》还有其他目的，她朗读了一份众议院报告的摘录："国会决定要反映并尊重集体的道德判断，从道德上反对同性恋。"[66] 旁听席上出现一阵骚动。

克莱门特想要挽救局面，他说："您看，我们不能因为有几个立法者可能动机不纯就否定一项法律吧。"问题在于"要看该法规是否有合理的依据"。[67] 肯尼迪同意这才是问题的关键，并提醒克莱门特，规范婚姻的权力属于州政府，而不是联邦政府。布雷耶则进一步追问克莱门特关于一致性的论述。现在轮到司法部副总检察长韦里利提出折中方案了，但大法官们对这个方案并不感兴趣。

* * *

第三天，伊迪·温莎的律师罗伯塔·卡普兰出庭发言，罗伯茨、斯卡利亚和阿利托抛给她很多问题。布雷耶和索托马约尔一度插话，让卡普兰有机会继续她的论述，即《捍卫婚姻法》为什么是违宪的。但罗伯茨和斯卡利亚都没有松口。罗伯茨问卡普兰是不是觉得那84名支持《捍卫婚姻法》的参议员都是因为在道德上不赞同同性恋才这样做的。卡普兰回答，有些人显然是这样的，并表示其中大部分原因是1996年社会普遍认为同性伴侣和异性伴侣有本质的不同，但在后来的 15 年里，社会思潮发生了变化。

斯卡利亚马上说，现实是只有 8 个州允许同性婚姻，并问她如何解释这种所谓的社会思潮"巨变"和现实之间的差距。卡普兰不肯让步。接着罗伯茨提出了另一种解释，那就是同性恋权利游说的力量。他说："政治人物正不遗余力地支持你方观点。"[68] 卡普兰反驳道："首席大法官先生，实际情况是，在近期历史中并没有哪个群体像同性恋社群一样，因民众公投而丧失或彻底被剥夺他们本已拥有的权利。"

卡普兰的表现证明了她确实是一位优秀的诉讼律师，她护送当事人走出联邦最高法院的时候，记者们围了上来。现年 83 岁的温莎耳朵和腿脚都不太好，但精神矍铄一如从前。四面八方递上来的麦克风几乎把她完全湮没了，但温莎没有照本宣科，而是自豪地说："我是伊迪·温莎……我是公开的同性恋者……我刚刚起诉了美利坚合众国，这让我觉得有些心绪难平。"讲到这场诉讼，她说她和斯派尔携手四十载，虽然只过了两年的婚姻生活，但在结婚后她们经历了"无形而实实在在的改变"。"如果有人不理解我们为什么想结婚，或者为什么必须结婚，那是因为婚姻有其魔力。"[69]

随后，《纽约时报》头版大标题是"联邦最高法院质疑美国法律关于婚姻的定义"，在金斯伯格的照片旁边写着她在法庭上说的话：家庭伴侣关系相当于"兑了水的婚姻"。[70] 在洛杉矶为《纽约时报》撰稿的记者惊叹道，加州和其他各地的舆论出现了重大转变。但经验丰富的活动家们还是警告称，在裁决出来之前不要过于乐观。[71]

* * *

经过三个月的漫长等待，在 6 月底一个温暖的星期三，联邦最高法院公布了两起案子的裁决结果。肯尼迪大法官在庭上宣布了多

| 第 21 章 | 该做的事

数派对温莎案的决定。他写道,"相关联邦法规是无效的",州政府希望通过婚姻法保护一些人的人格和尊严,如果相关法律的目的和效果是贬低和伤害这些人,那么无论法律有着怎样的合理目的都不能被允许。"该联邦法规试图推翻这种保护,并认为一些人的婚姻不如另一些人的受尊重,因此违反了宪法第五修正案。"肯尼迪说,《捍卫婚姻法》受到贬低同性伴侣"道德和性选择"的愿望的驱使,侮辱了那些"成千上万由同性伴侣抚养的孩子"。[72]

念完温莎案的判决后,肯尼迪目视前方,听斯卡利亚念他措辞强硬的反对意见。斯卡利亚说:"多数派正式宣布,只要反对同性婚姻,就是人类尊严的敌人,这很好地武装了那些想要对根据传统观念定义婚姻的州法发起挑战的人。"[73]

佩里案也以5∶4告终,只不过多数派由罗伯茨、斯卡利亚、金斯伯格、布雷耶和卡根组成,他们认为联邦最高法院无力做出裁决,因为在州政府拒绝上诉的情况下,支持第八号提案的人没有资格对地区法院的意见提出上诉。沃克法官的判决已生效,只要第九巡回法院确认取消禁制令,加州的同性伴侣实际上就可以登记结婚了。[74]

虽然联邦最高法院没有做出更为宽泛的裁决,但这对同性恋者而言仍然非常值得庆祝。总体而言,奥巴马在其连任典礼上的讲话和这两项裁决都从政府高层传递出一个强有力的信号,那就是什么是公正的,什么是被允许的,什么又与之相反。联邦最高法院的两项裁决都很谨慎、渐进。如果法院和立法机构不采取行动的话,仍有37个州将继续另眼看待同性之间的结合。但正如斯卡利亚预测的一样,温莎案裁定,给"婚姻"和"配偶"以限制性的定义是违宪的,这将成为先例指导接下来的诉讼。[75]

***

在随后的一年半里，各州和联邦法院的法官根据温莎案的判决，先后在40多起案子里推翻了州一级的禁令。[76] 2014年10月，联邦最高法院宣布不会审理相关案件的上诉，将维持裁决不变，这让支持者和反对者都没想到。金斯伯格在一次采访中解释道，当下级法院达成一致时，联邦最高法院没有必要进行干预。[77]这话没有错，但经验丰富的观察家们纷纷开始猜测联邦最高法院的意图。琳达·格林豪斯指出，由于联邦最高法院的分歧不可调和，维持下级法院的裁决符合所有人的利益。[78]亚当·利普塔克猜测，不接受上诉也可能是自由派的一个战略，等到允许同性婚姻的州增加到一个临界点，联邦最高法院就愿意做出更彻底的裁决。[79]

***

与此同时，俄亥俄州的詹姆斯·奥贝格费尔和约翰·阿瑟已经相伴近20年了。几年前阿瑟被诊断患上了肌萎缩侧索硬化症，俗称渐冻症。2013年，这对伴侣乘坐医疗飞机前往马里兰州结婚。在巴尔的摩-华盛顿国际机场的停机坪上，阿瑟躺在担架上，两人举行了结婚仪式。他们的家乡俄亥俄州拒绝承认两人在马里兰州登记的婚姻。两个月后，阿瑟去世了，奥贝格费尔要求把自己的名字作为配偶列在阿瑟的死亡证明上，遭到俄亥俄州拒绝后，他发起诉讼。案子打到第六巡回法院，与其他三起同性婚姻案件合并审理，这四起案子分别来自第六巡回法院管辖的四个州（俄亥俄州、田纳西州、密歇根州和肯塔基州）。[80] 2014年11月，第六巡回法院裁决原告败诉，成为温莎案后唯一赞成同性婚姻禁令的巡回法院。原告律师随即提出上诉。[81]

三个月前还在回避这一问题的联邦最高法院现在别无选择了。

照片摄于 2013 年 6 月 26 日，画面中间的是伊迪丝（伊迪）·温莎，照片中右边的是她的友人唐娜·阿切托，她们在纽约 LGBT 社区中心参加新闻发布会，庆祝温莎案的裁决。

2015 年 1 月 16 日，联邦最高法院同意在同年 4 月审理奥贝格费尔诉霍奇斯案。律师们需要回答两个重要的问题：宪法第十四修正案是否包括同性伴侣结婚的权利？各州是否必须承认在其他州登记的同性婚姻？[82] 有 201 名国会议员主张更为严格地审查性取向相关法律，而 57 名议员则反对联邦最高法院强加判决，破坏 14 个仍然禁止同性婚姻的州的民主进程。[83]

4 月 28 日联邦最高法院听取奥贝格费尔案的口头辩论时，所有目光都集中在肯尼迪身上。自从当上大法官以来，他在同性恋权利方面的立场变化是有目共睹的。像他那个时代许多加州的温和派共和党人（包括奥尔森律师）一样，肯尼迪在社会议题上从来都不保守。曾担任肯尼迪大法官助理的迈克尔·多尔夫指出，肯尼迪的友人中也有同性恋者。此外，他之前关于同性恋权利的三项判决也秉承了另一位加州共和党人的传统，那就是曾担任加州州长和联邦最高法院首席大法官的厄尔·沃伦。[84]

肯尼迪一开始不大情愿改变几千年来关于婚姻的定义，并且对关上辩论的大门持保留意见，斯卡利亚、罗伯茨和阿利托也强烈反对不让人辩论，布雷耶同样有这个担心。保守派不断强调，相比同性婚姻，传统婚姻的历史有多么漫长，这时金斯伯格助了原告律师玛丽·博纳图一臂之力，提出一个至关重要的观点，那就是婚姻已经改变了。联邦最高法院在1981年推翻路易斯安那州"男人当家"的规则时，婚姻就变成了一种平等的关系，让这种制度首次为稳定的同性伴侣提供了一种可行的结合方式。[85]

阿利托接着问博纳图，如果婚姻仅仅意味着一对相爱的伴侣彼此承诺的话，那么政府有什么理由阻止一对兄妹或者是两男两女结婚呢？斯卡利亚似乎更担心被迫为同性伴侣举行典礼会违背牧师的宗教信仰。博纳图则向他保证道，神职人员的权利受宪法第一修正案保护。卡根也指出，拉比可以拒绝主持一个犹太人和一个非犹太人的婚姻。[86]罗伯茨用警告博纳图的方式提出强烈反对："如果你在这里获胜，就不会再有辩论……停止辩论会封闭人们的思想，也会影响这个新制度被接纳的程度。如果人们有机会对某件事情进行投票，他们的感受会和法院强加给他们的感受大不相同。"[87]

司法部副总检察长韦里利则提出，原告有权在平等保护的基础上得到快速裁决。久拖不决意味着人们觉得问题会随着时间的推移而自行解决。韦里利大胆指出，因为没有人能够准确预测未来，最后有可能造成双方达不成共识的局面。许多同性伴侣及其子女都会被贬为二等公民，就像在联邦最高法院最终迫使各州结束法律上的种族隔离以前非裔美国人的遭遇一样。[88]

接着轮到约翰·布尔施发言，曾担任过密歇根州检察长的他代表的是4个拒绝承认同性婚姻的州。他说，将儿童与亲生父母联系起来符合各州的利益，这一论点被索托马约尔和卡根反驳得体无完肤。布尔施说，这些禁令并没有歧视人的性取向，卡根回答："如果规定任何人都不许佩戴圆顶小帽，那自然是在歧视犹太人。"[89]

由于肯尼迪没有表态，结果仍然是不确定的，加强审查的问题也没有讨论。辩论中反映出的是关于两个基本问题的严重分歧：一个州拒绝承认同性婚姻是否有其道理？决定权在谁？是联邦最高法院还是人民？答案估计会在6月休庭前揭晓，但这并不妨碍法律记者们从大法官的发言中寻觅蛛丝马迹。[90]

6月13日（星期六），金斯伯格在美国宪法协会发表演讲，她详细讲述了同性恋出柜以来LGBT运动的进步。"人们环顾四周，看到的是自己喜爱的邻居、孩子的好朋友，甚至是自己的孩子。这些都是我们认识的人，我们爱他们、尊重他们，他们是我们的一部分。"[91] 她谈到越来越包容的社会氛围，并没有提到奥贝格费尔案。但亚当·利普塔克说得对："如果联邦最高法院马上要给同性恋者平权行动带来毁灭性的打击，她就不会说这些话了。"

* * *

2015年6月26日，肯尼迪宣布了全美同性恋伴侣历史性的胜利。他写道："结婚的权利是人的自由中固有的一项基本权利，根据宪法第十四修正案的正当程序和平等保护条款，不得剥夺同性伴侣这一权利和自由。如果没有婚姻带来的认可、稳定和可预测性，他们的孩子就会明白自己的家庭出于某些原因不如别人，并因此感到耻辱。孩子们还会因由非婚双亲抚养而付出巨大的、切实的代价，在自己没有犯错的情况下陷入一种更为困难、更缺乏确定性的家庭生活。"

因此，本案涉及的婚姻法"伤害并侮辱了同性伴侣的孩子"。[92]

肯尼迪说，宪法的力量和耐力在于它能够随着整个国家思潮的发展而发展，联邦最高法院自身已经意识到"我们的基本制度中有一些不合理的不平等之处以往没有被注意到，也并未受到质疑，而新的见解和社会思潮可以将其揭示出来"。[93]

法庭里，有人因肯尼迪的话而感动落泪；法庭外，那些设法了解到判决结果的人欢呼雀跃。[94]但保守派大法官们可一点也高兴不起来，他们坚信多数派用司法激进主义篡夺了本应属于人民的权力。罗伯茨非常不满，他朗读了一份长长的反对意见，逐条反驳了判决书里的每一个论点。[95]斯卡利亚没有这么井井有条，他猛烈抨击肯尼迪的写作，说其风格"和内容一样自命不凡"。他嘲讽道，这项裁决是"司法政变"，是对"美国民主的威胁"。[96]阿利托和托马斯也同样强烈反对。[97]

随后，奥巴马总统在白宫玫瑰园发表讲话，称案子的裁决是美国的胜利，"肯定了许多美国人内心已经相信的东西，那就是当美国真正做到人人平等的时候，我们就更自由"。[98]案子的原告奥贝格费尔同意总统的话，他说："美国朝着我们宪法中保障的平等承诺又进了一步，我为自己能够参与其中感到荣幸之至。"[99]与此同时，欢欣鼓舞的人群在联邦最高法院大楼外挥舞着牌子和彩虹旗庆祝胜利。在纽约市的石墙酒吧内外，成千上万的人正在狂欢；在旧金山，欢庆的人群涌入哈维·米尔克广场。当天晚上，白宫被彩虹色的灯光照亮，同样沐浴在彩虹之中的还有纽约的帝国大厦、美加边境的尼亚加拉瀑布、美国电话电报公司的地球形状的标识，以及位于佛罗里达州奥兰多的迪士尼世界的睡美人城堡。[100]

联邦最高法院公布裁决后几小时内，美国南方和中西部几个州的官员就开始考虑采取措施保护出于道德或宗教信仰原因反对同性婚姻的人，包括"良心条款"等政策。[101] 印第安纳州和阿肯色州抓紧时间通过宗教自由法，却遭到公众和企业的反击，批评者指责这些法规让同性伴侣受到歧视。两个州的州长都退让了，寻求中间立场。但得克萨斯州联邦参议员泰德·克鲁兹没有让步，他指责道："《财富》500强公司正在毫无廉耻地支持激进的同性婚姻议程，而不支持宗教信仰自由。"[102] 他的指责有一定的依据，只不过大公司并非要打压宗教信仰自由，而是不希望因性取向相关的区别对待而影响员工的士气、冒犯消费者，特别是那些赞同同性婚姻的消费者。

* * *

就像其他重大民权裁决出台后一样，社会保守派还将继续抵抗，这一次他们打的旗号是宗教信仰自由。共和党国会议员重新提出了一项捍卫宪法第一修正案的法案，禁止联邦机构"因某人的信仰或按照宗教和道德信念行事而对其采取歧视性行动"。[103] 一年后，两个相关委员会都没有处理这个提案。尽管还有其他挑战，但这并不妨碍奥贝格费尔案成为两个斗争中的里程碑，一个是长期、艰苦而仍在进行之中的同性恋权利斗争，一个是如何解读宪法的斗争。肯尼迪所说的平等尊严，是一个注入了平等和反从属的概念，位于正当程序和平等保护的双保险之下，为新的法律学说奠定了基础。[104]

* * *

金斯伯格知道，婚姻平等本可以通过平等保护实现。她曾考虑写一份协同意见，但最终决定如果多数意见单独出台会有更大的影响力——这是她作为联邦最高法院少数派领袖一直坚持的立场，[105] 知道她20世纪70年代为异性伴侣进行的婚姻平等诉讼为奥贝格费尔案奠定了基础就足够了。在联邦最高法院裁决出台后，一对年轻的男同性伴侣选择和金斯伯格的大幅剪影自拍来庆祝，这就说明在某种程度上这些年轻人理解她的工作为今天历史性的裁决铺平了道路。

暑期休庭期间，《哈佛法律评论》对金斯伯格的法理学表达了赞誉，这期期刊将在同年秋天出版。在众多赞誉之中，金斯伯格最珍惜的是马克·图什内特对她在第一起涉及奥巴马医改的案件中提出的反对意见的评价。图什内特写道，这份反对意见向我们展示了"一位处于权力巅峰的法官是什么样子的"，他指出，这份意见提供了一个绝佳的例证，说明应该选择哪些议题进行最直接的分析，同时应该避开哪些议题。[106]

金斯伯格的反对意见受到布雷耶、索托马约尔和卡根的支持。她指出，按照传统，联邦最高法院不应该裁决那些不需要裁决的宪法问题。罗伯茨已经认定强制医保属于一种税收，但他还说《平价医疗法案》(即俗称的奥巴马医保)有赖于对贸易条款的不合宪的应用。这种说法不仅是毫无必要的，而且是错误的。金斯伯格写道："这让人想起历史上有一个时期，国会努力为了劳动者的利益而规范国家经济，但常常受到联邦最高法院阻挠。"[107] 实际上，罗伯茨的意见"无论是在宪法里还是在联邦最高法院的判例中都无据可依"。

* * *

在另一篇文章中，哈佛大学法学院院长玛莎·米诺就着图什内特的说法举了一个鲜为人知的例子，说明金斯伯格的法律技艺和她一直以来对司法平等的关注。1996年的 M.L.B. 诉 S.L.J. 案涉及密西西比州的一位母亲梅利莎·伦普金·布鲁克斯（M.L.B.），她被剥夺了对两个未成年子女的监护权，而且无法上诉。因为要想上诉，必须先支付2 352.36美元获得相关审判记录和其他记录才行，而她付不起这笔钱。[108] 密西西比州最高法院做出对她不利的裁决后，她的律师提出上诉。

金斯伯格在裁决中并没有挑战限制 M.L.B. 上诉的先例。相反，她找到了一些例外情况，仔细引用了和家庭状况相关的判例（比如在涉及父子关系的案件中，如果当事人无力承担亲子鉴定的费用，国家就必须支付这笔钱）。在这些家庭状况之外，金斯伯格还增加了一项程序性正当程序要求，要各州在终止亲子权之前必须提供明确而令人信服的证据。米诺说，金斯伯格的意见把所有的这些先例和 M.L.B. 的情况联系起来，乍一看可能就像是"复制粘贴"后堆砌在一起的一样，但实际上，金斯伯格是经过深思熟虑的，因为有人可能质疑这个裁决过分扩大了宪法保障，引用这些先例成功保护这一裁决不会受到这样的质疑。[109]

金斯伯格用她自己的话表达了事情的严重性，她指出在刑事案件中一个被控犯有轻罪的人也能得到政府援助来获得相关笔录，而一个在民事案件中可能失去亲子权的妇女却得不到援助。此外，她还巧妙地转移了焦点：首先，从正当程序和平等保护转移到宪法第十四修正案的要求究竟是什么的问题；其次是关于上诉权的问题，从付了相关记录费才有权上诉转移到上诉权是永恒不变的，只是 M.L.B. 没有钱付费而已；最后，从终止亲子权转移到一个母亲被打上不适宜与子女相处的永久烙印的问题。米诺观察道："在开场白和后面的重述之间，每一个段落的紧密推理都强有力地支持这些转折。到最后重述问题的时候，结论基本上已经确定了。"[110]

米诺也承认，M.L.B. 诉 S.L.J. 案是一个只适用于家庭事务的有限的裁决。然而，它不仅证明了金斯伯格的法律技巧，而且体现出她对平等更大的愿景，不仅把种族和性别纳入考量，而且考虑到阶级问题，要拿掉那些强加在贫困的当事人身上的障碍，让他们能获得基本的公平。米诺总结说，在罗伯茨法院给那些缺乏雄厚财力和政治影响力的人带来更大障碍的时候，金斯伯格追求司法平等的愿景确实值得称道。[111]

* * *

还有文章集中讨论了金斯伯格的反对意见，这些意见将作为她思想的一部分流传于世。劳伦斯·特赖布赞扬金斯伯格透过现象看本质的能力。对许多法官来说，那些着眼于表面的辩护"很难得到证实，但又很容易被接受"。[112] 特赖布观察道，严格审查能够揭露那些隐藏在巧妙辞令背后的严重违宪行为，但那些着眼于表面的辩护往往得不到严格审查。特赖布赞扬了金斯伯格在两起有关生命的案子中的反对意见，第一起案子是2008年的巴泽诉里斯案，该案涉及肯塔基州在注射死刑中采用什么药物的问题。原告辩称，现在使用的一种药物混合剂里面虽然包含了抑制不自主运动的药物，以便让死亡过程看上去更有尊严，但它无法保证能够防止剧烈疼痛；第二起案子是卡哈特案，多数派投票禁止一种晚期堕胎程序，这种手术看起来像是杀婴。特赖布总结说，金斯伯格在两起案件中都提出了细致入微的反对意见，"扣人心弦而准确地"反驳了那些着眼于表面的辩护，这种辩护损害了司法方法论的健全性。[113]

拉尼·古尼尔采取了不同的视角，她注意到金斯伯格通过精心修订，将莱德贝特案冗长的反对意见浓缩成了一个简短、通俗的版本朗读出来，意在发出一个明确的警告，那就是事情出了问题。金斯伯格希望呼吁新闻界、法律倡导团体和政治家来施压，采取立法补救措施，她有力而充满激情地朗读了这份异议，以保证能达成目标。（莉莉·莱德贝特这位来自亚拉巴马州的老奶奶后来在国会做证时，金斯伯格的异见也帮助她理清了思路。[114]）

古尼尔还指出，金斯伯格在谢尔比县案中提出反对意见并非希望马上在立法上寻求补救措施，她也知道这是做不到的，因为民主党在国会中不占多数。但她仍然希望影响公众讨论，即我们究竟希望美国成为一个什么样的国家。古尼尔强调，在这份慷慨激昂的反对意见中，金斯伯格抓住每一个机会摆出事实，强调选民受到的歧视，既反驳了多数派的观点，也揭示判决给人们带来的实实在在的后果。

比如在谢尔比县案中，金斯伯格探讨了字面上的违宪。鉴于亚拉巴马州长期存在选民歧视的现象，金斯伯格没有多谈2006年重新授权《投票权法案》时的情况，而是选了更近期的2010年发生的例子。在联邦调查局的一段窃听录音中，两名亚拉巴马州的参议员一边说黑人是"原始人"，一边在策划如何压制一项能够提高投票率的公投。金斯伯格举出这个例子，不只谈到了亚拉巴马州的法律字面违宪的问题，还以令人震惊的方式揭示了相关判决对黑人群体的影响。此外，按照罗伯茨的说法，种族进步已经使少数族裔选民遭受的歧视不复存在，与联邦最高法院审理的案子无关，而这段窃听来的对话告诉我们，罗伯茨所说的那种美好图景和实际情况并不一致。[115]

金斯伯格在谢尔比县案中的异议还有一句话让人格外难忘。她批评多数派没有考虑国会的立法记录，立法记录清楚地显示了为什么第五款仍然意义重大。她写道："弃预审制度于不顾，就相当于一看自己没有被淋湿，就在瓢泼大雨中扔掉雨伞一样。"[116]她在朗读精炼版的意见时并没有加入这个雨伞的比喻，这有些出人意料，但她后来在采访和演讲中用到了。古尼尔指出，这个比喻不仅有助于简化联邦最高法院裁决带来的复杂影响，让普通人能够记住，而且为公众提供了一套语言来参与投票权的对话。[117]

古尼尔总结道，莱德贝特案和谢尔比县案的异议显示了金斯伯

2015年，麻省理工学院的学生和社群成员在学校的女性与性别研究项目活动上扮作金斯伯格进行庆祝。

格坚定的信念，那就是关于权利和法律的民主讨论不应该由联邦最高法院来一锤定音。相反，就我们这个社会最核心的矛盾与制度进行对话时，人民扮演着重要的角色。[118]

* * *

后来金斯伯格还撰写了更多反对意见，也收获了更多赞扬，这种赞扬不仅来自精英大学的法学家，而且来自千禧一代的年轻人。

在年轻人的努力下,"在瓢泼大雨中扔掉雨伞"和"兑了水的婚姻"这些说法在网络上流行起来。金斯伯格在谢尔比县案中表现出的愤慨,启发了在纽约大学法学院读一年级的年轻姑娘莎娜·克尼日尼克,她在社交媒体 Tumblr 上开了一个博客,半开玩笑地起名叫"声名狼藉的 R.B.G."(这里借用的是一个已故说唱歌手的外号"声名狼藉的 B.I.G.")。金斯伯格的一名助理告诉这位 81 岁的大法官有人开了这么一个博客,并为她解释了名字的来历。后来她还得知这个博客有整整一套周边产品——T 恤衫、咖啡杯、肩部文身、人们亲手给小孩子做的万圣节服饰、小型半身像、卡通形象等,都带有她的新外号,还有类似"信露丝,得自由"之类的口号流行。[119]

  金斯伯格对自己在流行文化中蹿红感到惊讶不已,她还发现自己和那个死去的说唱歌手确实有共同之处:他们都来自布鲁克林。她浏览了这个让她的孙女们哈哈大笑的博客,还订了一些印有她照片的 T 恤衫送给朋友。[120] 2013 年,她前往加州大学伯克利分校法学院演讲时,学生们穿着印有"声名狼藉的 R.B.G."的 T 恤衫坐在台下欢迎她。金斯伯格显然很高兴自己受到千禧一代的欢迎,她请这些崇拜她的年轻人为他们关心的事情奋斗,要鼓励别人加入其中,还要保持幽默感。[121] 她知道,进步之路并非没有曲折。总有新的战斗要打响,也总有胜利果实需要保护。

| 第22章 |

8个人的联邦最高法院

近几年,金斯伯格充分表现出她不屈不挠的精神。2014年,加州大学尔湾分校法学院院长欧文·切梅林斯基第一个提出建议,说金斯伯格作为联邦最高法院最年长的大法官应该退休,让奥巴马提名一位新人。[1]哈佛大学的兰德尔·肯尼迪等自由派法学教授表示赞同,有人还提出请布雷耶也退下来。[2]但金斯伯格很快就表示自己不会退休,她清楚地知道奥康纳辞职带来的后果,现在回头看,奥康纳辞职的时机并不成熟。[3]作为一位年过八旬、身材瘦小的老人,金斯伯格知道人们的眼睛都盯着她,看她的身体和头脑有没有衰退的迹象;她也明白,健康问题往往很难预测。到2014年11月,她的右冠状动脉中植入了一个支架,不过她5天后就回到联邦最高法院继续听口头辩论了。[4]

她一直很善于和媒体打交道,也通过媒体告诉人们她仍和以前一样,一心扑在工作上。她的助理们也能做证,他们回忆道,金斯伯格会在凌晨两三点钟给他们电话留言。她还是联邦最高法院的"速度之王",从听取口头辩论到出具意见书平均只要60天——比其他同事少用了近一个月的时间。她也承认,上了年纪不得不做出一些调整,比如她不再滑水橇、骑马或者玩滑翔伞了——她某个夏

2014年1月28日，奥巴马在发表国情咨文演讲前与金斯伯格拥抱。

前大法官约翰·保罗·史蒂文斯在2014年的一次访谈中表示，金斯伯格在要不要退休的问题上不需要他来给建议。他对金斯伯格说，她无论什么问题都能处理得很好。

天与马蒂和斯卡利亚夫妇在法国旅行时曾体验过滑翔伞。（当时忐忑不安的斯卡利亚很钦佩她的勇气，但他担心瘦小的金斯伯格可能会被风吹走，最终她当然还是安全降落了。[5]）金斯伯格还对记者表示，自己每周和私人教练一起健身两次，做俯卧撑和卧推，这是她日常锻炼的一部分。她指出，同样重要的是，奥巴马总统如果想提名一位像她一样自由进步的大法官，是不可能被国会批准的，特别是因为共和党在2014年中期选举之后已经控制了参议院。她决心年复一年地坚持下去，让人们知道，她只要能全力以赴地完成工作就不打算退休。[6]

* * *

2014年，在一起涉及女性生殖健康的案子中，老当益壮的金斯伯格再次提出异议。《平价医疗法案》规定雇主提供的保险必须包括某些避孕手段。在法案起草的过程中，这一条受到国会里反堕胎势力的抨击，后来愤怒的企业主们对法案提起诉讼时也着眼于这个条款，他们不想自己要么被迫违背宗教信仰，要么必须面临巨额罚款的代价。[7]他们认为，该条款违反了宪法第一修正案规定的宗教自由权，也违反了1993年出台的《恢复宗教自由法》（RFRA）中关于政府不得对宗教信徒施加"重大负担"的规定。这也是美国第十巡回上诉法院的法官尼尔·戈萨奇的立场，他认为好必来公司案的实质并非女性获取避孕手段的问题，而是店主的宗教自由问题。[8]

好必来是一家连锁工艺品店，老板是福音派基督徒。美国公民自由联盟和许多女权组织提出，不应该允许像好必来这样的企业或者其他任何私营企业以老板的宗教信仰为由拒绝为紧急避孕药（俗称事后避孕药）或者宫内节育器提供保险报销。这些组织认为，宪法规定的政教分离的优先级应该高于《恢复宗教自由法》。

2014年6月30日，即夏季休庭前的最后一天，联邦最高法院宣布了伯韦尔诉好必来案的裁决，引起巨大争议。阿利托执笔的多数意见写道，"公司只是人类用来实现预期目的的一种组织形式"，这些企业应该享有宪法或法律规定的权利，这样做的目的是保护个人权利不受侵犯，比如当前这起案子中涉及的宗教自由保障。[9]阿利托表示，《恢复宗教自由法》保护像好必来这种"封闭型"公司的老板的宗教自由不受侵犯，因为政府没能证明要求公司为避孕提供保险是对宗教自由威胁最小的选项。

金斯伯格提出强烈反对，索托马约尔和卡根也赞同她的意见。她从《妇女健康修正案》谈起，这项修正案强化了《平价医疗法》一开始规定的最低报销要求。由于女性为获得预防性医疗服务需要支付的费用明显高于男性，修正案创造了一类专门针对女性健康的预防服务，为的是抵销女性多付的那笔钱。金斯伯格引用私立研究组织古特马赫研究所的数据指出，除非女性能够用医疗保险报销宫内节育器的费用，否则许多女性就可能因价格太高而无法获得所需的避孕措施。而且，参议院还否决了一项"良心修正案"，这项修正案本来要允许雇主和保险公司根据其宗教信仰或道德信念拒绝承保。国会通过要求雇主为雇员提供医疗保险，把医疗保健的决定交到了女性手里，其中就包括选择哪种避孕手段的权利。[10]员工应该和医生商量选择哪种措施，而无须经过雇主同意。

金斯伯格还强调，并没有先例允许营利性公司以宗教为由享受豁免权。她坚称，没有这种先例"并不意外，因为宗教行为是自然人的特征，人工创造出来的实体不具备这样的特征"。[11]她表示，不应该允许雇主把自己的信仰转嫁到不认同这些信仰的人身上。

考虑到罗伯茨和其他保守派大法官喜欢创造判例来削弱既有的保障，金斯伯格担心好必来案可能预示着更多动作。她警告称，联邦最高法院把以往留给宗教性非营利机构的宗教自由权扩大到营利性公司，这等于是"踏入了雷区"。[12] 鉴于多数派对《恢复宗教自由法》做出如此"过当"的解读，今后是不是很有可能把宗教自由的适用范围从"封闭型"公司扩大到所有公司呢？

* * *

在暑期休庭期间，金斯伯格接受记者凯蒂·库里克的采访，谈到好必来案裁决的争议，把她长达35页的反对意见很好地为公众提炼出来。库里克问她为什么觉得这个裁决有问题，她回答："我从来没有见过用这种方式解读宗教自由条款的……我当然尊重好必来老板的宗教信仰，但是他们并没有权利把这种信仰强加给成千上万不持有这种信仰的女员工。"[13]

在纽约参加国际妇女健康联盟30周年纪念活动时，金斯伯格传递给与会者的信息略有不同。谈到好必来案，她再次强调雇主对各类生殖选择提供保险是很重要的，特别是对低收入妇女而言。她说联邦最高法院在1980年哈里斯诉麦克雷案中就"没有真正理解这一点"，案子裁定国会没有必要为贫困妇女提供医疗补助，帮她们进行医疗上所必需的堕胎。她回顾了女权主义经典著作《我们的身体，我们自己》给她女儿带来的影响，以及女儿这代人对保护自己的性权利和生殖权利是多么热情高涨。她说，现在许多年轻女性都认为拥有这些权利是理所当然的。她提醒听众，权利很容易受到侵蚀，并且指出如今一个女人需要堕胎的话，她必须有钱坐飞机、火车或汽车到仍然允许堕胎诊所营业的州去，不然罗诉韦德案对她而言就是毫无意义的。[14]

在杜克大学法学院，她把话题从好必来案转到美国生殖自由的状况上，并重申选择权对贫困妇女来说已经成了一个空洞的概念。她说，这种令人遗憾的情况对实现性别平等构成障碍。[15]听众们很快意识到，金斯伯格的表态指的也是在共和党长期以来"对女性的战争"中所浮现的女性权利倒退。共和党全国委员会主席雷恩斯·普利巴斯则表示，所谓"对女性的战争"就和"对毛毛虫的战争"一样，根本就没这么一回事。[16]而代表缅因州的共和党参议员苏珊·柯林斯则更明事理，她批评共和党再次让国会卷入如何处理避孕、要不要停止为计划生育联合会提供资金这种辩论中，她说"大多数老百姓觉得这些事情很多年前就有定论了"。[17]如果说金斯伯格看起来非常关注女性的医疗健康需求，那是因为对堕胎的反击已经不仅仅包括各种大大小小的新限制，阻止人们获得避孕手段也成了许多共和党政治人物的议题。[18]

* * *

2015年的夏天有更多向金斯伯格致敬的活动。哈佛大学法学院举办了2014年全球女律师和政策制定者展览，表彰她们在促进变革和激励女性方面做出的贡献，其中展出了一张金斯伯格潇洒的照片。在2014年夏季休庭前，金斯伯格再次回到哈佛大学，这里的拉德克利夫高级研究所为她颁发了学院奖章，以表彰她"对社会产生的变革性影响"。[19]仪式在哈佛广场举行，1 300多名观众数次为她起立鼓掌。不过，金斯伯格最期待的活动还是即将上演的一场喜剧歌剧，她和斯卡利亚是剧中两位主人公的原型。

在这之前，一位年轻的词曲家和钢琴家德里克·王联系到两位大法官。他在哈佛大学读本科的时候曾经为学校的"速食布丁剧团"工作。德里克·王对他们二位说，他在马里兰大学法学院读书期间想到，自己可以把两位大法官对宪法的不同理解用歌曲表达出来。在歌剧结尾的时候，有一段二重唱叫作《我们和而不同》，表达两位大法官对宪法、美国司法机构和联邦最高法院的尊敬之情。王请求两位听一些选段，并告诉他这个创意是否值得继续。他把剧本留给了二位大法官，其中有许多脚注标记相关来源。歌剧完成后，两人各自写了一段简短的序言。[20]

金斯伯格说，她的小学老师曾让她在唱歌的时候对口型，不要出声。她坦言，如果能够选择自己的天赋的话，她会选择拥有美妙的嗓音。要是能成为像雷娜塔·苔巴尔迪和贝弗利·西尔斯那样的歌剧女主角，或者像玛丽莲·霍恩那样的女中音该多好啊！听到她自己说的话在德里克·王的歌剧中被唱出来，而不只是在她洗澡或做梦的时候唱出来，简直就是美梦成真。斯卡利亚没有金斯伯格这么大的热情，不过他在序言中写道，他父亲曾在纽约的罗切斯特大学伊斯曼音乐学院学习过，嗓音很适合唱男高音，而斯卡利亚本人的音乐巅峰应该是在英国大使官邸的一次歌剧舞会后，当时他和华盛顿歌剧院的两名男高音在钢琴伴奏下模仿了世界三大男高音（帕瓦罗蒂、卡雷拉斯和多明戈）的一段表演。斯卡利亚幽默地写道，他希望能自己演自己，只不过金斯伯格拒绝陪他登台。[21]

6月13日，卡斯尔顿音乐节在著名指挥家洛林·马策尔位于弗吉尼亚州的庄园举办，《斯卡利亚/金斯伯格》举行首演，门票被一抢而空。斯卡利亚当时人在欧洲不能到场，但金斯伯格坐在前排观看了演出。其他华盛顿名流也出席了活动，包括司法部副总检察长小唐纳德·韦里利。演出中还增加了斯卡利亚在联邦最高法院夏季休庭前刚刚提出的反对意见，对韦里利这种经常进出联邦最高法院的人来说，他知道那些快节奏对答的背景是什么，这也给他看表演增添了乐趣。扮演金斯伯格的人是一名年轻的加拿大女高音歌唱家。当马蒂最喜欢的甜品冷冻青柠舒芙蕾被端上舞台时，台下的金斯伯格流下了眼泪。[22]

《华盛顿邮报》的文化评论家对表演给出了中肯的评价,同时也指出"剧里有不少迷人、巧妙而有趣的地方"。[23] 金斯伯格是剧中当仁不让的女主角,她对表演很满意。当剧中的斯卡利亚因"异议过多"而被关进监狱时,金斯伯格冲破了另一侧的玻璃天花板前来营救他。生活中,斯卡利亚称金斯伯格是他在联邦最高法院的"最佳拍档"。世事难料,在 6 月那个温暖的夜晚,金斯伯格想不到两人在联邦最高法院做拍档的时间已经所剩无几。

* * *

2016 年 2 月 13 日,当时联邦最高法院中任期最长的大法官斯卡利亚逝世。[24] 当天他在得克萨斯州西部狩猎,早晨他没有去吃早餐,随后人们发现他死在了狩猎小屋里。这位保守派法学界巨擘的逝世立刻引发许多人悼念。[25] 作为大法官,斯卡利亚以博学多才和机智幽默而闻名,他具有独创性的风格和解读法律的理论改变了许多律师和法官对法律的看法。[26] 卡根几个月前在哈佛大学法学院举办的斯卡利亚讲座中表示:"我们现在都是宪法文本主义者了。"[27] 史蒂文斯在赫勒案的反对意见中也表达过同样的观点。每一位大法官都对斯卡利亚的离去表示哀悼,如今没有了他超凡的个性和幽默感,联邦最高法院的工作将失去很多乐趣。

金斯伯格和斯卡利亚之间牢不可破的友谊要追溯到两人在华盛顿巡回法院共事的时候,很多人一直对此感到不可思议。两人都不指望能在司法解读或政治观点上改变对方,但都理解对方的立场,也都喜欢进行思想层面的辩论。两人都对法律写作非常用心,不遗余力地斟酌词语。即使立场相反,在草稿写出来后,两人还是会经常给对方打电话讨论:"这个词是不是比你现在用的词更合适?"[28] 在悼念斯卡利亚时,金斯伯格回忆道,在裁决弗吉尼亚军事学院的案子时，他曾到她的办公室递上一份他写的反对意见，这一下让金斯伯格那个周末安排好的计划全打乱了，可也正是他的反对意见让她最终写出更具说服力的判决书。[29]

这两位大法官有很多共同点：他们都在曼哈顿周边社区长大，家庭都很重视民族身份，两人都爱歌剧，喜欢到国外进行暑期教学，欣赏彼此的幽默感，对生活充满热情。虽然金斯伯格一直不喜欢斯卡利亚反对意见中的个人风格太突出，但她还是觉得，就算他有时候有些不像话，但仍然是一个很有趣、很有魅力的人。她回忆道，斯卡利亚有一种"不可思议的能力，能逗得我微笑甚至哈哈大笑起来"。[30] 在海外长途旅行时，他是一位完美的购物伴侣，还是她在印度一起骑大象的伙伴。[31] 两人还一起客串过华盛顿国家歌剧院排演的理查德·施特劳斯歌剧《阿里阿德涅在纳克索斯岛》。

多年来，金斯伯格和斯卡利亚两家人会在新年前夜共进晚餐，斯卡利亚会出去打猎，带回一些野鸡或其他野味，马蒂和斯卡利亚的太太莫琳会用这些猎物给亲友做一顿大餐。在小布什诉戈尔案两极分化的结果出炉后，斯卡利亚给金斯伯格打了个电话，让她回家泡个澡放松一下。他们两人都喜欢玫瑰花，他甚至会在金斯伯格每年过生日的时候送她玫瑰花。这一次，她知道自己不仅失去了一位亲密的朋友，而且没了斯卡利亚讲的那些有趣的故事和他超凡的幽默感，联邦最高法院也会变得"有些苍白"。[32]

不幸的是，这位保守派代表人物的逝世还产生了更大的影响，一场丑恶的政治斗争由此展开。在得知斯卡利亚的死讯后不到一小时，参议院共和党领袖米奇·麦康奈尔就宣布参议院不会在新总统选举前举行听证会审议联邦最高法院提名，而当时距离总统大选还有9个月的时间。[33] 宪法制定者从来都没有打算让选民来决定谁当大法官，可是也没有明文规定要求参议院必须在多长时间之内对总

1994 年，斯卡利亚和金斯伯格到访印度。两人的座次是根据体重安排的，斯卡利亚显然更重一些。

1994 年 1 月，金斯伯格和斯卡利亚作为编外人员参加华盛顿国家歌剧院排演的理查德·施特劳斯歌剧《阿里阿德涅在纳克索斯岛》。

统提名的候选人进行听证。[34]

麦康奈尔先发制人地设置障碍，这是史无前例的。愤怒的民主党人指出，肯尼迪大法官就是在大选年获得提名和确认的。[35]奥巴马提名的梅里克·加兰在履历上无懈可击，但是由于民主党不占多数，他们无法通过加兰的提名。[36]

之所以有这场恶战，是因为人人都懂得这个道理：谁取代斯卡利亚，谁就可能改变联邦最高法院的意识形态。从这个角度而言，这将是克拉伦斯·托马斯取代瑟古德·马歇尔以来联邦最高法院最具影响力的人事变动。如果能提名一位与金斯伯格和索托马约尔观点类似的大法官，就可能影响到一系列有争议的判例，比如涉及竞选筹款、持枪权、投票权、宗教与堕胎权和死刑等议题的案子。在如此重大的问题上遇阻，奥巴马恼火极了，这也显示出选一位进步

2016年3月16日，总统奥巴马（右）和副总统拜登（左）在白宫玫瑰园祝贺梅里克·加兰获得联邦最高法院大法官提名。

的新总统有多么重要。[37]

与此同时，2016年春季还有重大裁决等着在任的8位大法官。他们有50起案子要处理，并且明白，现在自由派和保守派各占4位，如果形成4∶4的僵局，就相当于维持下级法院的裁决不变，无法为全国设置先例，人们也无从得知联邦最高法院的论证过程。在弗里德里克斯诉加州教师协会案中，联邦最高法院就形成了4∶4的局面，从而暂时保留了公共工会的会费，并维持第九巡回法院的裁决不变。在本案中，保守派活动家和基金会希望禁止公共工会向非会员收取支持集体谈判的会费，从而削弱它们的力量。保守派提出，向非会员收取会费侵犯了这些人受宪法第一修正案保护的权利。联邦最高法院自1977年至今在一系列裁决中都允许公共工会向非会员收取会费，从而收回集体谈判的成本，只要这些费用不被用于政治目的即可，而现在案子的原告希望通过提起诉讼推翻这些判例。[38] 由于最终裁决是4∶4，没能推翻此前的判例，这个议题将留给全国各级法院在裁决其他反工会的案件时继续处理。[39]

* * *

第二起4∶4的僵局案子涉及无证移民议题，关乎那些从小就在没有移民许可的情况下被父母带来美国并在这里长大的年轻人的命运。他们希望能够获得美国的永久居留权或公民身份，以便能够在这里继续上学和工作。由于众议院共和党议员未能对参议院通过的一项移民改革法案做出回应，奥巴马运用总统的权力，命令暂不驱逐这些年轻人以及他们那些公民身份各不相同的家庭成员（有些更小的孩子因为出生在美国所以是美国公民）。

得克萨斯州和其他25个州认为总统在这个问题上未经国会授权不可采取行动，于是发起诉讼。得克萨斯州声称向这些没有公民身份的人发放驾照给州财政带来了负担。至于得克萨斯州受到的损失是否真的让它具备诉讼资格，以及总统到底有没有越权，都要在合众国诉得克萨斯州案中交给联邦最高法院裁决。[40]

如果联邦最高法院裁定得克萨斯州没有诉讼资格，就等于允许奥巴马的政策"暂缓驱逐美国公民和永久居民父母出境行动"（DAPA）保持不变，由此回避了总统有没有越权的问题。但结果是联邦最高法院以4∶4的票数分成两派，这也就意味着下级法院对"暂缓驱逐美国公民和永久居民父母出境行动"发出的禁制令将占上风，奥巴马由此遭遇了他8年任期里最大的司法挫折。有大约400万人申请了"暂缓驱逐美国公民和永久居民父母出境行动"，其家人的移民身份各不相同，他们的生活因政策的不确定性而蒙上了一层阴影。[41]

罗伯茨和各位大法官尽力避免裁决陷入僵局，在接下来一系列宗教信仰与联邦对医疗保健规定的对垒中明显体现出大法官们的努力。有6起案件被合并到祖比克诉伯韦尔案中，其中一起案子涉及巴尔的摩市的一个天主教团体，人称"穷人的小姐妹"。该组织认为，签署出于宗教信仰而不提供相关保险的表格，就等于变成了提供避孕措施的医保系统的同谋。纵容是一种罪，修女们不希望为此赎罪。

罗伯茨希望在这些团体的宗教信仰和政府对雇主在医保方面的要求之间寻求妥协，他坚称必须进行某种调和。金斯伯格指出，政府允许这些宗教组织提交"700表格"声明自己不提供相关保险就已经是一种妥协了。[42]那么政府是否可以为那些被雇主出于宗教信仰原因拒绝的妇女提供免费的避孕措施呢？阿利托说，这就意味着"她会有两张而不是一张保险卡"。[43]索托马约尔表示反对，她坚称保险必须全面覆盖，这样才能大大减少意外怀孕和堕胎。[44]

由于又一次无法达成一致，联邦最高法院在不到一个星期后发出了一项不寻常的指令，指示各方提交补充材料，研究能否让相关机构的保险公司用其他方式提供避孕保险，"但是整个过程不需要相关机构参与，它们只需要决定给员工提供不带避孕措施的医疗保险就可以了"。[45] 联邦最高法院建议，保险公司随后可以联系这些机构的雇员，给他们提供免费的避孕保险，各方都同意了。鉴于各方均认为这个新选择是可行的，联邦最高法院在2016年5月16日公布了一项临时决定，撤销了下级法院之前的判决。[46]

但更大的问题仍未得到解决：如何在宗教自由和政府确保公民获得医保的重要利益之间达成某种平衡？索托马约尔和金斯伯格发表了一份协同意见，告诉人们不要把祖比克案的解决方案当作联邦最高法院在相关议题上的立场。[47] 联邦最高法院就本案中提出的每个问题都有可能得出相同或不同的结论。换句话说，不要把祖比克案的裁决当成一个先例。

* * *

在最受关注的两起案子中，金斯伯格高兴地看到票数分出了胜负，因为总让人猜不透的肯尼迪和自由派站在了一起。

2013年，费希尔诉得克萨斯大学案被发回得克萨斯州上诉法院重审，联邦最高法院要求更加仔细地分析学校把种族因素当作手段来提高学校多元性的理由。现在"费希尔案二号"再次回到联邦最高法院进行口头辩论，仍由爱德华·布卢姆和他的"公平代表项目"推动。争议的焦点是，大学在履行接受州内排名前10%的高中毕业生的义务后，是否可以对其余的申请人进行全面考察。

金斯伯格仍然对自动录取前10%学生的规则感到不满，她在上次的反对意见中已经指出该政策的起源是具有种族意识的。这一次她指出，虽然计划旨在促进录取更多少数族裔学生，但实际上它"完全是通过种族隔离的社区（和）种族隔离的学校"实现的。[48]"（因此）它限制了少数族裔学生离开种族隔离的社区并尝试在融合的环境里得到教育。"她重申，"前10%规则"是因种族而产生的，因此它一经制定就是录取过程中的一个因素。

大学在对其他申请者进行全面考察的过程中，希望能够增加一些少数族裔学生，让这些学生的社会和经济背景比那些根据"前10%规则"自动录取的学生更为多元。肯尼迪和其他大法官认为从上次辩论到现在，并没有看到多少新的事实，他们对此感到不满，并表示"就仿佛中间什么也没发生一样"。[49]他们提出也许应该进行庭审。和上一次审理时一样，保守派大法官们仍然对学校招生政策的好处和必要性表示怀疑。

在口头辩论结束后，观察家们预计联邦最高法院将推翻得克萨斯大学的平权方案，认为学校还是没有提供一个明确的标准来衡量"多元性"本身及其带来的结果。尽管得克萨斯大学仍表示必须对一些种族进行优先考虑才能确保录取"足够多"的非裔和西班牙语裔学生，但学校没有解释为什么种族优待只能留给这两个族群。[50]另外，众所周知，肯尼迪大法官还从未支持过任何具有种族意识的项目。[51]

结果让许多人大吃一惊。肯尼迪投下了关键的一票，而且他写的意见书在曾经当过金斯伯格助理的理查德·普赖默斯看来"就好像是露丝·巴德·金斯伯格大法官本人写的一样"。[52]肯尼迪表示，根据平等保护条款，得克萨斯大学采用具有种族意识的招生政策是合法的。至于"前10%规则"，他赞同学校的观点，即仅靠班级排名不足以让学校获得多元性带来的所有好处。肯尼迪写道，尽管种族意识在一小部分人的录取中发挥了作用，但这并不构成学校违宪的证据，因为学校已经证明了相关招生政策是有针对性的。[53]

阿利托对此感到不满，他写了一份长达 51 页的反对意见，他坚称得克萨斯大学没有做到联邦最高法院此前的要求，学校没有满足严格审查，因为它"完全没能具体说明（在招生中）看种族和民族究竟是为什么目的服务的"。[54] 阿利托说，学校也没有提供来自招生办的证据来表明它按照现有的计划录取的少数族裔学生很可能去选修那些少数族裔学生比例不足的课程，甚至连学校所说的"足够多"到底是什么意思都没有解释。阿利托指责道，这是"平权行动走火入魔"的例子。

*　*　*

接下来要审理的是整个女性的健康公司诉黑勒施泰特案。在卡哈特案后，得克萨斯州争分夺秒对堕胎施加更多限制，通过了一项措施（H.B. 2）要求实施堕胎的医生必须拥有附近医院的准入权。此外，堕胎诊所还必须达到门诊手术中心的标准。[55] 支持者坚称，新标准的目的是保护女性健康；反对者则说，新规定不去规范那些和堕胎风险相同或者风险更大的医疗措施，却把堕胎单独拿出来，这是在干涉女性终止妊娠的宪法权利。整个女性的健康公司质疑这项法律，因为法律影响到它在得克萨斯州的两家诊所，一家在埃尔帕索，另一家在麦卡伦。联邦地区法院站在了整个女性的健康公司这一边，裁决相关法律违宪，[56] 但保守的第五巡回法院三位法官组成的合议庭推翻了这个判决。[57]

肯尼迪将再次投下关键的一票。在此之前，他只在 1992 年的凯茜案中支持过女性终止妊娠的权利。在凯茜案中，他与苏特和奥康纳合作协调，在保留罗诉韦德案的基础上允许各州对堕胎施加一定的限制，但这些限制不能对孕妇构成"不当负担"。自那以后，联邦最高法院对于什么构成"不当负担"很少给出判断。在卡哈特案中肯尼迪也未支持堕胎权，他投票支持了一项既没有保护孕妇健康也没有保护胎儿潜在生命的措施。但就像金斯伯格对凯蒂·库里克说的一样："大法官们在不断思考和改变。"[58]

2016年3月2日在联邦最高法院的口头辩论中，金斯伯格火力全开。堕胎诊所的律师斯蒂芬妮·托蒂刚一张口，金斯伯格就打断她，问诊所是否有权挑战这项法律。金斯伯格认为原告是有这个资格的，她只是想赶快把这个问题解决掉，以便能处理案子的其他问题。[59]同样，她也多次打断得克萨斯州检察长斯科特·A.凯勒，凯勒想要反驳司法部副总检察长小唐纳德·韦里利的说法，即得克萨斯州的新规定将导致得克萨斯州大部分堕胎机构被迫关门，同时大大增加"女性堕胎要面临的障碍"。[60]凯勒说，即使关闭一些诊所，得克萨斯州也只有不到25%的女性住在方圆100英里以内都没有诊所的地方，而且如果那些住在埃尔帕索周边地区的女性愿意使用新墨西哥州圣特雷莎市的设施的话，这一比例还会进一步缩小。金斯伯格立刻给了凯勒当头一棒，她指出新墨西哥州可没有施行H.B. 2的规定："如果这对埃尔帕索地区的女性来说可以接受，那为什么得克萨斯州其他地方的女性就不行呢？"[61]

在凯勒余下的时间里，金斯伯格继续对他施加压力，向他抛出一个又一个问题。她问：有的病人只需要服下两片堕胎药就可以了，非要诊所满足门诊手术中心的标准有什么好处呢？难道药物引发的并发症不是更有可能发生在病人的住处附近吗？那还有什么必要规定诊所附近必须有医院呢？得克萨斯州立法机构想要应对的具体问题是什么？现行法律中哪一部分没能充分保护女性的健康？她再次提到凯茜案，并提醒得克萨斯州检察长案子的核心问题仍然是女性"为自己做出选择的基本权利"。她强调称，问题的重点是女性，而且必须关注被新规定的意图和目的影响到的那些女性。[62]

在夏季休庭前的最后一天，肯尼迪再次做出一个令人意外的决定。人们以为他会和几位保守的男性大法官站在一起，但他在一个星期内第二次投下关键的一票，否决了得克萨斯州的新法。他认为相关法律对女性的选择权构成了"不当负担"，对促进女性的健康没有什么作用，并且对堕胎施加了重大障碍。

肯尼迪请布雷耶撰写多数意见。具体谈到H.B. 2的两项主要要求时，布雷耶说："与这两项规定带来的负担相比，二者都没能在医疗上提供足够的好处。"布雷耶承认，让人们多开一段路并不一定构成不当负担，但是关闭多个诊所，给那些想要在胎儿能够独立存活前堕胎的女性设置重重障碍，而且"几乎没有带来任何健康方面的好处"，这些问题加起来就构成了不当负担。因此，联邦最高法院裁定得克萨斯州的法律无效。[63]

* * *

这一年对人员不齐的联邦最高法院来说无疑是艰难的。只有8位大法官进行裁决，会给联邦最高法院和国家带来什么后果？罗伯茨对此没有发表意见，但金斯伯格对媒体表示少了一位大法官导致裁决出现僵局，会给司法造成混乱。联邦最高法院是在妥协的基础上做出这些裁决的，暂时把一些关键问题搁置一边，就像4位自由派大法官在涉及得克萨斯州投票权的埃文韦尔诉阿博特案中做的一样，案子的裁决是金斯伯格写的。[64]此外，到目前为止，秋季任期只安排了十几起案子，明显少于往年。[65]

尽管面临种种限制，金斯伯格还是为肯尼迪带来的意外胜利感到高兴。整个女性的健康公司案实际上改变了得克萨斯州女性生殖权利的整体环境，毫无疑问，其连锁反应将在其他共和党控制的州引发一系列的诉讼，在这些州，推翻罗诉韦德案的努力有增无减。[66]这段时间的裁决和加兰法官的提名让人看到，如果联邦最高法院不再由保守派主导的话有可能取得怎样的成就。[67]金斯伯格不仅赞扬了肯尼迪，还提出了一连串她想要推翻的判例，《华尔街日报》不失尖刻地评论道，这是休庭前金斯伯格的"胜利之旅"。[68]虽然对熟悉金斯伯格以往裁决的人来说，她举出的这些案例并不让人意外，但她的讲话也坐实了一点，那就是如今斯卡利亚不在了，金斯伯格已然成为联邦最高法院最直言不讳的大法官。

麦康奈尔出于党派利益拖延联邦最高法院的提名让金斯伯格感到震惊，但更让她看不惯的是特朗普，这位房地产大亨和电视真人秀明星已经成为共和党总统提名的领军人物。特朗普说要恢复酷刑，禁止穆斯林移民美国，还要在不经过公平审理的情况下驱逐无证移民，这一系列煽动性言论让人们质疑他是否具备担任国家最高领导人的资质和品格。金斯伯格一反司法界的传统，警告称特朗普当总统将给"国家和联邦最高法院带来一场灾难"。[69]

她在接受美联社、《纽约时报》和CNN采访时明确发表政治言论，引发了一场舆论风暴。特朗普称她是"联邦最高法院之耻"，随后在推特上说，"她脑子坏了——辞职吧！"[70]虽然没有明确的道德准则来规范大法官的行为，但人们期望联邦最高法院能够做到自律、谨言慎行。[71]左右两派的司法伦理专家和评论家都对金斯伯格提出批评。联邦最高法院作为一个国家机关要保持不偏不倚的形象，以维系自己的道德权威，而金斯伯格的言论增添了联邦最高法院的党派色彩。[72]

私下里，金斯伯格的好朋友们完全赞同她对特朗普的评价。[73]但他们觉得，如果马蒂还在，能提前和她商量，她也许就不一定会如此干脆地打破传统。随着她的名气越来越大，她是不是有些过于口无遮拦了？不过，她很快就道了歉。

* * *

金斯伯格无疑不希望再触碰她的言论所引发的震动。7月，她启程前往巴塞罗那参加一场会议，会议是纽约大学主办的，探讨的问题是英国退出欧盟（俗称英国脱欧）的决定。阿利托和已经退休的史蒂文斯也获邀出席，金斯伯格很期待和老同事史蒂文斯相聚。此外，巴塞罗那是国际大都会，位于加泰罗尼亚地区，是艺术和建筑圣地。7月下旬，她前往威尼斯参加犹太古城区建立500周年纪念活动。这并非欢庆的日子，却是值得铭记的日子。有一场展览在总督宫举行，另有一场更激动人心的活动，那就是莎士比亚的《威尼斯商人》将在犹太老城上演。待演出进行到第二天，会有真正的律师参与审判剧中人物夏洛克。金斯伯格将带领一个审判小组，决定这名犹太商人的命运。[74]

这并非金斯伯格第一次参加模拟上诉，[75]但是在16世纪的圣洛克大会堂听取上诉还是第一次，天花板和墙壁上是引人注目的文艺复兴风格的壁画，是威尼斯的艺术家丁托列托创作的。[76]戏剧落幕，听证会开始，狡猾的商人夏洛克坚持要从欠债的安东尼奥身上割一磅肉，而剧中另一个人物波希娅乔装成男人，扮作法官，裁决夏洛克阴谋坑害安东尼奥，并命令他把一半的财产交给安东尼奥，另一半上交国家。安东尼奥则同意放弃自己的那一半，条件是夏洛克必须皈依基督教，并把他的财产留给叛逆的女儿杰西卡，杰西卡与仆人洛伦佐私奔了。洛伦佐是金斯伯格的外孙保罗·斯佩拉扮演的。[77]

律师们在闷热的天气下穿着长袍，经过两个小时的辩论和20分钟的审议，长袍下的衬衣都湿透了。[78]金斯伯格宣布了裁决：法官们认为，没有哪个法院会真的判安东尼奥割一磅肉给夏洛克，安东尼奥作为被告也不能下令对夏洛克进行惩罚。然而夏洛克过了400年才来讨债，已经没有机会追讨利息了。至于如何处置波希娅这个"冒牌货"和"骗子"，陪审团意见不一，但他们一致认为应该要求她先去帕多瓦大学上法律课。[79]

"审判"结束后，人们在威尼斯著名的哈里酒吧举行了招待会。金斯伯格入场时引发了热烈欢迎。保罗·斯佩拉发现，他一向认真的外婆对刚才的表演中一个著名的场景里删掉了两句台词感到"失望"。[80]她以前的学生和助理一听就知道，这就是金斯伯格一贯的对细节的专注。接下来晚上的活动继续进行，金斯伯格去用晚餐，手里拿着优雅的黑色扇子。锦上添花的是，《威尼斯商人》的排练恰好赶上保罗过生日，简·金斯伯格特地从法国飞来，为演员们做了各种意大利面作为生日夜宵。[81]

* * *

金斯伯格回到华盛顿后，保罗的妹妹克拉拉短暂拜访了外婆，她当时在两家律师事务所做暑期实习，一个是在纽约的大型国际律师事务所宝维斯，另一家是小一点的萨斯曼·戈弗雷律师事务所。金斯伯格当年申请第二巡回法院法官职位的时候，就是因缺乏公司法的经验而失利，如今外孙女补上了这一点。克拉拉还计划在夏天结束前在希拉里的总统竞选团队里短暂工作，团队的总部设在布鲁克林。2017年5月，克拉拉从哈佛大学法学院毕业，她拿到了两份法官助理的工作，其中一份是为第二巡回法院的首席法官罗伯特·卡茨曼工作。当年金斯伯格获得联邦最高法院提名时，正是卡茨曼在莫伊尼汉参议员的安排下帮助介绍金斯伯格认识其他参议员的。联邦最高法院大法官负责不同的司法辖区，金斯伯格负责的是第二巡回法院，所以她和卡茨曼一直保持着联系。

克拉拉在其他方面也追随着外婆的脚步。她的父亲是罗马天主教教徒，但克拉拉在几年前就决定接纳自己犹太人的身份。2013年夏，她在布鲁金斯学会实习的时候与外婆住在一起，她坚持要求两人一起在至圣日参加宗教仪式。金斯伯格已经很多年没有参加过这些仪式了，一些细节让她感到有些意外。她回忆道，仪式当天的诗班长是一名优秀的女高音歌唱家，"接着还有许多女性走上讲台朗读经书"。[82] 金斯伯格的母亲去世的时候，正统派犹太教还不允许女性参与这些仪式，金斯伯格因此长期感到与犹太教的仪式格格不入。她想，如果在她 17 岁的时候女性就可以加入进来，那么她可能也会有截然不同的感受。

8 月，金斯伯格和家人一起回到圣菲看歌剧。詹姆斯的两个女儿秋天就要继续读书了，艾比将回到纽约大学，米米则要去纽约特洛伊传统悠久的艾玛威拉德学校寄宿。帕特里斯的儿子萨特南会到

金斯伯格在华盛顿国家歌剧院上演的《军中女郎》中客串卡拉肯托公爵夫人。

华盛顿开始在乔治敦大学外交学院学习，金斯伯格很开心在看歌剧时有他作伴。

* * *

离开圣菲回到华盛顿，金斯伯格要为秋季开庭做准备，日程更繁忙了。9月，她要到芝加哥参加儿子儿媳的唱片公司举办的晚会，接下来去圣母大学法学院和学生交流。

10月，一部精心编辑的金斯伯格著作和演讲集出版了，书名叫《我自己的话》(My Own Words)。这本书涉及很多主题，其中包括弗朗蒂罗案诉状的节选，还有她在联邦最高法院大法官席上朗读的一些反对意见，以及对女性先驱者的致敬，其中有赞扬前大法官约翰·哈伦的妻子马尔维娜·哈伦的内容，另外还有关于联邦最高法院工作方式的演讲，包括一些日常趣事和司法独立的重要性。

10月底，简和乔治将庆祝结婚35周年。几年前这对夫妇曾为双方父母在纽约共同举办了结婚50周年庆，并邀请了一些音乐家出席，金斯伯格很希望也为女儿举办一场仪式。她还应华盛顿国家歌剧院导演弗兰切斯卡·赞贝罗的邀请去观看了《费加罗的婚礼》。[83]

11月，华盛顿国家歌剧院上演《军中女郎》，金斯伯格将出场客串卡拉肯托公爵夫人，角色只有念白没有唱段，她的角色需要判断女主角玛丽能不能配得上她的侄子。她的台词包括（其中一部分是她亲自写的）："卡拉肯托家族中最出色的人都思想开放，而不是大脑空空。最优秀的人愿意倾听和学习。因此毫不奇怪，卡拉肯托家族最勇敢无畏的都是女人。""想要担任如此重要角色的人必须具备能通过严格审查的坚韧不拔"。但最大的笑点还在后面，借用了特朗普编造奥巴马出生地的段子，卡拉肯托公爵夫人问玛丽要出生证明，还说："我们必须采取措施，不能让骗子进门。"[84]

当然，这些活动都没影响金斯伯格的日常工作，她审理的案子涉及移民、刑事司法体系中的种族偏见以及死刑议题。[85] 虽然说联邦最高法院因缺了一个成员而放慢了脚步，但金斯伯格自己可一点都没有慢下来。但总统选举和关键的联邦最高法院提名问题仍然萦绕在她脑海里。和很多民主党人一样，她认为希拉里会成为下一任总统。如果真是这样的话，那就等于是第一位克林顿总统提名了她，第二位克林顿总统（希拉里）选出她的继任者。然而，事与愿违。

| 第 23 章 |

史无前例

在总统初选中，两党的候选人都面临"外来者"的挑战。接下来的两党选战打得很艰苦，共和党候选人特朗普更是采取了美国近期历史上最为种族化的竞选策略。最后的结果完全出人意料——特朗普当选美国第 45 任总统。金斯伯格的噩梦变成了现实。

* * *

民主党这边，来自佛蒙特州的参议员伯尼·桑德斯白发苍苍，特立独行。他表现出高超的竞选技巧，对年轻人和那些关注经济不平等的选民有巨大的吸引力。[1] 这 35 年来，大多数工人的工资停滞不前，而财富处于前 1% 水平的人则获益巨大；政府监管和执法不严，特别是对华尔街格外宽松，而且 2008 年全球金融危机之后经济复苏速度缓慢。这一切都给桑德斯提供了充足的弹药。桑德斯呼吁改变经济不平等，调整贸易政策，引发了草根民众的热情，让他在初选中赢得了 22 个州的支持，令许多中间派民主党人大吃一惊。

急于夺回白宫的共和党人则把希望寄托在佛罗里达州前州长杰布·布什身上，退而求其次的人选是佛罗里达州联邦参议员马尔科·卢比奥或者俄亥俄州州长约翰·卡西奇，甚至极右派得克萨斯州联邦参议员泰德·克鲁兹也好——只要不是特朗普就行，他口无遮拦，出言不逊，媒体的眼睛都长在了他身上。然而特朗普戴着他那顶"让美国再次伟大"的棒球帽，表现出自己什么都懂的样子，不断在白人工薪阶层中攻城略地。[2]

20世纪70年代以来，全球化的高科技经济让蓝领工人失去了他们的位子。他们知道，政坛建制派几十年来都努力从自由贸易协定中获益，未能解决那些被抛在后面的人遭遇的问题。蓝领工人多年来被经济状况困扰，还面对着美国不再只属于白人的现实，而且最近8年那位受过高等教育的、优雅的总统是黑白混血，他的族裔是"他者"和新移民的象征，每况愈下的底层白人认为正是这些人威胁到了自己的社会地位。他们觉得在这个自己祖先帮助建立的国家里，自己反而成了隐形的存在，因此他们支持特朗普，至少特朗普在意他们那些流失出去的工业，懂得他们在文化和族群方面的焦虑感。[3]

在衰落的铁锈地带小镇、以煤矿业为主的阿帕拉契山脉沿线和美国农村，民众遭受着切肤之痛。许多最多只念完高中的中年白人男女选择用阿片类药物和酒精来自我麻醉，1999—2013年，他们的死亡人数创下新高，死亡率达到约11%，和美国其他群体包括少数族裔形成鲜明对比。[4]但是，一个自私自利、罔顾事实的煽动者，一个怀旧中带有种族主义、偏执和恐惧的人，真的能够解决造成他们困境的系统性经济和文化问题吗？[5]

在初选中，能担大任的希拉里成功地把自己定位在左派的位置，提出了经济改革方案、带薪家事假和医疗假期，还有全面的刑事司法改革。尽管她以往成就斐然，提出的政策也很进步，但她看起来缺乏激情、不接地气。她说要为那些被全球主义和低迷的经济抛弃的人鼓与呼，但是自克林顿卸任以来，夫妇俩积累了大量财富，加

2016年美国总统候选人希拉里和特朗普第二次辩论。

上希拉里在华尔街演讲收取高额出场费，马不停蹄地搞筹款活动，这些都和她嘴上说的不一致。为了成为美国第一位女总统，希拉里做了大量努力，但是她没能提炼出一个简洁清晰的理由，告诉人们为什么要在2016年投她一票。同为民主党人的奥巴马已经执政8年，民主党选民需要的是一个在经济领域富有魅力的发声者，而希拉里的口号"团结势更强"显然是不够的。[6]

此外，希拉里在奥巴马执政期间担任国务卿，她曾使用私人电子邮件服务器进行官方通信，这件事情的重要性被媒体放大了，她未能及时平息，也令她的竞选受到影响。[7]她对个人隐私特别重视，这让人联想起20世纪90年代她在白水事件后的表现。选民们想起她当时拒绝交出她在小岩城罗斯律师事务所工作的相关文件，这些文件可能显示出她在道德方面的不完美。[8]虽然使用私人服务器并不违法，但这些指控让她需要不断为自己的品格辩护。在联邦调查局的调查中，局长詹姆斯·科米在2016年7月痛批希拉里没有处理好机密邮件，这让选民对她的诚实和可信度产生了严重怀疑，特别是在10月底又有一批邮件被曝光，让这起案子再度受到追查。科米出人意料地宣布要调查邮件事件，虽然最终没有查出什么问题，但这件事影响了希拉里在民意调查中的领先地位。[9]

其实在联邦调查局追查"邮件门"之前，公众就不那么信任希拉里了。保守派广播节目主持人和右翼网站，特别是福克斯新闻，把以前那些针对克林顿的指控旧事重提，从白水事件到班加西事件，不断重复未被证实的内容，形成社会舆论。[10] 随着特朗普不断抨击"骗子希拉里"，他的支持者们在费城共和党大会上高喊"把她关起来"，怀疑的种子已经开花结果，最终变成一种狂热情绪。[11] 但厌女症和恶意达到这种程度，也敲响了警钟。[12] 在这个不太平的世界里，那些边缘化的人群对既有的制度和支持这些制度运转的规范已经失去了信任，民主的脆弱性确实很让人担忧。

* * *

事实证明，两位候选人的辩论不可能提供什么实质性的政策方案。事实、深思熟虑、考虑现实成本和收益认真制定政策，这些概念对特朗普来说都很陌生，他最擅长的是转移记者的问题，而娱乐至上的媒体没做什么贡献。评论家们专注于谈两人的负面特质，给人一种普遍的观感，那就是这两人仿佛是一丘之貉。[13]

反建制的民粹主义已席卷英国，欧洲也笼罩上一层阴影，一些人热切盼望民粹主义可以在美国刹车。[14] 可是到10月底，选情大幅收紧，让这些人大失所望。

奥巴马两次大选都赢在能把支持者团结起来，但事实证明这种团结比预期的更难实现。这个支持联盟本身就很脆弱，一些白人和西班牙语裔的支持者对过去 8 年里在文化上出现的变化感到不安，包括同性婚姻合法，更多的穆斯林移民到美国，针对警察的暴力上升，出现"黑人的命也是命"运动。对这些选民中的许多人而言，特朗普代表的怀旧感和确定性提供了一种"回到母体"般的安全感。[15] 性别歧视也是原因之一。[16]

更麻烦的是，希拉里的竞选团队陷入了一个"泄密和宣传网络"，美国情报机构发现这与俄罗斯之间有联系。干涉外国选举，破坏人们对民主进程的信心，这是克里姆林宫惯用的手段，但这次他们的所作所为仍然代表着美俄关系下滑到了一个新低。克里姆林宫用黑客手段攻击民主党人的邮件，通过维基解密把窃取到的内容公布于众；操纵社交媒体，向脸书上的 1.26 亿美国用户散播假新闻和对特朗普有利的信息，从而打击希拉里的选情。就算她能当上

特朗普胜选后，加州大学伯克利分校的学生乔西·加西亚和古斯塔沃·那瓦雷兹在示威活动上彼此安慰。

总统，这也会影响她的支持率。2018年2月，特朗普任内的司法部公布了一份37页的起诉书，其中披露俄罗斯的行动筹划了三年时间，影响了21个州，但特朗普一直不认可这些发现。[17]

* * *

最终希拉里仍然以近300万票的优势赢了普选，在沿海地区和分散在全国各地的城市地区表现强劲。[18]但是她未能赢得宾夕法尼亚州、威斯康星州和密歇根州受教育程度较低的白人选民的支持，从而输掉了选举人票，而这几个州曾在之前的大选中支持奥巴马。竞选时，有人建议她重访这些州，但她拒绝了。[19]

调查记者、作家阿里·伯曼写道，铁锈地带和其他地方对投票权的限制让希拉里失去了少数族裔的选票，这是"2016年选举中报道最不充分的丑闻"。[20] 2012年，也就是谢尔比县案裁决的前一年，司法部收到了18 146份投票办法变更申请，这些申请是按照《投票权法案》第五款递交的。[21]等到选民在2016年去投票的时候，14个州已经实施了新的投票限制，包括严格规定可以使用哪些带照片的身份证件、减少提前投票、限制全民登记等。[22]

第五款的监督权被取消后，各州可以在不通知公众的情况下修改投票办法，其中就包括北卡罗来纳州和佛罗里达州，希拉里曾希望在少数族裔选民的帮助下赢得这两个地方。[23]北卡罗来纳州的选区分割很不公正，而且投票站的数量在少数族裔选区大幅减少——在40个以黑人为主的县里，共有158个投票站被取消。[24]北卡罗来纳州削减了提前投票的选择，导致黑人投票率下降了16%之多。[25]在佛罗里达州，希拉里只输了119 770票，而佛罗里达州共和党拒绝恢复服刑完毕的重罪犯的投票权，导致1/4的黑人居民失去了选举权。[26]

威斯康星州、密西西比州和弗吉尼亚州都颁布了严格的选民身份识别法。在威斯康星州，有30万选民不具备法律规定可以使用的身份证件。特朗普在威斯康星州赢了22 738张选票。这30万被剥夺选举权的人中，有多少人可能投票给希拉里是不得而知的，但可以确定的是，威斯康星州的投票率跌至20年来的最低点，大约有40万选民没有投票，其中大部分是黑人和倾向于民主党的选民。仅密尔沃基一个城市，投票率就下降了13%，而全州有70%的黑人都住在这里。[27] 相比之下，那些在2012年和2016年两次选举之间没有设置新的投票障碍的州，投票率上升了1.3%。[28]

* * *

特朗普当选的现实摆在人们面前，国家分裂的鸿沟也变得更深。抗议者举着"他不是我的总统"的标语涌上街头。[29] 为了维护开放的移民和难民政策、公民自由、生殖自由和奥巴马的政策，这些抗议者团结起来在各地示威游行，不只在纽约、华盛顿、洛杉矶这些自由派堡垒，还有像密歇根州的大急流城和佛罗里达州的萨拉索塔这样的城市也囊括其中。规模最大的是就职典礼第二天在华盛顿举行的女权大游行，有近50万人到场表达抗议。[30] 精心组织的女权大游行也在美国其他数百个城市和其他81个国家同时举行。[31]

美国历史的阴暗面中一直有极右翼极端主义的身影。如今，由于特朗普的仇外言论和互联网的匿名性，它们卷土重来。[32] 2016年上半年，全国针对穆斯林的仇恨犯罪激增62%，[33] 费城和圣路易斯的犹太人墓地遭到亵渎，全国多地的犹太社区中心收到炸弹威胁。[34] 象征仇恨黑人的绞刑索开始大量出现，包括费城美国铸币局的一个工作站、华盛顿国家广场的赫什霍恩博物馆、美利坚大学的校园，以及北卡罗来纳州和佛罗里达州的学校。[35] 根据小学低年级教师的报告，校园欺凌事件呈上升趋势：小男生在手上画着纳粹标记来上学，白人小孩让西班牙语裔和非裔同学收拾行李走人，说他们要被驱逐出境了。[36]联邦调查局前卧底探员和反恐专家迈克尔·戈尔曼感叹道："特朗普把暗语都挑明了。"[37]穆斯林、犹太人、黑人、移民和同性恋者因此遭受的后果可想而知。

　　特朗普签署了一系列行政命令，收获了支持者的赞扬，也加剧了批评者的忧虑。这些命令包括：禁止给提供堕胎措施或咨询的国际组织以资金支持，即使这些服务不是用美国的钱支付的也不例外；减少对制造业的监管；推进有争议的达科他输油管道和拱心石输油管道项目；收回奥巴马为遏制全球变暖制定的二氧化碳排放限制，重开燃煤电厂。和竞选时所说的一样，特朗普颁发命令严厉打击无证移民，停止对"庇护城市"①的联邦资助，推进他所承诺的美墨边境墙建设。[38]造成最大混乱的还是总统在1月27日签署的命令，对7个以穆斯林为主的国家实施为期三个月的移民禁令，这些国家是伊朗、伊拉克、叙利亚、苏丹、利比亚、索马里和也门。[39]

　　禁令表面上是为了不让外国恐怖分子登陆美国，但来自这些国家的移民从未在美国进行过恐怖袭击。禁令全面禁止接收叙利亚难民。[40]第九巡回法院一个由三名法官组成的合议庭要求暂停实施总统的命令，随后特朗普对禁令做出了修改。[41]

　　新的禁令范围更窄，制定了新的审查程序，排除了伊拉克，删掉了所有提及宗教的部分，也取消了针对叙利亚难民的禁令。新禁令表面上看是中性的，但它为听取新一轮诉讼的法官们提出了难题：禁令是否违反宪法第十四修正案的正当程序条款？是否违反宪法第一修正案对宗教自由的保护？应该在多大程度上把背景和环境纳入考量，

---

① 庇护城市（sanctuary cities）指的是那些在移民法方面限制当地执法部门和联邦当局合作的城市。——译者注

2017年1月，有50万人在华盛顿参加了女权大游行，在世界其他城市还有50万人参与。

特别是特朗普在竞选中所说的"全面禁止穆斯林进入美国"？[42]

2017年3月15日，夏威夷州和马里兰州的联邦地区法院阻止了新版禁令的实施，并获得上诉法院的支持。[43]第四巡回法院以10∶3的票数比裁决旅行禁令"充斥着对宗教信仰的不宽容、敌意和歧视"。[44]此后不久，第九巡回法院的三名法官裁决总统越了权。6月1日，特朗普政府向联邦最高法院提出上诉，要求推翻第四巡回法院的裁决，听取口头辩论，并确认总统的权力。[45]在联邦最高法院同意审理之前，特朗普又发布了一项新的命令，给每个国家单独制定了一套限制标准，那些对此前的禁令发起诉讼的律师现在又有一个新禁令可以提告了。[46]12月，联邦最高法院同意在春季的审理之前允许特朗普施行最新的禁令。[47]口头辩论定在2018年4月，法庭观察员们一致认为联邦最高法院占多数的保守派大法官看起来不愿意制约总统，声称总统有权力考虑国家安全并决定让什么人入境。[48]

* * *

特朗普上任以来的种种行动，包括他对科学和主流媒体的攻击，都让自由派人士极其反感，他们怀着一种厄运当头的心情等待着特朗普提名大法官。[49]纽约大学法学院教授巴里·弗里德曼感叹道，左派大法官"估计接下来几十年都无足轻重了"。[50] 2017年3月，金斯伯格就要满84岁了，弗里德曼预计还会有人质疑她为什么不早点退休，在奥巴马还有可能让民主党控制的参议院通过新人提名的时候急流勇退。谁也说不准金斯伯格和布雷耶的健康状况能维持多久。两人都在教练的严格监督下定期锻炼，金斯伯格说健身教练是她生命中"最重要的人"。[51]如今肯尼迪作为任期最长的大法官正在考虑退休，这让人们很难不去想弗里德曼说的那种最坏的情况：未来的联邦最高法院只剩索托马约尔和卡根两人对抗7位保守派，其中特朗普提名的那些相对年轻的大法官还决定进一步推动联邦最高法院右转。[52]

上诉法院的前景也同样严峻。奥巴马提名的一些法官被共和党人挡住了，留下117个空缺。150名上诉法院法官中有近一半处于退休年龄。特朗普如今有条件提名新人走马上任，这可能会改变联邦法院的意识形态构成，进一步缩小法院和民选机关的差异。[53]在特朗普当选后几天内，麦康奈尔就联系了白宫法律顾问唐·麦卡恩，请他在保守派律师的帮助下简化提名程序，特别是要和保守派机构"联邦党人学会"的执行主席莱昂纳德·里奥合作。

眼下的问题是选谁接替斯卡利亚。联邦最高法院的8位法官在2016年一直在选择没什么争议的问题来裁决，竭力避免可能造成僵局的案子，但热点问题不能无限期拖下去，持枪权、宗教自由、言论自由、移民和驱逐问题、对投票权的限制和联邦机构制定规则的权力等问题都需要处理。民主党人仍然坚信联邦最高法院的位子该属于资历上无可挑剔的梅里克·加兰，各种政治立场的人里都有他的支持者。但麦康奈尔已经为特朗普和里奥支持的人铺平了道路。[54] 1月31日，总统提名了尼尔·戈萨奇，他是位于丹佛的第十巡回上诉法院的法官。[55]

* * *

戈萨奇家上数三代都生活在科罗拉多州，他将让联邦最高法院大法官的家乡更加多元，但是他其实并不算是特朗普想要的那种"外来者"。戈萨奇的父辈和祖辈都是丹佛的律师，他十几岁的时候，母亲安妮·戈萨奇·伯福德被里根总统提名为环保署署长，全家搬到华盛顿。戈萨奇在这里入读私立学校，并担任共和党参议院的学生秘书。进入哥伦比亚大学后，年轻的戈萨奇每个星期都撰写专栏，先是在校报《观察者》上发表，后来又发在他和别人联合创办的讽

2016年1月31日，特朗普宣布提名尼尔·戈萨奇为联邦最高法院大法官，戈萨奇的夫人玛丽·路易丝·戈萨奇在旁陪同。

刺小报《联邦党人报》上。在这两份刊物中，他都表现出后来为人所知的特点：清晰的写作、严谨的思想和坚定的保守主义价值观。[56]

他先后在哈佛大学法学院和牛津大学学习，取得了牛津大学的博士学位。1991年，戈萨奇在英国妻子玛丽·路易丝·伯利斯顿的陪同下回到华盛顿，她是一位出色的马术运动员。戈萨奇在华盛顿巡回法院和联邦最高法院做助理，先后为怀特和肯尼迪两位大法官工作过。他在华盛顿顶尖的诉讼律师事务所凯洛格律师事务所工作了10年，随后短暂担任司法部的三号人物，当时他处于小布什政府虐待关塔那摩囚犯的争议的焦点之中。2006年，小布什提名他为第十巡回法院法官，他相信戈萨奇拥有出色的履历、一流的头脑，还有联邦党人学会的支持，很容易获得参议院的批准。[57]

戈萨奇很快就建立了自己作为司法原旨主义者的名声，他认同从原作者的角度解读宪法的司法理念。他也是一个文本主义者，致力于只从相关法条的文字出发，不考虑立法历史，也不考虑实施后会产生什么后果。先例当然要考虑，但在他看来，如果先例违反了文本，就可以摒弃——这和斯卡利亚本人的立场非常相似。戈萨奇曾在凯斯西储大学对法学生表示，法官应该"按照法律本来的样子适用法律，应该向后看，而不是向前看，要从文字、结构和历史出发，判断一个合理的读者在相关事件发生的时候会怎么理解法律——而不是从自己的道德理念出发，也不能根据自己认为什么样的政策结果对社会最好而做出判断"。[58]

戈萨奇和斯卡利亚一样擅长写作，他写的判决让没有法律背景的人也能读懂。他的写作风格有时是轻松戏谑的，态度则没有斯卡利亚那么刻薄，而是更彬彬有礼一些。[59]金斯伯格曾在英国见过戈萨奇一面，她也说戈萨奇文章写得好，而且交际能力强，为人非常随和。[60]

人们对戈萨奇的提名反应各不相同。戈萨奇 57 名哈佛大学同学和 154 名哥伦比亚大学校友给参议院司法委员会写了公开信，他们称自己的政治、宗教和社会背景各不相同，但都坚定支持戈萨奇。[61] 有哈佛大学法学院校友认为戈萨奇尊重司法克制，会根据案子的具体情况公正裁决。保守派和商业团体也支持他的提名，认为戈萨奇能够进一步强化联邦最高法院支持企业的多数派。[62]

自由派则不那么乐观，他们担心戈萨奇对一些问题的看法，比如行政机构的权力、公共领域的工会、竞选筹款改革、投票权、堕胎权，以及性少数群体的权利。[63] 了解他对好必来案裁决的人都清楚他对宗教自由和企业人格有着相当正面的看法，同时他并不在意职场女性能不能获得避孕措施。[64] 在一个劳工权利案件中，一辆卡车的刹车在零下的温度里结了冰，司机被迫弃车离开后遭到开除。法院判处司机胜诉，但戈萨奇提出异议。当时因为天气太冷，司机的腿已经冻得麻木了，在这种情况下戈萨奇坚持按照法律条文执行，不顾司机的健康，这也引发劳工组织对他的担忧。[65] 此外，关心其他公共健康和安全法规的人也有他们的担心，因为戈萨奇在一个相关案件中的意见和他们的立场不符。在那份协同意见中，戈萨奇写道：怎么能放任雪佛龙案不管呢？[66]

司法委员会的民主党议员感到左右为难。他们要么尊重程序，让一个可能是美国现代历史上最保守的大法官上任，要么可以采取阻挠手段，就像加兰法官被提名时遭受的那样，和共和党一样，对提名人见都不见。[67] 无论如何，当参议院全体会议召开时，麦康奈尔仍然手握足够的票数。民主党也可以选择用冗长辩论的手段阻挠提名，但这样做的话无疑会让共和党采取"核选项"，那就是修改规则，投票超过半数就让大法官上任。无论如何，戈萨奇都会成为第 113 位大法官。

* * *

因为戈萨奇的资历和品格都没什么可挑剔的，司法委员会的民主党议员打算利用听证会的机会更好地了解他的立场究竟处在什么位置。他会反对特朗普吗？可是自从金斯伯格在听证会上对具体议题采取了"不暗示、不预测、不预告"的策略后，后来的提名人也纷纷效仿。[68]

2017年3月20日参议院司法委员会开始听证，戈萨奇以谦虚的西部人的形象示人，看起来是一位追求共识的、主流的法官。他强调，自己做判断时只考虑法律和案件事实，不遗余力地表示自己不搞政治。[69]共和党议员们竞相提出无关痛痒的问题，从科罗拉多州哪里最适合钓鱼到已故大法官拜伦·怀特的篮球打得怎么样，把能聊的都聊了个遍，难回答的问题都留给民主党人来问。

民主党人质疑戈萨奇是否总是站在强势人物那一边。他在回答中举出了几个反例，包括他曾裁决一名被大学橄榄球运动员强奸的女性胜诉，曾支持科罗拉多州居民状告核电站破坏环境，还曾在一个尤特印第安部落和犹他小镇的管辖权争议中支持了印第安部落。[70]《芝加哥论坛报》重点报道了戈萨奇的反驳，指出民主党提出的案例仅占戈萨奇判决的2 700起案件中很小的一部分，其中97%是一致裁决，而戈萨奇在99%的案子里都和多数法官的意见相同。[71]

人们很快就看出来，戈萨奇擅长为自己辩护。他在2005年担任司法部官员的时候曾处理过一些文件，里面问到中央情报局对恐怖分子施加酷刑是否换来了有用的情报，戈萨奇在旁边潦草地写了一个"是"字。参议员黛安娜·范斯坦问他为什么这么写，戈萨奇承认，他自己并不知道施加酷刑是否换来了有用的情报，只是作为一名律师为当事人辩护而已。接着，参议员迈克尔·贝内特一再追问,宪法是否授权总统推翻酷刑和窃听法律。[72]

有人问他对国际法和其他民主国家的裁决是否感兴趣,戈萨奇坚定地与斯卡利亚和罗伯茨采取了相同的立场,他说:"一般而言,我认为解读我们的宪法不应该考虑国外的情况。"[73]直到3月22日听证结束,戈萨奇都未偏离事先准备好的答案,很少正面回答民主党议员的问题。[74]不过他承认,罗诉韦德案这个判例"不应该轻易推翻"。[75]

事实上,据一位国会前工作人员观察,戈萨奇平静得体的态度让听证会显得和预期不符。[76]在奥巴马任内担任司法部代理副总检察长的尼尔·库马尔·卡蒂奥在向委员会介绍戈萨奇时表示,如果在一个党派矛盾没有这么激烈的时期,这样一个"富有智慧、公平正派的人……(通过确认程序)是毫无问题的,可能接近全票通过"。[77]

* * *

但卡蒂奥也明白,司法提名的党派色彩已经越来越浓,这正是金斯伯格一直感到惋惜的。自1980年里根当选总统以来,共和党应对此承担更大的责任,他们积极阻止民主党提名的联邦各级法院人选,也不愿意提名中间派进入联邦最高法院,相比之下民主党没有这么过分。[78]共和党先是拒不通过加兰法官的任命,接着麦康奈尔又说要启用"核选项"让戈萨奇上任,现在民主党议员必须决定在参议院全体投票时该怎么办,同时又不能忽视选民的意图。[79]自由派组织正义联盟的主席南·阿伦指出,有选民认为戈萨奇太过右倾,他们"会对民主党不进行冗长辩论非常不满"。[80]无数的信息和请愿书涌入参议院民主党领袖查尔斯·舒默的办公室,要求不许给那些支持戈萨奇的民主党议员提供竞选资金,这证实了阿伦的说

示威者在联邦最高法院外抗议尼尔·戈萨奇的提名。

法。舒默认为，在联邦最高法院提名的问题上，向共和党妥协的政治风险比阻挠提名更大。[81] 但他首先向麦康奈尔发出呼吁，如果戈萨奇得不到必需的 60 张票，那么就"换一个人提名"，不要改变规则。[82] 麦康奈尔反驳道："在纽约和旧金山以外的地方，很少有人认为露丝·巴德·金斯伯格是主流，他们觉得尼尔·戈萨奇才是。"[83]

到底由谁来接替斯卡利亚的事情争执了一年，到 2017 年 4 月 7 日终于尘埃落定，参议院以 55：45 通过了戈萨奇的提名，只有三名民主党人和共和党站在一起。[84]

共和党改变规则后，总统提名的联邦最高法院候选人能不能得到确认全看相关党派能不能在参议院获得超过半数的支持。[85] 特朗普不看美国律师协会对未来法官候选人的排名，这让一些人感到更加绝望。[86] 开国元勋们在国家治理方面想要的是制约平衡，现在这个局面不是他们愿意看到的，而且这也影响了联邦最高法院秉公断案的形象。

三天后，戈萨奇进行了两个宣誓就职仪式。第一个是在联邦最高法院由首席大法官主持的非公开仪式；第二个是在白宫玫瑰园由肯尼迪大法官主持的公开仪式，特朗普在旁观看。[87] 金斯伯格和其他大法官走在一起，她回忆起一年多以前她是如何满怀希望参加加兰大法官的提名仪式的。选择由谁来接替斯卡利亚这件事一共僵持了419天，加剧了联邦法院的政治化，而如今也是金斯伯格当大法官以来联邦最高法院作为一个机构最为无力的时期。

* * *

4月17日，在暑期休庭前的最后两个星期，联邦最高法院9位大法官终于一起开庭，戈萨奇坐在法官席的最右边——这是为新晋成员保留的位子。对那些他没听取过的案子，他不能参与裁决，但剩下的13起案子他做了充分准备。在口头辩论中，戈萨奇异常活跃，提问非常执着。哪怕在最为复杂的案件中，戈萨奇也强调要通过法条的语言本身寻找正确答案。他的上任加强了保守派阵营，他显然也打算迅速打响知名度，有时候写出的反对意见甚至显得居高临下，与更为资深的同事打对台。[88]

戈萨奇上任第一天就参与了一场密苏里州挑战政教分离原则的口头辩论。此前联邦最高法院允许政府为宗教机构提供某些服务，比如消防和警力服务，也允许普通公民用政府提供的教育代金券送孩子去教会学校，但不允许各州直接向教会提供财政援助。[89]

密苏里州哥伦比亚市的三一路德教会希望为学前班的孩子铺设新操场。学校申请了政府用回收轮胎重铺地面的项目，但遭到拒绝。密苏里州宪法规定，公共财政资金不得用于"直接或间接帮助任何教会、宗派或宗教团体"。[90] 三一路德教会提起诉讼，声称其宪法第一修正案的权利受到了侵犯。4位大法官同意听取上诉，他们知道这起案子比修操场本身重要得多。

为教会提供法律援助的是"捍卫自由联盟"，这是一个基督教权利倡导组织，其首要任务是为教会学校争取更多政府资金，这也是保守派运动都想要争取的，但这与传统观点背道而驰，即教会学校要想提供宗教教育，就必须自己承担相关成本，不得使用纳税人的钱。[91] 在这个资源有限的时候，政府的预算已然很紧张，如果政府还要为教会学校提供资助的话，公立学校就会遭受损失。[92]

因此摆在大法官们面前的是宪法第一修正案的两个要求：一个是禁止政府强制人们信仰某一种宗教，另一个是要保证宗教信仰自由。卡根在口头辩论中说，联邦最高法院面临的是一个难题，"谁都不能说自己的想法一定是对的"。[93] 金斯伯格和索托马约尔对原告律师抛出了许多难回答的问题，而包括卡根和布雷耶在内的其他人则对三一路德教会表达了同情。戈萨奇也毫不掩饰自己的立场。辩论结束的时候，记者们认为多数派看起来要"拆除政教分离的高墙了"。[94]

最后结果是7∶2。罗伯茨在裁决中写道，密苏里州拒绝为宗教机构提供资金帮它们达到与宗教无关的目的，这一点是为实现政教分离做得过头了。[95] 索托马约尔写了强硬的反对意见，金斯伯格赞同她。意见写道，联邦最高法院的裁决"削弱了这个国家长期以来对政教分离的承诺，这种承诺是对两者都有好处的。这种分离的意义在于政府不能（或者至少不需要）向公民征税，然后把钱交给宗教机构。联邦最高法院今天对历史的要求视而不见，反而把我们引向另一种结论，那就是政教分离只是一个宪法口号，并非宪法要求"。[96]

布雷耶没有加入索托马约尔和金斯伯格的反对意见，但他也担心罗伯茨的裁决有些过分。[97] 戈萨奇并没有这种担忧，他只是对罗伯茨裁决里的一个脚注提出反对，脚注里面写道："裁决不涉及资金的宗教用途或其他形式的歧视。"[98] 戈萨奇不同意罗伯茨写的这句免责声明，他写道："一般原则不允许歧视宗教活动——不管是在操场上还是其他地方。"[99]

* * *

另外，摆在联邦最高法院面前的还有数量空前的移民执法案件，其中一起是齐格勒诉阿巴西案，它在许多方面都不同寻常。这是对小布什政府高级官员提起的集体诉讼，涉及"9·11"事件之后制定的政策。提起诉讼的大多是穆斯林移民，"9·11"事件后有700多名穆斯林移民从布鲁克林被带走，关进拘留中心。他们中有人遭到殴打，每天被侮辱性地脱衣搜身，有人被单独监禁长达8个月。在联邦调查局确认他们并非恐怖分子之前，他们只能偶尔会见律师和家人。事实证明，他们唯一的罪名就是没有恰当的移民身份。

2009年，政府和本案中的5名原告达成和解。另有一名原告名叫艾哈迈尔·伊克巴尔·阿巴西，他被捕时还很年轻，是布鲁克林区的一名司机。导致他当年历经苦难的政策制定者从未被追究责任，这让他感到不满。[100]

代表阿巴西和其他5名原告的律师蕾切尔·米罗波尔在诉讼时除了考虑到小布什政府的问题，也剑指特朗普政府。她对联邦最高法院表示，如果政府胜诉的话，"那么每一个生活在这个国家的穆斯林或阿拉伯裔，只要不是美国公民，就都有可能因违反移民法而被单独监禁"。[101] 她说，联邦最高法院承担着历史性的职责，要保障一个人不会因为自己的宗教信仰和种族就在没有理由被怀疑的情况下被拘捕；同样，联邦最高法院也要阻止以后的联邦政府官员制定政策做同样的事情。

代表政府发言的是司法部代理副总检察长伊恩·格申冈，他反驳道，当时逮捕这些人的时候距离"9·11"事件才过去两个星期，无法分辨谁是恐怖分子。[102]他说，如果联邦最高法院裁决政府高级官员个人要为政策承担责任的话，那就是扩展了法律的边界，会令人担忧。

由于索托马约尔和卡根申请回避，自由派只有金斯伯格和布雷耶参与审理。对格申冈提问时，金斯伯格说在这些被捕的人里面，"政府从第一天起就知道许多人和恐怖主义毫无联系，这个政策在当年10月可能还说得过去，但政府允许它持续了很长时间，让这些人在最恶劣的条件下受到关押"。罗伯茨关心的则是其他问题，他说，"我们不希望那些制定政策的人担心"万一政策有失误，需要他们个人付出代价。大法官们还讨论了在当时的情况下还有哪些其他合法的措施对待这些被拘留的人，布雷耶恰到好处地表达了疑虑。代表联邦拘留中心管理者的律师向大法官们保证，已经起诉了那些虐待犯人最过分的看守，并且"执行了纪律"。[103]

布雷耶举出许多例子说明对国家安全的担忧（以及政治考量）有时会导致司法不公，政府官员是其中的同谋。他并没有提到罗森堡夫妇案，但在原告律师蕾切尔·米罗波尔看来，这两起案子之间的联系是显而易见的，因为她本人就是罗森堡夫妇的孙女。1953年6月，麦卡锡主义盛行，朱利叶斯·罗森堡和埃塞尔·罗森堡被当作苏联间谍处决。他们死后，人们研究美国和苏联的档案时发现，朱利叶斯确实是间谍，但埃塞尔的参与度很低。然而，当时联邦调查局局长埃德加·胡佛故意夸大了埃塞尔的作用，以增强联邦调查局针对朱利叶斯的筹码。尽管当时联邦调查局并不确定埃塞尔究竟知不知道丈夫的间谍活动，但胡佛还坚持要求联邦检察官对两个人都提出死刑，让艾森豪威尔总统相信埃塞尔是主犯。[104]

联邦最高法院最终以4∶2的票数比对阿巴西案做出裁决，肯尼迪代表多数派写道，被拘留者的遭遇确实是"悲惨的"，而且"在这种情况下，既要保证不违反宪法，又要允许高级官员在国家危急之时做出国家所需要的、合法的决定"。[105]但肯尼迪认为，在这两者之间达到平衡是国会的责任，而非司法机构的责任。

布雷耶撰写了反对意见，获得金斯伯格的赞同，他在法庭上宣读了异议。最让他担心的是，多数人认为"'9·11'事件之后的情况，即国家安全紧急情况，已经构成或者很可能构成排除诉讼的'特殊因素'"。[106]布雷耶举出许多例子，说明历史上行政和立法机关都曾在战时采取某些行动，"而之后回头看发现这些行动不必要、不合理地剥夺了美国公民的宪法权利"。[107]他认为，受害者事后发起诉讼要求物质赔偿是监督制衡行政不当行为的好办法。布雷耶写道："在这种情况下，法院就有更多时间来实践司法道德，比如进行冷静思考，不偏不倚地对事实适用相关法律等。"他表示，联邦最高法院以往也对战争和国家安全紧急情况期间采取的行动进行过宪法审查，"当基本的宪法权利保障和安全需求发生冲突时，法院就要发挥作用"。

* * *

美国移民和海关执法局（ICE）每个月发出约1.1万份拘留令，比一年前增加了78%，因此法院的作用变得更为关键。[108]奥巴马政府也大力驱逐罪犯和非法越境的新移民，但奥巴马已经默认了一个现实情况，那就是美国约60%的无证移民已经在这个国家居住了10年或更长时间。他们遵纪守法，辛勤工作，在美国养育下一代，有些人的孩子出生在这儿，是美国公民。大规模的驱逐不仅会给家庭带来灾难，还会严重影响很大一部分依赖无证移民的行业，尤其是农业、建筑业、肉类包装业和酒店业。由于国会无法通过移民改革为那些已经生活在美国的无证移民提供入籍途径，奥巴马政府只能做到不去优先驱逐这些人。相比之下，特朗普保证会驱逐数百万无证移民，不管他们的家庭关系如何，或者做出过什么贡献。[109]

曾触犯过法律的绿卡持有者也可能受到驱逐。1996年的《移民和国籍法》（INA）规定，犯过"严重重罪"的绿卡持有者必须被驱逐出境，一共有8项罪名符合这个要求。[110]在一起案子中，胡安·埃斯基韦尔-金塔纳与他的女朋友发生了性行为，而16岁的女友在法律上尚未成年，埃斯基韦尔-金塔纳因此被逮捕。他针对驱逐令发起了诉讼，2017年他的案子打到了联邦最高法院。联邦最高法院一致认为他的行为并不构成需要驱逐出境的严重重罪，但联邦最高法院拒绝对法案的一项剩余条款（第16b款）做出更具体的解释，该条款要求自动驱逐犯过"任何其他重罪且其性质决定犯罪过程对他人的人身或财产构成重大武力风险"的人。大法官们没有及时应对这个条款，所造成的问题反映在了其他案子里，其中一起就是詹姆斯·迪马亚的案子。

迪马亚是绿卡持有者，13岁从菲律宾来到美国，少年时代生活在加州，其间曾两次因为入室盗窃被捕并被定罪。在二度服完两年刑期后，根据移民法第16（b）款，他作为严重重罪犯将被驱逐出境。迪马亚的律师对移民法官的裁决提出上诉。按照第16（b）款的规定，法官不得考虑迪马亚犯罪的具体事实，必须依据"典型"案例做出裁决。在加州，入室盗窃这个罪名包括很多情况，从持械入侵他人住所到兜售黑心产品都算在内。迪马亚的律师认为，要求移民法官判断什么样的情况才是"入室盗窃"的"典型案例"，以及需要多大的风险才能被定性为暴力重罪，这两者都存在不符合宪法要求的模糊性，其决策必然会存在猜测和任意性，不符合正当程序条款的要求。[111]

案子在等待第九巡回法院裁决时，联邦最高法院在约翰逊诉合众国案中废除了《持械职业罪犯法》中类似的剩余条款，该条款规定任何"对他人构成严重潜在身体伤害风险的"重罪都属于"暴力重罪"。第九巡回法院依赖约翰逊案做出有利于迪马亚的裁决，裁决《移民和国籍法》第16（b）款过于模糊，不符合宪法规定。[112]联邦司法部提出上诉。[113]由于巡回法院对这个问题的裁决各不相同，联邦最高法院同意审理迪马亚的案子，但最终保守派和自由派间形成僵局。

案子的口头辩论在2017年10月2日举行，司法部助理副总检察长埃德温·尼德勒再次辩称移民法地位特殊，还表示第九巡回法院不应该依赖约翰逊案做出裁决。金斯伯格第一个对尼德勒提问，接着是索托马约尔、卡根和戈萨奇。戈萨奇问道："我们怎么知道什么情况算（加州入室盗窃罪的）典型情况呢？"[114]尼德勒则为第16（b）款辩护说，不能指望国会把每一项犯罪都分门别类给予定义。戈萨奇并不赞同这种说法，他问道："哪怕法律执行起来会把人送进监狱，剥夺他们的自由，将他们驱逐出境，我们也不能指望国会明确规定法律应该针对哪些人吗？"如果第16（b）款不写清楚的话，就只能引人猜测某种行为是否"对他人构成严重潜在身体伤害风险"。戈萨奇在意见中写道："事实就是没有人知道。"[115]自由派因有了戈萨奇的支持而占多数，于是金斯伯格安排卡根撰写多数意见。[116]

联邦最高法院以5∶4的票数比站在了迪马亚这一边，特朗普和高级官员迅速谴责了联邦最高法院的裁决，并要求国会堵上相关漏洞。迪马亚的律师乔舒亚·罗森克兰斯表示，这一决定并不妨碍驱逐那些总统口中的"坏家伙",相反,"裁决保护的是那些总体上遵纪守法,只是年轻时犯过错的人"。[117] 其他移民律师还举出更多例子。比如,一名萨尔瓦多男子遭一群白人男子用种族歧视的语言辱骂,他选择拿起棒球棍自卫,并因此被定罪;一名柬埔寨移民面对酒吧斗殴的指控选择认罪,但实际上他全程躲在卫生间里。[118]

* * *

被美国移民和海关执法局带走的非公民还面临着被无限期羁押的困境。一些人能够获得法院指派的律师并参加保释听证会,但更多人没有这种待遇。亚历杭德罗·罗德里格斯的经历就很有代表性,他是一名永久居民,婴儿时期就被带到美国来了。罗德里格斯年轻时因为乘坐一辆偷来的汽车被逮捕,后来他成为一名牙科技师,但一次因为携带少量管制药物再次被捕。面临被驱逐出境的罗德里格斯在拘留所里被关了三年多,一直没能得到保释听证的机会。他的律师团队起诉了美国国土安全部,成功把他的案子从加州中区联邦地区法院打到第九巡回上诉法院。[119]

地区法院原本裁决罗德里格斯和其他原告无权进行集体诉讼要求保释听证,但第九巡回法院推翻了这一裁决,还规定所有被强制拘留的非公民在羁押期间必须每6个月由移民法官进行一次听证会。法院裁决,除非政府能够证明这些人有可能逃跑或者对社区构成威胁,否则他们就有权被释放。[120] 政府也不出所料地提出上诉。

特朗普当选后不久的11月,詹宁斯诉罗德里格斯案打到了由8位大法官组成的联邦最高法院,当时美国有4.1万人被关押在移民拘留所中。[121] 司法部副总检察长办公室承认,这些人的平均拘留时间超过一年。鉴于特朗普在拘留和驱逐方面的立场,联邦最高法院非常清楚自己的决定将产生重大影响。[122]

案子的问题在于，像罗德里格斯这样持有绿卡的人究竟能不能如政府所说的那样，和新来的无证移民一样被无限期羁押呢？还是说，必须按照第九巡回法院的要求给他们司法听证呢？

在口头辩论中，司法部代理副总检察长格申冈对联邦最高法院表示，联邦法律规定政府"应该拘留"面临驱逐的移民，而第九巡回法院"一刀切"的6个月规定与联邦法律有所出入。[123] 自由派大法官向格申冈施压，他们指出移民法并未考虑到被羁押者应该在多长时间内获得保释听证的问题。首席大法官罗伯茨则指出，第九巡回法院本可以裁决该法律违宪，但并未这样做，因此"我们不能够重新写一个我们觉得更好执行的法律"。[124] 肯尼迪也认为这起案子并没有提出宪法问题。

卡根则认为，联邦最高法院仍然应该做出裁决。"在我看来，下级法院很明显认为这起案子涉及宪法问题"，不然也不会要求每6个月进行一次听证。[125] 罗德里格斯的律师是美国公民自由联盟的阿希兰·阿鲁拉南塔姆，他也赞同卡根的看法。[126] 另外，美国律师协会和全国刑事辩护律师协会也赞同，它们为本案提交了"法庭之友"意见书。

由于形成4∶4的僵局，罗德里格斯案要重新进行辩论，联邦最高法院要求双方在第二次辩论前提交更多文书，说明那些在美国被羁押的人是否有权免受无故的无限期拘留。问题的核心是如何解读相关法律的文本：是应该狭义地理解移民法，认定那些寻求庇护以及反抗驱逐的人没有权利定期获得听证来决定他们在等待上诉期间能否获得保释，还是应该根据美国的建国纲领和原则做出更宽泛的解读？多数人选择狭义地理解法律，布雷耶当庭宣读了反对意见，显示出几位大法官之间的严重分歧。他说："我们只需要回顾一下《独立宣言》的文字，看它是如何坚称所有人都具有'某些不可剥夺的权利'的。回顾一下便知，这些权利包括'自由'。将相关法规的措辞理解为与这个基本权利相一致并不困难。我认为更困难甚至可以说是更让人吃惊的，是去相信国会撰写相关法律的目的是让成千上万的人在没有希望获得保释的情况下在美国面临长期的拘禁。"[127]

* * *

与此同时，金斯伯格在另一起驱逐案中为性别平等争取到了一个重大胜利，案子是塞申斯诉莫拉莱斯-桑塔纳案，争论的焦点是移民法的一项规定：未婚美籍女子在境外诞下的孩子可以自动取得公民身份，但男子则需要满足额外的要求。这样的规定是否符合宪法呢？金斯伯格一直以来都反对这样基于性别的区别对待。

1998年，联邦最高法院在米勒诉奥尔布赖特案中认定这种区别对待是合理的，因为母亲和孩子具有特殊的生理关系。金斯伯格当时就提出异议，认为这样制定政策是"为了适应和强化成见或者既定模式"。三年后，联邦最高法院在阮诉移民局案中再次给出相似的理由，而金斯伯格则认同奥康纳的反对意见，认为政府没有提出"非常有说服力的理由"证明这种区别对待是合理的。2011年，联邦最高法院在弗洛里斯-维勒诉合众国案中以4：4的票数比做出裁决，支持上诉法院对阮案的解读。金斯伯格没有撰写反对意见，但她在口头辩论中的提问迫使当局解释为什么要继续采取区别对待，甚至提到了联邦最高法院以前裁决的弗朗蒂罗案和维森菲尔德案。[128]

莫拉莱斯-桑塔纳案的原告名叫路易斯·拉蒙·莫拉莱斯-桑塔纳，他出生在多米尼加共和国，当时那里被美国占领。他的父亲是美国公民，在他出生后不久父母完婚，他的出生证上写有父亲的名字。在莫拉莱斯-桑塔纳13岁的时候，一家人搬回美国，他成为永久居民。后来因为他犯下几项重罪，联邦政府要将他驱逐出境。为了避免被驱逐，他声称自己因为父亲的缘故而拥有美国公民身份。他要求撤销驱逐令，遭到移民法官拒绝后，他提出了一项动议要求重新开启他的案子。案子的核心是，移民法第1401（a）（7）款对美籍男性公民将国籍传给非婚生子的规定，与适用于女性公民的第1409（c）款不同。莫拉莱斯-桑塔纳认为这种区别对待对他父亲把公民身份传给孩子的权利构成了歧视，因此相关法律违反了宪法第五修正案的平等保护条款。[129]

莫拉莱斯-桑塔纳的父亲何塞当年离开美国到多米尼加共和国的一家美国公司工作，当时他还差20天满19岁。移民法规定，非婚生子的父亲需要在美国住满10年，其中5年必须是在满14岁以后，才能把公民身份传给孩子。孩子出生时何塞和妻子还没有结婚，没能满足这个要求。[130] 相比之下，美籍女子只需要在美国住满一年就可以把公民身份传给在境外出生的孩子了。美国第二巡回上诉法院在审理这起案子的时候表示，男人并不比女人需要更多的时间"接受和公民身份相关的价值观，从而传递给孩子"。[131] 第二巡回法院认为何塞·莫拉莱斯受到的待遇是违宪的，并裁决莫拉莱斯-桑塔纳有权获得美国公民身份。[132] 政府随即提出上诉。塞申斯诉莫拉莱斯-桑塔纳案的口头辩论定于2016年11月9日进行。

联邦最高法院必须解决两个问题。首先，在给孩子公民权的问题上，对非婚生子的美籍父母在美国居留的时间长短做出不同要求是否违反平等保护原则？其次，第二巡回法院的裁决是否相当于在没有法律授权的情况下授予莫拉莱斯-桑塔纳美国公民身份？

为政府辩护的是司法部助理副总检察长埃德温·尼德勒，他提出了耳熟能详的观点。他说，国会制定法律的目的是确保获得公民身份的人"自身或通过父母与美国有足够的联系，从而有理由获得公民身份"。[133] 对孩子的父亲和母亲提出不同的要求也是为了保证美籍母亲的孩子不会变成无国籍的人。尼德勒指出，联邦最高法院在以前的判决中已经"说明了在孩子出生的时候，母亲和父亲的法律地位通常并不相似"。

尼德勒的意思是，在孩子出生时，双亲中往往只有母亲在法律上是得到承认的，金斯伯格立即对尼德勒的说法提出异议。她指出，以往有许多案例表明，非婚伴侣会在"孩子出生后的某一个时间"收到一份出生证，上面写有父母双亲的名字。[134] 索托马约尔也进一步追问这个基于性别的要求是否合理，尼德勒回答，当美籍父亲认下自己的孩子时，孩子的身份就（会因外籍母亲的存在而）产生"两个不同的纽带"，国会希望保证孩子的父亲与美国之间存在足够强的联系。金斯伯格再次发表意见，指出案子涉及的法规是在1940年和1952年制定的，而后来联邦最高法院在"一系列案件"中都表示基于性别的法律划分是可疑的。至于她本人在这些案件中起到的作用自然无须多言。

政府表示，对非婚生子的父母给出不同要求是为了减少孩子无国籍的情况，以及保证只有那些从美籍父亲或母亲身上汲取了美国价值观的孩子才能获得公民身份。莫拉莱斯-桑塔纳的律师史蒂芬·布卢姆表示，这种区别对待并没有达到这两个目的。布卢姆说，莫拉莱斯-桑塔纳的父亲有权和一个情况类似的美籍母亲一样把公民身份传递给孩子，而政府侵犯了他的权利。[135]

假设联邦最高法院同意出台补救措施，布雷耶问道：究竟是"扩大"还是"收紧"相关要求会让非婚父母更难把公民身份传递给子女呢？肯尼迪则想知道：如果"扩大"会突然让很多人具有获得公民身份的资格，会不会造成问题？阿利托担心的是，"扩大"是否会造成更多和非婚子女相关的平等保护诉讼。罗伯茨也表达了

不确定性。¹³⁶

接着，卡根提出如果联邦最高法院多数人认为相关法律的性别划分违反了平等保护的话，还有一个补救措施，那就是联邦最高法院可以暂缓做出裁决，给国会一些时间用立法来解决这个问题。金斯伯格多次插话，这表明她由衷地怀疑在20世纪70年代后适用的平等保护原则之下，这种性别区分还是否合理，特别是现在已经有DNA技术了，而且许多孩子都是由父亲抚养长大的。¹³⁷

那么到底要怎么解决呢？大法官们很清楚，如果形成4∶4的局面，就意味着第二巡回法院的决定将保持不变，而且各巡回法院给出的不同裁决也得不到处理。因此似乎有必要达成一个妥协。

最终联邦最高法院以7∶1的票数比做出裁决，金斯伯格撰写了多数意见。受到学者克里斯廷·科林斯研究的启发，金斯伯格写道，该法律的前提是"非婚生子的父亲很少关心孩子，和孩子之间就像陌生人一样"，而这个前提本身就是错的，"这种笼统的定性已经不再符合平等保护的要求了"。金斯伯格指出，现行法律"允许一个和美国没有联系的孩子获得公民身份，只要孩子的母亲是美国公民，并且生孩子之前曾在美国连续居住过一年就可以了，就算她在生了孩子之后立刻和孩子的外籍父亲结婚，并且再也没有带着孩子回过美国，也依然可以把公民身份传递给孩子"。与此同时，"一位美籍父亲如果差几天没能满足较长的在美居留要求的话，就算他在孩子一出生就承认血缘关系且在美国把孩子抚养长大，法律也不允许他把公民身份传递给孩子"。¹³⁸

最后，金斯伯格表示移民法第1409款对母亲和父亲给出不同的规定，"和法院此前在里德案、弗朗蒂罗案、维森菲尔德案、戈德法布案和韦斯科特案中已经裁定违宪的法律属于同一类型"。她引述了自己在弗吉尼亚军事学院案裁决中的一段话，重申性别划分必须满足"非常有说服力的理由"才能成立。政府说该法律的目的是让孩子跟随母亲的国籍,以此保护美籍父亲的孩子不至于成为没有国籍的人,但这是"没有根据的"。金斯伯格回顾了这条法律背后充满性别成见的历史,以及最新的法律学术研究,批驳了政府的说法。她还引述了联合国难民事务高级专员署一项为期10年的调查研究,结果发现针对双亲任何一方的歧视都是造成孩子无国籍的主要原因。联合国难民事务高级专员署发起的"结束无国籍运动"其中一个关键的部分就是消除国籍法中的性别歧视。金斯伯格总结道,"因此,我们不能用无国籍的风险作为理由来支持而非推翻非婚生子的父母把公民身份传递给孩子这个问题上受到的差别待遇"。[139]

接着,她谈到了补救措施,这估计是她为了获得罗伯茨和肯尼迪的支持而做出的妥协。联邦最高法院没有选择把对非婚生子的母亲的宽松要求扩大到非婚生子的父亲身上,而是把对父亲更长的居留要求适用于父母双亲。联邦最高法院呼吁国会解决这个问题,"确定一个既不偏袒也不会对任何人产生损害的办法",也就是说,对于第二巡回法院的裁决,联邦最高法院认可了一部分、推翻了一部分,并没有支持莫拉莱斯-桑塔纳的诉求。[140]

托马斯和阿利托提出异议,他们认为既然已经给出补救性的裁决,就不必再裁决平等保护的问题了。[141]

* * *

回顾联邦最高法院在 2016—2017 年度的裁决,显然可以看出大法官们在避免重大争议,以此寻求共识。比如,在特朗普政府改变立场后,联邦最高法院没有听取弗吉尼亚州关于变性人权利的上诉。联邦最高法院还驳回了北卡罗来纳州和得克萨斯州对限制性投票法案提出异议的诉讼。[142] 不过，对于种族歧视的问题，联邦最高法院还是给予了应对，罗伯茨和肯尼迪也比以前更愿意承认存在系统性的种族歧视问题。[143] 在一起案子中，联邦最高法院以5∶3推翻了由共和党控制的北卡罗来纳州议会利用种族划分选区的做法，连托马斯都和自由派站在了一起。[144] 联邦最高法院也没有回避死刑的问题，在一起案子中，金斯伯格撰写的多数意见裁决得克萨斯州在处决有智力障碍的囚犯之前必须满足某些标准。[145]

然而，选举带来的影响仍然十分明显，从戈萨奇的提名和急剧增加的移民案件中可见一斑，对那些重视公民自由且看不惯特朗普轻视司法程序的人来说，齐格勒诉阿巴西案的结果令人尤为失望。[146] 齐格勒案的裁决让高级官员在危机时期的行为免受司法审查，这导致行政部门的官员在最容易迫于压力越权的时候可以不受宪法约束地采取行动。[147]

金斯伯格估计，10月开庭后联邦最高法院会面临更多争议。即将审议的案件涉及移民议题、同性恋权利和宗教自由的冲突议题，还有是否应该允许雇员联合起来解决在工作场所遇到的问题，以及包括手机隐私、公司对人权的侵犯，还有为党派利益划分选区的行为。[148]

在一起涉及宗教和同性恋权利的案子里，联邦最高法院选择就事论事。科罗拉多州的一名糕点师杰克·菲利普斯经营着自己的店铺，名叫"杰作蛋糕店"。他拒绝为一对同性伴侣制作婚礼蛋糕，说这样会违背他的宗教信仰和言论自由。联邦最高法院以7∶2做出裁决，没有具体说明各州可以采取怎样的政策保障LGBT群体在市场上受到公平对待，而是判定科罗拉多州民权委员会在裁决菲利普斯违反相关反歧视法时不够中立。"其他类似情况的案子应该怎么裁决必须等法院做出进一步阐述，"肯尼迪大法官写道，"总体而言，这样的争端必须通过宽容的方式解决，不能过分地不尊重真诚的宗教信仰，也不能让同性恋者在公开市场上寻求商品和服务时受到侮辱。"[149] 金斯伯格和索托马约尔部分同意，但也提出了一些异议。金斯伯格说，尽管委员会一些成员对菲利普斯虔诚的宗教信仰有偏见，但并不能因此否认他确实违反了科罗拉多州的反歧视法。"当一对伴侣联系一家蛋糕店买婚礼蛋糕时，他们并非想要庆祝异性婚礼或同性婚礼，而是想要一个蛋糕来庆祝自己的婚礼，这个愿望遭到了回绝。"[150]

然而，她最关心的是联邦最高法院将如何裁决利用政治立场划分选区的问题。以前联邦最高法院曾经驳回过那些旨在剥夺少数族裔选民投票权的选区划分，但还从来没有以剥夺某个政党的选民投票权为由否决过选区分割计划。联邦最高法院认为这样的案件不能够由法院来审理，因为看起来没有可行的标准来裁决选区划分中是否存在党派两极对立。[151] 不过肯尼迪大法官给这个问题留下了余地。在2017年，一起相关案子浮出了水面。

在威斯康星州，地区法院采纳了两位学者提出的标准，以政治歧视为由推翻了共和党主导的选区分割。[152] 由于北卡罗来纳州、马里兰州和宾夕法尼亚州都在进行相关诉讼，联邦最高法院同意审理威斯康星州的吉尔诉惠特福德案。金斯伯格认为，联邦最高法院审理这起案子"可能是迄今为止最重要的决定"。[153] 不管最终如何裁决，它都将成为一个里程碑，影响今后的选举。

* * *

与此同时，夏天也快要到了。金斯伯格期待着去马耳他旅行，她将参加在马耳他首都瓦莱塔市举行的法学生暑假班。世界著名男高音歌唱家约瑟夫·卡列哈就是瓦莱塔人，刚好他要回家探亲，于

在办公室里的金斯伯格。照片摄于 2013 年。

是提出由他来招待金斯伯格。适逢瓦莱塔建市 450 周年，卡列哈安排金斯伯格参观历史悠久的宫殿、教堂和博物馆。在领略了马耳他丰富的文化和美食之后，金斯伯格将前往荷兰。海牙将举办"世界正义论坛"，金斯伯格获邀在开幕式上做主旨发言。[154]

她的夏季日程排得很满：要参加活动评价联邦最高法院过去一年的工作；要在纽约州库珀斯敦参加歌剧音乐节，音乐节上四部剧目之一就是《斯卡利亚/金斯伯格》；要应参议员奥林·哈奇的邀请为犹他州律师协会致词；还获邀到科罗拉多州的阿斯彭研究所发表讲话，谈谈她和斯卡利亚珍贵的个人友谊；最后还要去圣菲，与朋友和家人一起欣赏一个星期的歌剧。儿子詹姆斯和儿媳帕特里斯会带着萨特南和德雷尔·阿孔一起来，萨特南即将去斯坦福大学法学院读书。9 月初的劳动节周末，金斯伯格答应到布鲁克林去主持莎娜·克尼日尼克的婚礼，她就是那个最早建立"声名狼藉的 R.B.G."博客的人。[155]

金斯伯格走路时显得小心翼翼，经常挽着别人的胳膊，避免被绊倒，但她对自己的判断力仍然有十足的信心，对正义的追求也分毫未减。作为大法官，她的存在比以往任何时候都更为重要。

| 尾声 |

遗　产

2017年8月24日，金斯伯格和往年一样来到圣菲歌剧院，观看夏季演出闭幕前最后一个星期的表演。露台上摆着一些桌椅，歌剧爱好者们在这儿欢聚一堂，在演出前用晚餐，同时聆听关于多尼泽蒂的杰作《拉默莫尔的露西娅》的讲座。讲座开始前不久，金斯伯格一行人伴随着闪光灯和人们的掌声落座。总是精心打扮的金斯伯格今天同样衣着优雅，在人们的注视下径直走到她那一桌的主位坐了下来，左右两边坐着她的客人；面对她坐着的是儿子詹姆斯，他两边是帕特里斯、萨特南和德雷尔。

接着，观众们在圆弧形的克罗斯比剧院依次落座，金斯伯格和她的家人在剧院总导演查尔斯·麦凯的陪同下入席，并再次引发热烈的掌声。克罗斯比剧院的顶棚由纤绳吊起来，两边是露天的，金斯伯格的视线没有遮挡，整个舞台尽收眼底。向西望去，在蓝天白云之下，远处的赫梅斯山和桑格雷-德克里斯托山绵延起伏。舞台后面背景板上的图案看起来像是天花板，上面投映着歌唱家布伦达·雷唱美声的画面，以及她的巅峰之作《拉默莫尔的露西娅》。

第二天，金斯伯格亲自登上舞台。在圣菲市中心的兰西克表演艺术中心，她参加了"大法官听歌剧"活动，招待歌剧学徒。她一上台，观众们马上起立送出热烈的掌声。麦凯在介绍金斯伯格出场时说，她是歌剧最重要的推广者。金斯伯格介绍了八部歌剧与一部吉尔伯特和沙利文的轻歌剧选段。她将歌剧的历史和法律巧妙地结合起来，加之以不动声色的幽默，让人们听得兴致盎然。她还介绍了菲利普·格拉斯的作品《阿波马托克斯》中最悲情的选段，给活动平添了一丝忧伤。这部感人的作品原本是关于美国内战的，格拉斯重新创作后加入了民权运动的元素。当天上演的咏叹调讲述的是一名1873年路易斯安那州科尔法克斯大屠杀幸存者的故事。这场屠杀发生在复活节的星期日，三K党和白人联盟肆意杀害了约100名守卫法院的黑人民兵。行凶的目的是重申白人至上，并剥夺黑人的投票权。金斯伯格的讲话中适时谈到投票权和谢尔比县案，充分表明了她的立场。

在演出结束时，观众起立鼓掌，既是对歌剧学徒的鼓励，也是向金斯伯格这位资深大法官表达敬意。她和学徒们一起对观众鞠躬致谢。圣菲对金斯伯格来说自然可以称得上"自己人的地盘"，歌剧观众为她鼓掌并不稀奇。但她的粉丝可不局限于此，他们遍布全国、全世界，包括那些在网上订购粉丝T恤衫的年轻人，T恤衫上印着"我 ♥ 金斯伯格""来见过RBG""露丝即真理""我和金斯伯格是一家"，[1] 他们还抢购印有她的形象的咖啡杯、三角旗、文身贴，甚至还有圣诞树上的装饰品。网络媒体BuzzFeed发表了一篇很有趣的文章，题目是《19个理由告诉你为什么金斯伯格是你最爱的大法官》，[2] 年轻人很喜欢里面贴的那些配图文字、赞扬她的博文和段子。家长高兴地给孩子读图文并茂的童书《我不同意：金斯伯格为人所知的异议》，特别是那些有小姑娘的家庭；大一点的女孩子则喜欢读《金斯伯格：R.B.G.和不平等的对抗》。[3]

观众们为她起立鼓掌；有学生亲手做了漂亮的蕾丝假领送给她

作礼物；有人为她开博客取名"声名狼藉的 R.B.G."；有人制作印有她照片的 T 恤衫和咖啡杯；有关于她的童书、纪录片；还有一部传记电影即将上映，由费莉西蒂·琼斯和阿曼德·哈默扮演年轻的金斯伯格和马蒂，金斯伯格本人也将友情出镜；甚至《周六夜现场》的演出中也用金斯伯格开玩笑——这些都说明了金斯伯格不仅在美国的法学界占有一席之地，而且在美国社会和更广泛的流行文化中留下了自己的印记。[4] 她很享受走红带来的意外之喜，并经常利用露面的机会来谈那些她认为重要的议题和价值观。

最能说明问题的例子是金斯伯格要求在纽约历史学会主持新移民的入籍仪式，这是纽约最古老的博物馆。金斯伯格可能是史上第一位主持入籍仪式的大法官，她面前坐着的 201 位新移民来自 59 个国家。她穿着长袍，戴着五彩的衣领，代表坐在她面前的这群人多元的背景。金斯伯格说她的父亲 13 岁从俄罗斯来到美国，身无分文，也不会说英语，这立即拉近了她和这些新移民的距离。她说："让这个国家变得强大的正是像你们这样的人。"[5] 然后她给大家上了一堂强有力的公民教育课，说美国是一个正在自我完善的国家。她引用托克维尔的话——美国之所以伟大不在于它比其他国家更开明，而在于它能够修复自身的缺陷。金斯伯格说，这个年轻的国家"并不完美"，仍面临许多困境，比如贫困，拥有投票权的人较少，而且"难以在不同种族、宗教和社会经济群体之间建立理解"。她总结道，美国在代表性和包容性方面取得了巨大进步，但"仍亟待做更多工作才能日臻完美"。她鼓励新公民投票、促进团结、让美国变得更好。

* * *

金斯伯格 20 世纪 60 年代在民事诉讼法比较研究领域所做的工

作影响深远，但她最为人所铭记的贡献还要数她在白人男性主导法律界的时代为这个行业的职业女性开辟出一席之地。她的工作从美国法学院协会开始，当时她帮助起草的一份声明后来成为这个机构的反性别歧视政策。她也是最早开设"女性与法律"课程的教授之一，与人合作编写了第一部关于性别歧视的案例集。[6] 作为一名法学教授，她在整个20世纪70年代结合了学术研究、生动的教学、对学生的引导和前沿的倡导行动，向性别不平等发起挑战，将其与开国元勋反抗"君主的父权，反对让血脉决定政治权力"联系起来。[7] 有60多起涉及性别歧视的案件都少不了金斯伯格的指导，其中有十几起案子一直打到联邦最高法院，她用严谨精确的思想向美国人表明女权即人权，必须审视法律和生活中的性别偏见。由于她敏锐的领导力和颇具说服力的论述，那些反映性别和家庭角色老观念的法律不再被允许，除非能够非常有说服力地证明相关法律是为了满足重要的行政目的。她在这方面的职业成就让她成为《时代》周刊最具影响力的百位女性之一。[8]

她在首都华盛顿联邦巡回法院担任中间派法官，也为她的履历锦上添花。在那里任职13载，金斯伯格以她的公正、对案件事实的密切关注以及不带意识形态色彩的裁决而闻名。她的意见都经过精心撰写和妥善记录，而且非常克制。她被称为"法官中的法官"，在里根和老布什时代陷入政治纷争的法院里建立了合群的声誉。而且对法律的不同理解也不妨碍她和著名的保守派同事们建立友谊，最为人所知的莫过于她与安东宁·斯卡利亚和罗伯特·伯克的友谊。

更重要的是，她从不忽视案件背后的每一个人。她像对待亲人一样对待助理和工作人员，会记住他们和他们的孩子的生日。她的助理们尤为幸运，经常能吃到马蒂做的美食，听他妙语连珠。在法律专业以及平衡家庭与工作的问题方面，露丝也经常给他们提供富有智慧的建议。

成为大法官后,金斯伯格和瑟古德·马歇尔一样,不得不在越来越右倾的联邦最高法院里扮演少数派的角色。迄今为止,她已经当了20多年的少数派。作为大法官,金斯伯格在合众国诉弗吉尼亚州案中做出裁决,要求以不同的标准对待两性必须先满足"极其有说服力的理由",作为一个善于运筹帷幄的倡导者,这个裁决是她的巅峰之作。[9] 在本案的裁决中,金斯伯格明确指出问题并不在于单一性别教育本身,而是在于弗吉尼亚军事学院的招生政策,以及弗吉尼亚女性领导力学院设立得过于仓促的问题。她认为,裁决歧视案件时不能忽视历史,并指出弗吉尼亚州长期以来都把对于女性母职和家庭角色的成见用来阻碍女性平等接受教育和职业发展。在合众国诉弗吉尼亚州案中,金斯伯格最重要的贡献也许就是厘清了政府应该怎样规范两性之间"固有的差异":政府在制定政策时,可以抱着帮助那些长期以来无法充分行使公民权的群体平等地参与国家生活的目的来做,但如果政策会延续成见和歧视,那就不能允许了。[10]

金斯伯格对生殖权利也持同样的立场,从早期为斯特拉克案撰写的文书,到在卡哈特案中提出强硬的反对意见都是一样(本案中她认为应该把平等保护作为罗诉韦德案的基础)。[11] 金斯伯格认为,政府不能剥夺女性对堕胎的决定权,而且如果因健康问题而不得不在妊娠晚期进行堕胎的话,也应该由医生来判断哪种方式最合适,医生的首要职责就是保护孕妇的健康,国家不能代替医生做决定。

金斯伯格对性别平等的看法从来都不是简单地让女性进入像弗吉尼亚军事学院这样全男性的环境,以便她们能够和男性"一样"。她推崇奥洛夫·帕尔梅领导下的瑞典模式,明白男人的角色也必须改变。要让男人承担起照顾孩子的责任,这样就可以减轻女人的育儿成本，让伴侣双方发挥各自的特长，在经济上做出贡献。要推动更多元的性别角色，必须改变公共政策。她坚称，各级教育必须确保在每一个领域都对女性和男性同样敞开大门，就业市场也是一样。1975年，她呼吁通过强制社会保险为怀孕和育儿提供全面的收入保护和医疗福利，让男女都可以休育儿假，提供全面的育儿服务，不与收入挂钩。[12]

关于家庭和护理假期，金斯伯格在联邦最高法院取得的最大成就要数2003年的希布斯案，裁决认定《家事与医疗休假法》适用于州政府。首席大法官伦奎斯特曾大力倡导新联邦主义原则，但在这起案子中，他对这一原则施加了限制，不仅支持了《家事与医疗休假法》，还把弗朗蒂罗案之后的30年定性为"持续地、制度化地违反宪法的时期"，认为这30年的相关政策反映出对"妈妈和准妈妈"参与职场的成见。[13] 这一裁决受金斯伯格的影响颇深，有人问她裁决是不是她写的，她笑而不语，但这并不能否定她的说服力，裁决也确实体现了她长期以来所倡导的观点。

根据她对女权主义的看法，只有在性别规范被重构、社会支持到位之后，男女才能得到同等待遇。当前的文化仍然认为男人就要负责赚钱养家，对偏离这种观念的行为容忍度很低，金斯伯格的这种愿景尚未实现。[14] 具有讽刺意味的是，尽管硅谷在很多方面改变了人们在21世纪的生活方式，但众所周知，那里推崇长时间工作，并且硅谷人心中的技术天才也是男人的样子。[15] 金斯伯格当然希望性别规范能够更快得以重构，也希望罗诉韦德案不会被反对者中伤。但历史告诉她，进步从来不是一往无前的。她认为，平等就像自由一样，必须由每一代人去争取，斗争永远不会结束。

金斯伯格对平等的追求是具有包容性的，不仅包括女人，还包括男人、非裔、西班牙语裔、同性恋者、移民、穷人和残疾人。[16]

她对造成歧视的结构性因素和文化因素都把握得很准确，在20世纪70年代提出的平权行动建议也具有独创性，并且毫不掩饰自己对联邦最高法院保守派同事在种族问题上继续混淆视听的蔑视之情。

金斯伯格坚称，无论是程序问题还是资金问题，都不应该成为人们在法律面前得到公正对待的阻碍，也就是她常说的"平等的公民地位"。[17]比如，密西西比州的女子玛丽莎·伦普金·布鲁克斯因交不起上诉费而无法要回孩子的监护权，金斯伯格就认为不能接受。[18]在其他案件中，她多次提出全国各地许多贫困人群都无法获得辩护律师，呼吁大家关注这种系统性的问题。[19]

克林顿在提名金斯伯格时说，她对穷人和社会边缘群体具有同理心，但她被称为"罗伯茨法院的良心人物"还有其他原因。[20]在2011年的康尼克诉汤普森案中，除了她的同理心，还有翔实的研究表明"（检方）存在冷漠的行为模式"，并且违反了当事人约翰·汤普森等人获得公平审判的权利。[21]事实胜于雄辩，也让人们更加质疑多数派的裁决。

金斯伯格对虚伪也有很强的洞察力。在她担任大法官期间，保守的多数派大胆削减贸易条款和宪法第十修正案授予国会的权力。正如2000年莫里森案的当事人布宗卡拉的律师指出的一样，联邦最高法院除了限制国会的权力，还试图通过宪法第十四修正案第五款的相关案件限制联邦法院的权力。但同样是这些大法官，几个月前以尊重州权为名把民权条款从《反针对女性暴力法》中剔除，几个月后就在小布什诉戈尔案中否定了州权重要的组成部分，那就是佛罗里达州管理自己州的选举过程的权力。支持"联邦主义"的5位多数派大法官在这一案子中否定了保守派长期倡导的州权和联邦主义原则，金斯伯格对此给出了简短而有力的斥责。[22]

另一个司法越权的例子是2013年的谢尔比县诉霍尔德案，案子的裁决废除了1965年《投票权法案》中的一项重要条款，这既不符合先例，也不符合宪法要求。金斯伯格表示，先例长期以来都显示国会有权行使宪法第十四和第十五修正案，她强烈谴责联邦最高法院蔑视这些先例，"甚至还不承认自己的行为"。她对多数派所说的"平等主权"感到愤慨。联邦最高法院以往的裁决"明确表示这一原则'只适用于各州以平等的条件加入联邦，与之后出台的补救措施无关'"。金斯伯格说，联邦最高法院的裁决看起来是根据之前的一起案子（指的是西北奥斯汀案）做出的，是强行给法律以新的解读。她不无尖刻地说："一个直击我国民权法案核心的裁决，应该写得更有水平一些才对吧。"[23]

在谢尔比县案中，金斯伯格提出的异议主要在于联邦最高法院未能对国会的权力给予尊重。她写道，国会在2006年重新授权《投票权法案》之前经过了漫长的探讨，她警告称，联邦最高法院并未"尝试对国会总结的海量立法记录给予考虑"。[24] 相反，联邦最高法院用多数派大法官的观点取代了国会的结论。金斯伯格慷慨激昂地写下重建时期出台的几项宪法修正案的立法目的，以及它们如何改变了国会和各州之间的关系，赋予国会特殊的权力，允许其越过各州的主权来实施相关修正案。金斯伯格总结道，联邦最高法院没能让民主机制来决定法案的命运，而是"推翻了国会的决定，这是严重的错误"。[25] 她写道，"傲慢"一词是对多数派故意"毁掉《投票权法案》"最好的形容。[26]

* * *

金斯伯格重视先例，也重视司法克制，忠于宪法设计，关注历史和案件背景，她形成了一套独特的法学方法论，很难被贴上标签。她显然不是斯卡利亚、托马斯和戈萨奇那种原旨主义者，但她对谢尔比县案应对重建时期修正案所提出的异议也显示出,她能够采用原旨主义那种严格分析文本的方法寻求特定宪法条款的原始含义。[27]同样,她也并不是布伦南那种自由主义活动家,尽管她对平等保护的理解让她属于自由派。正如克林顿总统在提名她当大法官时说的,金斯伯格"不能被归为自由派或保守派,她已经证明了,她思虑之周全是这些标签所无法涵盖的"。[28]

她是一个乐观主义者,但并不盲目乐观。[29]她真诚地相信法律可以纠正错误,立法机构和公众有能力且也应该参与讨论,共同修复我们这个脆弱和岌岌可危的世界。但她也敏锐地懂得法律是受到限制的,社会中也存在阻力。即使是在个人遭受巨大压力的时候,她也一贯利用高超的技巧和经验来塑造法律,努力让天平向正义稍稍倾斜。她以倡导者的机智、法学家的严谨和字斟句酌以及人道主义者对现实影响的敏感性来完成她的工作。她的不懈努力推动了法律和美国人民的宪法权利与自由的进步。

但金斯伯格就快满86岁了,又刚刚经历了异常艰难的一年,她确实有理由担心她长期以来倡导的议题未来将如何发展。罗伯茨联邦最高法院在联合公民案和谢尔比县案等裁决中给民主以当头一棒,2017—2018年度,这种打击更变本加厉。肯尼迪此前在堕胎权和平权行动方面与自由派站在一起,但这一年在所有5:4的裁决中,他都站在保守派那边。联邦最高法院允许为党派利益划分选区,还允许把不经常投票的选民从选民名单中剔除,从这些方面可以窥见今后保守派占多数的联邦最高法院会是什么样子。[30]企业可以使用仲裁条款,不让工人联合起来针对职场存在的问题采取法律行动;加州那些以宗教为导向的"危机怀孕"中心也不再需要向孕妇提供有关堕胎的信息。[31]

联邦最高法院对加州"危机怀孕"中心给出的裁决,以及推翻

40年前出台的有关保障公共部门工会财政状况的先例，都说明了在罗伯茨法院的领导下，宪法第一修正案这项曾经为无权无势的人提供保护的法律已经成了维护保守派利益的有力武器。[32] 此外，所谓特朗普总统的旅行禁令是为了维护国家安全这种说法，尽管并无根据，但联邦最高法院多数派还是愿意相信它是"有道理的"。[33] 肯尼迪大法官强烈批评科罗拉多民权委员会漠不关心"杰作蛋糕店"老板的宗教信仰，但在特朗普诉夏威夷案中，他又明显没能让总统对此前针对穆斯林移民表达的偏见负责。一位很有见地的观察家表示，仅仅是提醒政府官员应该注意宗教自由和保护政教分离条款，"实际上等于是一种弃权"。[34] 索托马约尔和金斯伯格一同提出了严厉的反对意见，抨击多数派没能按照宪法要求对行政当局问责。[35] 布雷耶和卡根也以较为狭义的理由提出了异议，但保守的多数派还是占了上风。这一年再次体现出右倾的联邦最高法院是如何在经济和政治上伤害普通人的，令美国民主的未来比以往任何时候都更不稳定。[36]

2018年6月27日，也就是夏季休庭前的最后一天，肯尼迪宣布自己将在7月底退休，而自从2006年奥康纳退休以来，肯尼迪一直都是裁决中最关键的一票。他的离开将令罗伯茨或者戈萨奇处于联邦最高法院意识形态的中心位置。[37]

现在回头看，肯尼迪的决定其实并不令人意外。很多人都知道特朗普当选的时候肯尼迪就在考虑退休了，而特朗普也和前任们一样，努力为能够提名一位自己认可的大法官铺平道路。2017年4月戈萨奇宣誓就职时，特朗普不遗余力地赞扬肯尼迪，称这位资深大法官是"具有突出成就的伟人"。[38] 白宫还特别提出，下一位大法官可能在上诉法院法官布雷特·M.卡瓦诺和雷蒙德·M.凯特利奇之间产生，两人都曾当过肯尼迪的助理。[39] 也有人表现得更为直接，联邦最高法院休庭前一个月，参议院司法委员会的共和党主席查尔斯·格拉斯利敦促那些打算退休的大法官说："时不我待。"[40] 格拉斯利是来自艾奥瓦州的参议员，在谈到 11 月的中期选举时，他正告道，如果民主党赢了，"你就永远不可能让严格的建构主义者（当法官）了"。

到肯尼迪宣布退休的时候，特朗普和麦康奈尔已经推动任命了 21 位共和党人担任巡回法院法官，其中大部分是 50 岁以下的白人男子，还有更多位子在等待任命。他们誓言要在中期选举前填补上联邦最高法院的空缺。又一位来自联邦党人学会行列的坚定保守派要上任，这预示着一场巅峰对决即将打响。要是奥巴马提名的加兰能够上任，联邦最高法院的局面原本会大有不同，这让民主党人十分愤怒，对他们来说，谁来接替肯尼迪至关重要。[41] 社会议题的关键裁决可能受到威胁，包括肯尼迪为有关同性婚姻的奥贝格费尔案撰写的裁决，罗诉韦德案也可能很快被推翻，甚至长期践行的一人一票原则也可能不复存在。不仅个人权利和隐私权可能被重新定义，关于医保、就业、国家安全和环境的法律也有可能被重新阐释。[42] 此外，由于联邦最高法院的政治化，以及特朗普成功打击了主流媒体的信誉，行政部门和立法部门的行动可能会更不受制约。

从传统上来说，共和党比民主党和自由派更关心联邦最高法院的组成。[43] 经济保守派从罗斯福新政以来就一直反对国家监管，如果特朗普能再提名一位大法官，就可能进一步削弱监管。至于社会保守派，他们有意地无视了特朗普和色情明星的过往，无视了贸易战；特朗普出人意料地对美国在赫尔辛基的情报机构加以批判，并且拒绝就俄罗斯干预美国选举的问题和普京对抗，社会保守派都一一无视了——他们这样做就是为了特朗普能够履行竞选时的承诺，改组联邦最高法院。社会保守派最关心的就是推翻罗诉韦德案，其

| 尾声 | 遗 产   589

次就是进一步缩小宗教和国家之间的距离。

共和党在参议院有微弱的优势，并且已经开始在国会投票中向那些面临连选连任的红州民主党人施压。麦康奈尔很明白，参议院民主党人搞不了冗长辩论，而他可以利用支离破碎的听证过程，保证总统提名的人无需面对公允的质疑。此外，总统选中的人还会在100多个保守派利益集团的支持下进行价格高昂、工作深入的宣传活动，这些组织包括"司法危机网络"，还有科氏兄弟支持的"美国繁荣协会"。

特朗普总统选择了53岁的布雷特·卡瓦诺接替肯尼迪。卡瓦诺在华盛顿巡回法院担任法官，资历无可挑剔。他是司法原旨主义者，思维敏锐，从裁决记录上看立场保守，小布什当总统时他曾在白宫任职，积累了从政经验。[44]他一贯强烈支持行政权力，敌视监管机构，支持枪支和宗教自由权；即使并无强有力的证据显示相关案子和恐怖主义有关联，他也对人身保护令持怀疑态度。一旦卡瓦诺上任，将有机会在21世纪很长时间里从根本上改变联邦最高法院的权力平衡。但还有一个关键的问题，那就是公众是否还信得过一个因意识形态和党派纷争而分裂的联邦最高法院。一场激烈的提名听证过程无疑将强化公众对联邦最高法院党争的观感，而联邦最高法院作为一个机构本来应该中立裁决美国政治和政策纠纷。有人预测，到2019年，特朗普提名的法官每年将参与超过15 000起案子的裁决，而这些裁决几乎都会成为国家现行法律。[45]对那些真正重视司法诚信的人而言，公众对司法机构的信心问题仍然亟待解决。

* * *

金斯伯格在遥远的以色列关注着这一切。7月4日，创世纪奖基金会在特拉维夫的左翼智库拉宾中心为她颁发终身成就奖。春季在联邦最高法院遭遇重重打击后，金斯伯格在以色列司法精英的赞誉中找到了安慰。以色列最高法院院长埃斯特·哈尤特说："法律的核心是正义，而一个人如果体会过不正义，就能深刻洞察正义应该是什么样子的。"[46]哈尤特说："金斯伯格大法官通过她的裁决维护了那些让民主不至于变成一纸空文的价值观。"以色列最高法院前院长阿哈龙·巴拉克也说金斯伯格是"我们这个时代最伟大的法学家之一：她是一位杰出的犹太法学家，她对人人都拥有人权、平等和正义有着不懈追求，这源自她的犹太价值观"。

创世纪基金会最初要把这个年度奖项（附带奖金）颁给金斯伯格时，她有些犹豫。由于评委会中有以色列政治家，她担心这会违反宪法中禁止官员接受国外政府赠送礼物的要求。直到基金会同意设立一个终身成就奖，评委中没有政治人物，金斯伯格才接受了。[47]她获赠了一个漂亮的深蓝色公羊角玻璃雕像。

第二天，她在耶路撒冷参加了她本人的纪录片《RBG》的放映会，并与以色列电影制作人本杰明·弗赖登伯格进行交流。金斯伯格谈到了"让世界变得更好"这个概念，这在她的文化遗产中占有非常重要的地位。她尽量不去谈及华盛顿的联邦最高法院提名之争，而是提出了两项呼吁：一是呼吁两党在联邦法官听证过程中通力合作，二是重申了她长期以来对宪法平等权利修正案的支持。她从口袋里拿出一本《美国宪法》，说她想要告诉自己的曾孙女："你拥有的平等是美国的基本原则。"[48]金斯伯格提出的这两项呼吁都表明了她仍然致力于推动公平正义。让世界变得更好，斗争仍在继续。

| 尾声 | 遗 产　591

| 致谢 |

本书的创作过程十分漫长，我有幸得到许多人和组织机构的帮助，才最终成书。我能完成这个项目离不开他们的贡献，语言无法表达我的感激之情。

虽然这本传记未经金斯伯格授权，我仍然选择从她本人切入。金斯伯格将她在美国公民自由联盟工作期间的个人文档交予国会图书馆，开放查阅，我书中这部分章节里有许多注释是按照她本人最初的编目引用的，而没有遵循图书馆手稿部门后来做的编目。我深深感谢金斯伯格大法官，也同样感谢档案管理员贾尼丝·露丝多年来的帮助。

我先后与金斯伯格的家人、朋友、同事以及她本人进行了访谈。通过这些采访，我们得以了解她一步步走向联邦最高法院的台前幕后，以及促使她长期致力于公民自由和平权工作的原因。我在"资料来源说明"一节里列出了这些访谈对象的名字，他们对本书做出了不可或缺的贡献。

我非常感谢美国国家人文基金会、加州大学圣巴巴拉分校的学术委员会研究理事会及其跨学科人文中心对本书研究的支持。美国法律历史协会也为本书做出了贡献，协会为康斯坦丝·巴克豪斯和我组织的女权主义法律传记研讨会提供了场地。感谢巴克豪斯、普宁娜·拉夫、富子·布朗-纳金、芭芭拉·巴布科克、马琳·特雷斯特曼，也感谢费利斯·巴特兰和塞雷娜·马耶里在后期给予宝贵的问题、意见、启发和鼓励。哈佛大学法学院法律史研讨会的成员为本书第15章提供了非常有帮助的建议，评论人士南希·科特和法官玛格丽特·马歇尔亦是如此。亨廷顿图书馆美国联邦最高法院女性大法官圆桌会议提供的对比视角对我们理解大法官提名过程助益良多，特别是蕾切尔·莫兰的研究。感谢玛丽·贝丝·诺顿邀请我根据本书第2章的内容就金斯伯格在康奈尔大学的学生时代做讲座，也感谢辛西娅·格兰特·鲍曼和康奈尔大学法学院的多罗西娅·S.克拉克女权法理学项目，感谢他们让我深入思考撰写一本联邦最高法院在任法官的传记所要面对的挑战。

康奈尔大学卡尔·A.克罗赫图书馆的南希·迪恩、伊莱恩·恩斯特和劳拉·米里亚姆·林克给了我很大帮助，一并感谢哈佛大学施莱辛格图书馆的黛安娜·凯里，首都华盛顿联邦司法中心历史办公室主任布鲁斯·拉格斯代尔，以及普林斯顿大学西利·G.马德手稿图书馆的本·普里莫。几家图书馆的档案管理人员在资料查阅方面给了我很大帮助：哥伦比亚大学的威廉·J.麦吉尔档案馆，史密斯学院的多萝西·凯尼恩档案馆，还有霍华德大学的菲尼亚斯·因德利兹档案馆。我要特别感谢贝文·马洛尼和贾森·卡普兰为我在威廉·J.克林顿总统图书馆做的工作；感谢杰夫·弗兰纳里和珍妮弗·布拉索夫德，他们的帮助让我得以查阅存放在国会图书馆手稿部的丹尼尔·P.莫伊尼汉档案。

在查找图片方面要感谢以下人士的慷慨帮助：联邦最高法院历史学会的克莱尔·库什曼，联邦最高法院策展助理安德烈娅·哈克曼，联邦最高法院策展办公室摄影实习生丽贝卡-安妮·格布勒，史密斯学院的苏珊·巴克，《纽约时报》的罗斯玛丽·莫罗，吉米·卡特总统图书馆的波莉·诺丁，联邦最高法院策展办公室的劳伦·莫雷尔和弗雷德·席林，合众国际社的安德烈亚·佩雷拉，美联社的特里西娅·格斯纳，还有盖蒂图片社的吉尔·波斯巴齐。

在大量的非档案资料的搜集和整理方面，加州大学圣巴巴拉分校的本科生做了至关重要的工作。安东尼·拉多什、托瑞·普劳尔、切尔西·欧文、苏珊·斯托达德、胡安·卡洛斯·伊巴拉、安妮·罗素和埃文·舍伍德令我的工作开局顺利。在2009年的那场大火令我的家和研究工作付之一炬后，凯西·权、琳达·韩、海迪·卢、莫莉·纽金特、伊登·斯隆、达娜·霍芬伯格和弗兰希斯卡·内格尔的顽强努力让项目重回正轨，我对他们怀有无尽的感激。蕾娜·苏丹、扎克·史密斯和约尔丁·珀朗在项目后期也做了贡献。政治和历史专业的研究生们的参与也令我敬佩，有希瑟·阿诺德、妮科尔·菲勒、劳安·埃斯特班、玛莎·菲多若娃-沃登和萨莎·科尔斯。玛莎·菲多若娃-沃登会瑞典语，为项目做出了额外的贡献。我自己的研究生马修·萨顿和蕾安德拉·扎诺现在已经和蕾切尔·温斯洛一样成了有所建树的学者，他们不仅在读书期间为本书做出了突出贡献，后来也继续提供宝贵意见，维持不变的友谊。在准备草稿成书的艰辛过程中，我深深感激埃里克·芬利奇无可替代的帮助。还要感谢我的同事安·普拉内，在我不再活跃于我校历史系后，她帮我理出了上述几位优秀人才。

学术事业一大幸事就是得到同事和其他机构的学者们慷慨的帮助。我的同事兼好友劳拉·卡尔曼从项目伊始就提供了她极具智慧的建议和值得思考的问题。感谢托马斯·希尔宾克、列娃·西格尔、塞雷娜·马耶里、玛丽·安·凯斯和玛丽·克拉克在项目早期提供的指导和鼓励。感谢已故学者斯坦利·I. 库特勒为我介绍了最棒的出版经纪人桑德拉·戴克斯特拉，她为我提供了坚定的支持。库特勒、威廉·E.路易希滕堡、梅尔文·乌洛夫斯基、芭芭拉·西歇尔曼对最初的章节给出了意见。已故学者格尔达·勒纳以她独特的方式建议我多写社会历史，减少法律的篇幅，但我最终决定照顾读者的口味。感谢普宁娜·拉夫、劳拉·卡尔曼、爱丽丝·谢斯勒-哈里斯、芭芭拉·巴布科克，还有特别是塞雷娜·马耶里，他们审阅了草稿的大段章节。胡安·卡洛斯·伊瓦拉对投票权和其他章节提出了宝贵的专业意见。南希·科特审阅了有关同性婚姻的章节，并提出了睿智的建议。威廉·蔡菲和我的爱人本杰明·J.科恩（杰里）阅读了全部23章内容，令我受益匪浅。杰里作为我的爱人自有他的义务，因此更要感谢威廉慷慨的帮助。许多为本书提供帮助的人在法律研究方面远比我做得深入，即使未能指出草稿中所有的疏漏，也一定帮我避免了不少。言语无法表达我对他们的感谢之情。

　　谢谢我的编辑维多利亚·威尔逊，本书与她最初和我签约时设想的样子有了很大不同，她对此表现出了极大的耐心和理解。她不断鼓励我把高院最新的开庭期写进来，希望看到金斯伯格非凡的生命和职业生涯的全貌。我深深感谢维多利亚的支持、远见和判断力。还要感谢英格丽德·斯特纳这位优秀的校对，还有凯蒂·肖德为书籍推广做的突出工作。

　　还有人以各种方式为本书做出了贡献。在本书写作早期，多萝西和斯坦利·罗斯夫妇以及辛西娅·哈里森的慷慨招待帮我免去了在首都华盛顿的住宿费用。在我家遭受火灾后，劳拉·卡尔曼、琳达·科博、艾琳·鲍里斯、马修·萨顿和蕾安德拉·扎诺带头帮助重建了我的专业图书馆藏。相关的朋友和出版社寄来的书籍帮助我重新起航，我当时的院长、现任加州大学圣巴巴拉分校副校长戴维·马歇尔慷慨提供的计算机资金亦做出了同样的贡献。火灾后，我们的挚友蕾阿特里斯·卢里亚不仅为我们提供了住处，还给了我一份特殊的礼物——她对我说："即使你决定不写这本书了，我们对你的爱也不会减少分毫。"这句话在当时给了我极大的安慰。我和另一位作家维基·里斯金都与克诺夫出版社的编辑维多利亚·威尔逊合作，为了努力达到她的高要求，我们发展出了互相扶持的姊妹情。还有太多圣巴巴拉和其他地方的朋友要感谢，谢谢他们多年来的支持和友谊。

最后，我深深感谢我的爱人杰里·科恩。是他耐心地对我的草稿提出意见，为家里买菜做饭；他常常需要出国，而我则无法伴他同行；也是他用非凡的幽默感逗我开心。更重要的是，我或多或少维持住了最终要写完这本书的信心，这也要归功于杰里。我把这本书献给他，也用来纪念四位对我们非常重要却没能见证本书出版的朋友，他们是亚特兰大的小 L. 尼尔·威廉，圣巴巴拉的梅赛德斯·艾科尔兹、雷尼·菲·布兰德和玛莎·韦恩。

| 译后记 |

    2013年的秋天,80岁的金斯伯格到访我的母校加州大学伯克利分校,在校园附近的一座教堂发表演讲。这场活动仅对法学院的学生和教职员工开放,但600人的礼堂仍然座无虚席。观众早早来到现场排队,有学生穿着印有金斯伯格头像和"I dissent"("我不同意")的文化衫,在长长的队伍里举起手机和朋友自拍。那一年刚好是金斯伯格进入美国联邦最高法院的第20个年头。

    作为美国历史上第一位犹太裔女性大法官,金斯伯格推动性别平等,对弱势群体怀有同理心;在无法与保守派同事达成共识的时候,她不吝惜公开表达异议,这些都令她成为美国自由派的文化符号。在纽约、旧金山和华盛顿特区等地,随处可见金斯伯格相关书籍、涂鸦、冰箱贴和书包挂饰。到了三年后的2016年,美国法学院女生比例首次超过男生,占50.09%。金斯伯格年轻时面对的那个充满性别歧视的社会似乎已经被人们远远甩在身后。

    这就是20岁的我眼里的世界。好像所有的不公平都会过去,进步会自然而然变为现实。而这本传记告诉我,社会变化从来都不是"自然"发生的,它是每一个具体的人推动的结果。作者用扎实的研究和细腻的笔触让我认识了成为"美国偶像"前的金斯伯格:

她的家庭和求学经历，她接纳女权主义的过程，以及她在美国司法体系中的权力和局限。

同时，这本书也让我想到我的奶奶。和金斯伯格一样，我的奶奶出生于20世纪30年代。1955年，她在远离家乡的内蒙古自治区乌兰浩特市读中学时，印度电影《流浪者》在全国公映，片中充满正义感的女律师丽达让她深受触动，她因此希望学习法律，成为一名法官。

一年后，内蒙古大学筹建；同年，在大洋彼岸的美国，金斯伯格考入哈佛大学法学院，成为500名学生中仅有的9名女生之一。1957年，我的奶奶作为乌兰浩特一中的优秀毕业生考入内蒙古大学，是内大成立后的首批学生。但奶奶没能成为法官。因为内蒙古大学尚未开设法律专业，她进入历史系学习，全系近30名学生，女生只有5人。开学后不久，有一位女生退学，只剩下4名女同学互相作伴。毕业后，奶奶成了一名优秀的图书编辑，在几十年的职业生涯里，她编写了许多教材、历史读物和地方志等；她还与我的爷爷一同养育了四个孩子。我并不知道奶奶在工作中遭遇不公平时是如何应对的，也不知道她在育儿的过程中面临过怎样的艰难时刻。即使有过愤怒和委屈，她也都藏在心里默默消解，展现给外人的永远是温和、勤恳和干练。

隐忍也是金斯伯格的标志。这既体现在她与癌症的漫长搏斗中一直坚持工作，也在一定程度上解释了她在学生时代和职业生涯早期，为何对公开的性别歧视隐而不发。比如，关于她在哈佛大学法学院就读期间遭遇的"厕所歧视"，书中写道：

> （金斯伯格）很希望兰德尔大楼里能有一个洗手间留给女性。需要方便的时候，她必须"一路小跑"去对面的奥斯汀大

楼解决。奥斯汀大楼建于 1883 年,其中一个杂物室被改造成了女洗手间。房间很热,石棉从房顶上渗了出来。如果说跑这段路在平时已带来不便,在分秒必争的考试期间,就让人格外苦恼了。跑一个来回后,露丝只能祈祷考试结束前不用再去一趟。

……现在回想起来,让金斯伯格感到不可思议的是,她和其他女生当时竟然从未对兰德尔大楼里没有女洗手间这件事提出异议,也从未抱怨过奥斯汀大楼女洗手间的环境。

在成为那个在法官席上朗读反对意见的文化偶像之前,金斯伯格也曾小心翼翼地将自己的愤怒藏起来。

1993 年 6 月,时任美国总统克林顿提名金斯伯格为联邦最高法院大法官;第二年的春天,我的奶奶开始抚养我,那年她 57 岁。晚上,她会在哄我入睡后回到书桌前改稿子——我并没有这段记忆,因为在我还不懂事的时候她就提前离开了工作岗位。如果再给她一次机会,奶奶会不会继续她所热爱的事业?或者是,学会说"不",学会在奋斗事业和照顾家庭之外,把自己放在第一位?

7 年前,奶奶离开了。这些问题没有了答案。

去年夏天,我回到小时候的家。那张奶奶用来看稿子的书桌上覆盖着一块玻璃,玻璃下压着奶奶出差或参加会议时与同事的合影——她往往是里面唯一的女性。感谢我的奶奶石应蕙,感谢我的外婆郑慧芬和母亲杨洁,还有我生命中所有的女性榜样。期待有一天,每个人都可以作为"人"被看见,性别、族裔、出生地、职业、家庭都不再定义我们的价值。

最后,感谢你阅读这本书。译文如有疏漏,期待指正与包涵。

| 译后记 | 601

希望其中的一些故事能给你鼓舞,就像它们曾给予我力量一样。以书中的话结尾:"让世界变得更好,斗争仍在继续。"

董孟渝

2023 年 6 月

| 注释、参考文献 |

扫码进入中信书院页面,查看《大法官金斯伯格》注释、参考文献。